近世中国

革命与反革命

社会文化视野下的
民国政治

王奇生 著

Revolution
Counter-Revolution

社会科学文献出版社
SOCIAL SCIENCES ACADEMIC PRESS (CHINA)

目 录

CONTENTS

第三章 "革命"与"反革命"：三大政党的党际互动 ········ 066

1920 年代，国民党的"国民革命"、共产党的"阶级革命"与青年党的"全民革命"几乎并起。政治道路的不同选择不再被定义为"革命"与"改良"之争，而是被建构为"革命"与"反革命"的圣魔两立，水火不容。

第四章 "北伐""南征"与"反革命罪"的缘起 ··········· 102

《反革命治罪条例》的出笼，第一次将"反革命"作为一种刑事罪名列入法律。此后，"反革命"既是一项受打击和处治最严厉的法律罪名，又是一项最随意、最泛滥、最令人恐惧的政治污名，既具有法律的威严性，又具有相当的随意性。

第五章 党员、党组织与都市社会：上海的中共地下党 ········ 122

中共对帮口并未因其"封建"属性而拒斥，而是利用其组织网络作为动员工人的媒介，并转化其组织能量为党的目标服务。中共在利用帮口的同时，也反被帮口所利用。工头介乎党组织与工人之间，实际隔断了党组织与工人群众的直接联系。

第六章 党员、党组织与乡村社会：广东的中共地下党………… 157

在"赤色乡村"，自雇农到地主都赞成革命，而在"白色乡村"，自地主至雇农都反对革命。"赤色乡村"在进行武装暴动和屠杀反革命时，往往将与自己有宿怨的宗族和村落当作革命的对象，从而使阶级斗争的革命行动异化为村落之间的械斗。

第七章 国民党最高权力机构的演变………………………… 196

在国民党历史上，1924 年的广州改组，比 1927 年的南京开府更具有界标意义。就党治体制而言，南京国民政府基本上是广州/武汉国民政府的继承和延续。廖仲恺案和西山会议派，亦有国民党内部权力斗争之面相。

第八章 大学校园中的国民党………………………………… 227

在西南联大这所具有自由主义历史传承的高等学府，竟有半数左右的教授加入了国民党。时人誉西南联大为"民主堡垒"，在很大程度上乃是称许其兼容并包的"宽容"精神。昔日之所谓新旧，今日之所谓左右，其在学校均予以自由探讨之机会。与其说是"民主堡垒"，不如说是"自由堡垒"。

第九章　"武主文从"：战时国军的政工与党务 …………… 269

朱家骅承认："军事胜于政治，政治胜于党务。""在战地，最先瓦解的是党部，其次是各级政府，最后才是军队；收复某一个地方，最先到达的是军队，其次是政府，最后才是党部。"在国民党那里，党务几乎沦为军政的附庸。

第十章　湖南会战：战时国军的作战能力 ………………… 289

蒋素有越级指挥的习惯，导致前方将领欠缺自主作战意识和机动应变能力。湖南会战，近 40 万国军兵力的投入，9 万国军和 6 万多日军的伤亡，足证国军对日军的积极出击。但国军士兵要六七个人才能抵抗一个日本兵，亦可见敌我战斗力之悬殊。

第十一章　绅权：乡村权势的蜕变 ………………………… 317

在京兆农村，凡受过高等小学教育的人就不肯在田间工作。
在江西寻乌，一些地主子弟在城东小学混张毕业文凭后，就
大摆其架子，在名片上赫然印上"城东小学毕业生"几个字，
煞是神气！而且每年可以和那些老资格的秀才举人在家族祠
堂里平分学谷和胙肉。

第十二章　县长：基层地方官的转型 ………………………… 338

县长置身于现代官僚群体与地方豪强势力的夹缝之中，上穷
下拙，左右为难。对上应付不当，动辄撤职查办；对下稍有
不慎，反对控告随至。

约从 1934 年开始，县以下开始分区设署，国家行政机构下沉
到"区"一级。1939 年实行"新县制"以后，国家权力进一
步由区署下沉到乡保，连甲长也成为国家政权的"跑腿"。国
民党政权的向下扩张，为土豪劣绅提供了一个僭取法理权威
的绝好机会。

前　言

　　战争与革命可以说是 20 世纪中国的首要特征。尤其是 20 世纪的上半期，战争与革命几乎成为一种常态。战争古已有之，而革命则是现代的产物。战争有"热战"，有"冷战"；革命有"武革"，有"文革"。而在一般情况下，暴力是两者的共性。革命与战争紧密相连，有时战争是革命的表现形式，有时战争引发革命。革命的成败，往往是战场决胜负。

　　武人喜欢战争，文人喜欢革命。现代中国的职业革命者大多是文人。1927 年 6 月，天津《大公报》发表社评称，民国以来的中国政治大势，可以归结为"文武主从之争"。社评认为，辛亥革命本是文人革命，但随后袁世凯凭借北洋军与孙中山所凭借的国会相较量，最终演化为"武主文从"的局面。而孙中山于 1924 年改组国民党，集大权于以文人为核心的中央执行委员会，并借鉴苏俄"赤军"经验建"党军"，以党权制约军权，以文人制约军人，意在恢复"文主武从"的政治。① 但北伐以后，文人制约武人的局面被推翻。国民党执政时期，军权独大，实际形成"武主文从"的格

---

① 《文武主从论》（社评），天津《大公报》1927 年 6 月 20 日。

局。而共产党则始终是"党指挥枪"，维持"文主武从"的局面。

辛亥革命虽然推翻了帝制，建立了中华民国，但革命的果实被袁世凯篡夺了，所以孙中山被迫发起"二次革命"。当此之时，梁启超发表感想，声称"历观中外史乘，其国而自始未尝革命，斯亦已耳，既经一度革命，则二度、三度之相寻相续，殆为理势之无可逃避……革命复产革命，殆成为历史上普遍之原则"。为什么"革命复产革命"？一个重要因素是革命成功之后，"革命成为一种美德"，"革命"被视为神圣，"群众心理所趋，益以讴歌革命为第二之天性"。于是一部分人"认革命为人生最高之天职"，以革命为职业。① 革命失败了，固然要"再起革命"；革命成功了，也还要不断革命。对国民党而言，北伐胜利，定都南京，意味着"革命"已经成功，但党人仍然诵念总理遗嘱"革命尚未成功，同志仍须努力"；对共产党来说，1949 年成立中华人民共和国，标志着革命已经胜利，但仍然宣称要坚持无产阶级专政下继续革命。

1920 年代开始，革命成为多个政党的共同诉求。国民党的"国民革命"、共产党的"阶级革命"、青年党的"全民革命"几乎并起，并形成一种竞争态势。革命不仅为多数党派所认同，也为多数无党派的知识分子所信奉，而且迅速形成一种普遍观念，认为革命是救亡图存、解决内忧外患的根本手段。革命高于一切，革命受到崇拜。知识青年尤其成为革命的崇拜者和讴歌者。五卅之后，知识青年投身革命形成热潮。革命的目标，不仅仅是要"改造中国"，而且要"改造世界"。"中国革命是世界革命的一部分"成为当时革命青年的口头禅。

由于革命被建构为具有至高无上的道德正当性，再没有人敢于公开表示反对革命。当革命被神圣化的同时，"反革命"也被建构成为一种最大的罪恶行为。1927 年，中国历史上第一个《反革命

---

① 梁启超：《革命相续之原理及其恶果》，《庸言》第 1 卷第 14 期，1913 年 6 月 16 日。

治罪条例》出笼，第一次将"反革命"作为一种刑事罪名列入法律。从此以后，"反革命"既是一项最严厉、最令人恐惧的法律罪名，又是一个最随意，最泛滥的政治污名。亦因为此，"反革命"有时实实在在，有时则是虚无缥缈。难以数计的中国人被虚虚实实、真真假假地笼罩乃至葬身于这一罪名之下。直至1997年，沿用70年之久的"反革命罪"才被废除。两年后，"反革命"一词才彻底从宪法中剔除。

20世纪中国有过两次被命名为"大革命"的时段，一次是1925～1927年，一次是1966～1976年。两次"大革命"，并非仅是名称的相近，其实具有相当的历史连续性。第二次"大革命"所运用的"革命"语词，如果我们翻阅一下《向导》周刊，就知几乎全是第一次"大革命"的产物。第二次"大革命"所运用的"革命"方式，如戴高帽、挂胸牌、游街示众，包括"打翻在地，再踏上一只脚"等，湖南农民在第一次"大革命"中早已用过。

20世纪的中国革命，与18世纪末期的法国革命及20世纪初期的俄国革命，被并称为世界历史上三次最具影响的革命。和另外两次革命相比，20世纪的中国革命持续时间最长，参与人数最多，规模最大。一般认为，法国革命1789～1799年，只有10年左右的时间；俄国革命最早从1899年算起，最晚到1921年，也不过20余年。而中国革命如果狭义的算法，1911～1949年，长达38年；如果宽泛一点，往前追溯到1894年孙中山成立兴中会，往后延伸到1976年"文化大革命"结束，则长达80多年。前30年是国民党主导，后50年是共产党主导。前后基本上是一个连续的过程。

近年来，越来越多的学者倾向于将中国革命的下限延伸到"文化大革命"结束。1949年的"解放"，只是国家政权的更替，并非中国革命的终结。1949年以后大规模的革命运动仍在继续。1949年以前的革命，只在中国的局部地区进行；而1949年以后的每场运动，无不席卷全国。1949年以前的革命，主要是武力革命，参与革命的人数尚有限；而1949年以后的革命，则是全民性的社会革命，中国的老百姓无一例外被卷入。从社会结构变迁的角度看，1949 年以后的社会革命更剧烈，更复杂，经验和教训也更丰富。

值得注意的是，早在 1920 年代，就有学者指出，中国革命已经成了一场"慢性革命"。[①] 那个时候，他们怎么也不会想到，中国革命还将持续半个世纪。1927 年大革命失败之初，相当多的中共党人对革命的长期性和艰巨性估计不足，认为新的革命高潮很快就要到来，中共很快就可以夺取政权。这样一种对革命形势的乐观估计，固然容易导致盲动主义，另一方面亦使一些革命者在极端严酷的环境下仍然保持高昂的革命信念和革命斗志。1927 年国民党以武力"清党"反共，而中共革命仍能继续而不辍，与革命者的高昂信念有着莫大的关系。

中国革命既是"发生"的，更是"发动"的。而要动员广大底层民众起来革命并非易事。中共是一个最擅长组织动员、最擅长运动的革命党。这一点在中共早期就已崭露。1915～1925 年间，由于日本的挑战与刺激，中国发生了三次大规模的政治抗争行动：一是 1915 年抗议日本向中国提出"二十一条"，二是 1919 年抗议巴黎和会将山东权益转归日本，三是 1925 年抗议上海日本工厂枪杀中国工人顾正红。这三次危机姑且称之为"亡国"、"亡省"、"亡人"，也就是说，三次"危机"的程度其实一次比一次减弱，然而"动员"的规模却一次比一次增大。尤其是五卅运动的规模更是空前，有西方学者甚至认为只有 40 年后的"文化大革命"可以与之相提并论。[②] 之所以如此，一个关键的因素是中共的参与。五卅运动是中共领导的第一场具有全国性规模和影响的群众运动。是时的中共还是一个不足 4 年党龄、不足千名党员的小党。党员以青年知识分子为主，没有发动和领导大规模群众运动的经验。尽管如此，

---

① 王恒：《现代中国政治》，广州，革新评论社，1926 年 3 月出版，第 87～95 页。

② 尤尔根·奥斯特哈梅尔（Jurgcn Osterhammel）：《中国革命：一九二五年五月三十日，上海》，朱章才译，台北，麦田出版公司，2000，第 2 页。

五卅运动仍能轰轰烈烈地持续达数月之久，充分崭露了中国共产党在民众运动方面非凡的组织领导能力。若说五四孕育了中共，五卅则堪称是中共崛起的标志，也是中共正式登上全国政治舞台的标志。

与中共的"群众"路线不同，国民党始终走"精英"路线。晚年孙中山虽然倡导"扶助农工"，仍是以"先知先觉"、"后知后觉"去"扶助""不知不觉"，这与直接以工农利益代表自任的中共党人相比，虽有相近之处，更有很大不同。国民党始终与下层民众相脱离，中共则很快成长为一个擅长群众运动的动员型政党。

然而，革命史的书写多关注"精英"而漠视"大众"，只见"肋骨"而不见"血肉"，突显"党性"而淡化"人性"，充满"教条"而缺少"鲜活"。其实革命并不缺少"鲜活"的史料，而是史家缺少"鲜活"的眼光。如1980年代中央档案馆和部分地方档案馆合编的革命历史文件汇集，不仅数量庞大，而且细致生动，至今仍少为学界所关注。

革命不是孤立发生的，革命史也不应该孤立地研究和书写。20世纪的中国革命应该放回到20世纪中国历史的大背景下考察，放在社会文化的大视野下考察，不仅要研究"革命"，同时也要研究"不革命"和"反革命"。只有将革命的主体力量和革命的敌对力量以及局外各方放在同一个历史场域来考察，才能再现其"众声喧哗"的历史本相。

20世纪上半期，国共两党的互动，在很大程度上主导着中国政治的走向。20年代初，基于对中国"一盘散沙"现状的焦虑，两党不约而同地厌弃西方议会政党体制而选择"以俄为师"，仿效其"民主集权"的政党体制和"党在国上"的党治体制，其影响极其深远。孙中山在《民权主义》的演讲中指出，中国革命的目的，和欧洲革命的目的不同。"欧洲从前因为太没有自由，所以革命要去争自由。我们是因为自由太多，没有团体，没有抵抗力，成一片散沙。因为是一片散沙，所以受外国帝国主义的侵略，受列强经济商战的压迫。"孙中山认为，中国革命的目的不是要为个人争自由，而是要为国家争自由。而要实现国家的自由，便要牺牲个人的自由。① 孙中山的这一主张，为国共两党所认奉。而在实践层面，共产党比国民党贯彻得更好。

1920 年代是现代中国历史的一个重要转型时期。中国共产党诞生于这一时期，中国国民党也在这一时期改组"再造"。西方议会政党体制经过民初短暂的尝试后即被认为行不通而遭到中国人整体性地否弃，列宁主义政党体制取而代之。列宁主义政党体制具有排他性，不容党外有党，多党并存。对国民党而言，要么"容共"，要么"清共"，不容许共产党合法存在（只有抗战前期的短暂例外）。国共之争，要么全赢，要么全输，不可能共存双赢。

"以俄为师"的另一成果是军队党化。军队党化，本有助于破除北洋以来军队私有化的诸多弊端，但军队为政党控制后，政党之间的竞争，也随之导入武力之途。政权在不同政党之间的转移，最终由枪杆子来决定。不同的是，同样是"党军"，共产党确实做到了枪由党来指挥，兵受"主义"训练；而国民党则异化为以军控政，以军控党的局面。

战争几乎贯穿民国历史的始终，然而军事史堪称民国史研究最薄弱一环。这也许是和平年代文人治史的缺失。无论是国民党军队，还是共产党军队，其组织结构与运行机制，如军队的层级构成与组织系统，军事集团与山头派系，战略战术与作战能力，武器装备与后勤给养，情报传递与通信系统，政工制度与兵民关系，以及军官的出身、教育、待遇、人事升迁，士兵的招募、训练、素养、兵饷、晋升机会、官兵关系、生存状态与心理体验等等，均值得进行深入细致的考察。尤其是从社会史的视野研究军队的组织形态，以军事为切入点来理解社会历史，关注武装力量与社会民众之间的关系，均是军事史研究的可能进路。

---

① 孙中山：《民权主义（第二讲）》，黄彦编《孙文选集》上册，广东人民出版社，2006，第 501~514 页。

第一章
新文化是如何"运动"起来的

　　五四新文化运动以 1915 年《新青年》（首卷名《青年杂志》）创刊为开端，以"民主"、"科学"为旗帜。这一说法，早已成为学界认同的经典表述。然而，在"新文化运动"这一概念最初流传之际，时人心目中的"新文化运动"多以五四为端绪，而且身历者所认知的"新文化"、"新思潮"，其精神内涵既不一致，与后来史家的惯常说法亦有相当的出入。后来史家所推崇、所眷顾的一些思想主张，在当时未必形成多大反响，而当时人十分关注的热点问题，却早已淡出了史家的视野。

　　数十年来，学界对以《新青年》为代表的新文化运动之历史叙事，日益趋同。[①] 与此同时，学界对《新青年》文本的诠释仍不绝如缕，更有历久弥新的趋向。[②] 依据留存下来的《新青年》文本解读其

[①]　陈平原即注意到，中外学界对五四运动和新文化运动历史的叙述，差异最小的是关于《新青年》部分。他举美国学者周策纵与中国学者彭明的研究为例，说明即使是政治立场迥异的学者，对《新青年》历史功绩的描述亦颇为接近。见陈平原《触摸历史与进入五四》，北京大学出版社，2005，第 116 页。

[②]　参见杨士泰《近二十年国内"新文化运动"研究综述》，《廊坊师专学报》2000 年第 3 期；董秋英、郭汉民《1949 年以来的〈新青年〉研究述评》，《近代史研究》2001 年第 6 期。

思想意蕴，是既存研究较普遍的范式。而思想演变与社会变迁的互动关系，则多为研究者漠视。《新青年》并非一创刊就名扬天下，景从如流；"新文化"亦非一开始就声势浩然，应者云集。《新青年》从一"普通刊物"发展成为"时代号角"，"新文化"由涓涓细流汇成洪波巨浪，实都经历了一个相当的"运动"过程。过去较多关注"运动"的结果，而不太留意"运动"的进程。对"运动家"的思想主张非常重视，对"运动家"的文化传播策略与社会环境的关联互动则甚少注目。本章拟以《新青年》为视点，综合考察《新青年》同人、论敌及局外各方的不同认知，尽可能"重返"五四前后的历史现场，从"过程"的描述中着力"还原"新文化运动的历史本相。

一 "普通刊物"

今人的视线，早被"一代名刊"的光环所遮蔽，甚少注意陈独秀于 1915 年创办《青年杂志》时，其实并没有什么高远的志怀和预设路径。《青年杂志》没有正式的"发刊词"。创刊号上只有一简单的"社告"，内中除申言"欲与青年诸君商榷将来所以修身治国之道"，以及"于各国事情学术思潮尽心灌输"外，其他均属于编辑体例的具体说明。[1] 创刊号首篇是陈独秀撰写的《敬告青年》一文。该文虽有几分"发刊词"的意味，[2] 但其所揭示的六条"新青年"准则（"自主的而非奴隶的"、"进步的而非保守的"、"进取的而非退隐的"、"世界的而非锁国的"、"实利的而非虚文的"、"科学的而非想象的"），论旨其实十分空泛。创刊号中另有陈独秀答王庸工的信，声称"改造青年之思想，辅导青年之修养，为本志之天职"。[3] 一年以后，杂志改名为《新青年》，陈独秀也顺

---

[1] 《社告》，《青年杂志》第 1 卷第 1 号，1915 年 9 月。
[2] 有人将《敬告青年》视作《青年杂志》的正式发刊词。参见唐宝林、林茂生编《陈独秀年谱》，上海人民出版社，1988，第 68 页。
[3] 《王庸工致记者》，《青年杂志》第 1 卷第 1 号。

撰《新青年》一文。① 该文常被后来史家当作"准发刊词"解读，其实除了要青年树立正确的人生观外，更无多少实际内容。可以说，早期《新青年》是一个名副其实的以青年为拟想读者的普通杂志。② 在郑振铎的回忆中，《青年杂志》是一个提倡"德智体"三育的青年读物，与当时的一般杂志"无殊"。③

就作者而言，《新青年》第 1 卷几乎是清一色的皖籍。第 2 卷虽然突破了"地域圈"，但仍局限于陈独秀个人的"朋友圈"内。④ 杂志创刊号声称"本志执笔诸君，皆一时名彦"，⑤ 大抵类似自我张扬的"广告"。论者常以《新青年》作者日后的成就和名望来评断其撰作阵营。实际上，早期《新青年》作者大多是在五四以后才逐渐成名的，有的一直名不见经传。如第 1 卷的作者有高一涵、高语罕、汪叔潜、易白沙、谢无量、刘叔雅、陈瑕、彭德尊、李亦民、薛琪瑛、汝非、方澍、孟明、潘赞化、李穆、萧汝霖、谢鸿等人。其中高一涵当时尚在日本留学，1918 年才进北京大学任教。高一涵在五四前后的知名度，可举一小事为证：1924 年，高撰文发泄对商务印书馆不满，原因是他觉得商务只知敷衍有名人物，自己因为没有大名气而受到薄待。⑥

陈独秀本人在民初的知名度其实也不能高估。1915 年 10 月 6日，陈独秀之同乡好友汪孟邹致函在美国留学的胡适，介绍陈独秀与《青年杂志》说："今日邮呈群益出版青年杂志一册，乃炼（引注：汪自称）友人皖城陈独秀君主撰，与秋桐（引注：即章士钊）

① 陈独秀：《新青年》，《新青年》第 2 卷第 1 号，1916 年 9 月。
② 有论者称，《青年杂志》采取"锋芒内敛和平易近人的低姿态"，是为了"尽可能地吸引读者和作者"。（参见张耀杰《〈新青年〉同人的经济账》，《社会科学论坛》2006 年第 5 期）这一说法从常理上很难成立。
③ 郑振铎：《中国新文学大系·文学争论集·导言》（1935 年），收入《郑振铎文集》第 4 卷，人民文学出版社，1985，第 413 页。
④ 参见陈万雄《五四新文化的源流》，三联书店，1997，第 1 ~ 12 页。
⑤ 《社告》，《青年杂志》第 1 卷第 1 号。
⑥ 《朱经农致胡适》（1924 年 11 月 30 日），中国社会科学院近代史研究所中华民国史组编《胡适来往书信选》（上），中华书局，1979，第 280 页。

亦是深交，曾为文载于《甲寅》者也。"① 可见两人此前并不相知。1916 年底，吴虞第一次与陈独秀通信并给《新青年》投稿时，亦不知陈独秀何许人也。次年 1 月 21 日，吴虞才从朋友处打听到陈独秀的情况，并记在日记中。②

陈独秀与蔡元培相知较早。当蔡元培决意聘陈独秀任北大文科学长时，陈独秀以"从来没有在大学教过书，又没有什么学位头衔"而缺乏足够的自信。③ 为使陈独秀能够顺利出任北京大学文科学长，蔡元培在向教育部申报时，不但替陈独秀编造了"日本东京日本大学毕业"的假学历，还替他编造了"曾任芜湖安徽公学教务长、安徽高等学校校长"的假履历。④

据汪原放回忆，陈独秀自主创办杂志的想法可以追溯到"二次革命"失败之后："据我大叔回忆，民国二年（1913 年），仲甫亡命到上海来，'他没有事，常要到我们店里来。他想出一本杂志，说只要十年、八年的功夫，一定会发生很大的影响，叫我认真想法。我实在没有力量做，后来才介绍他给群益书社陈子沛、子寿兄弟。他们竟同意接受。"⑤ 汪原放所称的"大叔"乃陈独秀的同乡好友汪孟邹。汪孟邹于 1913 年春天到上海开办亚东图书馆，原本是陈独秀"怂恿"的。陈独秀最初有意与亚东图书馆合作出刊。而汪孟邹以"实在没有力量做"为托词拒绝了陈独秀，却接受了章士钊创办于日本东京的《甲寅》杂志。汪孟邹之所以在章、陈之间作出厚此薄彼的选择，显然是基于章的声望以及《甲寅》杂

---

① 引自唐宝林、林茂生编《陈独秀年谱》，第 69 页。
② 吴虞日记载："陈独秀，安徽人，年四十余，独立前看《易经》，写小篆，作游山诗，独立后始出而讲新学，人之气象亦为之一变。长于英文，近于法文亦进。曾游日本，归国后充当教习。盖讲法兰西哲学者。住上海一楼一底，自教其小儿，其长子法文极佳，父子各独立不相谋也。"见《吴虞日记》（上），四川人民出版社，1984，第 281 页。
③ 参见唐宝林、林茂生编《陈独秀年谱》，第 76 页。
④ 参见庄森《一份特别的履历书——陈独秀出任北大文科学长的前前后后》，《社会科学战线》2006 年第 1 期。
⑤ 汪原放：《亚东图书馆与陈独秀》，学林出版社，2006，第 33 页。

志已具之影响。当时陈的名气固不若章氏，新刊若需"十年、八年的功夫"才能开创局面，显然是一个处于初创阶段的书局所不敢冒险投资的。①

1916 年 9 月，《青年杂志》改名为《新青年》。改名的原因，是上海基督教青年会指责《青年杂志》与他们的刊物在名称上有雷同、混淆之嫌，要求其改名。② 作为办刊者，陈独秀显然不便直白将改名的真实原因告诉读者。他向读者解释说："自第二卷起，欲益加策励，勉副读者诸君属望，因更名为《新青年》。"③ 后来史家据此推断说："添加一个'新'字，以与其鼓吹新思想、新文化的内容名实相符。"④ 这一推断正中陈独秀的圈套。为了扩大杂志影响，陈独秀刻意声称："自第 2 卷起，将得一批'当代名流'相助撰稿"。⑤ 检视名单，尚在美国留学的青年胡适也赫然在列，显有虚张声势之嫌。一年之后，陈独秀故技重演，将第 1、2 卷作者汇列于《新青年》第 3 卷第 1 号上，并夸大其词地署上"海内大名家"数十名执笔。吴虞见自己也列名其中，不无惊诧。他感叹说："不意成都一布衣亦预海内大名家之列，惭愧之至。"⑥

因陈独秀协助章士钊编过《甲寅》，早期《新青年》的作者与

---

① "二次革命"中，章士钊曾任黄兴的秘书长。"二次革命"失败后，章流亡日本，于 1914 年 5 月创办《甲寅》杂志，抨击袁世凯政府。《甲寅》杂志总共出了 10 期（1915 年 10 月终刊，历时一年零五个月），前 4 期在日本出版，后 6 期由亚东图书馆在上海出版。汪原放认为，《甲寅》杂志在当时的中国知识界获得很大的声望，发生了相当大的影响"。一个仅出版 10 期的杂志，其影响度恐不可高估。汪孟邹与章、陈两人的交情不相上下，而汪之所以厚此薄彼，恐更多出于章士钊名望的考量。有论者认为，汪孟邹的选择，乃基于《甲寅》杂志"一时中外风行"的"金字招牌"，（参见张耀杰《〈新青年〉同人的经济账》）笔者不敢苟同。因《甲寅》在日本仅出版过 4 期，不可能达到其广告所称的"一时中外风行"的程度。
② 汪原放：《亚东图书馆与陈独秀》，第 33 页。
③ 《通告》，《新青年》第 2 卷第 1 号。
④ 参见萧超然《北京大学与五四运动》，北京大学出版社，1986，第 38 页。
⑤ 《通告》，《新青年》第 2 卷第 1 号。
⑥ 《吴虞日记》（上），第 310 页。

《甲寅》有渊源，刊物形式亦继承了《甲寅》的风格。如其借以招徕读者的"通信"即是《甲寅》的特色栏目。①《新青年》在形式上借鉴《甲寅》本在情理之中。但陈独秀有意将《新青年》打造为《甲寅》的姊妹刊物，在"通信"栏中通过真假难辨的读者来信，反复宣传《新青年》与《甲寅》之间的传承关系，② 就不无"假借"之嫌。

既无鲜明宗旨，又少有真正"大名家"执笔，早期《新青年》没有多大影响亦在情理之中。每期印数仅 1000 本。③ 承印的上海群益书社每期付编辑费和稿费 200 元。以当时商务印书馆的例规，在不支付编辑费的情况下，至少需销数 2000 本以上，出版商才有可能赚钱。④ 群益之出《新青年》，显然勉为其难。

鲁迅首次接触《新青年》并与陈独秀联系，大约在 1916 年底或 1917 年初。其时鲁迅在北京任教育部社会教育司第二科科长。可能是陈独秀赠送了 10 本《新青年》给他。他看完后，将 10 本《新青年》寄给了远在绍兴的弟弟周作人。⑤ 鲁迅的这一举动，应可解读为对《新青年》怀有好感。然而鲁迅后来在《〈呐喊〉自序》中却称：那时的《新青年》"仿佛不特没有人来赞同，并且也还没有人来反对"。⑥ 周作人晚年也回忆说，印象中的早期《新青年》，"是普通的刊物罢了，虽是由陈独秀编辑，看不

---

① 参阅杨琥《〈新青年〉与〈甲寅〉月刊之历史渊源》，《北京大学学报》2002 年第 6 期。

② 《新青年》第 2 卷第 1 号"通信"栏中，有"贵阳爱读贵志之一青年"的读者来信；第 2 卷第 2 号"通信"栏中，有署名王醒侬的读者来信；第 3 卷第 3 号的"通信"栏中，有"安徽省立第三中学校学生余元浚"的读者来信，均强调《新青年》（《青年杂志》）乃继《甲寅》杂志而起者。

③ 汪原放：《亚东图书馆与陈独秀》，第 33 页。

④ 《胡适致高一涵（稿）》（1924 年 9 月 8 日），《胡适来往书信选》（上），第 259 页。

⑤ 参见唐宝林、林茂生编《陈独秀年谱》，第 79 页。

⑥ 鲁迅：《〈呐喊〉自序》，《鲁迅全集》第 1 卷，人民文学出版社，1981，第 419 页。

出什么特色来";"我初来北京,鲁迅曾以《新青年》数册见示,并且述许季茀(引注:即许寿裳)的话道:'这里边颇有些谬论,可以一驳。'大概许君是用了民报社时代的眼光去看它,所以这么说的吧。但是我看了却觉得没有什么谬,虽然也并不怎么对。"①

周作人到北京的时间,是 1917 年 4 月。三个月前,陈独秀到北京就任北大文科学长。此前《新青年》已经出版了两卷。在后来史家眼中,前两卷《新青年》中,颇不乏思想革命的"经典"之作,如陈独秀的《敬告青年》、《法兰西人与近世文明》、《东西民族根本思想之差异》、《吾人最后之觉悟》、《驳康有为致总统总理书》、《宪法与孔教》,高一涵的《民约与邦本》,易白沙的《孔子平议》,李大钊的《青春》,吴虞的《家族制度为专制主义之根据论》等文章,多为后来学界引述。胡适的《文学改良刍议》和陈独秀的《文学革命论》更被称作新文学运动之"元典"。然而这些在后来史家看来颇具见地的文章,在当时周氏兄弟眼中,既不怎么"谬",也不怎么"对"。整个杂志就是一个既无人喝彩,也无人反对的"普通刊物"。对此,张国焘晚年的回忆亦可参证。张说:"《新青年》创办后的一两年间,北大同学知道者非常少。"②既往有关《新青年》早期就已"声名远扬"以及"壮观的作者队伍"之类言说,③多半是史家的"后见之盲"。

《新青年》随陈独秀北迁后,编辑和作者队伍逐渐扩大。第3卷的作者群中,新增了章士钊、蔡元培、钱玄同等资深学者。但也有恽代英、毛泽东、常乃惪、黄凌霜等在校青年学生投稿。恽是私立武昌中华大学的学生,毛是湖南省立第一师范学校学

① 周作人:《知堂回想录》,香港,三育图书有限公司,1980,第 333~334 页。值得注意的是,周作人所称"虽是由陈独秀编辑,看不出什么特色来",其潜台词亦以陈独秀早已是"大名家"。
② 张国焘:《我的回忆》(1),东方出版社,1991,第 39 页。
③ 最新的研究可参见陈平原《触摸历史与进入五四》,第 52~60 页。

生。两人就读的学校，以当时恽代英的说法是"内地一声闻未著之学校"。①

1917 年 8 月，《新青年》出完第 3 卷后，因发行不广，销路不畅，群益书社感到实在难以为继，一度中止出版。后经陈独秀极力交涉，书社到年底才勉强应允续刊。② 陈万雄在《五四新文化的源流》中写道：《新青年》自第 2 卷起，接连发表了反孔文章，胡适、陈独秀进而提出了文学革命的要求，"新文化运动因为有这两个具体内容而引起了舆论的重视，也带来了强烈的反响。"③ 这一结论显然与实际不符。

二 "复活"与"渐兴旺"

1918 年 1 月，《新青年》在中断四个月之后重新出版。与前三卷不同的是，第 4 卷起改为同人刊物。《新青年》第 4 卷第 3 号登载编辑部启事称：

> 本志自第四卷一号起，投稿章程，业已取消。所有撰译，悉由编辑部同人，公同担任，不另购稿。

《新青年》如此自信地对外宣示，一个关键的因素是陈独秀出掌北大文科学长。杂志主编被教育部任命为全国最高学府的文科学长，④ 本身就是一种无形的"广告"。那时的北大文科学长有多大分量，可引胡适的话为佐证。胡适后来分析文学革命成功的因素时

---

① 中央档案馆等编《恽代英日记》，中共中央党校出版社，1981，第 264 页。
② 1918 年 1 月 4 日鲁迅致许寿裳信中提到："《新青年》以不能广行，书肆拟中止；独秀辈与之交涉，已允续刊，定于本月十五出版云。"（《鲁迅全集》第 11 卷，第 345 页）
③ 陈万雄：《五四新文化的源流》，第 19 页。
④ 教育部的任命函，转见唐宝林、林茂生编《陈独秀年谱》，第 77~78 页。

指出：陈独秀担任北京大学文科学长后，其文学革命主张乃成了"全国的东西"，成了一个"严重的问题"。① 当时北大在全国读书人心目中的地位由此可见。

当然，并非陈独秀一出掌北大文科，杂志即随之改观。更为实际的是，陈独秀入北大后，一批北大教授加盟《新青年》，使杂志真正以全国最高学府为依托。除第3卷的章士钊、蔡元培、钱玄同外，第4卷又有周作人、沈尹默、沈兼士、陈大齐、王星拱等人加入。与此同时，杂志的编务，也不再由陈独秀独力承担。从第4卷开始，采取轮值编辑制。轮值编辑一人一号，各负其责。第4、5卷的轮值编辑，是陈独秀、钱玄同、刘半农、陶孟和、沈尹默、胡适。第6卷的轮值编辑，由高一涵、李大钊顶替预备出国的陶孟和、刘半农。这些轮值编辑均为北大教授或职员。② 《新青年》遂由一个安徽人主导的地方性刊物，真正转变成为以北大教授为主体的"全国性"刊物。如果说之前的"名彦""名流""名家"执笔，多少有些虚张声势的话，如今由"货真价实"的"北大教授"担任撰译，对一般青年读者之号召力，当不难想象。一位署名"爱真"的读者给陈独秀写信说："我抱了扫毒主义已有七八年了。无如帚小力微，所以收得的效果很小。先生等都是大学教授，都是大学问家，帚大力大，扫起来自然是比人家格外利害。"③ 正是"北大教授"的积极参与，使《新青年》大壮声威，以至于"外面的人往往把《新青年》和北京大学混为一谈"。④ 《新青年》编辑部为此大加"辟谣"。此举虽有减轻校方压力的考量，但也不排除有反用"欲盖弥彰"策略之意。《学衡》派后来对《新青年》很不服气，除了理念不同外，认为《新青年》及其同人之"暴得大

---

① 胡适：《陈独秀与文学革命》（1932年），引自中国社会科学院近代史研究所编《五四运动回忆录》（上），中国社会科学出版社，1979，第166页。

② 张耀杰：《北大教授：政学两界人和事》，文汇出版社，2008，第67~92页。

③ 爱真：《五毒》，《新青年》第5卷第6号，1918年12月。

④ 《编辑部启事》，《新青年》第6卷第2号，1919年2月。

名"，在很大程度上是"借重"北大的教育权威和文化资源。①

除了作者队伍、思想主张以及社会时代环境之变动外，②《新青年》影响的扩大，与陈独秀等人对媒体传播技巧的娴熟运用亦大有关系。《新青年》以前，陈独秀曾独自主办过《安徽俗话报》，又与章士钊合办过《甲寅》杂志，按理积累了丰富的办报办刊经验。没想到《新青年》办了两年还无声无臭，一度面临关门的局面。这实在大大出乎陈独秀的意料。

陈独秀对舆论"炒作"早有一套自己的看家本领。办《甲寅》杂志时，他就采用过"故作危言，以耸国民"以及"正言若反"等手法。③《新青年》创刊伊始，即仿照《甲寅》开辟了一个"通信"栏目，发表读者来信。陈独秀开辟此栏目固然有激发公众参与讨论的考量，同时也是刻意营造"众声喧哗"的氛围，带有相当的"表演"成分。1917 年 7 月，刚从美国留学归来的胡适在日本东京读到《新青年》第 3 卷第 3 号，即在日记中写道："《新青年》之通信栏每期皆有二十余页（本期有二十八页）。其中虽多无关紧要之投书，然大可为此报能引起国人之思想兴趣之证也。"④刚从美国回来的胡适难免被陈独秀"忽悠"，但在鲁迅这样目光老辣的读者面前，《新青年》"不特没有人来赞同，并且也还没有人来反对"的本相实在难以掩饰。面对这样一种冷清的局面，《新青年》编者们竟大胆而又别出心裁地上演了中国近代报刊史一幕前所未有的"双簧戏"。

"双簧戏"上演的时间是 1918 年 3 月，主角是钱玄同与刘半

---

① 如梅光迪指出："彼等之学校，则指为最高学府，竭力揄扬，以显其声势之赫奕，根据地之深固重大。"见梅光迪《评今人提倡学术之方法》，《学衡》第 2 期，1922 年 2 月；参见陈平原《触摸历史与进入五四》，第 105 页。

② 学界对《新青年》之思想主张，已有较为深入的研究。本章不侧重思想史考察，并不意味着漠视和否认其重要性。下节有关《东方杂志》角色转换的论述亦同。

③ 唐宝林、林茂生编《陈独秀年谱》，第 64 页。

④ 曹伯言整理《胡适日记全编》（2），安徽人民出版社，2001，第 615 页。

农。先由钱玄同化名"王敬轩"，以读者名义致一长函于《新青年》，肆意指责《新青年》排斥孔子，废灭纲常，尤集矢于文学革命。再由刘半农代表《新青年》逐一批驳。虚拟的正方反方各尽意气之能事，指责者百般挑衅，批驳者刻薄淋漓，极具戏剧性和观赏效果。胡适将此事内情告诉好友任鸿隽后，任氏担心伪造读者来信将有损《新青年》信用，而任妻陈衡哲则认为此举具有"对外军略"的意义。①"双簧戏"显然取得了一定的"炒作"效果，聚集了受众相当的注意力。胡适最初提出文学"改良刍议"时，曾学究气地表示"甚愿国中人士能平心静气与吾辈同力研究此问题"。而陈独秀以"老革命党"的气势将其提升为你死我活的"文学革命"，并以十分决绝的口吻表示"必不容反对者有讨论之余地，必以吾辈所主张者为绝对之是，而不容他人之匡正也"。② 从"双簧戏"的表演来看，陈独秀当初的决绝表示，大有"正言若反"的意味：即故意挑衅反对者出来论辩，以激发公众舆论的关注。"双簧戏"显示《新青年》同人对于媒体传播的技巧运用得相当娴熟。

　　"王敬轩"来信发表后，真的引来了一批反对者。值得注意的是，当真的反对者出来辩驳时，《新青年》同人却表现出无法容忍的态度。如北大学生张厚载批评《新青年》所发表的白话诗及对中国旧戏的看法不当时，不仅陈独秀、胡适、钱玄同、刘半农四人群起围剿，钱玄同甚至对胡适刊发此信十分生气，扬言要因此脱离《新青年》。胡适则认为，"无论如何，总比凭空闭户造出一个王敬轩的材料要值得辩论些。"③ 因《新青年》同人态度十分决绝，落笔时只求痛快，语调不无刻薄，遂激起部分读者反感。如一位自称"崇拜王敬轩"的读者来信说："王先生之崇论宏议，鄙人极为佩

---

① 《任鸿隽致胡适》（1918 年 9 月 5 日），《胡适来往书信选》（上），第 14 页。
② 胡适、独秀：《通信》，《新青年》第 3 卷第 3 号，1917 年 5 月。
③ 《新文学及中国旧戏》，《新青年》第 4 卷第 6 号，1918 年 6 月；《胡适致钱玄同》（1919 年 2 月 20 日），《胡适来往书信选》（上），第 24～25 页。

服；贵志记者对于王君议论，肆口侮骂，自由讨论学理，固应又（引注：原文如此，似为如之误）是乎！"① 胡适的好友任鸿隽也劝《新青年》同人"勿专骛眼前攻击之勤"，更不应"徒事谩骂"，立论"勿太趋于极端"。任鸿隽还特意提醒："趋于极端与 radical〔激进〕不同"。②

事实上，致函《新青年》表达不同意见者，态度尚属平和。激烈的反对者开始借助其他报刊加以攻击。其中以林琴南的攻击最为恶辣，也最具影响。1919 年 2、3 月间，林琴南于上海《新申报》接连以小说形式诋毁《新青年》同人，③ 继而在北京《公言报》以公开信的形式两度致书蔡元培，④ 攻击《新青年》与北大。

林琴南的公开信发表后，蔡元培亦借助媒体复信驳辩。⑤ 因林、蔡均系学界名流，两人的论辩迅速引发舆论关注。一时间，京沪各大报刊在转载林蔡往还书牍的同时，竞相发表评论。各报且将"林蔡之争"冠以"新旧之争"、"新旧思潮之冲突"、"新旧思潮之决斗"等火药味浓烈的标题。尽管当时以刘师培为首的"正统"旧派并不认同林琴南，新文化诸人也指称林氏"不配"代表旧派，⑥ 仍无碍媒体在"新旧之争"的名义下加以炒作。当时就有人指出，所谓"新旧之争"完全是媒体虚拟出来的："从《公言报》登了一篇《北京学界思潮变迁之近状》的新闻及林琴南致蔡子民一信，京内外各报都当此为极好资料，大家发抒意见，至再至

---

① 《崇拜王敬轩先生者致独秀》，《新青年》第 4 卷第 6 号。

② 《任鸿隽致胡适》（1918 年 9 月 5 日、11 月 3 日），《胡适来往书信选》（上），第 15～17 页。

③ 如广为人知的《荆生》、《妖梦》两篇小说分别发于《新申报》1919 年 2 月 17 日、3 月 19～23 日。

④ 林琴南致蔡元培函，发表于《公言报》1919 年 3 月 18 日。

⑤ 有关"林蔡之争"的深入探讨，可参见罗志田《林纾的认同危机与民初的新旧之争》，载氏著《权势转移：近代中国的思想、社会与学术》，湖北人民出版社，1999，第 263～289 页。

⑥ 参阅罗志田《林纾的认同危机与民初的新旧之争》。

三……各报所藉以评论的资料，只是靠着一篇《公言报》的新闻和林蔡来往的几封信（林也不是旧的，蔡也不是新的，信中也没有新旧的话），都不能算做事实……今林琴南来了一封责难的信，我们看来虽然是胡闹，但在大学方面却不能当他胡闹。所以蔡的回答罢，也是尽大学一分子的责任。奈偏偏被一般无知识的人给他一个'新旧战争'的名词。"①

为了吸引读者，夸张的笔法，过激的言词，本是大众传媒的惯用伎俩。深悉大众传播心理和传媒特点的陈独秀又趁机将这些报道有选择性地转载于《每周评论》，无异火上浇油。仅《每周评论》第 17、19 两期就转载了 14 家报刊的 27 篇社评。② 在新闻媒体的大肆渲染下，原囿于学界的思想分歧，顿时喧哗为大众关注的公共话题。

令林琴南始料未及的是，他对《新青年》的攻击诋毁，招来媒体的广泛报道，无形中为《新青年》作了一次声势浩大的广告宣传。在此之前，新闻报纸几乎没有关注过《新青年》。陈独秀苦心孤诣未能实现的目标，无意中竟由林琴南一手促成。

"林蔡之争"之所以会有如此大的社会反响，还与《申报》的两篇报道有关。1919 年 3 月 6 日《申报》报道说："日前喧传教育部有训令达大学，令其将陈（独秀）钱（玄同）胡（适）三氏辞退，并谓此议发自元首，而元首之所以发动者，由于国史馆内一二耆老之进言，但经记者之详细调查，则知确无其事。此语何自而来，殊不可解。"③ 3 月 31 日，《申报》又有消息说，参议院议员张元奇拟弹劾教育部，理由是北京大学教授"有离经叛道之鼓吹"，而教育部总长傅增湘并不过问。傅因此乃致函北京大学校

---

① 《辟北京大学新旧思潮之说》，转引自《每周评论》第 19 号，1919 年 4 月 27 日。

② 《特别附录：对于新旧思潮的舆论》（一）、（二），《每周评论》第 17、19 号，1919 年 4 月 13、27 日。

③ 静观：《北京大学新旧之暗潮》，《申报》1919 年 3 月 6 日，第 6 版。

长，"令其谨慎从事"。①

第一则消息《申报》虽然明示系不实之传闻，但仍为不少媒体辗转报道。第二则消息确有其事，更有媒体进一步透露张元奇之弹劾案系受林琴南幕后指使。一时间，舆论纷纷指责林琴南等人"欲借政治的势力，以压伏反对之学派，实属骇人听闻"。②《时事新报》描述说："自《申报》电传大学教员陈胡诸君被逐之耗后，举国惊惶，人人愤慨。"③ 恰在这样一种情景下，林琴南致蔡元培公开信，立即使人联想到"旧派"有意借官方力量打压"新派"。④"新派"一时竟成了令舆论同情的"弱者"。其时黄宗培致函胡适说："弟非谓新党无可反对也，实以言论自由天经地义，旧党不循正当轨辙辩论真理，乃欲以黑暗手段取言论自由之原则而残之，此实世界之公敌，有血气者安可与之同日月耶。"⑤

民国初年，中国知识界的思想环境，在趋新与守旧两端，其实很难断言何者更具市场。"新派"、"旧派"亦非泾渭分明，更多的是新中有旧，旧中有新，新旧杂陈。⑥ 如柳亚子对陈独秀的"倒孔"主张十分推崇，对文学革命却甚不以为然，申言："《新青年》杂志中陈独秀君巨著，宜写万本，读万遍也。""唯近信胡适之言，倡言文学革命，则弟未敢赞同"。吴虞在反孔方面比陈独秀更激进，但对文学革命则持保留态度。他曾为此写了一篇《论文学革命驳胡适说》的文章，柳亚子读后"拍案叫绝"。⑦ 可见对于新文学，反对者并非全是旧派，新派亦甚有持异议者。

---

① 《京华短简》，《申报》1919 年 3 月 31 日，第 7 版。
② 《酝酿中之教育总长弹劾案》，原载《顺天时报》，《每周评论》第 17 号转载。
③ 匡僧：《大学教员无恙》，原载《时事新报》，《每周评论》第 17 号转载。
④ 如《时事新报》称："北京大学新派教员，屡被旧派学者之搭击。近复闻旧派藉某军人与新国会之权力，以胁迫新派文科学长陈独秀先生，有愿辞职以自由主张新学之说。"见匡僧《威武不能屈》，转引自《每周评论》第 17 号。
⑤ 《黄宗培致胡适》（1919 年 4 月 12 日），《胡适来往书信选》（上），第 36 页。
⑥ 此点罗志田教授曾多次论及。
⑦ 参见唐宝林、林茂生编《陈独秀年谱》，第 72 页；《吴虞日记》（上），第 300、309 页。

对于《新青年》的其他主张，胡适在美国的一帮朋友也不乏异词。① 如张奚若即不客气地批评《新青年》同人的学问强半是"无源之水"，《新青年》的言论"有道理与无道理参半"，其中有些"一知半解、不生不熟的议论，不但讨厌，简直危险"。后来备受称赞的李大钊之《Bolshevism 的胜利》一文，在张奚若看来，不过"空空洞洞，并未言及 Bolshevism 的实在政策"。②

《新青年》同人自然十分在意外界的反映。1919 年 1 月，陈独秀在《本志罪案之答辩书》中坦承："本志经过三年，发行已满三十册；所说的都是极平常的话，社会上却大惊小怪，八面非难，那旧人物是不用说了，就是咭咭叫的青年学生，也把《新青年》看作一种邪说、怪物，离经叛道的异端，非圣无法的叛逆。"③ 连"新青年"都未能普遍接纳《新青年》，难怪胡适的朋友朱经农要为"新思潮的潜势力单薄得很"而担忧了。④

令新旧双方都有些始料未及的是，自大众媒体介入并炒作后，《新青年》与"新派"、"新文化"的声名与日俱增。其时有人投书上海《中华新报》说，听到陈、胡、刘（半农）、钱四君被逐的消息后，并不消极悲观，"至少言之，我知从此以后之《新青年》杂志发行额必加起几倍或几十倍。"⑤ 成都《川报》亦发表评论说：北京政府驱逐陈、胡、傅（斯年）、钱四人出校，"从此《新青年》的价值，愈增高了！陈、胡、傅、钱的声名，也是愈增高了！"⑥《申报》最初报道的是陈、胡、钱三人被逐，经辗转报道后，三人变成了四人，而新增的一位，又有刘半农和傅斯年两说，可见传闻

---

① 胡适致函朱经农说："美国一班朋友很有责备我的话"。转引自《朱经农致胡适》（1919 年 8 月 9 日），《胡适来往书信选》（上），第 108 页。
② 《张奚若致胡适》，《胡适来往书信选》（上），第 30～31 页。
③ 陈独秀：《本志罪案之答辩书》，《新青年》第 6 卷第 1 号，1919 年 1 月。
④ 《朱经农致胡适》（1919 年 5 月 21 日），《胡适来往书信选》（上），第 44 页。
⑤ 志拯：《谁的耻辱》，转引自《每周评论》第 19 号。
⑥ 因明：《对北京大学的愤言》，转引自《每周评论》第 19 号。

之甚。①

当时读书界显已洞悉"越受打压越出名"的社会传播心理。正是 1919 年春初的这场"新旧之争"，使《新青年》及其同人声名大振。杂志的最高印数达到一万五六千份。② 对于这一变化，经营亚东图书馆的汪孟邹具有职业性的敏锐感受。他在 1919 年 4 月 23 日致胡适的信中写道："近来《新潮》、《新青年》、《新教育》、《每周评论》，销路均渐兴旺，可见社会心理已转移向上，亦可喜之事也。各种混账杂乱小说，销路已不如往年多矣。"③

汪孟邹以"渐兴旺"三字较为慎重地表达了《新青年》在五四前夕的社会影响。1919 年 5 月，《新青年》决定重印前 5 卷。这无疑是《新青年》销路大开的一个重要表征，也是《新青年》真正成为"名刊"的重要标志。

三　与《东方杂志》竞争

清末民初的报刊，基于不同的运作模式与风格，大致可分为商业报刊、机关团体刊物与学界同人杂志三类。④ 像《东方杂志》一类注重商业效益的刊物，立论力求"平正通达"，尽量关照各个层

---

① 陈独秀终究被撤职。事情的原委是：1919 年 3 月 26 日，蔡元培开会商讨学校事。会上，汤尔和以外间传闻陈独秀嫖妓事，猛烈攻击陈"私德太坏"。蔡元培为汤议所动，决定撤销陈之文科学长职。胡适后来致函汤尔和说："当时外人借私行攻击陈独秀，明是攻击北大的新思潮的几个领袖的一种手段，而先生们亦不能把私行为与公行为分开，适坠奸人术中了。"胡适还评说："独秀因此离去北大，以后中国共产党的创立及后来国中思想的左倾，《新青年》的分化，北大自由主义者的变弱，皆起于此夜之会。"见《胡适来往书信选》（中），第 281～283、289～291、294 页。
② 汪原放：《亚东图书馆与陈独秀》，第 33 页。作为一份思想文化类刊物，一万五六千份的印数在当时甚可观了。据称《东方杂志》的最高销量也是一万五千份。参见李欧梵《上海摩登》，毛尖译，香港，牛津大学出版社，2000，第 48 页。
③ 《汪孟邹致胡适》，《胡适来往书信选》（上），第 40 页。
④ 参见陈平原《触摸历史与进入五四》，第 53 页。

面不同观念的读者；像《新民丛报》、《民报》一类刊物，因代表党派团体立场，立论力求"旗帜鲜明"，甚至不惜"党同伐异"；而学界同人杂志，既追求趣向相投，又不愿结党营私，立论多据学理，运作不以营利为目标。

《东方杂志》始创于 1904 年，为商务印书馆所经营。该刊的栏目与内容十分广泛，包括新闻报道、时评政论、文化批评、学理文章、文艺作品以及翻译、图片等，形式不拘一格，观念亦兼容并蓄，虽然缺乏鲜明特色，销量却相当可观，在都市文化界甚具影响。

五四以前，《东方杂志》在一般文化人群中流行的程度，可能大大超乎我们的既有认知。吴虞、恽代英等人在 1915～1919 年间的阅读记录，也许可以提供一些个体例证。

清末民初的吴虞是一个甚不得意的读书人，被成都士绅界目为"大逆不道"的人物。吴虞之"发迹"并上升为全国舞台上的知名人物，与《新青年》杂志密切相关。查吴虞 1911～1916 年间的阅读记录，他常年订阅的杂志有《东方杂志》、《法政杂志》、《进步杂志》、《小说月报》、《国民公报》、《学艺》、《甲寅》等。其中《东方杂志》又是吴虞最常订阅者。据吴虞日记，他最早知道《新青年》并首次与陈独秀联系，是在 1916 年 12 月。① 吴虞向《新青年》投稿之际，亦开始订阅《新青年》。

吴虞反孔非儒与批判家族制度的文章，成都当地报纸多不敢登载，而陈独秀将其连载于《新青年》。吴虞大为感奋。之后不久，他便开始嫌《东方杂志》"精神上之文字少也"。② 到 1917 年 7 月，吴虞即明确表示以后不再续订《东方杂志》、《青年进步》、《小说月报》等刊，③ 独钟于《新青年》。

与吴虞相似，恽代英的阅读兴趣也有一个由《东方杂志》转

---

① 《吴虞日记》（上），第 272～273 页。
② 《吴虞日记》（上），第 295、298 页。
③ 《吴虞日记》（上），第 328 页。

向《新青年》的过程。青年恽代英十分爱看杂志。1917~1918 年间，恽氏常年订阅的刊物有《东方杂志》、《妇女杂志》、《教育杂志》、《科学》、《大中华》、《教育界》、《学生界》等数种，此外还零星购买过《进步杂志》、《青年进步》、《中华教育界》、《中华学生界》、《妇女时报》、《小说海》等刊。恽批评当时的青年学生多"不肯买正当杂志"，"亦多不明看杂志之利益"，① 而自己大量订阅杂志，显属特例。从订阅情况看，恽代英的阅读兴趣与吴虞颇有不同，唯有《东方杂志》是两人都常订阅的刊物。

恽代英最早接触并投稿《新青年》，与吴虞几乎同时。但与吴虞不同的是，恽代英一直到 1919 年 3 月才开始订阅《新青年》。在此之前的两年间，恽代英仅零星购买和偶尔"杂阅"过《新青年》。② 1919 年恽代英不再订阅《妇女杂志》、《教育杂志》、《科学》等刊，只有《东方杂志》仍在续订中。

恽代英坚持不懈地订阅《东方杂志》，却迟迟不订《新青年》，令人有些匪夷所思。1917 年 9 月，恽代英在日记中对《新青年》有过如下一番议论：

> 《新青年》杂志倡改革文字之说。吾意中国文学认为一种美术，古文、骈赋、诗词乃至八股，皆有其价值。而古文诗词尤为表情之用。若就通俗言，则以上各文皆不合用也。故文学是文学，通俗文是通俗文。吾人今日言通俗文而痛诋文学，亦过甚也。③

恽代英对《新青年》印象最深的是其"改革文字之说"，而他显然不认同这一主张。次年 4 月，恽在给一位朋友的信中仍坚持认为：

---

① 《恽代英日记》，第 31~32、445~446、263 页。
② 《恽代英日记》，第 50、128、149、287 页。
③ 《恽代英日记》，第 153 页。

"新文学固便通俗，然就美的方面言，旧文学亦自有不废的价值，即八股文字亦有不废的价值，惟均不宜以之教授普通国民耳。"不仅如此，恽代英甚至对《新青年》同人的"激进"倾向，亦整体不予认同。1919 年 2 月 10 日，恽代英郑重致函陈独秀，"劝其温和"。①

不过到五四前后，恽代英对《新青年》与《东方杂志》的态度逐渐发生变化。4 月 24 日，恽代英在日记中写道："阅《新青年》，甚长益心智。"6 月 25 日，恽代英又在日记中转引好友的话说："旧日以为《时报》与《东方杂志》最好，现在仍作此语，有耳无目，可怜哉！"9 月 9 日，恽代英在致王光祈的信中明确表示："我很喜欢看《新青年》和《新潮》，因为他们是传播自由、平等、博爱、互助、劳动的福音的。"②

五四前后数月间，《新青年》与《东方杂志》在恽代英的阅读兴趣中，发生了一次角色转换。只是这一转换，比吴虞大约晚了两年。吴虞是《新青年》的重要作者。而恽代英虽然也给《新青年》投过稿，其身份更倾向于"读者"一边。从《新青年》"读者"的角度来看，恽代英的情形可能更具代表性。

《新青年》与《东方杂志》的角色转换，除了思想取向和社会时势的契合外，也不应忽视《新青年》同人在大众传播层面的策略运作。1918 年 9 月，《新青年》发表陈独秀的《质问〈东方杂志〉记者——〈东方杂志〉与复辟问题》一文。③ 在此之前，《新青年》与《东方杂志》的思想文化主张虽有不同，但两刊从未正面交锋过。陈独秀此次直接"质问《东方杂志》记者"，单刀直入，显得十分突兀。事缘于《东方杂志》译载日本《东亚之光》杂志上一篇名为《中西文明之评判》的文章。因该文征引了辜鸿铭的大量言论，陈独秀乃借辜氏维护纲常名教与复辟帝制的关联，

---

① 《恽代英日记》，第 439、483 页。

② 《恽代英日记》，第 528、568、624 页。

③ 陈独秀的文章发表于《新青年》第 5 卷第 3 号，陈崧编《五四前后东西文化问题论战文选》（中国社会科学出版社，1985）一书有收录。

趁机将《东方杂志》一并推上"复辟"的审判台。陈独秀在正文中虽然没有以"复辟"相责问，却以"《东方杂志》与复辟问题"为副标题，十分醒目。在当时国人对"复辟"记忆犹新且深恶痛绝的时候，陈独秀将"复辟"这顶沉重的黑帽子扣在《东方杂志》头上，无疑极具杀伤力。陈独秀全文以 16 个"敢问"相串通，甚少学理论辩，却充满浓烈的挑衅意味。这种轶出学理规则，甚至带有"诋毁""攻讦"意气的做法，在当时杂志界同行显属违背常规，极为罕见。

学界对"东西文化问题论战"已有相当细致的描画，此处无意否认两刊在思想层面的严重分歧，只是对陈独秀以非常手段"对付"《东方杂志》的"非观念"动机，作一点探奇式的考察。对《新青年》主编陈独秀而言，刊物办了两年多，影响仍然有限，而商务印书馆所经营的《东方杂志》却在都市文化人中甚为流行，难免心生嫉羡。如何与《东方杂志》争夺读者市场乃至全国读书界的思想领导权，陈独秀不可能不加以考虑。《东方杂志》以迎合读者、推广销路、确保商业利益为第一考量。《新青年》显然不可能像《东方杂志》一样循商业模式来运作。《新青年》要与《东方杂志》竞争，必须以思想主张去吸引读者。就办刊宗旨而论，《东方杂志》力持"平正"，《新青年》则一味激进。但在民初的中国文化界，响应激进者毕竟是少数。恽代英于 1919 年 4 月 6 日的日记中，尚认为办刊物"若取过激标准，则与社会相去太远，易起人骇怪之反感，即可以长进的少年，亦将拒绝不看"。① 张国焘也回忆说，1919 年以前，他的北大同学中，尊重孔子学说、反对白话文的还占多数，无条件赞成新思潮、彻底拥护白话文者占少数。②

陈独秀借"复辟"做文章攻击《东方杂志》，如同使出一个"杀手锏"，大有拔刀见红之效。《东方杂志》声望和销量很快受到

---

① 《恽代英日记》，第 517 页。
② 张国焘：《我的回忆》（1），第 40 页。

冲击。商务印书馆不得不以减价促销来应对。① 但陈独秀仍不罢休，于1919年2月再次撰文诘难《东方杂志》。无奈之下，商务印书馆在报纸上以"十大杂志"为题，大做广告，力图挽回影响。《东方杂志》列名商务"十大杂志"之首，其广告词称："《东方杂志》详载政治、文学、理化、实业以及百科之学说，并附中外时事、诗歌、小说，均极有关系之作。"②

"十大杂志"广告刊出不久，北大学生罗家伦在《新潮》杂志上发表《今日中国之杂志界》一文，一面对陈独秀主导的《新青年》与《每周评论》大加赞美，一面对商务旗下的几大刊物痛加批贬，如称《东方杂志》是"杂乱派"杂志，《教育杂志》是"市侩式"杂志，《学生杂志》是"一种极不堪的课艺杂志"，《妇女杂志》"专说些叫女子当男子奴隶的话，真是人类的罪人"等，用语十分刻薄。其中对《东方杂志》的具体评价是："毫无主张，毫无选择，只要是稿子就登。一期之中，上至天文，下至地理，古今中外，诸子百家，无一不有……忽而工业，忽而政论，忽而农商，忽而灵学，真是五花八门，无奇不有。你说他旧吗？他又像新。你说他新吗？他实在不配。"③ 罗家伦的批评虽有合理的成分，但言词充满火药味，褒贬之间不无意气夹存。《新潮》是在陈独秀、胡适指导下由北大学生傅斯年、罗家伦等人所创办。罗家伦之文是否受过《新青年》同人之"指导"不得而知，但与此前陈独秀的"质问"文章无疑起到了唱和的作用。④

---

① 《张元济日记》（上），河北教育出版社，2001，第670页。
② 商务印书馆的"十大杂志"是指：《东方杂志》、《教育杂志》、《妇女杂志》、《学生杂志》、《少年杂志》、《英文杂志》、《农学杂志》、《小说月报》、《英语周刊》和《留美学生季报》。见天津《大公报》1919年3月各期。
③ 罗家伦：《今日中国之杂志界》，《新潮》第1卷第4期，1919年4月1日。
④ 时任《东方杂志》编辑的章锡琛后来回忆说：当时高举新文化运动旗帜的刊物，首先向商务出版的杂志进攻，先是陈独秀在《新青年》上抨击《东方杂志》反对西方文明，提倡东方文明，接着北大学生组织新潮社的《新潮》发表了罗家伦的《今日中国之杂志界》一文，把商务各种杂志骂得体无完肤。见章锡琛《漫谈商务印书馆》，《商务印书馆九十年》，商务印书馆，1987，第111页。

《东方杂志》连遭陈、罗的炮轰后，声望暴跌。商务印书馆不得不考虑撤换主编，由陶惺存（又名陶保霖）接替杜亚泉。① 1919年 7 月，尚未正式接任主编的陶惺存以"景藏"为笔名，发表《今后杂志界之职务》一文，算是回应罗家伦。② 1920 年 7 月陶惺存逝世，《东方杂志》主编一职由钱智修接任。

与时代潮流渐相脱节的《东方杂志》，在都市文化界独占鳌头的地位显然受到冲击，至少在青年读书界不得不暂时让位于《新青年》。③ 张国焘回忆说，他在 1916 年秋入北大后，和当时的许多青年一样，以不甘落伍、力求上进的新时代青年自命，除了功课而外，还经常爱读《东方杂志》、《大中华》等刊物，希望从此探究出一些救国治学的新门径。后来看到了《新青年》，觉得它更合乎自己的口味，更适合当时一般青年的需要，转而热烈拥护。④ 五四前后，像张国焘这样的"新时代青年"大都经历了一个从爱读《东方杂志》到爱读《新青年》的过程。郑超麟也回忆说，他在法国勤工俭学的时候，羡慕那些在《新青年》、《新潮》、《少年中国》等"新思潮"杂志上写文章的人，而对《东方杂志》则已没有敬意。⑤

在恽代英、张国焘、郑超麟这一代五四新青年的阅读史上，大

---

① 张元济日记中有关撤换主编的记载：1919 年 5 月 24 日："与梦、惺商定，请惺翁接管《东方杂志》。"8 月 5 日："《东方杂志》事，惺翁告，亚泉只能维持现状。又云外间绝无来稿。"10 月 22 日："惺言，《东方杂志》投稿甚有佳作，而亚（泉）均不取，实太偏于旧。"10 月 27 日："惺存函商《东方杂志》办法，自己非不可兼，但不能兼做论说，先拟两法：一招徕投稿，二改为一月两期。余意，一月两期既费期，又太束缚，以不改为是。"10 月 30 日："惺存来信，辞庶务部，担任《东方杂志》事。"见《张元济日记》（下），第 778、828、889、891、893 页。
② 景藏：《今后杂志界之职务》，《东方杂志》第 16 卷第 7 期，1919 年 7 月。
③ 《新青年》转向宣传社会主义以后，读者群迅速出现分化：一批人重新回归《东方杂志》（如吴虞又重新订阅《东方杂志》，见《吴虞日记》[上]第 561 页），另一批人则进一步成为《向导》的热心读者。
④ 张国焘：《我的回忆》（1），第 39~40 页。
⑤ 郑超麟：《怀旧集》，东方出版社，1995，第 165 页。

多经历了一场《新青年》与《东方杂志》此消彼长的"权势转移"过程。

四　新文化形成"运动"

《新青年》由一个"普通刊物"，发展成为"新文化"、"新思潮"的一块"金字招牌"，经历了一个历史过程。正是在这一过程中，"新文化"由涓涓细流逐渐汇成为洪波巨浪。1918年12月和1919年1月，《每周评论》和《新潮》的相继创刊，结束了《新青年》孤军奋战的局面。三刊同声协唱，同气相求，很快产生了群体效应。

与《新青年》相比，《每周评论》直接以"谈政治"为宗旨，言论更趋激烈，煽动性也更大。相对每月一期的《新青年》，以小型报纸形式出现的《每周评论》更显灵活也更具时效。

《新潮》的创刊，意味着学生辈正式以群体的形式加入到"运动"中来。在此之前，虽有青年学生给《新青年》投稿，但均是个体行为。《新潮》因系北大学生所创办，更能迎合青年学生的脾胃。时在浙江第一师范就读的施存统致函《新潮》编辑部说："自从你们的杂志出版以来，唤起多少同学的觉悟，这真是你们莫大之功了！就是'文学革命'一块招牌，也是有了贵志才竖得稳固的（因为《新青年》虽早已在那里鼓吹，注意的人还不多）。"[①] 施存统的这一说法颇值得注意。因《新青年》自1917年开始倡导"文学革命"，先后发表讨论文章数十篇。在《新青年》所有话题中，以"文学革命"的讨论最为热烈。但在施存统看来，在1919年以前，注意新文学的人还不多。直到《新潮》加盟鼓吹，"文学革命"的招牌才竖稳固。

1922年，胡适应《申报》创办50年纪念之约，撰写《五十年

---

① 《施存统来信》，《新潮》第2卷第2期，1919年12月。

来中国之文学》一文。文中写道：虽然自 1916 年以来就有意主张白话文学，但白话文真以"一日千里"之势传播，是 1919 年以后。白话的传播遍于全国，与 1919 年的学生运动大有关系。因为五四运动发生后，各地的学生团体很快办起了约四百种白话报刊。①

胡适的观察，实际上也是对整个新文化运动进程的描述。换言之，新文化真正形成全国性的"运动"，与五四运动大有关系。施存统仅注意到《新潮》的加盟鼓吹，而胡适更重视各地数百种报刊的响应。数百种报刊的群体响应，意味着"新文化"由少数精英的鼓吹，发展为知识大众的唱和。正是在这一层意义上，"新文化"才真正成为一场空前规模的"运动"。

就《新青年》本身的传播而言，五四运动也是一个重要的契机。湖南要算《新青年》较早进入的地区之一。但直至五四前夕，《新青年》在湖南仍"销行极少"。"自五四运动霹雳一声，惊破全国大梦，于是湘人亦群起研究新文化。"② 《新青年》的销量才大增。1919 年 8 月长沙文化书社成立。半年之内，该社销售《新青年》达两千本。③

据吴虞称，1916 年底《新青年》初到成都时只卖了 5 份。④ 3 个月后，销数超过 30 份。⑤ 但此后销数未见大的起色。直至五四运动爆发后，《新青年》在成都的销售情况才顿然改观。1919 年底，吴虞在成都销售新书刊最有名的华阳书报流通处，翻阅其售报

---

① 胡适：《五十年来中国之文学》，载《最近之五十年——申报馆五十周年纪念》，上海书店影印，1987。
② 宫廷璋：《湖南近年来之新文化运动》，湖南《〈大公报〉十周年纪念特刊》，1925 年 9 月，转引自湖南省哲学社会科学研究所编《五四时期湖南人民革命斗争史料选编》，湖南人民出版社，1979，第 305～306 页。
③ 《文化书社社务报告》第 2 期，见张允侯等编《五四时期的社团》（1），三联书店，1979，第 64 页。
④ 《吴虞致胡适》（1920 年 3 月 21 日），《胡适来往书信选》（上），第 87 页。
⑤ 《吴虞日记》（上），第 301 页。

簿，内中有两处记录令他讶异：一是守经堂亦买《新青年》看；二是成都县中学一次购买《新青年》等杂志 22 元。[①] 吴虞感叹说："潮流所趋，可以见矣。"[②]

在浙江，新思潮虽在五四之前便进入到浙江省立第一师范学校，但杭州的其他一些学校"无论什么杂志都没有看的"。[③] 新文化刊物在杭州的集中出现，是 1919 年夏秋以后。杭州一地，在短短半年间，便出版了 16 种以教师学生为主要对象的刊物，总期数达到 120 余卷。[④]

湖南、四川、浙江是全国新文化运动比较发达的地区。即使是这些地区，新文化真正成为"运动"，也是五四以后的事。相对而言，其他地区就更滞后一些。据恽代英称，五四以后，武汉学生"看杂志的风气才渐开"。1920 年初利群书社成立后，武汉才有了专卖新书报的场所。[⑤] 由于书社规模不大，以至于成立半年多后，在汉口明德大学读书的沈均还不知道有此书社。沈是湖南新民学会会员。1920 年 10 月他致信毛泽东抱怨说："学校（引注：指明德大学）除了几份照例的报纸外，想看看什么丛书杂志，那是没有的。最可怪的，以一个天下驰名的汉口，连贩卖新书报的小店子都没有，真是好笑又好急呢。"[⑥]

新文化运动在福建又是另一番景象。据郑超麟回忆，1920 年春，福建的学生才开始闹"五四运动"，开始接触新思潮。1919 年11 月，刚从福建省立第九中学毕业的郑超麟前往法国勤工俭学。在上船以前，他"不知道五四运动有爱国以外的意义"。在船上，

① 《新青年》全年定价 2 元。
② 《吴虞日记》（上），第 511 页。
③ 《施存统来信》，《新潮》第 2 卷第 2 期，1919 年 12 月。
④ 引自叶文心《史学研究与五四运动在杭州》，郝斌、欧阳哲生主编《五四运动与二十世纪的中国》（下），社会科学文献出版社，2001，第 1102～1103 页。
⑤ 恽代英：《利群书社》，《互助》第 1 期，1920 年 10 月，转引自张允侯等编《五四时期的社团》（1），第 124～132 页。
⑥ 湖南省博物馆编《新民学会文献汇编》，湖南人民出版社，1979，第 59 页。

他第一次与"外江"学生接触，发现那些"外江"学生流行看《新青年》等"新思潮"杂志，而此前他只熟悉礼拜六派杂志，对《新青年》一类杂志闻所未闻。与他同船赴法的 30 多名福建学生也都是到法国以后，才开始阅读从国内寄来的《新青年》等杂志，在抵法半年乃至一年之后，才学会写白话文，学会谈新思潮。①

新文化运动在各省之间不同步，在各县之间更不平衡。作家艾芜、沙汀、何其芳均是四川人。艾芜的家乡新繁县，距离成都只有三四十里路程。他就读的新繁县立高等小学，校长吴六如是吴虞的侄子，五四运动前，学校图书馆就订阅了《新青年》等刊物。故艾芜较早接触了新思潮。沙汀的家乡安县，地处川西北。直到1921 年夏，沙汀还不知陈独秀、胡适、鲁迅是何许人也。1922 年秋，沙汀入成都省立第一师范学校，才开始接触新思潮和新文学。与沙汀比，何其芳接触新思潮的时间更晚。直到 1927 年，在四川万县上中学的何其芳还不知道五四运动，当地教育界依然视白话文为异端邪说。②

新文化运动在全国各地的进程既不一致，新文化刊物在各地的流行也不尽相同。在浙江，《星期评论》就比《新青年》更流行。如浙江第一师范有 400 多名学生，订阅《新青年》100 多份，订阅《星期评论》400 多份。③ 后者几乎人手一份。

在湖南，最畅销的新文化刊物是《劳动界》。长沙文化书社在1920 年 9 月至 1921 年 3 月间，共销售杂志 40 余种，其中销量最大的是《劳动界》周刊（5000 本），其次为《新生活》半月刊（2400 本），再次才是《新青年》（2000 本）、《少年中国》（600

---

① 《郑超麟回忆录》，东方出版社，1996，第 5 ~ 21 页。
② 参阅申朝晖、李继凯《〈新青年〉在中国西部的传播——以川陕为考察中心》，《湘潭大学学报》2006 年第 2 期。
③ 施复亮：《中国共产党成立时期的几个问题》（1956 年 12 月），中国社会科学院现代史研究室、中国革命博物馆编《"一大"前后》（2），人民出版社，1980，第 33 页。

本)、《平民教育》(300 本)、《新教育》(300 本)、《新潮》(200本)等刊。《劳动界》于 1920 年 8 月创刊于上海,是上海共产主义小组向工人进行宣传的通俗小报。在长沙,一般新文化刊物主要限于学界购阅,唯有《劳动界》除学界外,工人购阅者也不少,故其销量颇大。① 销量排在第二位的《新生活》亦是小型通俗刊物,创刊于 1919 年 8 月,编辑李辛白是北京大学出版部主任,办刊宗旨是想将新文化普及于民间,以"平民"为对象,文字通俗简短,定价又很低(一元钱 32 本),故而销路也很好。② 排在第三位的才是《新青年》。《新青年》能销 2000 册已相当可观,但在湖南仍不及《劳动界》与《新生活》之畅销。刊物的销售情形,反映了湖南新文化运动有由精英走向平民的趋势。

当"新文化"真正被"运动"起来后,"新文化运动"这一概念也应运而生。以往多认为"新文化运动"一词是孙中山于1920 年 1 月 29 日《致海外国民党同志函》中最早提出来的。③ 实际上,1919 年 12 月出版的《新青年》第 7 卷第 1 号上,陈独秀已多次提及"新文化运动"。④ 1920 年 3 月 20 日,陈独秀在上海青年会 25 周年纪念会上以《新文化运动是什么》为题发表演说。⑤ 演讲稿随即同题发表于 4 月出版的《新青年》第 7 卷第 5 号上。陈独秀在演讲中提到"新文化运动这个名词现在很流行"。周策纵由此

---

① 《文化书社社务报告》第 2 期,转引自张允侯等编《五四时期的社团》(1),第 64 页。
② 中共中央马恩列斯著作编译局编《五四时期期刊介绍》第 1 集上册,三联书店,1978,第 297 ~ 395 页。
③ 《致海外国民党同志函》,《孙中山全集》第 5 卷,中华书局,1985,第 207 ~ 212 页。有关孙中山最早提出说,见金耀基《五四与中国的现代化》,冯天瑜《新青年民主诉求特色刍议》,两文均载《五四运动与二十世纪的中国》(上),第 62、170 页。
④ 该期有四篇文章提到"新文化运动"。其中三篇是陈独秀写的《随感录》(《调和论与旧道德》、《留学生》、《段派曹陆安福俱乐部》),另一篇是《长沙社会面面观》,注明是由上海《时事新报》和北京《国民公报》、《晨报》摘出,内中有一节标题是"新文化运动",很可能也是陈独秀所拟。
⑤ 《陈独秀演说新文化运动是什么》,《申报》1920 年 3 月 21 日。

推断："新文化运动"这一名词，大约在五四运动之后半年内逐渐得以流行。①

对于这一名词的来历，鲁迅曾有过解释。1925 年 11 月，他在《热风·题记》中说：五四运动之后，革新运动表面上"颇有些成功，于是主张革新的也就蓬蓬勃勃，而且有许多还就是在先讥笑、嘲骂《新青年》的人们，但他们却是另起了一个冠冕堂皇的名目：新文化运动。这也就是后来又将这个名目反套在《新青年》身上，而又加以嘲骂讥笑的"。② 依照鲁迅的说法，"新文化运动"最初实出自讥笑、嘲骂《新青年》的人之口。虽然如此，陈独秀显然坦然接受了。而胡适最初称"新思潮运动"，③ 是否有意回避"新文化运动"这一称呼则不得而知。

对新文化运动与五四学生运动的关系，向来有不同的说法。与后来史家以《新青年》创刊为开端不同的是，在 20 年代初，知识界所认知的"新文化运动"多以五四为端绪。1920 年 6 月，郑振铎在《新文化运动者的精神与态度》一文中写道："中国的新文化运动自发端以至于今，不过一年多，而其潮流已普遍于全国。自北京到广州，自漳州到成都，都差不多没有一个大都市没有新的出版物出现，没有一个地方没有新文化运动者的存在。这个现象真是极可乐观的。"④ 同年 8 月，陈启天在《什么是新文化的真精神》一文中，也申言"新文化运动已有一两年"。⑤ 1923 年 4 月，陈问涛在《中国最近思想界两大潮流》一文更明确指出："凡稍能看报纸杂志的人，大概都知道从'五四运动'以来，中国发生了'新文

---

① 周策纵：《五四运动史》，岳麓书社，1999，第 280 页。
② 引自《鲁迅回忆〈新青年〉和文学革命》，见《五四运动回忆录》（上），第 153 页。
③ 见胡适《"新思潮"的意义》，《新青年》第 7 卷第 1 号，1919 年 12 月。
④ 郑振铎：《新文化运动者的精神与态度》，《新学报》第 2 号，1920 年 6 月，收入《郑振铎文集》第 4 卷，第 34 页。
⑤ 陈启天：《什么是新文化的真精神》，《少年中国》第 2 卷第 2 期，1920 年 8 月。

化运动'，随着新出版物一天多一天，所鼓吹的，一言以蔽之，是新思想"。①

就《新青年》和"新文化"在全国各地传播的进程而言，"新文化运动"以五四为开端，大体代表了当时人较为普遍的看法。亲身参与过运动的周作人在晚年回忆时仍坚持这一看法："'五四'运动是民国以来学生的第一次政治运动，因了全国人民的支援，得了空前的胜利，一时兴风作浪的文化界的反动势力受了打击，相反的新势力俄然兴起，因此随后的这一个时期，人家称为'新文化运动'的时代，其实是也很确当的。"② 五四以前，孤军奋战的《新青年》显然尚未形成"运动"的声势。在郑振铎的语意中，新出版物的大量出现，是"新文化运动"的一大重要表征。郑振铎专门就1919年中国出版界的情形作过分析，认为1919年中国出版界的成绩，亦乐观亦悲观。乐观的是定期出版物的发达，悲观的是大多数文人还不够觉悟，中国思想界没有长进。后者主要指有价值的书籍出版太少。他说他看见许多朋友，每见一种杂志出版，都去买来看，他们的案头却不见有别的科学的书籍。③ 杂志繁荣而书籍冷寂，大概是五四新文化运动的重要景观之一。

值得注意的是，民国时期出版的相关辞书，也几乎一致以五四为"新文化运动"之开端。如1930年出版的《中华百科辞典》对"五四运动"的释义："民国八年五月四日北京学界游行示威之国民外交运动也……论者谓为新文化运动之始。"④ 又如1934年出版的《政治法律大辞典》对"五四运动"的释义："五四运动以政治的运动始，以后演为新文化运动，实开中国近代文化运动之新纪

①　陈问涛：《中国最近思想界两大潮流》，《时事新报》"学灯"副刊第5卷第4册第29号，1923年4月29日。

②　周作人：《知堂回想录》，第393～394页。

③　郑振铎：《一九一九年的中国出版界》，《新社会》第7期，1920年1月，收入《郑振铎文集》第4卷，第303～305页。

④　舒新城主编《中华百科辞典》，中华书局，1930，第94页。

元。"① 1949 年出版的《新知识辞典》亦称：五四运动"是中国民众参与政治运动的开始，也是中国新文化运动底开始。"②

五　各方视野中的《新青年》

今人谈论新文化运动和《新青年》，印象最深的莫过于"德先生"和"赛先生"。但值得注意的是，自 1915 年 9 月问世至 1926 年 7 月终刊，《新青年》总计发表各类文章 1529 篇。③ 其中专门讨论"民主"（包括"德谟克拉西"、"德先生"、民本、民治、民权、人权、平民主义等）的文章，只有陈独秀的《实行民治的基础》、屈维它（瞿秋白）的《自民主主义至社会主义》和罗素的《民主与革命》（张崧年译）等 3 篇。涉论"科学"的文章也不过五六篇（主要讨论科学精神、科学方法以及科学与宗教、人生观等）。④

后来史家认定"科学"与"民主"是五四新文化运动两个最基本的口号，其主要依据是 1919 年 1 月陈独秀发表于《新青年》第 6 卷第 1 号上的《本志罪案答辩书》。《答辩书》中有这样一段话：

---

① 高希圣、郭真编辑《政治法律大辞典》，科学研究社，1934，第 40 ~ 41 页。
② 顾志坚、简明主编《新知识辞典》，北新书局，1949，第 28 ~ 29 页。
③ 此数据由北京大学未名科技文化发展公司、北京大学出版社 1999 年出版的《新青年》光盘检索统计得到。内中包括"通信"、"随感录"、编辑部通告等各类文字。
④ 金观涛、刘青峰曾对《新青年》杂志中"科学"、"民主"两词的出现频度作计量分析，统计结果显示，"科学"一词出现了 1913 次，而"民主"只出现了 305 次。此外"德谟克拉西"（包括"德先生"）208 次，"民治"194 次，"民权"30 次，"平民主义"53 次。参见金观涛、刘青峰《〈新青年〉民主观念的演变》，《二十一世纪》（香港）总第 56 期，1999 年 12 月。笔者根据同一光盘版检索，所得结果略有出入："科学"1907 次，"赛先生"6 次，"赛因斯"2 次；"民主"260 次，"德谟克拉西"（包括"德莫克拉西"、"德先生"）205 次，"民治"70 次，"民权"30 次，"平民主义"3 次。在总字数超过 541 万字的《新青年》杂志中，"民主"系列主题词的出现频度极低。

> 本志同人本来无罪，只因为拥护那德莫克拉西（Democracy）
> 和赛因斯（Science）两位先生，才犯了这几条滔天的大罪。
> 要拥护那德先生，便不得不反对孔教、礼法、贞节、旧伦理、
> 旧政治；要拥护那赛先生，便不得不反对旧艺术、旧宗教；
> 要拥护德先生又要拥护赛先生，便不得不反对国粹和旧文学。
> 大家平心细想，本志除了拥护德、赛两先生之外，还有别项
> 罪案没有呢？若是没有，请你们不用专门非难本志，要有气
> 力、有胆量来反对德、赛两先生，才算是好汉，才算是根本
> 的办法。

这段文字被后来史家反复征引。细察陈文之立论，意谓拥护德、赛
两先生是《新青年》同人的基本立场，反对旧伦理、旧政治、旧
艺术、旧宗教、旧文学等具体主张，均以此为原则。事实上，自晚
清以来，民主（民权、立宪、共和）与科学等观念，经过国人的
反复倡导（各个时期的侧重点不尽相同），到五四时期已成为知识
界的主流话语。1923 年，胡适为《科学与人生观》一书作序时，
曾说过这样一段话：

> 这三十年来，有一个名词在国内几乎做到了无上尊严的地
> 位；无论懂与不懂的人，无论守旧和维新的人，都不敢公然对
> 他表示轻视或戏侮的态度。那个名词就是"科学"。①

"民主"在国人心目中的地位，也与"科学"相似。正是在这
样的语境下，陈独秀才敢向"非难"《新青年》者"叫板"说：

> 要有气力、有胆量来反对德、赛两先生，才算是好汉。

---

① 胡适：《〈科学与人生观〉序》，收入蔡尚思主编《中国现代思想史资料简编》
第 2 卷，浙江人民出版社，1982，第 108 页。

陈独秀高悬"民主""科学"两面大旗，主要想震慑和封堵那些"非难"者，其潜台词是：《新青年》是拥护民主、科学的，谁非难"本志"，便是反对民主与科学。正因为民主与科学的威权在中国已经确立，在无人挑战其威权的情况下，《新青年》甚少讨论民主与科学，自在情理之中。后五四时期的"科学与人生观论战"和九一八后的"民主与独裁之争"，恰是有人试图挑战"科学"与"民主"的权威而引发。

当"新文化运动"这一名词流传开来后，对于什么是"新文化"，知识界竞相加以诠释，却并没有形成大体一致的看法。1919年12月，胡适在综览各种解释后指出："近来报纸上发表过几篇解释'新思潮'的文章。我读了这几篇文章，觉得他们所举出的新思潮的性质，或太琐碎，或太笼统，不能算作新思潮运动的真确解释，也不能指出新思潮的将来趋势。"胡适所称的"新思潮"、"新思潮运动"，与时下之"新文化"、"新文化运动"同义。胡适认为，陈独秀以"德、赛两先生"概括"新文化运动"的性质和意义，虽然简明，但太笼统。① 可能是回应胡适的批评，陈独秀又专门撰写了一篇《新文化运动是什么》的文章。在这篇文章中，陈独秀将"新文化运动"限制在"新的科学、宗教、道德、文学、美术、音乐等运动"② 之狭义范围内，而且完全将"民主"排除在外。阐述虽然具体，却远没有"拥护德、赛两先生"那样具有决绝的气势。亦因为此，陈独秀这篇专门诠释"新文化运动"的文章甚少为后来史家所提及。

由于不满意陈独秀的诠释，胡适提出了自己的看法。他说："据我个人的观察，新思潮的根本意义只是一种新态度。这种新态度可叫做'评判的态度'。"而"'重新估定一切价值'八个字便是评判的态度的最好解释"。"这种评判的态度，在实际上表现时，

---

① 胡适：《"新思潮"的意义》，《新青年》第7卷第1号。
② 陈独秀：《新文化运动是什么》，《新青年》第7卷第5号，1920年4月。

有两种趋势。一方面是讨论社会上、政治上、宗教上、文学上种种问题，一方面是介绍西洋的新思想、新学术、新文学、新信仰。前者是'研究问题'，后者是'输入学理'。这两项是新思潮的手段。"①

就学理而言，胡适用"重新估定一切价值"来概括"新文化运动"，比陈独秀的"德、赛两先生"更为精当切要。然而，胡适的诠释似乎也没有得到一致的认同。1920 年 8 月，陈启天在《少年中国》撰文指出：

> "新文化"，这三个字，在现在个个人已看惯了，听惯了，说惯了；究竟什么是新文化的真精神？现在的时髦，几乎个个人都是新文化运动家，究竟运动的是什么新文化？这个问题，如果自己不能解释出来，那不但不能消除反对派的误解，和疑虑，就是赞成的人，也惝恍不明真相，终久不能得什么好效果，甚至于厌倦，自己抛弃了。所以我们爱想的人，都有这个"什么是新文化的真精神"的疑问，很望那些提倡新文化的学者说个明白才好。然而闹了新文化运动已有一两年，说明新文化是甚么的却很少，只有胡适之的《新思潮的意义》一篇，较为切要……可以稍解我们的烦闷了。却依我的推想，这个新思潮的意义，似乎偏重思想和方法一方面，不能算文化的完全界说。思想和方法，固然在新文化里面占很重要的位置；而人生和社会方面的新倾向，也是新文化里面的一种真精神。所以我解答这问题的意思，分两方面：一、是人生的新倾向；二、是思想的新方法；合起来，才是新文化的真精神。②

当年新文化的"运动家"对什么是"新文化"虽未形成一致

---

① 胡适：《"新思潮"的意义》，《新青年》第 7 卷 1 号。
② 陈启天：《什么是新文化的真精神》，《少年中国》第 2 卷第 2 期。

的看法，后来史家却相当一致地认同了陈独秀"拥护德、赛两先生"的说法。1946 年，郑振铎在纪念五四运动 27 周年时即明确指出："五四运动所要求的是科学与民主。这要求在今日也还继续着。我们纪念'五四'，我们不要忘记了五四运动所要求而今日仍还没有完全达到的两个目标：'科学与民主'。我们现在还要高喊着，要求'科学与民主'！"① "科学与民主"（尤其是"民主"），显然比"重新估定一切价值"，更具有历久弥新的现实意义，因而最终凝固为对《新青年》和新文化运动的永久记忆。

实际上，后来史家在考察《新青年》杂志后发现："《新青年》上发表的文章，涉及众多的思想流派与社会问题，根本无法一概而论。"② 《新青年》涉及的论题包括孔教、欧战、白话文、世界语、注音字母、女子贞操、偶像破坏、家族制度、青年问题、人口问题、劳动问题、工读互助团、易卜生主义、罗素哲学、俄罗斯研究以及马克思主义宣传与社会主义讨论等众多话题。陈独秀创办《青年杂志》时，显然不曾预想四五年后将引发一场全国规模的"新文化运动"。故上述诸话题不可能是预先设计好的，而是在办刊过程中逐渐"寻觅"、"发掘"和"策划"出来的。话题中有的产生了重大反响，也有的并未获得成功③。

对一个刊物而言，何种主张最为反对派攻击，往往意味着该主张在当时最具反响。蔡元培总结林琴南对《新青年》的攻击集中于两点：一是"覆孔孟，铲伦常"；二是"尽废古书，行用土语为文学"。④ 这两点，从当时新闻媒体的报道中亦可得到印证。如《顺天时报》报道称："自大学校教员陈独秀胡适之等，提倡新文

① 郑振铎：《五四运动的意义》，《民主》第 29 期，1946 年 5 月 4 日，收入《郑振铎文集》第 4 卷，第 187 页。
② 陈平原：《触摸历史与进入五四》，第 63 页。
③ 如《新青年》曾计划邀请"女同胞诸君"讨论"女子问题"就未能落实。参见陈平原《触摸历史与进入五四》，第 81 页。
④ 此两点为蔡元培驳复林琴南时所归纳。林、蔡往还书牍收入陈崧编《五四前后东西文化问题论战文选》，第 103～116 页。

学，旧派学者大为反对，于是引起新旧思潮之冲突。"① 《北京新报》报道称："近时北京大学教员陈独秀、胡适之、刘半农、钱玄同诸君，提倡中国新文学，主张改用白话文体，且对于我国二千年来障碍文化桎梏思想最甚之孔孟学说，及骈散文体，为学理上之析辨。"②《民治日报》报道称："今日新旧之争点，最大者为孔教与文学问题。"③

最值得注意是《申报》的两次报道。1919 年 3 月 6 日第一次报道称：

> 国立北京大学自蔡孑民氏任校长后，气象为之一新，尤以文科为最有声色。文科学长陈独秀氏，以新派首领自居，平昔主张新文学甚力，教员中与陈氏沆瀣一气者，有胡适、钱玄同、刘半农、沈尹默等，学生闻风兴起服膺师说者，张大其辞者，亦不乏人，其主张以为文学须应世界思潮之趋势，若吾中国历代相传者，乃为雕琢的、阿谀的贵族文学，陈腐的、铺张的古典文学，迂晦的、艰涩的山林文学，应根本推翻，代以平民的、抒怀的国民文学，新鲜的、立诚的写实文学，明了的、通俗的社会文学。此其文学革命之主旨也。自胡适氏主讲文科哲学门后，旗鼓大张，新文学之思潮，益澎湃而不可遏。既前后抒其议论于《新青年》杂志，而于其所教授之哲学讲义亦且改用白话文体裁，近又由其同派之学生组织一种杂志曰《新潮》者，以张皇其演说。《新潮》之外更有《每周评论》之印刷物发行，其思想议论之所及，不仅反对旧派文学，冀收摧残廓清之功，即于社会所传留之思想，亦直接间接发见其不适合之点而加以抨击。盖以人类社会之组织与文学本有密切之

---

① 《酝酿中之教育总长弹劾案》，原载《顺天时报》，《每周评论》第 17 号转载。
② 遗生：《最近之学术新潮》，原载《北京新报》，《每周评论》第 17 号转载。
③ 隐尘：《新旧思想冲突平议》（一），原载《民治日报》，《每周评论》第 17 号转载。

关系，人类之思想更为文学实质之所存，既反对旧文学，自不能不反对旧思想也……寄语新文学诸君子，中国文学腐败已极，理应顺世界之潮流，力谋改革，诸君之提倡改革，不恤冒世俗之不韪，求文学之革新，用意亦复至善，第宜缓和其手段，毋多树敌，且不宜将旧文学之价值一笔抹杀也。①

1919 年 11 月 16 日第二次报道说：

（《新青年》提倡白话文）其初反对者，约十人而九，近则十人之中，赞成者二三，怀疑者三四，反对者亦仅剩三四矣，而传播此种思想之发源地，实在北京一隅，胡适之、陈独秀辈既倡改良文学之论，一方面为消极的破坏，力抨旧文学之弱点，一方面则为积极的建设，亟筑新文学之始基，其思想传导之速，与夫社会响应之众，殊令人不可拟议。②

综而观之，当时《申报》等新闻媒体对《新青年》关注的焦点多集中于文学革命，其次是反对孔教。其他"新思想"甚少进入新闻媒体的视野。这两个方面之所以会产生巨大反响，其实不难理解：文学革命在某种意义上是砸了旧式读书人的饭碗，而反对孔教则意味着推倒了旧式读书人的精神偶像。

三四年后，章士钊发表《评新文化运动》一文，其批评所向，仍集矢于白话文学。③ 一个以政论为中心的思想文化杂志，真正引起社会强烈关注的，却是其关于文学革命的主张，恐怕也出乎陈独秀等人的意料。《新青年》同人似乎更看重杂志在传播"新思想"方面的价值和意义。1919 年底，《新青年》编辑部为重印前 5 卷，

---

① 静观：《北京大学新旧之暗潮》，《申报》1919 年 3 月 6 日。
② 野云：《白话文在北京社会之势力》，《申报》1919 年 11 月 16 日。
③ 章士钊：《评新文化运动》，原载《新闻报》1923 年 8 月 21～22 日，收入《中国现代思想史资料简编》第 2 卷，第 440～448 页。

发布广告称："这《新青年》，仿佛可以算得'中国近五年的思想变迁史'了，不独社员的思想变迁在这里面表现，就是外边人的思想变迁也有一大部在这里面表现。"① 1920 年 1 月，《新青年》在《申报》刊登广告，其广告词亦强调《新青年》是"新思想的源泉"。② 1923 年 10 月，胡适在其主编的《努力周报》发表他写给高一涵等人的信，内称："二十五年来，只有三个杂志可代表三个时代，可以说是创造了三个新时代：一是《时务报》，一是《新民丛报》，一是《新青年》。而《民报》与《甲寅》还算不上。"③ 胡适虽然没有具体解释《新青年》何以能代表一个时代，但从思想史的角度立论则是明显的。

1926 年，戈公振撰写了中国第一部《中国报学史》。戈氏著书的时间，正好是《新青年》终刊之际。该书对《新青年》的介绍十分简约："初提倡文学革命，后则转入共产"。④ 五四以后，《新青年》转向提倡社会主义，1920 年 9 月改组为上海共产主义小组的机关刊物，1923～1926 年成为中共中央的理论刊物。戈公振看到了《新青年》发展的全过程。在今天看来，戈氏的归纳显然不够全面，但他的简约概括，很可能代表了北伐前后人们对《新青年》较为深刻的记忆。

又过了十年，郭湛波出版《近五十年中国思想史》，内称"由《新青年》可以看他（引注：指陈独秀）个人思想的变迁，同时可以看到当时思想界的变迁"，⑤ 正式坐实了《新青年》同人的自我期待和自我定位。从此以后，从思想史的角度评述《新青年》，日益成为学界的主流话语，而最为时人关注、也最具实绩的文学革

---

① 《〈新青年〉第一、二、三、四、五卷合装本全五册再版》，《新青年》第 7 卷第 1 号。
② 上海群益书局刊登《新青年》杂志广告，见《申报》1920 年 1 月 1 日。
③ 《胡适之的来信》，《努力周报》第 75 期，1923 年 10 月 21 日，增刊。
④ 戈公振：《中国报学史》，中国新闻出版社，1985，第 158 页。
⑤ 郭湛波：《近五十年中国思想史》，山东人民出版社，1997 年据 1936 年北平人文书店版重印，第 82 页。

命，则渐渐淡出史家的视野。迟迟未能实现的理想常常为人们眷念，迅速达成的目标也迅速被人们淡忘。

同一个《新青年》，办刊人的出发点，反对方的攻击点，与局外人的观察点既不尽一致，新文化人的当下诠释与后来史家言说的"运动"亦有相当的出入，更不用提后来各方政治力量有关五四的种种叙事。微拉·施瓦支在《中国的启蒙运动——知识分子与五四遗产》一书中说过这样一段话："每当救国的压力增强时，他们更多地回忆政治方面的内容；每当社会气氛有利于实现知识分子解放的目标时，他们就回忆适应启蒙的需要开展的文化论战。"[①] 时至今日，仍有研究者倡导"根据现代化建设形势发展的需要，选择那些具有现实意义的问题和方面，进行更加深入的研究"。[②] 当事人的"选择性回忆"既属难免，史家再刻意"选择性研究"，有关五四的叙事势必与其历史原态愈趋愈远。

五四运动一周年之际，中国知识界就开始纪念五四。从此以后，五四的纪念几乎年年进行，不曾间断。近百年来，没有一场运动或事件，像五四一样得到不同党派、政治力量以及官方与民间的共同纪念，并且持久而不衰。

1920 年李大钊在纪念五四时，说过这样一段话："我盼望，从今以后，每年在这一天举行纪念的时候，都加上些新意义。"90 年来，五四纪念也确如李大钊所期望的，一直都在与时俱进，每次都要加上些"新意义"。其结果是，纪念越久，叠加的"新意义"越多，影响也越来越深远，与此同时，五四运动的本相，反而是越纪念越模糊。

---

① 微拉·施瓦支：《中国的启蒙运动——知识分子与五四遗产》，李国英等译，山西人民出版社，1989，第 307 页。有关五四新文化运动的历史"记忆"与历史"再造"，参见罗志田《历史记忆与五四新文化运动》，载氏著《近代中国史学十论》，复旦大学出版社，2003，第 144～174 页。

② 董秋英、郭汉民：《1949 年以来的〈新青年〉研究述评》，《近代史研究》2001年第 6 期。

第二章

个人・社会・群众・党：
五四前后的关联与演进

1933 年，胡适对中国现代思想的演变，提出了以 1923 年为界标的"两期"说：第一期"从梁任公到《新青年》，多是侧重个人的解放"；第二期则是"集团主义（Collectivism）时代。1923 年以后无论为民族主义运动或共产革命运动，皆属于这个反个人主义的倾向"。[①] 姑且不论思潮的演变是否因某一时间点而截然两分，胡适所提示的中国现代思想有一个从个人主义向集团主义（或集体主义）的演变大势，则值得我们进一步探讨。张灏认为，个人主义与群体意识相伴并存于五四人物的思想中。[②] 罗志田则进一步指出，"或可将 1919 ~ 1925 年间看作两种倾向并存而竞争的时期。""虽然是并存并进，毕竟'集体'渐占上风，到'五卅'后，'个人'基本丧失竞争力，终不得不让位于'集团主义'。"[③]

思潮的演变，常是潜流涌动，或混流并进，或盈虚消长。要想分辨出一个"此起彼伏"的泾渭界标，实在不易。本章没有勾勒

---

① 《胡适日记全编》（6），第 256 ~ 257 页。

② 张灏：《时代的探索》，台北，中研院、联经出版公司，2004，第 127 ~ 132 页。

③ 罗志田：《从新文化运动到北伐的文化与政治》，《社会科学研究》2006 年第 4
期，第 140 页。

五四思潮演变大势的宏大野心，只想择取其中的一个分支，就"个人、社会、群众、党"在五四前后的关联与演进，略做粗线条的描画。

一 个人、国家、社会

黄克武注意到，当严复最早尝试将西方个人主义引入中国时，即因其儒家思想文化背景、对国家危亡时局的系念以及汉语语境的规约等因素，而导致无意或有意的误译。1903年严复将弥尔的《自由论》译为《群己权界论》出版时，将弥尔所强调的人类整体进步的关键在个人，转换成关键在群己关系，进而开创近代中国"小己"、"国群"与"小我"、"大我"的论述模式。[①]

值得探讨的是，与清末相比，五四人物的思想观念中，群己关系或个人主义与集体主义的关系有何变化？一般的看法，晚清民初，知识精英的理想，一方面是要求个人从传统的种种束缚中解放出来，同时也希望个人完全融化于民族国家的有机体里。而到五四时期，个人解放成了时代的主旋律，"如果说晚清还只是'个人的发现'的话，那么，五四时期则是一个'个人的崛起'时代。"[②]《新青年》连出两期"易卜生专号"，就足可彰显个人主义在五四思想舞台的特殊地位。[③]

张灏则认为，五四人物的思想并非单一，而是具有"两歧性"。这种"两歧性"除了理性主义与浪漫主义、民族主义与世界

---

① 黄克武：《严复与中国式"个人主义"的起源与发展》，《中国近代启蒙思想家——严复诞辰150周年纪念论文集》，出版者不详，2004，第293~301页。

② 许纪霖：《个人的起源——五四时期的自我观研究》，《天津社会科学》2008年第6期。

③ 章清对此亦多有论述，参见其《"胡适派学人群"与现代中国自由主义》，上海古籍出版社，2004，第442页。

主义、怀疑精神与"新宗教"对立并存外，个人主义与群体意识亦吊诡地竞存。① 五四人物确实发表了大量有关个人与社会关系的言说。仔细检阅这些言说，发现群体意识不仅与个人主义并存，甚至有占据上风之势。

《新青年》杂志有四篇文章被胡适认为是代表了编辑同人的人生观。② 这四篇文章分别是陈独秀的《人生真义》，胡适的《不朽——我的宗教》，陶履恭的《新青年之新道德》，李大钊的《"今"》。除李大钊的文章是阐述过去、现在与未来之关系外，其他三篇均以个人与社会关系为论旨，并一致透露出以社会为本位的群体意识。陈独秀的《人生真义》发表于 1918 年。在这篇文章中，陈独秀一方面认为"社会的文明幸福是个人造成的，也是个人应该享受的"，"社会是个人集成的，除去个人，便没有社会，所以个人的意志和快乐是应该尊重的"；另一方面又指出"人生在世，个人是生灭无常的，社会是真实的存在"；"社会是个人的总寿命，社会解散，个人死后便没有连续的记忆和知觉"；"个人之在社会好象细胞之在人身"。③ 强调社会高于个人而存在，个人是无常的，社会才是永存的，真实的。

这种不朽的社会观，在胡适那里得到进一步的论证。1919 年 2 月胡适撰写了《不朽——我的宗教》一文。在这篇文章中，胡适系统地阐述了对个人与社会关系的看法。在他看来，社会是一种有机的组织。社会的生活全靠个人分工合作，但个人的生活，无论如何都脱不了社会的影响。"小我"不是独立存在，"小我"之间有直接或间接的交互关系，"小我"与社会世界的全体互为影响，和社会世界的过去未来互为因果。种种过去的"小我"，种种现在的"小我"，和种种将来无穷的"小我"一代传一代，

---

① 张灏：《时代的探索》，第 127～132 页。
② 胡适：《不朽——我的宗教》，《新青年》第 6 卷第 2 号。
③ 陈独秀：《人生真义》，《新青年》第 4 卷 2 号，1918 年 2 月。

一点加一滴，形成一个"大我"。"小我"会消灭，"大我"则永远不灭。①

"小我"、"大我"的概念最早出自梁启超。但梁启超是在个人与国家的关系框架内表述，而胡适言说的"大我"是社会。胡适自我命名为"社会的不朽论"。这样一种堪称"社会至上"的群体意识，不仅超越了晚清以来的民族救亡与国家富强等观念，更与他此前在"易卜生专号"中所颂扬的个人主义精神相背离。张灏认为胡适具有个人主义与群体意识的双重倾向。其实胡适对两者并非等量齐观。胡适明确申言，"社会的不朽论"堪称他的宗教信仰，代表他个人乃至《新青年》群体的人生观。胡适后来还强调这篇文章是一篇可以代表他的基本思想的重要文字。

1920年，胡适发表《非个人主义的新生活》一文，除表示赞成具有独立思想的个性主义外，特意强调反对"独善的个人主义"。他认为这种"独善的个人主义"主要体现在当时中国方兴未艾的新村运动中。他批评新村运动为了发展自己个性而逃避社会，认为"独善的个人主义"的根本错误在于把"改造个人"与"改造社会"分作两截；在于把个人看作一个可以提到社会之外去改造的东西。殊不知个人是社会上无数势力造成的。要改造社会，须从改造这些造成社会、造成个人的种种势力做起。改造社会即是改造个人。所以他将"非个人主义的新生活"称之为"社会的新生活"。② 胡适虽然不是全面否定个人主义，但重心明显转移到了"社会"一边。

同年，陈独秀在一篇随感录中，则对"虚无的个人主义"加以严厉批判，认为中国学术文化不发达，就坏在老子以来"虚无的个人主义及任自然主义"。"我们现在的至急需要，是在建立一

---

① 胡适：《不朽——我的宗教》，《新青年》第6卷第2号。
② 胡适：《非个人主义的新生活》，《新潮》第2卷第3期，1920年4月。

个比较最适于救济现社会弊病的主义来努力改造社会。"① 陈显然已经找到了更适合的"主义"来替代他之前颂扬过的个人主义。

王汎森认为，从晚清到五四，有一个从"新民"到"新人"的转变，或者说，"新人"取代"新民"成为五四新知识人关注的焦点。在梁启超《新民说》时代，鼓吹人们成为健全的现代"国民"，个人从各种共同体中解放出来，目的是为了归属于国家，成为现代民族国家强盛所要求的新"国民"。到五四时期，"国民"、"新民"之说失去魅力，而被"新人"之说取代。"新人"是"人类中的一个人"，而不是"国家"中的一个"民"。②

这一转变的背后，关涉五四知识分子国家观与社会观的转变。推翻帝制以后，议会民主制的实践亦宣告失败。知识分子普遍对国家和现实政治绝望。另一重要的影响因子是第一次世界大战。第一次世界大战促使中国知识界对"国家"和"国家主义"进行反思，认为民族国家观念是导致这场世界战争的直接根源，进而将"国家"当成批判、鄙弃的偶像。

1917 年胡适在其《藏晖室札记》中写道："今之大患，在于一种狭义的国家主义，以为我之国，须陵驾他人之国，我之种，须陵驾他人之种……凡国中人与人之间，之所谓道德、法律、公理、是非、慈爱、和平者，至国与国交际，则一律置之脑后。以为国与国之间，强权即公理耳。所谓国际大法四字，'弱肉强食'是也……吾辈醉心大同主义者，不可不自根本着手。根本者何？一种世界的国家主义是也。爱国是大好事，惟当知国家之上，更有一大目的在，更有一更大之团体在。""万国之上，犹有人类在"。"达尔文之天演学说，以'竞存'为进化公例，优胜劣败、适者生存，其说已含一最危险之分子。"③ 胡适批判的矛头显然直指正在进行中

---

① 独秀：《虚无的个人主义及任自然主义》，《新青年》第 8 卷第 4 号，1920 年 12 月。
② 王汎森：《从新民到新人——近代思想中的"自我"与"政治"》，王汎森等著《中国近代思想史的转型时代》，台北，联经出版公司，2007，第 171～200 页。
③ 胡适：《藏晖室札记》（续），《新青年》第 3 卷第 5 号，1917 年 7 月。

的欧战，直指那些对内宣扬公理、对外诉诸强权的西方列强，主张树立一种超越国家之上的"世界的国家主义"。

欧战结束之后，罗家伦更断言国家的偶像和国家主义思想都将受到直接的打击："历来的思想界，都没有不受国家主义的一层障碍的，而以十九世纪极端国家主义的发展时代为尤甚，今'一世之雄'的德意志突然倒去，自然国家主义受了一个致命的打击。思想界既去了国家的偶像，又去了种种外面势力的障碍，自然有光明的现象了！"① 陈启天也注意到，"自欧战结束之后，人民才越发怀疑，国家这个东西，究竟有什么好处？人生果终不能有个超国家的组织么？"②

在此前后，陈独秀亦发表了《偶像破坏论》等文章，明确提出"国家也不过是一种骗人的偶像"。③ 更激进如恽代英则直呼"国家是离间人与人的恶魔"。④

值得注意的是，即使五四爱国运动，其爱国主义诉求也并非得到全体一致的肯定。许德珩回忆说，1918 年 5 月，北京高校的学生为反对中日军事协定举行了一次游行请愿运动，运动之后，北京一部分学生组织了一个团体。这个团体最初的名称是"学生爱国会"，但当时很多学生以为"爱国"是落后的思想，乃将其改为"学生救国会"。⑤

在陈独秀看来，爱国主义、国家主义不仅落后，而且浅薄、自私，不合天理人情。他说："中国古代的学者和现代心地忠厚坦白的老百姓，都只有'世界'或'天下'底观念，不懂得什么国家不国家。如今只有一班半通不通自命为新学家底人，开口一个国家，闭口一个爱国；这种浅薄的、自私的国家主义、爱国主义，乃

① 罗家伦：《近代西洋思想自由的进化》，《新潮》第 2 卷第 2 期。
② 陈启天：《什么是新文化的真精神》，《少年中国》第 2 卷第 2 期。
③ 陈独秀：《偶像破坏论》，《新青年》第 5 卷第 2 号，1918 年 8 月。
④ 恽代英：《论社会主义》，《少年中国》第 2 卷第 5 号，1920 年 11 月。
⑤ 许德珩：《五四运动在北京》，《五四运动回忆录》（上），第 211～212 页。

是一班日本留学生贩来底劣货……有的人说：国家是一个较统一较完备的社会，国家是一个防止弱肉强食、调剂利害感情冲突、保护生命财产底最高社会；这都是日本教习讲义上底一片鬼话，是不合天理人情底鬼话，我们断乎不可听这种恶魔底诱惑。全人类……本来都是一样，没有什么天然界限，就因为国家这个名儿，才把全人类互相亲善底心情上，挖了一道深沟，又砌上一层障壁，叫大家无故地猜忌起来，张爱张底国，李爱李底国，你爱过来，我爱过去，只爱得头破血流，杀人遍地；我看他的成绩，对内只是一个挑拨利害感情、鼓吹弱肉强食、牺牲弱者生命财产、保护强者生命财产底总机关，对外只是一个挑拨利害感情、鼓吹弱肉强食、牺牲弱者生命财产、保护强者生命财产底分机关。我们只看见他杀人流血，未曾看见他做过一件合乎公理正义底事。"[1]

陈独秀的言论十分夸张地表达了对"国家"的厌弃。陈独秀这篇文字发表于1920年1月，虽是针对五四爱国运动而发，而更深层的思考仍是欧战，认为欧战所表现出来的人类自相残杀和分裂，正是"国家"意识所导致。或者可以说，陈独秀等人对"国家"观念的批判，主要是针对参与欧战的西方列强的。批判别人的"国家主义"，自然也难免兼及自身。

罗家伦虽然没有直接批评爱国主义，但他也认为五四运动的真精神、真价值，并不表现在爱国。他说："当'五四运动'最激烈的时候，大家都在高叫'爱国'、'卖国'的声浪，我就以为我们'五四运动'的真精神并不在此。"他认为，学生牺牲的精神、社会制裁的精神和民众自决的精神才是五四的实在价值。[2]

傅斯年也有几乎同样的看法。他公开声称"我是绝不主张国家主义的人"；"若说这五四运动单是爱国运动，我便不赞一词了。

---

[1] 独秀：《随感录七八：学生界应该排斥底日货》，《新青年》第7卷第2号，1920年1月。

[2] 罗家伦：《一年来我们学生运动底成功失败和将来应取的方针》，《新潮》第2卷第4期，1920年5月；《晨报》1920年5月4日。

我对这五四运动所以重视的，为他的发点是直接行动，是唤起公众责任心的运动。""人类生活的发挥，全以责任心为基石；所以五四运动自是今后偌大的一个平民运动的最先一步。"①

傅斯年和罗家伦不约而同地将目光由国家转向社会。五四前夕，傅斯年在《新潮》发表文章，认为中国只有"群众"，没有"社会"。群众只是一盘散沙的乌合之众，而社会则是一个有组织的有机体。②五四刚过，他立即发表文章，申言中国算有了"社会"，算有了"真社会运动"，算把处置社会的"真方法"觉悟了。③

王汎森检阅傅斯年在五四前后的已刊与未刊文章后指出，在五四前后将近一年间，傅斯年频频讨论到"社会"，而且他在这个时期提到社会时，常加引号，以表示他不是在表达一种泛泛的概念。④傅斯年将海通以来中国人的"觉悟"分成四个阶段：第一阶段是"国力的觉悟"，第二阶段是"政治的觉悟"，第三阶段是"文化的觉悟"，第四阶段是"社会的觉悟"。在傅斯年看来，新文化运动尚处于第三阶段，而"社会的觉悟"是最后、最高的觉悟，以社会手段进行社会改革是中国必定要走的路。⑤

其实五四新文化人对"社会"的强烈关注，堪称是一种群体性的，时间可能还要更早一点。1917年陶履恭发表《社会》一文，开篇就有这样的表述：

> 社会，社会，此近来最时髦之口头禅，以之解释万有现象。冠诸成语之首者也，曰社会教育，曰社会卫生，曰社会道

---

① 孟真：《随感录六七：中国狗与中国人》，《新青年》第6卷第6号，1919年11月。
② 孟真：《社会——群众》，《新潮》第1卷第2期，1919年2月。
③ 傅斯年：《时代与曙光与危机》，《中国文化》第14期，1996年12月。
④ 王汎森：《傅斯年早期的"造社会"论》，《中国文化》第14期。
⑤ 傅斯年：《时代与曙光与危机》，《中国文化》第14期。

德，曰社会习惯。政治之龌龊，则归咎于社会；教育之不进，则溯源于社会；文学之堕落，则社会负其责；风俗之浇漓，则社会蒙其诟。要之，无往而非社会。嘻！社会，社会，人间几多罪孽尽托汝之名而归于消灭。[①]

金观涛考证，戊戌前后用"社会"一词翻译 society 已从日本传入中国，但当时士大夫多用"群"而不用"社会"来指涉 society。从"群"到"社会"用词的转变，大致发生在 1901 ~ 1904 年间。1905 年后"社会"一词"高度普及"。[②] 王汎森也指出，甲午到义和团之间是"群"的流行时期；此后一段时间，"群"与"社会"交迭使用；大致要到辛亥前四五年，"社会"一词才"渐流行"。[③]

金、王看法大体相似。略异之处，金称 1905 年后"社会"一词"高度普及"，王则谨慎地表述为"渐流行"。而 1917 年陶履恭言"社会"乃"最时髦的口头禅"，显然又与民国初年的政治现状密切相关。1915 年梁启超自述"以二十年来几度之阅历，吾深觉政治之基础恒在社会"，[④] 明显比《新民说》时代更加强调"社会"的重要性。

正因为深觉政治的基础在社会，也难免将政治的黑暗乃至一切"不良"统统归咎于社会。于是"社会改造"迅速汇为一种时代思潮。"社会改造"思潮的勃兴，与国家思想的衰落相交替。这一转折，也与第一次世界大战密切相关。1920 年《改造》杂志有文指出：

此次战争，既非联合国战胜德国，亦非如中央公园石牌坊

---

① 陶履恭：《社会》，《新青年》第 3 卷 2 号，1917 年 4 月。
② 金观涛、刘青峰：《从"群"、"社会"到"社会主义"》，《中央研究院近代史研究所集刊》（台北）第 35 期，2000 年 6 月，第 1 ~ 66 页。
③ 王汎森：《傅斯年早期的"造社会"论》，《中国文化》第 14 期。
④ 梁启超：《吾今后所以报国者》，《大中华》第 1 卷第 1 期，1915 年 1 月 20 日。

上所刻公理战胜强权，实乃社会的思想战胜国家的思想。夫在此次大战争未勃发以前，高谈军国主义及国家主义者，岂只几位之闭眼留学生？即自命为睁开眼睛洞达时务之人，孰不主张侵略政策？孰不愿当资本主义的奴隶？今也何如？侵略政策即失败矣，资本主义即陷于末运矣！蒸蒸之民，群知社会非为国家而生存者；国家的思想已为社会的思想战胜；是国家经此次大战争之洗练，已经无形的改造一次，故时至今日，徒能探听社会改造之呼声……直到此次大战争后，一般人始打破国家万能之迷信，从国家的思想进而社会的思想；凡一举一措，都减少国家的彩色，而增加社会的性质。①

随着从国家思想向社会思想演进，"社会改造"迅速成为思潮主流，"个人解放"则暗然失声。② 1919 年 12 月《新青年》杂志发表《本志宣言》，亦适时地宣称"我们主张的是民众运动、社会改造"。③ 1920 年《解放与改造》杂志改名为《改造》。这一改名似乎也寓有放弃"个人解放"而专言"社会改造"之意。在杂志改名的同时并有文指出："夫社会改造之声浪，在今日新思潮中，已占全体十之七八。"并分析说："今日中国高谭社会改造之人，约而分之，可得三种：第一，为感于自身所处环境之不良，因誓志发愿，欲从根本上改造社会，或建立新村者；第二，则为一知半解之人，偶读罗素所著《社会改造原理》之译本，或竟仅知其名，因以时髦自居，而大唱其改造社会者；第三，则为一般政治的野心家，思凭藉社会改造之美名，以为彼辈利用之武器。"④

---

① 君左：《社会改造与新思潮》，《改造》第 3 卷第 1 号，1920 年 3 月。
② 罗志田在《从新文化运动到北伐的文化与政治》（《社会科学研究》2006 年第 4 期）一文中提及："这其间一个显著的倾向是'社会'的改造一度大受关注"，"个人"开始淡出。
③ 《本志宣言》，《新青年》第 7 卷第 1 号。
④ 君左：《社会改造与新思潮》，《改造》第 3 卷第 1 号。

　　无论是"美名"还是"时髦"，也无论是空谈、被利用，或付诸实践，都意味着"社会改造"已成为一种难以抗拒的时代潮流。连田汉的戏曲剧本中，亦有"二十年前讲革命排满也就和今日讲甚么社会改造一个样的新"这样的对白。①

二　社会与社会主义

　　1919 年 12 月，张东荪指出："当欧战未终以前，中国人没有一个讲社会主义的；欧战完了，忽然大家都讲起社会主义来了。"② 在当时人的言说中，社会主义是"社会改造"思潮之一种，或社会主义即是一种社会改造运动。③ "一提起'社会主义'便觉得他是一种改造社会的主义"。④ 或说社会主义就是有关"社会"的主义。正是基于这样一种模糊的认知，"高到安那其布尔塞维克，低到安福系王揖唐所称道，都有些可以合于通行所谓社会主义的意义。"⑤ 这种"大家都讲社会主义"的态势，其实与当时知识界热衷"社会"和"社会改造"密不可分。以往学界列举了社会主义在中国兴起的众多因素，却很少关注社会主义流行与"社会"思潮背景及其价值的关联。

　　1920 年恽代英撰写《论社会主义》一文，正是从"社会"角度阐述"社会主义"。他说："社会主义学理上的根据，以为人类是共存的，社会是联带的。我们要求个人的幸福，必不可不求全人类的幸福。那便是说，只有人群，只有社会，是唯一的自然的实在，亦只有他配得上做宇宙间一切事物的中心。"不难发现，恽代

---

① 田汉：《环琪璘与蔷薇》，《少年中国》第 2 卷第 6 号，1920 年 12 月。
② 张东荪：《我们为什么讲社会主义》，《解放与改造》第 1 卷第 7 号，1919 年 12 月。
③ 《少年中国学会消息》，《少年中国》第 2 卷第 1 期，1920 年 7 月。
④ 田汉：《诗人与劳动问题》（续），《少年中国》第 1 卷第 9 期，1920 年 3 月。
⑤ 恽代英：《论社会主义》，《少年中国》第 2 卷第 5 期。

英所举的社会主义的学理根据，正是陈独秀、胡适所倡导的"社会不朽论"。而恽代英将以这种学理为依据的社会主义，称做"理性的社会主义"，而将"受掠夺者的阶级因为得了许多不堪忍受的物质的痛苦，遂认识了地主资本家的罪恶"的社会主义，称做"浅见的感情的社会主义"。不仅如此，恽代英还将社会主义区分为以个人为本位、以国家为本位和以社会为本位三种。他说："现在所说的社会主义，都几乎是以个人为本位的，都只是个人主义的社会主义。"他将新村运动和"阶级革命运动"都归为"个人主义的社会主义"。他进一步解释说：

> 怎样说阶级革命是个人主义的呢？因为现在所通行的阶级革命学说，都只注意唤起劳动阶级与资本阶级的嫌怨，使劳动阶级为他个体的利益，联合，抗拒，奋斗。我信阶级革命的必要，与新村的必要一样真实。但我信这样的福音，只可从社会主义上宣传，不可从个人主义上宣传。我信人类的共存，社会的联带，本是无上真实的事。那便与其提倡争存的道理，不如提倡互助的道理。因为人类只有知道人群的真意义，才能为社会福利去求社会的改进。这才可盼望是社会上长治久安之道。

恽代英认为社会主义应以追求社会福利为目标，而不应以追求个人福利和国家福利为目标。国家没有永久的价值，个人只是人种绵延的一个阶段，个人离开社会便没有生存的意义，只有人群社会在宇宙中才有真实的地位。所以他不主张阶级竞争，而主张社会互助。因为人类生活是互助共存的，不是独立自给的，个人主义已经破产，社会主义是必然的。"世界的未来，不应归于个人主义的无政府主义，乃应归于共存互助的社会主义。"①

这种以社会为本位，提倡共存互助的社会主义，可能更暗合五

---

① 恽代英：《论社会主义》，《少年中国》第 2 卷第 5 期。

四前后知识界多数人心目中的"社会主义"诉求。这种"社会主义"思潮，主要是相对"个人主义"和"国家主义"而立论，或基于对个人、国家与社会三者关系的理解，亦与五四前陈独秀胡适等人以社会为本位的群体意识相关联。

　　值得注意的是，李大钊 1919 年 7 月发表了一篇名为《阶级竞争与互助》的文章。他在这篇文章中也明确表示，互助、协合与友谊，是人类社会生活的普遍法则。人类的进化，是由个人主义走向协合与平等的一个长程。李大钊特别强调，人们对马克思的"阶级竞争"说存有误解。马克思并不认为人类的过去和未来都是阶级竞争的历史。他的阶级竞争说只应用于人类历史的"前史一段"，互助当开辟人类"真历史"的新纪元。① 此前两个月发表的《我的马克思主义观》一文中，李大钊其实表达过类似观点："与其说他的阶级竞争说是他的唯物史观的要素，不如说是对于过去历史的一个应用。""马氏所谓真正历史，就是互助的历史，没有阶级竞争的历史。"②

　　1921 年 1 月，李大钊又在《少年中国》发表文章，对"自由与秩序"提出自己的看法，认为个人主义重视个人自由，社会主义重视社会秩序："极端主张发展个性权能者，尽量要求自由，减少社会及于个人的限制；极端主张扩张社会权能者，极力重视秩序，限制个人在社会中的自由。'个人主义'Individualism 可以代表前说；'社会主义'Socialism 可以代表后说。"但他认为"离于个人，无所谓社会；离于社会，亦无所谓个人。故个人与社会并不冲突，而个人主义与社会主义亦决非矛盾"。③ 这样的逻辑推论，几乎将个人主义视为有关个人的主义，将社会主义视同有关社会的主义。尤其认为社会主义"极力重视秩序"的说法亦值得注意。

---

① 李大钊：《阶级竞争与互助》，《每周评论》第 29 号，1919 年 7 月 6 日。
② 李大钊：《我的马克思主义观》（上），《新青年》第 6 卷第 5 号，1919 年 5 月。
③ 李大钊：《自由与秩序》，《少年中国》第 2 卷第 7 期，1921 年 1 月。

　　在此前后，正在巴黎留学的向警予亦申言："廿世纪的新人生观，是以社会主义的互助协进来替代个人主义的自由竞争，这是可以深信无疑的。"①

　　这样一种对"自由竞争"的厌弃，对"互助协进"价值的追求，以及从"互助"、"秩序"角度阐释"社会主义"的倾向，亦见于同期张东荪的言说中。1919 年 9 月《解放与改造》杂志创刊，张东荪以《第三种文明》为题发表"社论"，称有史以来，人类文明可分为三个时期：第一期，习惯与迷信的文明，是宗教的文明；第二期，自由与竞争的文明，是个人主义与国家主义的文明；第三期，互助与协同的文明，是社会主义与世界主义的文明。张氏认为不应再提倡第二种文明，而应该培养第三种文明。张既是从"互助与协同"的意义上来理解社会主义，也因此对自由竞争的"个人主义"、"资本主义"、"国家主义"予以彻底否定。他说："这次大战把第二种文明的破罅一齐暴露了，就是国家主义与资本主义已到了末日，不可再维持下去。因为资本主义存在一天，那阶级的悬隔愈大一天，结果没有不发生社会的爆裂的。国家主义存在一天，那武力的增加愈甚一天，结果没有不发生民族间的惨剧的。"在张看来，不仅造成社会爆裂的资本主义和引发民族间惨剧的国家主义到了末日，提倡自由竞争的个人主义也要抛弃。因为"自由与竞争是相连的，有了自由，竞争必随伴而来。在一方面，个人因自由而竞争，就生了资本制度佣工制度及其他附属的制度，在他方面因为竞争而有国家的富强，就生了国家主义殖民制度及其他附属制度，总之，在这种文明底下，道德上是个人主义，制度上是国家主义，经济上是竞争主义，思想上是唯物主义，社会的组织是有阶级的悬隔，民族间是战争的"。②

----

① 向警予：《女子解放与改造的商榷》，《少年中国》第 2 卷第 2 期。
② 东荪：《第三种文明（社论）》，《解放与改造》第 1 卷 1、2 号合刊，1919 年 9 月。

五四知识界对第一次世界大战予以了高度的关注，并进行过深刻的反省。很多思想言说都与观察和反思欧战有关。《少年中国》描述：

> 当欧战以前，达尔文的学说，遍行世界，于是弱肉强食，生存竞争种种名词，一一灌输于人的脑中。所以作事，对人与人而言，只顾有己，不知有人；对国与国而言，只图本国的权利，不管他国的尊严。俄国学者克洛东金，虽极力提倡互助，但是那有人听……孰知到欧战以后，我们看见协约各国，互相扶助，遂操胜算，德国虽强，孤立无辅，终归失败。然后深切觉悟，物竞天择，固是生存不易之理，互助共济，亦是战胜唯一之因。大家才把克洛泡金的书，取来细看，研究其理，然后知道兼弱攻昧是大乱之因，博爱互助是大同之要。①

周建人也提到，克鲁巴特金的《互助论》出版于 1902 年；欧战时候，协约国要鼓吹协力，盛行翻印，余波也流到中国（先前少数人有过介绍），才都知道天下有互助这件事，以为此说驳倒了达尔文，从此可以从生存竞争里救出，是一种有益社会的学说。②

正是第一次世界大战暴露了建基于社会达尔文主义价值系统的危机，促使五四知识分子放弃了"自由竞争"的个人主义和资本主义，而转向"互助协同"的社会主义。这样一种观念之转变，其实仍是建立在中国国情亦即救亡图存的现实考量之上。在他们的观念中，个人主义、资本主义即是"自由竞争"、"弱肉强食"，社会主义则与"互助"、"平等"画上了等号。③ 而这一切又均是以

① 魏嗣銮：《人类进化的各面观》，《少年中国》第 1 卷第 1 期，1919 年 7 月。
② 周建人：《生存竞争与互助》，《新青年》第 8 卷第 2 号，1920 年 10 月。
③ 类似的看法，在早期《新青年》中有过零星的流露。如 1916 年第 2 卷第 1 号有一篇《时局对于青年之教训》的文章就指出："顾自由主义昌，个性剧烈发挥，而社会上产业之不平等，资本家之跋扈，劳动者之沉沦，相乘起。有识而

国际关系以及中国的国际处境为考量的前提。无论"自由竞争"还是"平等互助"均是针对国与国，而非针对人与人。大多数中国民众对俄国革命的深切感受，与其说是来自布尔什维克的主义，不如说是俄罗斯劳农政府对中国宣布放弃旧俄各项权利和赔款的通告。正是这一通告使中国人切实体会到社会主义的"平等"与"互助"。① 1923 年北京大学 25 周年纪念的民意测验显示，赞成"友俄"与赞成"友美"的比例约为 5:1。而赞成"友俄"的一个重要理由是"因其为社会主义国家，以不侵略为原则"。② "不侵略"成了社会主义的代码和标志。

北京大学的民意测验还显示，"相信""社会主义"的人占被调查人数的 47%，居第一位。不过调查者特意声明："此地之所谓社会主义，包无政府主义工团主义基尔特社会主义及马克思国际共产主义……等而言，阅者不可不知也"。同年，北京中国大学也举行了一次民意调查，结果显示，赞成社会主义的人，占被调查人数的 76%。调查者也附言："作者从事统计时，发现有人赞成社会主义，同时又欢迎资本主义者，此种票数颇不少，惜未及统计，此种

之士，怒然忧之，社会主义之思潮，乃磅礴而不可遏。故近世欧洲有一最矛盾之思想焉，即标榜自由之个人主义与标榜平等之社会本位主义是也。"（王涅：《时局对于青年之教训》，《新青年》第 2 卷第 1 号）1917 年，陈独秀在北京高等师范学校发表演讲时称："现今道德学说之在欧西，最要者有二派：其一为个人主义之自利派，其二为社会主义之利他派。此二派互为雄长于道德学说界中。"又说："个人主义，乃希腊罗马遗竞之思想，至近今而大昌，一变为达尔文之物竞学说，再变为尼采之超人论，三变为德意志之军国主义，皆此思想之递蜕也。社会主义，乃耶稣教文明，输入之思想，亦至近今而大昌。俄国之托尔斯泰，即力唱此学说，和之者甚众，与尼采之超人论成对抗之势。逆料战事告终，道德学说，必生一大变动，则解决此二思潮之期不远矣。"见常乃惪《记陈独秀君演讲辞》，《新青年》第 3 卷第 3 号。

① 《对于俄罗斯劳农政府通告的舆论》，《新青年》第 7 卷第 6 号，1920 年 5 月。
② 朱务善：《北京大学二十五周年纪念民意测验之分析》（正文与封面目录之作者名、文章名有所不同，正文为朱悟悼《北大廿五周年纪念日"民意测量"之分析》），《新民国》第 1 卷第 5 期，1924 年 3 月 30 日。另见朱务善《本校二十五周年纪念日之"民意测量"》，《北京大学日刊》1924 年 3 月 4～7 日。

矛盾心理大有玩味之价值。"① 这一方面说明社会主义在当时知识界的热烈反响，同时亦可见五四前后"社会主义"之庞杂。

　　大致可以断言，"互助"、"不侵略"是五四前后多数"相信""社会主义"者所认同的核心价值。那时无政府主义也被视为"社会主义"之一。而无政府主义之一度流行，也与"平等""互助"的理念密不可分。无政府主义中，有"个人的无政府主义"和"互助的无政府主义"。五四前后流行的无政府主义，多是"互助的无政府主义"。②

　　1921年陈启天鉴于"闹了新文化运动已有一两年，说明新文化是甚么的却很少"，乃撰写《什么是新文化的真精神》。他认为，"由竞争的人生到互助的人生"即是"新文化真精神"的重要表征之一。③

三　社会运动：群众与党

　　五四知识界厌弃政治、政党、国家主义，转而对"社会"、"社会主义"、"社会改造"投注热忱。与之相随，新文化运动逐渐

---

① 北大民意测验第八问："现在中国流行关于政治方面的各种主义，你相信哪一种？"被调查的学界622人中，回答相信社会主义的占第一位，有291人，占47%。同年北京中国大学十周年纪念日举行的公民常识测验，问"你赞成社会主义吗？"2750份答卷中，回答赞成者2096（76%），不赞成者654（24%）。见王惟英、何雨农《中大十周年纪念公民常识测验》，《晨报副镌》第182～184号，1923年7月15～17日。

② 若愚：《无政府共产主义与国家社会主义》，《每周评论》第18号，1919年4月20日。

③ 陈启天说："从前达尔文说生存竞争是天演公例；因此人生的方法，惟一在竞争，在怎样去竞争，把人生弄成了罪恶的人生，世界弄成了战争的世界，还有甚么乐趣呢？到克鲁泡特金的《互助论》出世，证明互助为生物进化之一要素，竞争论的流毒才稍减。虽然互助与竞争都是生物进化的原因，却在社会进化，需要互助过于竞争；互助的范围越发推广，竞争的事件越减少，人生才越发进化，这也是人生的一种新倾向。"见陈启天《什么是新文化的真精神》，《少年中国》第2卷第2期。

分化为"文化运动"与"社会运动"两途，而且重心日趋于"社会运动"。五四周年纪念之际，罗家伦拟具"将来应取的方针"时，"想来想去，就只'社会运动'和'文化运动'两种"。① 实际上，五四以后，社会运动很快盖过了文化运动，并一直持续到北伐前夕还不见衰减。1926年12月，许仕廉在《现代评论》撰文指出："救中国，一定要从社会改造入手；这是国人近年来所得的新觉悟。于是五年以来，国内的社会运动，蜂起云涌，种类甚多。"② 在此期间，虽然有过"好人政治"、"好人政府"主张，但只是少数人的昙花一现。

对于胡适等老师辈寄望于"自上而下"的"好人政治"，以傅斯年为代表的学生辈很不以为然："凡相信改造是自上而下的，就是以政治的力量改社会，都不免有几分专制的臭味；凡相信改造是自下而上的，就是以社会的培养促进政治，才算有彻底的觉悟了。"③ 傅斯年虽然不是专门针对"好人政治"发言，但其社会改造的立场是鲜明的。

当时有关"社会改造"的言说中，大体可分"改"、"造"两途。前者认为中国社会百弊丛生，需要改良；后者则根本不承认中国有"社会"，必须新造。前说甚多，无须列举。后说中国无"社会"，并非指没有形成与政府对抗的"公共空间"，乃指缺乏有良好组织的社会有机体。如傅斯年指出："中国一般的社会，有社会实质的绝少；大多数的社会，不过是群众罢了。凡名称其实的社会——有能力的社会，有机体的社会——总要有个密细的组织，健全的活动力，若果仅仅散沙一盘，只好说是'乌合之众'。"④ "一

---

① 罗家伦：《一年来我们学生运动底成功失败和将来应取的方针》，《新潮》第2卷第4期。
② 许仕廉：《北京社会运动与基督教徒》，《现代评论》第5卷第107期，1926年12月25日。
③ 傅斯年：《时代与曙光与危机》，《中国文化》第14期。
④ 孟真：《社会——群众》，《新潮》第1卷第2期。

盘散沙"、"乌合之众"是当时知识界对中国社会最常用的描述词语。陈独秀即称："中国人民简直是一盘散沙，一堆蠢物，人人怀着狭隘的个人主义，完全没有公共心"。① 青年毛泽东也说："人民只是散的，一盘散沙，实在形容得真冤枉，中国人生息了四千多年，不知干什么去了？一点没有组织，一个有组织的社会看不见，一块有组织的地方看不见。"②

孙中山不仅有过类似的表述，而且将其归咎于中国人"自由太多"。他说："中国人为什么是一片散沙呢？由于什么东西弄成一片散沙呢？就是因为是各人的自由太多。""个个有自由和人人有自由，人人把自己的自由扩充到很大，所以成了一片散沙。""所以中国人现在所受的病不是欠缺自由，如果一片散沙是中国人的本质，中国人的自由老早是很充分了。"孙中山还说："日出而作，日入而息，凿井而饮，耕田而食，帝力于我何有哉！"这即是中国先民的自由歌。"由这个自由歌看起来，便知中国自古以来，虽无自由之名，而确有自由之实，且极其充分，不必再去多求了。"孙中山还说，由于中国人自由太多，所以中国革命的目的，和欧洲革命的目的相反。"欧洲从前因为太没有自由，所以革命要去争自由。我们是因为自由太多，没有团体，没有抵抗力，成一片散沙。因为是一片散沙，所以受外国帝国主义的侵略，受列强经济商战的压迫。我们现在便不能抵抗。要将来能够抵抗外国的压迫，就要打破各人的自由，结成狠坚固的团体。像把士敏土参加到散沙里头，结成一块坚固石头一样。""外国革命的方法是争自由，中国革命便不能说是争自由。如果说争自由，便更成一片散沙，不能成大团体，我们的革命目的便永远不能成功。"孙中山认为，中国最需要的是为国家争自由。而要实现国家的自由，便要牺牲个人的

---

① 独秀：《随感录一二二：卑之无甚高论》，《新青年》第 9 卷第 3 号，1921 年 7 月。

② 毛泽东：《反对统一》，载《时事新报》1920 年 10 月 10 日，收入中共中央文献研究室等编《毛泽东早期文稿》，湖南出版社，1995，第 530 页。

自由。①

既然一致认为中国人"一盘散沙"，当务之急自然是要"组织起来"、"联合起来"，新造一个有机体的"社会"。具体如何"造"？孙中山主张用革命主义将四万万中国人集结成一个大团体，如同将士敏土参到散沙里头，结成一块坚固石头一样。傅斯年则主张自下而上，"无中生有造社会"，一面养成"社会责任心"，一面加强"个人间的粘结性"。② 同样，毛泽东针对中国人"一盘散沙"的现状，提出了"民众大联合"的主张。

1919 年 7 月，当大家的目光还一致关注青年学生如何"爱国"时，青年毛泽东敏锐地察觉到"民众联合"的重要性和迫切性。毛指出：国家坏到了极点，人类苦到了极点，社会黑暗到了极点，而补救和改造的"根本"方法，只有一个，就是"民众的大联合"。他认为中外历史上的改革或反抗运动，无不是人群"联合"的产物。较大的运动，必有较大的联合；最大的运动，必有最大的联合。毛充分认识到民众联合的力量。他申言只要民众联合起来，世界上的事情都"极易为"。在毛看来，辛亥革命只是留学生、会党、新军等所为，与"民众的大多数毫没关系"，还算不上是一种"民众的联合"。清末民初的各种学会、同业会、同乡会、校友会，是一种民众的"小联合"。而五四运动则产生了全国民众"大联合"的动向和趋势。③

毛泽东的这一主张，得到了罗家伦的积极呼应。1920 年 5 月，罗家伦撰文反思和总结五四学生运动，充分肯定"社会组织"层面的演进，是五四运动一个"绝大的成绩"：

① 孙中山：《民权主义》（第二讲），黄彦编《孙文选集》上册，广东人民出版社，2006，第 501~514 页。
② 傅斯年：《青年的两件事业》，《晨报》1920 年 7 月 3、5 日；王汎森：《傅斯年早期的"造社会"论》，《中国文化》第 14 期。
③ 泽东：《民众的大联合》，《湘江评论》第 2~4 号，1919 年 7 月 21 日至 8 月 4 日，引自《毛泽东早期文稿》，第 338~341、373~378、389~394 页。

　　五四以前中国的社会，可以说是一点没有组织。从前这个学校的学生和那个学校的学生是一点没有联络的，所有的不过是无聊的校友会，部落的同乡会；现在居然各县各省的学生都有联合会。从前这个学校的教职员和那个学校的教职员也一点没有联络的，所有的不过是尸居余气的教育会，穷极无聊的恳亲会；现在居然有好几省已经组织成了什么教职员公会。从前工界是一点组织没有的，自从五四以来，有工人的地方，如上海等处也添了许多中华工业协会、中华工会总会、电器工界联合会种种机关。从前商界也是一点组织没有的；所有的商人，不过仰官僚机关的商务总会底鼻息，现在如天津等处的商人有同业公会的组织，而上海等处商人有各马路联合会的组织。①

罗家伦在文中特意提示："若是大家参看毛泽东君的《全国民众的大联合》一文，一定更要明白。"毛泽东、罗家伦、傅斯年这一代五四知识青年一致重视民众组织和民众联合，并以此作为"无中生有造社会"的要途，且都充分肯定五四在中国"社会"建设史上的开创意义。

　　知识分子要组织和联合民众，势必要"到民间去"，唤起民众，动员民众。但他们对"群众"和"群众运动"既怀期待，又存疑虑。罗家伦指出："群众是有惰性的。他们必定要认为只须一举手一投足就能成功的事，方才肯做。"并称在中国做群众运动，首先要"养成群众"。而"养成群众"的秘诀，是"养猴子的人，必须自己变成猴子"。至少"必须身上蒙上猴子的皮，这些猴子才会相信他"。② 陈独秀也认为："有群众便有群众心理……群众心理都是盲目的，无论怎样大的科学家，一旦置身群众，便失了理性，

---

①　罗家伦：《一年来我们学生运动底成功失败和将来应取的方针》，《新潮》第2卷第4期。

②　罗家伦：《一年来我们学生运动底成功失败和将来应取的方针》，《新潮》第2卷第4期。

这是心理学说及我们眼见的许多事实可以证明的。"① 清末流行的
"上流社会"／"上等社会"、"下流社会"／"下等社会"等说法，
已很少见五四新知识界提及，不过此时知识分子仍高居于群众之
上，将群众比做"猴子"，自比"养猴人"，显然自我感觉良好。②

唤醒民众，启蒙民众，是五四后部分激进知识分子自任的一大
使命。唤醒、启蒙虽然仍是居高临下的姿态，但要组织动员群众，
意味着知识分子必须从文化运动走向社会运动。而要从学理走向行
动，实在是"知易行难"。一部分人却步，一部分人继续向前。他
们虽然认识到联合才有力量，但五四时期成立的众多社团都未能维
持多久。要维持长久，不仅需要"主义"认同，更需要新的组织
体制。

1922 年康白情著《团结论》，申言"不想有事于社会则已，若
想有事于社会，就要团结。不要团结则已，若要团结，就得明白组
织团体的条件"；"团体有组织的为优，无组织的为劣；组织得好
的为优，组织得不好的为劣。""组织不厌其缜密，联合关系不厌
其繁杂。"并称："团体的荣枯，系乎制度；制度之是否有效，视
乎首领之能否运用制度。故不可不慎选首领，尤不可不服从首
领。""在团体一日，即当一日以团体的主义为主义。要以主义为
第二生命。团体为主义之所托，即为第二生命之所托。要效忠要爱
团体如命！"③ 康白情的理想目标已经相当明晰。民国初年的议会
政党体制已为五四知识分子所厌弃。列宁主义政党模式正好迎合了
这一时代需求。

① 区声白、陈独秀：《讨论无政府主义》，《新青年》第 9 卷第 4 号，1921 年 8
月。
② 这尚是中国知识分子与"群众"关系的初始阶段。此后，渐渐分为两途：国民
党仍然以一种居高临下的姿态去"扶助农工"，共产党则直接以工农利益的代
表自任。在中共的话语下，被划为"小资产阶级"的知识分子觉得在"无产阶
级"的"群众"面前自惭形秽，进而跟在"群众"的后面跑。再到后来，知
识分子变成必须接受"群众""再教育"的对象。
③ 康白情：《团结论》，《少年中国》第 3 卷第 9 期，1922 年 4 月。

1921 年中国共产党的成立和 1924 年中国国民党的改组，是影响 20 世纪中国政治发展的两个重大事件，而两者均是中国人"以俄为师"的结果。

从同盟会开始，孙中山一直寻求一个比较完备的组党方法而不可得。胡汉民曾对同盟会结盟时的"疏阔简易"情形，有过一番感慨："党与党员，不能收以身使臂，以臂使指之效，即亦不能深入群众而领导之……知识阶级以为自由平等为一般伦理要求，惟同盟会之疏阔简易，能与适合，然犹不免于'机械'之疑，'专制'之谤，则近人所谓'铁的纪律'，更何言之。"① 辛亥革命后，革命党人更多迷失革命宗旨，纪律约束荡然无存。1914 年，孙中山在日本成立中华革命党，试图"以精致之规则律之整之"，然因盖指模宣誓而遭部分党人强烈反对。此后，孙中山一直在寻求一个比较完备的组党方法。1919 年 10 月孙中山为了汲纳更多的五四青年而将中华革命党改名为中国国民党，并重订党章。但此时党务尚不能在国内公开，所定规约几全注意于海外。1923 年初，孙中山制订国民党"改进"工作计划，但因广东局势动荡不安，"改进"方案未能切实执行。加之这个"改进"方案未脱旧的体制框架，注重上层，忽视下层，组织散漫如故。

1924 年国民党改组，组织形态发生了迥异于以往的"革命性"变革，以至于当时有国民党人认为与其称为"改组"，不如称作"改造"更恰当。这次改组，主要在借鉴俄共布尔什维克的组织模式，建立一套新的政党组织体系。

在孙中山看来，俄国党人的共产主义并无优长新奇之处，他的三民主义比共产主义更具包容性，更适合中国国情。俄共优长之处是善于组织的功夫，而这一点正是国民党乃至所有中国人所最不擅长之处。孙中山对中国人"一盘散沙"和不善于组织一直痛心疾

---

① 胡汉民：《自传》，中国国民党中央党史史料编纂委员会编《革命文献》第 3 辑，台北，中央文物供应社，1958，总第 427 页。

首。故此，他请鲍罗廷当国民党的教练员，切切实实地向俄国人学习组织的功夫。

建立笼罩每一个党员的基层组织，是列宁主义政党在组织结构上与西方议会政党的基本差别，也是此次国民党改组着力的重点。西方议会政党一般仅有高悬在上的上层机构和遍布各方的散漫党员。而列宁主义政党不是由独立散漫的个体成员组成，它是以"支部"作为党的基本细胞。俄共党章规定"党支部是党组织的基础"。国民党仿照设立"区分部"，规定"区分部为本党基本组织"。"支部"和"区分部"，均是以党员生活居住和工作的区域来划分。这种基层细胞的特点，一在于它对每个党员个体的笼罩性，每个党员必须是某个"支部"或"区分部"的成员，连党魁也不例外；二在于它对每个党员个体的凝聚性，在同一区分部里，党员之间一起开会、活动，交流思想，共同行动，既相互了解，也相互监督，使每个党员对党形成凝聚性和向心力，维系每个党员对党的意识形态的认同；三在于它深入民间的渗透性，一方面"使国民党得尽力于民间"，另一方面，通过基层组织考察吸收新党员，以确保党组织的群众性和严密性。①

孙中山在"一大"后给全体国民党员的一篇训词中，对基层组织的作用阐述得十分真切："此次新章所订之组织方法，其意义即在从下层构造而上，使一党之功用，自横面言，党员时时得有团结之机会，人人得以分担责任而奋斗；自纵面言，各级机关，完全建筑于全体党员之上，而不似往时之空洞无物，全体党员亦得依各级机关之指挥而集中势力，不似往时之一盘散沙。此种办法，在能自由办党之地，固易获效，即在不能自由办党之地，亦殊有活动之可能，本党之决心改组以此。"②

---

① 参见拙著《党员、党权与党争：1924～1949年中国国民党的组织形态》，上海书店出版社，2003，第17～18页。

② 孙中山：《致全党同志书》（1924年3月2日），《孙中山全集》第9卷，中华书局，1986，第540页。

国民党的组织原则，亦仿自俄共。中共称之为民主集中制。国民党称之为民主集权制。两党对组织原则的解释基本相似，只是中译时表述略异。国民党"一大"通过的"纪律问题"案中，明文规定以"民主主义的集权制度"为其组织原则。民主与集权，似是一对并列的概念，但其重心在集权，不在民主。国民党虽然声称民主是党员的权利，集权是党员的义务，但其着重强调的是后者而非前者。故国民党称民主集权制为"民主的集权制"或"民主主义的集权制度"。① 这正是俄共民主集中制的本义。

中国共产党比国民党更强调集权，更强调纪律。对照俄共、中共和国民党三党的党章内有关"纪律"的条文，即可发现1924年国民党一大制定的党章基本上是照抄俄共1919年的党章，而1922年中共二大制定的党章却比1919年俄共党章规定得更细密、更严厉。俄共党章内有关"纪律"的条文，列有4条，而中共党章中有关"纪律"的条文列有9条。② 中共在党章之外，还通过了一个组织章程决议案，内中强调"凡一个革命的党，若是缺少严密的、集权的、有纪律的组织与训练，那就只有革命的愿望，便不能够有力量去做革命的运动"。并在党章之外规定了7项组织纪律的原则，如"个个党员都要在行动上受党中军队式的训练"；"个个党员不应只是在言论上表示是共产主义者，重在行动上表现出来是共产主义者"；"个个党员须牺牲个人的感情意见及利益关系以拥护党的一致"；"个个党员须记牢，一日不为共产党活动，在这一日

---

① 中国第二历史档案馆编《中国国民党第一、二次全国代表大会会议史料》（上），江苏古籍出版社，1986，第123页。

② 如规定下级机关须完全执行上级机关之命令；不执行时，上级机关得取消或改组之；地方党部不得自定政策，不得单独发表意见；不经中央特许，党员不得加入一切政治的党派，不得为任何资产阶级国家之政务官；本党一切会议均取决多数，少数绝对服从多数等等，这些条文均为俄共党章中所无。参见中央档案馆编《中共中央文件选集》（1），中共中央党校出版社，1982，第62～63页；《苏联共产党代表大会代表会议和中央全会决议汇编》（1），中共中央马恩列斯著作编译局译，人民出版社，1964，第597～598页。

便是破坏共产主义者"；"无论何时何地，个个党员的言论，必须是党的言论，个个党员的活动，必须是党的活动，不可有离党的个人的或地方的意味。"① 在国民党的党务法规中从未见有类似的严格规定，尽管国民党改组后也强调集权，强调纪律，但与中共相比仍逊色不少。对违反党纪之党员的处分，三党党章的规定也宽严不一。国民党与俄共基本相似，而以中共的规定最严厉。②

从此，"个人服从组织"的民主集权制为国共两党所崇奉。

党一旦执政，民主集权制又复制扩大为整个国家和社会的体制。

中国终于告别了五四人最为忧心的"一盘散沙"的局面。

五四前后的思想演进，大体有一个从"个人解放"到"社会改造"的过程，其间可见"个人"意识淡出、"国家"观念衰减和"社会"主义勃兴等几个环节。几个环节之间的关联互动虽然隐约，仍有线索可寻。在此过程中，个人主义、自由主义、资本主义、国家主义、社会达尔文主义均因被视为基于"自由竞争"、"弱肉强食"的价值理念而遭否定，而社会主义也因被建构为"平等"、"互助"而大受欢迎。值得注意的是，这一切又均是以国际关系以及中国的国际处境为考量的前提。无论"自由竞争"还是"平等互助"均是针对国与国，而非针对人与人。主义弃迎背后的终极关怀，其实仍是救亡图存的现实考量。细察陈独秀等人对"国家"观念的批判，矛头主要是针对西方列强的强权主义、军国主义和侵略主义。亦因为此，1923 年成立的中国青年党重新高举"国家主义"旗帜，并一再声称他们的"国家主义"，是新国家主义。所谓新国家主义，不是弱肉强食的军国主义，而是"内除国

---

① 《中共中央文件选集》（1），第 57~58 页。

② 如犯有下列各项之一者即开除党籍：无故连续 2 次不到会；欠缴党费 3 个月；无故连续 4 星期不为本党服务等。见《中共中央文件选集》（1），第 63 页。

贼，外抗强权"的民族主义。换言之，他们厌弃侵略型的"国家"观念，提倡救亡型的"国家"和"社会"主义。

　　在"社会"、"社会主义"、"社会改造"、"社会运动"乃至"社会革命"之间，亦有因果链接依稀可见。"社会"被视为政治的基础，"社会的觉悟"被视为最高的觉悟，同时，"社会"又被视为一切"问题"的根源而需要"改造"，甚至认为中国没有"社会"而需要"无中生有造社会"。在急于改变"一盘散沙"现状的愤激和新造"士敏土"式有机体社会的期待中，"社会改造"的声浪，迅速转化为"社会运动"，也最终导向了社会革命。傅斯年"无中生有造社会"的理想，顺理成章地走上了"以俄为师"的列宁主义政党的集权之路。个人主义、自由主义在五四之后成为一种"恶名"，甚至成为革命的对象。①

---

　　① 1927 年初，武汉国民政府的宣传话语，将"个人主义"视为"反革命"行为。见英竞《甚么是反革命》、《还有些反革命啊（一）》、《还有些反革命啊（二）》，《汉口民国日报》1927 年 1 月 24 日，2 月 9、10 日。

第三章

"革命"与"反革命":
三大政党的党际互动

近代中国以"革命"频发而著称。美国研究革命现象的著名学者詹隼（Chalmers Johnson）称："十九世纪与二十世纪的中国革命，是所有历史个案中最大且最复杂的革命样本。"[①] 邹谠也认为，中国革命是历史上参加人数最多、发展最复杂、成功与失败的经验最丰富、时间也极长的集体政治行动。[②]

在中国革命史上，1920 年代是一个重要的转折时期。长期以来，中共以五四运动为界标，将之前的革命称作"旧民主主义革命"，之后的革命称作"新民主主义革命"。而划分革命"新""旧"的标准，主要是以革命的领导者、革命的参与群体以及革命的对象和目标之不同而设定。若超越这种一党立场的革命史观，1920 年代在革命史上的转折意义还可以放在更为宽广的历史视野下加以观察。

清末以来持续十余年之久的"革命"与"改良"之争因辛亥

---

① 詹隼：《革命：理论与实践》，郭基译，台北，时报文化出版公司，1997，中文版序言。
② 邹谠：《研究二十世纪中国政治的新路向》，《香港社会科学学报》1994 年第 3 期。

革命而告终。然而经过民初短暂的民主宪政之不成功尝试后，革命的呼声再度在中国掀起。与晚清由单一党派主导革命不同的是，1920年代的革命激变为多个党派的共同诉求。国民党的"国民革命"、共产党的"阶级革命"与青年党的"全民革命"几乎同时并起。虽然三党在革命目标和革命对象的设定上不尽相同，但都竞相揭橥"革命"大旗，且均以"革命党"自居。革命由过去的一党独导发展为多党竞举的局面。

在三大党派的大力宣导下，不仅"革命"一词成为1920年代中国使用频率极高的政论词汇之一，而且迅速汇聚成一种具有广泛影响且逐渐凝固的普遍观念，即革命是救亡图存、解决内忧外患、实现国家统一和推动社会进步的根本手段，改良及其他救国途径（如教育救国、实业救国、学术救国等）被视为缓不济急和舍本逐末。革命高于一切，甚至以革命为社会行为的唯一规范和价值评判的最高标准。"革命"话语及其意识形态开始渗入社会大众层面并影响社会大众的观念和心态。

与之相随，"反革命"则被建构为一种最大之"恶"，随即又升级为最恶之"罪"。"革命"与"反革命"形成非黑即白的二元对立，二者之间不允许存留任何灰色地带和妥协空间。当时流行的一句口号"不革命就是反革命"，即是这一情形的生动写照。政治改革道路的不同选择不再被定义为"革命"与"改良"之争，或激进与温和之别，而是被建构为"革命"与"反革命"的圣魔两立，水火不容。"革命"与"反革命"被扩大化为非常宽广层面的各种社会力量之间的阶级较量。与此同时，不同政党以及同一政党内部的不同派系之间，竞相争夺并试图垄断对"革命"话语的诠释权，同时将"反革命"的头衔加诸不同政见者和政治敌对党派之上，唯己独"革"，唯己最"革"，唯己真"革"，甚至视革命同路人为危险的竞争对手。与清末相比，1920年代的"革命"与"反革命"话语既带有浓烈的专断性，又富有浓烈的任意性，在此基础上开始凝固成一种新的"革命"政治文化。

长期以来，学术界考察 1920 年代的中国革命，目光仅投向国共两党，而轻忽和漠视中国青年党及其国家主义思潮的存在和影响。这种长期习焉不察的轻忽和漠视，其实仍是当年国共两党"革命"意识形态之余绪，亦即将青年党定性为"反革命"党派。历史研究者有意或无意间将目光更多地投向历史进程中取得胜利的一方和比较"进步"的一方，潜意识层面实际仍未脱"优胜劣败"和"成王败寇"观念的束缚。事实上，历史进程全貌的"复原"和解析，必须兼顾当时参与历史的各方，无论其胜败，亦不论其"进步"或"反动"，均应是史学研究关注的对象。

1920 年代的中国革命，本是一场由不同党派、群体以及精英与大众所共同发声（赞成或反对）、组合（推动或抗阻）而成的运动。我们有必要尽力"复原"和"再现"那个年代里不同党派"众声喧哗"的状态。本章试图脱逸"国共合作"的传统框架，将1920 年代的中国革命放回到国、共、青三大政党党际互动的历史场域中去观察和思考，侧重对三党各自所表述的"革命"话语予以比较分析，[①] 尝试从观念史的层面来重行检讨这场革命的开展，冀能对以往史学界有关此段历史的书写因党派立场所导致的偏执和专断有所修补。

一　从一党独"革"到三党竞"革"

中日甲午战争以后，中国开始出现两股从事改革运动的新力

---

① 近年来，学界有关近代中国"革命"话语之学术性讨论，主要有陈建华：《"革命"的现代性：中国革命话语考论》，上海古籍出版社，2000；金观涛：《观念起源的猜想与证明——兼评〈"革命"的现代性：中国革命话语考论〉》，《中央研究院近代史研究所集刊》第 42 期，2003 年 12 月；吕芳上：《从改革与革命到告别革命：近代中国政治发展的省思》，孙康宜、吕芳上编《变：新局面的创革》，台湾东海大学通识教育中心丛刊第 10 号，2001 年；黄金麟：《革命与反革命：清党再思考》，《新史学》（台北）第 11 卷第 1 期，2000 年。此外，尚有李泽厚、刘再复《告别革命：二十世纪中国对谈录》，台北，麦田出版公司，1999。该书大体属于非学术研究性的随感录。

量，一派主张以暴力推翻朝廷，另一派则主张在朝廷主导下推行改革。前者以孙中山为代表，后者以康有为、梁启超为代表。孙中山最初将自己的行为定义为"造反"，后受《易经》中"汤武革命，顺乎天而应乎人"一语之启示，改以"革命"相号召，并自称"革命党"。[①]

据金观涛对"革命"一词在晚清言论界所出现的次数及其所指涉的含义进行量化统计的结果显示，在 1894～1898 年间，"革命"一词只是零星出现，且主要指涉法国革命；1898 年戊戌变法失败后，"革命"一词开始出现新的含义，如代表彻底变革的"宗教革命"、"诗界革命"和用暴力推翻旧王朝的"排满革命"等。1901 年以后，"革命"一词开始在中国士大夫著述及报刊言论中较为频繁地出现。[②] 1902 年，梁启超就晚清知识界对"西学"→"变法"→"民权"→"革命"的认知变化情形作过一精彩的描述：

> 二十年前，闻西学而骇者比比然也，及言变法者起，则不骇西学而骇变法矣；十年以前，闻变法而骇者比比然也（王安石变法，为世诟病，数百年来，变法二字，为一极不美之名词。若于十年前在京师尤习闻此言，今则消灭久矣），及言民权者起，则不骇变法而骇民权矣；一二年前，闻民权而骇者比比然也，及言革命者起，则不骇民权而骇革命矣。今日我国学

① 冯自由《革命逸史》初集记：1895 年广州起义失败后，孙中山与陈少白等流亡日本，抵达神户时，见当地报纸载有"支那革命党首领孙逸仙抵日"之消息。孙中山对陈少白说："革命二字出于《易经》汤武革命，顺乎天而应乎人一语，日人称吾党为革命党，意义甚佳，吾党以后即称革命党可也。"但此事不见于孙中山本人记述。冯氏之事后忆述未必可信。据安井三吉、陈德仁等学者考查当时日本报纸，亦未见此种记载。参见陈锡祺主编《孙中山年谱长编》（上），中华书局，1991，第 100～102 页。

② 金观涛：《观念起源的猜想与证明——兼评〈"革命"的现代性：中国革命话语考论〉》，《中央研究院近代史研究所集刊》第 42 期。

界之思潮，大抵不骇革命者，千而得一焉；骇革命不骇民权者，百而得一焉……①

梁氏之言，极生动地说明了"西学"、"变法"、"民权"、"革命"等话语在晚清中国交相递嬗的情形：学界由最初的"骇西学"、"骇变法"，进而"骇民权"、"骇革命"。而且"骇革命"也很快转化为"不骇"。两年之后，梁启超即观察到这一变化："近数年来中国之言论，复杂不可殚数。若革命论者，可谓其最有力之一种也已矣。"②梁启超不知是否预料到，"骇革命"之后再无可"骇"。当"革命"一旦代替"民权"，"革命"却找不到别的替代，从此历久而不衰。③晚清知识界对革命由"骇"转为"不骇"，从恐惧革命到竞言革命，似乎仅是数载之间的事，不能不慨叹晚清言论界嬗变之速。不过，此时革命尚未成为政治正确的评判标准。桑兵即注意到，在庚子勤王前后，革命与不革命，还处于革新进步的同一阵营之内，可以平等地进行对话。就当时多数趋新士绅而言，"革政"比"革命"更容易接受，其原因并不一定是前者的方式较为温和，反倒是所带来的变化更具实质意义，而且不必给社会造成巨大灾难。当时革命党人也并不以"革命"自囿，而排斥其他方式和派系。④

1910年，孙中山在美国旧金山对华侨演讲《中国革命之难易》时，声称"'革命'二字，近日已成为普通名词"。"革命"既成

---

① 中国之新民（梁启超）：《敬告我同业诸君》，《新民丛报》第 17 号，1902 年 10 月。

② 中国之新民（梁启超）：《中国历史上革命之研究》，《新民丛报》第 46 ~ 48 合号，1904 年 2 月。

③ 吕芳上在《从改革与革命到告别革命：近代中国政治发展的省思》（孙康宜、吕芳上编《变：新局面的创革》）一文中提出：从今天来看当时戏剧性的历史转变，我们不禁要追问：接受"革命"这一口号的心理障碍是什么？为什么一旦"革命"代替了"民权"，"革命"却找不到别的替代？

④ 桑兵：《庚子勤王与晚清政局》，北京大学出版社，2004，绪论，第 14 ~ 15 页。

"普通名词"，至少表明此时知识界"言革命"之普遍。不过，孙中山也注意到："在美华侨，多有不解革命之义者，动以'革命'二字为不美之名称，口不敢道之，耳不敢闻之。"① 在美华侨参与孙中山革命最早，未料直至辛亥革命前夕他们之中尚"多有不解革命之义者"。以此推测国内普通大众，其以"'革命'二字为不美之名称"亦当属情理之中事。

辛亥以前，同盟会是中国唯一以"革命"为诉求的团体。当时他们的革命目标比较单纯，主要集中于武力排满。民国建立后，"革命军兴，革命党消"成了一时的舆论倾向，无论是一般民众，还是革命党人内部，多认为帝制推翻后，革命亦应随之结束，主张在中国建立西方式的代议制度和政党政治。一时间，全国数百个号称"党"、"会"的小党派，乘时兴起。据张玉法先生研究，几乎所有的西方政党类型都可以在当时的中国找到。② 同盟会由秘密转为公开，旋即又联合其他五个政团改组为国民党，政纲由激进转趋温和，性质亦由革命党转变为致力于国会政治的民主政党。是时孙中山也一度大力推崇两党轮流执政的西式政党政治。但这一理想未能实现。1913 年 3 月，袁世凯派人刺杀国民党代理理事长宋教仁，并准备用武力消灭南方革命力量。孙中山被迫发起"二次革命"讨伐袁世凯。但革命很快失败。国民党于 1913 年 11 月被袁世凯解散。

1914 年 6 月孙中山于日本东京重组中华革命党，首次在党的名称中公开标示"革命"，厘定"军政"、"训政"、"宪政"三阶段的"革命方略"，宣布自革命军起义之日至宪法颁布之时，均为"革命时期"，在此时期内，一切军国庶政，悉归革命党负完全责任。孙中山的政党观，由推崇两党轮流执政的西方政党政治，转变

① 孙中山：《在旧金山丽蝉戏院的演说》（1910 年 2 月 28 日），《孙中山全集》第 1 卷，中华书局，1981，第 441 页。
② 张玉法：《民国初年的政党》，台北中研院近代史研究所专刊，1985，第 39 页。

为革命党一党治国，但孙中山这一重造革命党的初衷，格于环境，未能立刻达成。1916 年 6 月，袁世凯病死，中华革命党由东京迁回上海，重新致力于恢复共和代议制度，实际暂时停止了革命。1917 年以后，孙中山开始打出"护法"的旗帜，以恢复民国元年的约法为目标，但其护法事业连遭挫折。在这种情况下，孙中山认识到以和平方法争取政权已不可能，再次明确提出：改造中国的第一步，只有革命。① 1919 年 10 月，中华革命党改名为中国国民党。革命再次成为孙中山及其国民党人改造中国的重要途径和手段。

与清末之际革命与改良互争雄长不同的是，到 1920 年代初，革命为中国多数党派所认同。除中国国民党外，新起的中国共产党和中国青年党亦以革命为诉求。革命的局势由清末的"一党独革"演变为"多党竞革"的局面。这一局面的形成，意味着北洋军阀之失道，已经超过了 19 世纪末的晚清朝廷。康、梁等人当年尚寄希望于清政府推行渐进性改革。而袁世凯死后，北洋体系内再也未能产生一个足以慑服各方、统一全国的强势人物，中国出现了一个近代以来前所未有的政治格局，即中央政府失去对全国局势的驾驭力，形成大小军阀分裂割据、频繁混战的局面。这一局面的持续使中国人几乎整体性地陷入绝望。

另一方面，民国肇建十余年间，因民主宪政的不成功试验，特别是 1923 年曹锟贿选，使约法、国会声名狼藉，助长了知识界对共和民主宪政的失望和再起革命的信念。正如《大公报》社论所称："试问半世以来，中国所谓共和者，果于其义有合否耶？是共和者，不特无毫末之益，而害之于国与民者，且百十倍于清之季世。假共和不如真专制，已成为国民之一般信念。"② 《东方杂志》

---

① 孙中山：《改造中国之第一步》（1919 年 10 月 8 日），《国父全集》第 2 册，台北，中国国民党中央党史会，1973，第 382 页。
② 《不可测》（社评），天津《大公报》1927 年 6 月 10 日。

在当时中国言论界大体属于比较稳健和偏于保守的刊物。即使是这样的刊物,是时也发表了一系列文章,肯定革命与暴力的正面作用。①

与《东方杂志》相比,《新青年》自属于激进刊物(有一个变化过程)。该刊自1915年创刊,至1926年终刊,前后持续十年有余。统计该刊"革命"等词出现频度的变化,大致呈现这样的轨迹:

"前五四"时期(1915~1918):"革命"、"自由"、"科学"、"平等"、"民主"等词的出现频度大体相当,均在1%以下。"自由"、"革命"、"科学"三词的出现频度略超过"平等"、"民主"等词。

"五四"时期(1919~1922):除"民主"一词的出现频度略有下降外,其他各词的出现频度均呈上升趋势,而"革命"一词的出现频度开始明显超过其他各词。值得注意的是,"民主"出现次数不到"科学"的十分之一,不及"革命"的二十分之一。②

"后五四"时期(1923~1926):"革命"一词的出现频度急剧蹿升,成为压倒一切的中心词。"科学"、"民主"、"自由"、"平等"等均相对沦为边缘,为"革命"让路。1923~1926年间,《新青年》杂志共发表各类文章128篇,平均每篇出现"革命"一词多达25次以上。这无疑是1920年代革命在中国再起的一个重要表征。

---

① 如一位名为"化鲁"的作者即在《东方杂志》接连发表文章呼吁革命:"政治建设唯有经过大革命与破坏后才能成功。再说得彻底些,平和是不能无代价得来的,平和的代价就只是鲜红的血";"现在该不是爱平和的时候了,政局已弄得走投无路,便要忍耐也无可忍耐了。暴力虽不能驱除暴力,但正规的力是可以驱除暴力的。我们所需要的就是国民的正规的力。""现在的中国非经过武力的革命,不能收拾。武力革命的结果,必不免趋入极端。"见化鲁《"爱平和的"的中国人》、《棒喝主义与中国》,《东方杂志》第20卷第12、19号,1923年6、10月。

② 参见金观涛、刘青峰《〈新青年〉民主观念的演变》,《二十一世纪》总第56期。

表 3-1 《新青年》杂志"革命"等语词频度统计

卷次	卷1	卷2	卷3	卷4	卷5	卷6	卷7	卷8	卷9	季刊及不定期
起止时间	1915.9 1916.2	1916.9 1917.2	1917.3 1917.8	1918.1 1918.6	1918.7 1918.12	1919.1 1919.11	1919.12 1920.5	1920.9 1921.4	1921.5 1922.7	1923.6 1926.7
文章篇数	770					631				128
革命	0.78%					2.45%				25.14%
科学	0.76%					1.55%				2.66%
民主	0.15%					0.12%				0.54%
平等	0.26%					1.02%				0.67%
自由	0.82%					1.59%				2.18%

说明：本表语词频度，是语词出现次数与各期文章总篇数之比。据北京大学出版社、北大未名科技文化发展公司 1998 年出版的《新青年》之电子版得出。

中国共产党（1921）、中国青年党（1923）和中国国民党（1924）的成立和改组几乎是同时进行的。三党之间的分歧不在"要不要革命"，而在"如何革命"以及革命究竟要达成什么样的目标。国共两党将他们合作进行的革命称做"国民革命"，口号是"打倒军阀，打倒帝国主义"；中国青年党自称其革命为"全民革命"，口号是"内除国贼，外抗强权"。表面观之，相互之间并无显著区别，实则三党各自的诠释大有不同。

中国共产党成立之初，自称其革命的性质是社会主义的，革命的任务是"推翻资本家阶级的政权"，"消灭资本家私有制"，"承认无产阶级专政"。① 中共"二大"对此作了修改，分别提出最高纲领和最低纲领：最高纲领是建立无产阶级专政，渐次达到一个共产主义社会；最低纲领是进行反帝反封建的民主革命，建立一个"真正的民主共和国"，进行的方法是援助国民党继续"民主革命"。不久，中共将"民主革命"改称"国民革命"。据陈独秀解释，之所以改名，乃鉴于"民主革命"这个口号，"未免偏于纯资

---

① 《中国共产党第一个纲领》，《中共中央文件选集》（1），第5页。

产阶级的"，而"国民革命"这个口号，更适合于半殖民地各阶级联合革命的需要。[①] 其后，毛泽东等人又进一步阐释了中国"国民革命"与西方资产阶级"民主革命"之间的区别，认为前者是殖民地半殖民地的小资产阶级、半无产阶级和无产阶级这三个阶级合作的革命，革命的对象是帝国主义和军阀官僚买办地主，革命的目的是"建设一个革命民众合作统治的国家"；后者是资产阶级一个阶级的革命，革命的对象是封建贵族，革命的目的是建立资产阶级统治的国家。[②]

共产党人运用阶级分析方法，认为不同的阶级因其经济地位不同，其对革命的态度亦判然有别。"越向上层的资产阶级越富于妥协性，越向下层的无产阶级越富于革命性"。无产阶级是最革命、最先进的阶级。中共坚信自己是全世界最先进阶级的代表，是人类未来命运的主宰，因而具有强烈的阶级优越感和历史使命感。中共认为，国民革命是社会革命的过渡，国民革命强调联合，社会革命强调分化。共产党先帮助资产阶级小资产阶级完成国民革命，然后再进行无产阶级的社会革命。在他们看来，孙中山及其国民党所进行的革命如同俄国的二月革命，而他们的目标则要发动十月革命，建立无产阶级自己的政权。中共话语中的"国民革命"，实质上是"阶级革命"。

"国民革命"口号提出后，很快为孙中山和国民党人所认同。[③] 但孙中山和国民党人对"国民革命"的理解和解释与中共并不一致。孙中山的政治理想和革命目标，是要建立一个独立的主权国家和一个在政治、经济上比西方更平等的改良社会。他不同意在中国

---

① 陈独秀：《本报三年来革命政策之概观》，《向导》第 128 期，1925 年 9 月。

② 毛泽东：《国民党右派分离的原因及其对于革命前途的影响》，《政治周报》第 4 期，1926 年 1 月。

③ 据考证，"国民革命"一词最早出现于 1906 年由孙中山、黄兴、章太炎等起草的《军政府宣言》中，但此后 16 年间未见再使用，直到 1922 年中共重新赋予其新的内涵后，才逐渐风靡。参见金冲及《第一次国共合作的建立》，沙健孙主编《中国共产党通史》第 2 卷，湖南教育出版社，1996，第 115～116 页。

实行俄国式的社会主义。他在《孙文越飞联合宣言》中，明确声明"共产组织，甚至苏维埃制度，事实均不能引用于中国"，尽管声明多少含有想要避免刺激列强的意图，但从其前后大量相关言论观之，亦未尝不是其本心的真实表白。在孙中山看来，俄国人的共产主义并无优长新奇之处，他的三民主义比共产主义更具包容性，更适合中国国情。中国的国情是患贫。中国人只有大贫与小贫之分，还不存在西方社会那样的阶级对立和冲突，所以中国的问题是如何用温和的和缓进的方法，预防西方资本主义的弊病，而不是用共产主义去提倡阶级斗争。

但孙中山"联俄""容共"以后，其思想仍难免受到苏俄意识形态的影响。当时外间舆论传言国民党已"赤化"。国民党中央宣传部专门发表"辟谣"声明，声称"国民党之本体不变，主义不变，政纲之原则不变。此次改组，乃改党之组织，采用俄国委员制"。① 以今人"后见之明"的眼光看，1924 年国民党改组，其路线基本上是以"三民主义为体，俄共组织为用"，主要借鉴苏俄的治党建军经验。② 不过，所谓"主义不变"，其实并非完全未变。国民党"一大"通过两个关键性的文件，一是国民党新党章，一是大会宣言。这两个文件均由苏俄顾问鲍罗廷参与起草，前者是以 1919 年 12 月俄共（布）第 8 次全国代表会议颁发的《俄国共产党（布尔什维克）章程》为蓝本，③ 后者是以 1923 年 11 月 28 日共产国际通过的《关于中国民族解放运动和国民党问题的决议》为蓝本。④ 宣

---

① 《中央执行委员会宣传部辟谣》，《中国国民党周刊》第 14 期，1924 年 3 月 30 日。

② 参见拙著《党员、党权与党争：1924～1949 年中国国民党的组织形态》，第一章。

③ 1919 年俄共党章见《苏联共产党代表大会代表会议和中央全会决议汇编》（1），第 589～600 页。江田宪治认为，1924 年国民党党章是以 1922 年俄共党章为样本。（江田宪治：《1920 年代的民主主义——以国民党和共产党为中心》，狭间直树编《1920 年代的中国》，汲古书院，1995，第 104 页）其说不确。

④ 《联共（布）、共产国际与中国国民革命运动（1920～1925）》，中共中央党史研究室第一研究部译，北京图书馆出版社，1997，第 342～345、412 页。

言对孙中山的三民主义作了新的解释,最明显之处有二。

一是在民族主义和民权主义的解释中,引入了阶级的概念和理论,指出民族主义对不同的阶级具有不同的意义;民权主义不是从人权和公民权的角度去分析,而是把它视为一个革命的原则,民权只赋予那些坚持革命政权观点的人,批评"近世所谓民权制度,往往为资产阶级所专有,适成为压迫平民之工具,若国民党之民权主义,则为一般平民所共有,非少数人所得而私也。于此有当知者,国民党之民权主义,与所谓'天赋人权'者殊科,而唯求所以适合于现在中国革命之需要"。

二是在民族主义和民权主义的解释中,加入了反帝的内容。"盖民族主义,对于任何阶级,其意义皆不外免除帝国主义之侵略";"盖民国之民权,唯民国之国民乃能享之,必不轻授此权于反对民国之人,使得藉以破坏民国。详言之,则凡真正反对帝国主义之个人及团体,均得享有一切自由及权利;而凡卖国罔民以效忠于帝国主义及军阀者,无论其为团体或个人,皆不得享有此等自由及权利。"① 换言之,能否享有自由权利,端视反不反对帝国主义而定。

仅从语义上看,国共两党高呼的"打倒帝国主义"口号,与中国青年党提出的"外抗强权"口号,似无多大差别,但前者实际上隐含着列宁主义的世界革命观,至少在相互关联的两个方面透示着俄式革命的潜在效应:第一,将中国革命与西方帝国主义宗主国的无产阶级革命斗争衔接在一起,组成一条世界革命阵线,带给中国的革命分子一种前所未有的"使命感"。他们的奋斗不仅仅是为了中国的民族解放,也为了全世界受压迫的无产阶级。第二,革命的任务和范围扩大,不仅要推翻中国的过去(封建主义),也要打倒西方的现状(资本帝国主义),所以革命不再像过去以为的短

---

① 《中国国民党第一次全国代表大会宣言》,《中国国民党第一、二次全国代表大会会议史料》(上),第85~87页。

时间内就能结束。①

中共提出："中国革命是世界革命的一部分"。这一命题也得到了国民党人的认同。国民党召开第一次全国代表大会时，孙中山即申言，此次国民党要重新担负革命的责任，对内推倒军阀，对外反抗帝国主义，"将全世界受帝国主义所压迫的人民来联络一致，共同动作，互相扶助，将世界受压迫的人民都来解放。"② 孙中山逝世后，国民党召开第二次全国代表大会，其《宣言》更明确指出："中国国民革命，实为世界革命之一大部分，其努力之目标，在打倒帝国主义。""吾人所指为中国之生路者则如下：其一，对外当打倒帝国主义。其必要之手段：一曰联合世界革命之先进国。二曰联合世界上一切被压迫之民族。三曰联合帝国主义者本国内大多数被压迫之人民。其二，对内当打倒一切帝国主义之工具。首为军阀，次则官僚、买办阶级、土豪。"③ 依此，"国民革命"的含义实际已经大大超出了它的字面意义：民族的革命扩大为世界的革命；"国民"的革命转化成了阶级的革命。

在某种意义上，中国青年党的"全民革命"主张，正是针对国共两党的"世界革命"和"阶级革命"而发。中国青年党在其建党宣言中，首先批评了中共的无产阶级专政理论不符合国情，认为工人仅占全国人口的4%强，以如此少数的工人实行专政，万不可能。况且全国农工商学各界，同受军阀压迫，独倡一阶级专政，会失去大多数民众的同情，不能进行大规模的革命。④ 其次，青年党认为当时中国的主要矛盾是西方列强与中华民族的矛

① 参见吕芳上《从改革与革命到告别革命：近代中国政治发展的省思》，孙康宜、吕芳上编《变：新局面的创革》。

② 《对于中国国民党宣言旨趣之说明》（1924年1月23日），《孙中山全集》第9卷，第126页。

③ 《中国国民党第二次全国代表大会宣言》，《中国国民党第一、二次全国代表大会会议史料》（上），第442、447页。

④ 《中国青年党建党宣言》，李义彬编《中国青年党》，中国社会科学出版社，1982，第95~96页。

盾，而不是国内资本家与工人之间的矛盾，在中国新式产业尚未发展，劳资阶级不甚悬殊的时期，主张阶级争斗会助长混乱，妨碍国家统一。"中国目下的急务是被压迫的中国与压迫的列强争斗，力求国家的生存，而后全国人民无论有产的或无产的，才有所托命，否则国内阶级争斗利害一分，便使对外争斗的力量减少一分。"①

青年党自称其宗旨是："本国家主义的精神，采全民革命之手段，以外抗强权，力争中华民国之独立与自由，内除国贼，建设全民福利的国家"。②"内除国贼，外抗强权"本是五四爱国运动中所提出的口号，而青年党进一步将其阐释为"对内为民主革命，对外为民族革命"。③ 具体的进行方法，则"联合农工商学各界，先求'全民武装'，进而实行'全民革命'，以造成'全民福利'之国家，而不偏于任何阶级"。④

值得注意的是，在中国青年党看来，国共两党的革命是"不彻底的"，甚至称不上是"真革命"，而是"假革命"。其理由有二：一是国共"联此军阀以倒彼军阀"；二是国共"联赤帝国主义以倒白帝国主义"。前者指联冯玉祥、唐生智等人，后者指联苏俄。在中国青年党人眼中，冯、唐固然是旧军阀，苏俄也是变相的"新帝国主义"。青年党人自认其革命主张比国共两党更激进，更鲜明，更彻底。因为他们反对联络任何军阀，也反对依靠任何欧美国家，主张"内求统一，外求独立"；"内不妥协，外不亲善"。⑤

---

① 《国家主义青年团宣言主张及简约》，李义彬编《中国青年党》，第117~118页。
② 李璜：《谈谈我们》，方庆秋主编《中国青年党》，档案出版社，1988，第10~11页。
③ 曾琦：《答穆济波书》，《醒狮》第6号，1924年11月15日。
④ 《通信（曾琦致郑伯奇）》，《醒狮》第7号，1924年11月22日。
⑤ 《全国国家主义团体联合会宣言及简章》、《中国国家主义青年团第一次全国代表大会对于时局宣言》，李义彬编《中国青年党》，第122~123、126~136页。

自"军阀"与"帝国主义"被国共两党确定为中国革命的主要敌人后，"打倒军阀，打倒帝国主义"的主张很快为多数中国人所接受。但什么是"军阀"，什么是"帝国主义"，一般民众心目中固然没有一个清晰的界定，即使在国共两党的言说中，亦带有浓厚的任意性。冯玉祥、唐生智等人由军阀变为"革命将军"，几乎是旦夕之间的事。冯玉祥发动北京政变，孙中山誉之为"中央革命"，其实，冯的倒戈行为不仅有悖北洋体系的传统行事准则，在操守上亦颇遭谴责，"社会上谅之者甚少"。[①] 北伐出师后，唐生智等一大批旧军人相继归附到国民革命军行列，被国民革命军委以要职。青年党对此颇不以为然。他们认为："考此辈军阀，来助革命军北伐，不外两种心理：或系师出无名而欲借名义以自重，或系日暮途穷，而欲得点钱财以自保。此种人而欲其了解主义，以始终从事革命，实行救国，岂不是大笑话！在南方政府之意或不过暂时利用之以张声势，以图进展。殊不知此辈为投机利用而来者！一旦稍有利可图，有地可据，则群起争赃；争之不平，则破裂随之，或内哄或倒戈，而大局因以瓦解！"[②] 青年党在北伐初期的这一预言，在北伐以后大体为新一轮的军阀混战所证实。

近年来大量苏联档案解密以及相关研究成果表明，1920 年代苏俄在中国的所作所为，包括援助中国革命，均有其自身利益的优先考量。即就共产国际所领导的世界革命而论，联合全世界帝国主义国家的无产阶级起来革命，其最大受惠者亦首先是号称世界革命中心的苏俄。但在当时联俄师俄的气氛下，国共两党几乎都不曾警觉苏俄援助中国革命背后所隐含的终极关怀，即或有所怀疑，亦出于党派当下现实利益的考量而策略性地加以运用。

当时中国知识界亲俄的风气亦相当盛。青年党指出："就国人

---

① 《冯玉祥辞职原因》，《申报》1924 年 11 月 13 日。
② 《中国国家主义青年团第一次全国代表大会对于时局宣言》，李义彬编《中国青年党》，第 132～133 页。

之亲俄程度而言，其人数之多，范围之广，种类之复杂，诚有令人惊叹者。"① 1925 年，北方的《晨报》和《京报》副刊围绕苏俄是不是帝国主义，应该"联俄"还是应该"仇俄"，曾组织过一场大论辩。参与论辩的大都是高层次的知识人，意见则正反两分，主张"亲俄"与主张"仇俄"几乎难决胜负。② 当时，胡适的"许多朋友"也邀请他加入"反赤化"的讨论。而胡适表示："许多少年人（对苏俄）的'盲从'固然不好，然而许多学者们（对苏俄）的'武断'也是不好的。"③ 言下之意，"亲俄"的多是年轻一辈的学生，"仇俄"的多是年长一些的学者。在胡适看来，"亲俄"与"仇俄"的两极化，双方均有"盲从"和"武断"的成分，而他似乎更同情于"亲俄"一方。国共两党的"亲俄"与青年党的"仇俄"，实际均是当时中国民众（主要是知识界）对苏俄态度两极化的反映。中国青年党反对与苏俄亲善，认为共产国际由苏俄发起，受苏俄操纵，以苏俄利益为中心，是苏俄借以称霸世界之利器。④ 青年党还指责苏俄"派兵占领我外蒙，侵犯我中东路权，虐待我旅俄侨胞，干涉我国内政，翻悔其既承认取消之不平等条约"。⑤ 这些指责中，既有主观武断的成分，也具有相当的客观事实基础。

"帝国主义"这一概念在列宁的论述中，乃指资本主义发展的最高阶段及其所表现出来的垄断性、寄生性和垂死性。但这一概念引入中国后，几乎成为西方列强侵略的代名词，而且逐渐形成一种

---

① 一卒：《新俄祸》，《醒狮》第 40 号，1925 年 7 月 11 日。
② 论辩双方的文章，收在章进编《联俄与仇俄问题讨论集》（北新书局，1927）一书中。该书原拟出版上、下两册，但只见上册。
③ 胡适：《欧游道中寄书》，《胡适文存》第 3 集第 1 卷，亚东图书馆，1930，第 76～77 页。
④ 李璜卿：《论中国革命与第三国际之关系并忠告蒋介石》，曾琦：《蒋介石不敢复言打倒帝国主义矣》，《醒狮》第 92、100 号，1926 年 7 月 18 日、9 月 11 日。
⑤ 《中国国家主义青年团第一次全国代表大会对于时局宣言》，李义彬编《中国青年党》，第 129 页。

把中国的一切问题都归咎于帝国主义侵略压迫的极端民族主义倾向。青年党沿用五四时期的"外抗强权"而拒绝采纳"打倒帝国主义"的口号，意在警觉"帝国主义"概念背后的世界革命观。青年党认为，苏俄主张的"世界革命"，其实质是"使全世界各弱小国家归顺苏俄"。① 故青年党对国、共所主张的"中国革命是世界革命一部分"的观念，颇不以为然。在青年党看来，世界革命的目标，是要把全世界压迫弱小民族侵略弱小国家的各帝国主义者一起打倒，不仅渺不可期，从策略上讲也是不现实的。因为帝国主义在世界上本不是一个整个的组织，相互之间含有竞争冲突的成分甚多。对于中国的侵略也不是国际的，而是国别的，中国若想解除不平等条约的束缚，只有利用列强间的冲突抵触，从中分化应付，断不能高唱打倒一切帝国主义，反促成列强的团结一致。② 而在陈独秀看来，青年党的最大错误，在于"误认中国国民革命乃整个一国家的孤独运动，不认识虽在国民革命运动中，国外也有友军，国内尽有敌人"。③ 青年党则认为："打倒帝国主义为一事，排除帝国主义在华之势力又为一事。前者为世界革命（即共产革命）之口号，后者为国民革命（即全民革命）之职志。吾人主张'外抗强权'，即属于后者而非前者。"④

除青年党外，当时中国社会及知识界，其实亦有不少人视"打倒帝国主义"为苏俄世界革命的战略口号。梁启超即明确指出："党中口号皆由第三国际指定，什么'打倒帝国主义'、'打倒资本阶级'等等，那一句不是由莫斯科的喊筒吹出来的。"⑤《国闻

① 李璜卿：《论"打倒帝国主义"口号不适宜于今日中国》，《醒狮》第 95 号，1926 年 8 月 7 日。
② 《中国青年党暨国家主义青年团第五次全国代表大会宣言》，方庆秋主编《中国青年党》，第 115 页。
③ 独秀：《国民党新右派之反动倾向》，《向导》第 139 期，1925 年 12 月 20 日。
④ 曾琦：《蒋介石不敢复言打倒帝国主义矣》，《醒狮》第 100 号。
⑤ 梁启超：《与令娴女士等书》（1927 年 5 月 5 日），《梁启超论文集》，燕山出版社，1997，第 735 页。

周报》社评亦称："反帝国主义，反帝国主义，非二十世纪之时髦名词耶。然此时髦名词苏俄可用之，中国则不宜。"[1]

实际上，无论是"外抗强权，内除国贼"，还是"打倒帝国主义，打倒军阀"，都带有浓烈的民族主义意味。至于说某一党派比另一党派更具民族主义，其实很难落到实处。正如罗志田所指出的，真正对实际政治起作用的，恐怕更多是各政治力量对民族主义加以政治运用的策略。[2]

二 三大政党的党际互动

1920 年代，中国三个以"革命"为主旨的党派之间，实际经历了多次分合互动的过程。粗线条的描述大致是：先是中国青年党与中国共产党的部分成员从少年中国学会分化而出，同属五四一代的共、青两党十分一致地视辛亥一代的国民党为"落伍"。继而是中国共产党加入中国国民党，形成国共合作共同致力于国民革命的局面。在北伐前后，以中国青年党为一方，以国共两党为另一方，双方在意识形态领域互为论敌，形成激烈的"主义之争"，导致国共两党联手打压青年党的局面。国共关系破裂后，中国青年党一面继续反对共产党的"赤化"，一面坚持反对国民党的"一党专政"；中国国民党则在武力"清共"的同时，亦强力钳制青年党；中国共产党也是两手出击，将主要矛头对准国民党的同时，也不忘兼顾青年党。于是形成国、共、青三个党派循环敌对和相互抗衡的局面。

中共创建之初，本无意与其他党派建立任何关系，决定对现有各政党采取独立、攻击和排他的态度。[3] 这虽然不是专门针对国民

---

[1] 天生：《呜呼中国之反对帝国主义运动》，《国闻周报》第 1 卷第 6 期，1924 年 9 月 7 日。

[2] 罗志田：《乱世潜流：民族主义与民国政治》，上海古籍出版社，2001，自序。

[3] 《中国共产党第一个决议》，《中共中央文件选集》（1），第 8 页。

党而发，但当时中共以外的"其他党派"中，国民党显然是最具历史和影响的。

当共产国际表示要让中共加入国民党的时候，中共党内最初几乎是一致地表示反对。反对的理由主要有：共产党与国民党的革命宗旨不同；国民党联美国、联军阀等政策和共产主义太不相容；国民党未曾发表党纲，在广东以外的各省人民视之，仍是一个争权夺利的政党；共产党倘加入该党，则在社会上尤其是青年社会信仰全失，永无发展的机会。① 依照这一说法，似乎中共在成立之初即已得青年社会之信仰，而加入国民党则会失去这一信仰群体的支持。这反映了早期中共党人的过于乐观和自信。

孙中山愿意"容共"与其"联俄"策略密切相关。孙知道，让共产党员加入国民党是苏俄和共产国际的旨意。想要得到苏俄的帮助，自有必要理顺与中共的关系。苏俄方面亦暗示，他们对国民党的支持，在很大程度上将取决于国民党同共产党的关系。② 对孙中山而言，党是传播主义的工具，多一些人入党，就多一些主义的传播者和同情者。何况他此时正处于事业严重受挫时期，急需外援和外力相助。中共党人作为五四之后成长起来的一支新生政治力量，其蓬勃向上的活力正是老大的国民党所缺乏的。中共是共产国际的下属支部，吸纳共产党员加入国民党，亦可间接汲取俄国布尔什维克的革命经验和治党办法。另一方面，孙中山感到年轻的中共党人有意独树一帜与国民党"争衡"，让中共党员加入国民党并对其加以约束，至少要比中共置身于国民党之外，利用苏俄和共产国际的支持，与国民党竞争政治资源来得有利。在孙中山眼中，中共是一班"自以为是及一时崇拜俄国革命过当"的少年学生。③ 孙中山曾私下里对国民党人说："中国的共产党完全不值一提，都是些

① 《陈独秀致吴廷康的信》，《中共中央文件选集》(1)，第31~32页。
② 《联共(布)、共产国际与中国国民革命运动(1920~1925)》，第279页。
③ 孙中山：《批邓泽如等的上书》(1923年11月29日)，《孙中山全集》第8卷，中华书局，1986，第458页。

在政治上没有修养的年轻人"。① 言词间充分流露出对中国共产党的睥睨之态。孙自然不愿与"毫无凭藉"的中共对等合作，而只许中共党员以个人身份加入国民党，服从他的领导。

当1923年中共党员开始加入国民党时，国民党号称有20余万党员，而中共党员人数不过400多人。但中共不仅没有顾虑可能被国民党吞并和溶化，相反抱有要充当革命动力去推动国民党革命的意图。孙中山固然轻视中共弱小而不愿与之对等合作，而中共实际上更瞧不起国民党。在中共"新青年"眼中，国民党人已是"老朽不堪"的前时代人物，是落伍者，加入国民党，意味着共产党退化。② 当时共产党潜在的社会信仰群体主要是五四知识青年。孙中山容纳共产分子的一个重要考量，即是要将这批五四新青年吸纳到他的革命队伍中来。在孙中山的认知中，国共两党的分别，一是"老同志"，一是"新青年"。③ "老同志"固然疑虑"本党名义被彼利用"，而"新青年"更担心与"老同志"合流会失去青年社会的信仰。

当共产国际强迫中共党员和青年团员加入国民党后，中共中央谆谆告诫其党员团员不要对国民党人"存嫌恶藐视心理"和"不屑与之为伍的成见"，亦不可有"骄矜自炫"的辞色，而应该对他们努力"扶持"、"诱导"和"掖进"。④ 实际上，中共中央让其党员去"扶持"、"诱导"和"掖进"国民党，本身即是一种居高临下的"骄矜"心态。而这种心态，与中共党员受容于国民党的"党内合作"形式显然是不相适应的。

中国青年党自1923年12月成立后，至1929年8月才公开党名。在此期间，青年党对外以"中国国家主义青年团"的面目

① 《中共广东区委联席会议记录》（1924年10月），转引自杨奎松《孙中山与共产党——基于俄国因素的历史考察》，《近代史研究》2001年第3期。
② 《郑超麟回忆录（1919~1931）》，第87~88页。
③ 《中国国民党第一、二次全国代表大会会议史料》（上），第21页。
④ 中央统战部、中央档案馆《中共中央第一次国内革命战争时期统一战线文件选编》，档案出版社，1990，第46~47页。

出现。^① 该党最初的计划是："先行办报，从主义和政策的宣传，以吸引青年知识分子；期之三年，有了可以信赖的干部同志，站住脚后，然后再将青年党公开出来，以与国共两党相周旋。"^② 1924 年 10 月，中国青年党在上海创办《醒狮》周刊，宣传其国家主义主张。

值得注意的是，中国青年党不仅自称"革命党"，而且以"新革命党"自诩。称"新"是为了区别于国民党之"旧"。^③ 与中共党人的心态一样，在青年党人眼中，国民党人已是"过去人物"，"早失信用"，"既有二三先觉之士，亦无支配全党之能，若欧美政党之旗帜鲜明，纪律严明者，殆难以望诸彼辈"。亦充分流露出其对国民党的藐视之态。他们还批评中共与国民党合作是一种依赖行为，"与过去人物同为一丘之貉"，有失革命党的独立精神。^④

如以代际来划分，老大的国民党与新生的共产党和青年党大致分别代表了辛亥一代和五四一代。共、青两党中不少人原来同属少年中国学会，最初为了寻找一条改造中国的道路而聚集在一起，最后又因选择不同主义作为改造中国的道路而分道扬镳。青年党在建党初期，曾经一度提议与中共建立"神圣联合"，而中共却无意于此。1924 年 11 月，该党党魁（中央执行委员会委员长）曾琦在致郑伯奇的一封信中谈道："国内共产一派之青年既加入国民党而实

① 1925 年冬，中国青年党中央党部由巴黎移至上海，1926 年 7 月在上海召开第一次全国代表大会，对外则以"中国国家主义青年团第一次全国代表大会"名义发表宣言。

② 李璜：《学钝室回忆录》（上），台北，传记文学出版社，1973，第 112～115 页。

③ 中国青年党创始人曾琦 1924 年 7 月 27 日日记载：是日开党员大会，"拭泪演说新革命党之精神及党员应有之修养，约一小时"。（《曾慕韩（琦）先生日记选》，台北，文海出版社，1966，第 102～103 页）1929 年 8 月《中国青年党公开党名宣言》称："同与北洋派立于相反地位之国民党，亦以分子复杂之故，日演其火并之剧，所表现于国民之前者，无非矛盾滑稽之事：忽而讨段（祺瑞），忽而联段，忽而护法，忽而违法，行为日趋腐化，信用亦已荡然。旧革命党既失国人之望，新革命党自应运而生，征诸各国，莫不皆然。此本党诞生之一般原因也。"见李义彬编《中国青年党》，第 219 页。

④ 《中国青年党建党宣言》，李义彬编《中国青年党》，第 96 页。

行'国民革命'，在理宜与吾辈无冲突，故不佞在欧尝倡'神圣联合'之说，盖以彼此明明尚有共同之大敌在前，即军阀与列强是也，乃彼等对于国家主义仍日肆攻击，竭力诋诬，一若军阀可恕，官僚可赦，政客可逭，而爱国派不容稍宽者。呜呼！匹夫无罪，爱国其罪，党见如此，奈之何哉！亦惟有'各行其是'而已。"①

五卅运动发生后，中国青年党又向国民党提出"神圣联合"的建议，申言"凡主义不同、主张不合之党，皆可各保其组织，特于某一时期，某一事件，各党协商一共同之意见，而各竭其全力以相助。如此，则既无妨于各党鲜明之旗帜，又可以救共同托命之祖国。时至今日，外患已迫，吾人极愿仿法国政党之所为，与国民党及其他爱国团体实行'神圣联合'以'一致对外'。苟该党能放弃其联军阀之政策，则对内亦可一致进行革命。盖吾人虽不赞成'各党混合'，却极主张'新党联合'也"。② 但国、共均没有回应青年党的提议。

中共对青年党的态度，实际也有一个变化过程：最初尚承认它是一个谋求中国独立的革命党派，只是觉得他们把士商阶级看得太重，而忽略农工平民的力量，因而批评青年党的国家主义是"士大夫救国论"、"秀才造反论"。虽语含讥讽，但"救国"、"造反"仍多少含有肯定的意味。当青年党公开发表批评中共和苏俄的言论后，中共开始指责青年党"把革命事业放下，反转只顾和比较革命的人为难，像那些帝国主义、军阀的走狗一样"。③ 此后，两党彼此以对方为主要论敌，笔战愈来愈猛。随着论战的升级，中共于是径称青年党为"反动派"和"反革命"，"像走狗"也升级为正式"走狗"。同样，青年党亦称中共为苏俄的"走狗"，将中共与军阀、官僚、奸商、卖国贼等归为同类，后来又将"反革命"的头衔回敬给中共。

① 《通信（曾琦致郑伯奇）》，《醒狮》第 7 号。
② 曾琦：《神圣联合与一致对外》，《醒狮》第 35 号，1925 年 6 月 6 日。
③ 代英：《评醒狮派》，《中国青年》第 76 期，1925 年 4 月 25 日。

　　北伐前后，青年党以《醒狮》周刊为"喉舌"，共产党以《中国青年》和《向导》周刊为阵地。这个时期的"主义之争"实际主要在共产党和青年党之间展开。国、共、青三党相比，国民党实际最不擅长理论宣传。北伐前后，国民党几乎没有一个堪与《向导》、《醒狮》相匹敌的理论"喉舌"。国民党虽有《广州民国日报》和上海《民国日报》等大型党报，但两报均侧重新闻报道，不似中共的《向导》、《新青年》、《中国青年》以及青年党的《醒狮》那样专门致力于意识形态理论宣传。《广州民国日报》的社论文字有时竟照搬《向导》上的言论。① 国民党人甚至承认："共产党机关报《向导》周刊所发的言论，中国国民党各级党部无不视为金科玉律，奉行惟谨，而真正宣传中国国民党主义之刊物，转寂然无所闻。"② 其时有国民党青年埋怨国民党除了《三民主义》教条和偶尔发几个宣言、训令外，没有一个像中共《向导》那样的中枢言论机关，亦缺少面向青年的政治理论读物。③ 一位国民党青年感叹说："我们这几年来所看见的刊物是些什么？我们谁都不能否认是《向导》、《中国青年》、《人民周刊》、《少年先锋》……然而这些刊物只是为共产主义而宣传。"④ 国共之间，很少在舆论宣传上公开对峙。共产党不时发表一点批评国民党的言论，虽然也会引起国民党人的不快和反感，但除偶尔表示抗议外（如对陈独秀反对北伐的言论），国民党基本上不予回应。而且在1925年下半年至1926年上半年间，国民党中央宣传部部长一度由共产党人毛泽东代理。西山会议派也承认："本党宣传工夫不如共产派，很可虑的"。⑤这个时期中共的几位领袖人物如陈独秀、蔡和森、彭述之、瞿秋白

① 广东省档案馆编印《广东青年运动历史资料》第1辑，1986，第412页。
② 王季文：《中国国民党革命理论之研究》，出版者不详，1927，第三编第一章。
③ 丽婉女士：《告国民党青年》，朱节山：《对现代青年的要求》，《现代青年》第19、25期，1927年1月18、26日。
④ 格孚：《一封信》，《现代青年》第69期，1927年4月4日。
⑤ 武：《对青年军人所说的一席话》，居正编《清党实录》，台北，文海出版社，1985年影印本，第468页。

等，将相当多的精力投放在意识形态宣传上。《向导》周刊几乎每期都有总书记陈独秀的文章，有时整个一期全是他的文章。[①] 而国民党方面，自孙中山去世后，几乎无人在思想理论宣传方面堪与中共的陈独秀、蔡和森、瞿秋白等人相抗衡。唯有戴季陶一人公开著书立说，试图与中共进行意识形态对垒。但戴的小册子刚一出笼，就遭到中共的文字围剿，尚未来得及回击便销声匿迹。中共赠以"戴季陶主义"的帽子，实在是有些抬举了他。

青年党在意识形态宣传方面堪称是中共的论战对手。青年党党魁曾琦亲自主编《醒狮》周刊，将主要精力致力于文字宣传。如陈独秀之于《向导》一样，《醒狮》周刊几乎每期都有曾琦的文字。曾琦甚至模仿陈独秀在《向导》发表的"寸铁"，亦在《醒狮》开辟一个"笔枪墨剑"专栏。《向导》于1922年9月创刊，到1925年11月，印数已达3万份，到1926年7月，自称销数达5万份。[②]《醒狮》于1924年10月创刊，半年后销数达到八九千份，一年后增至2万份以上。[③] 这个数字虽然比不上《向导》，但以当时中国报刊的出版销售行情论，也是相当可观。因两刊均以青年学生为对象，青年党显然对中共构成了潜在威胁。[④] 国、共、青三党的党员构成虽各有侧重，但青年学生均是他们竞相吸纳的对象（国、共两党基本上以青年学生为骨干，同时大量吸收工农分子，

---

① 初步统计，《向导》上仅署名"独秀"、"实庵"的文章就有226篇，此外，还有"寸铁"短文402篇。1984年三联书店出版的《陈独秀文章选编》中，收录陈独秀1924年1月至1927年4月间所发文章438篇。既是"选编"，实际发表的当不止此数。

② 《联共（布）、共产国际与中国国民革命运动（1920～1925）》，第736页；《新青年》第B卷第5号，1926年7月25日，封底广告。

③ 左舜生：《记曾慕韩》，李璜：《学钝室回忆录》，均见李义彬编《中国青年党》，第105、113页。

④ 1925年11月中共中央发出第65号党内通告："我们现在对于国家主义派及国民党右派之思想上的争斗，非常重要，必须在此种争斗上得到胜利，我们在学生运动中才能得到胜利，学生青年在国民运动中占重要的地位。"见《中共中央青年运动文件选编》，中国青年出版社，1988，第76页。

而青年党则完全偏重青年学生）。

青年党对国民党，远不如青、共关系之剑拔弩张。尽管青年党睥视国民党为"旧革命党"，亦不时对国民党加以批评，但在青年党看来，国家主义的全民革命理论与三民主义的国民革命理论尚有相通之处，不像与共产主义的阶级革命理论那样水火不容。1926年1月，曾琦明确指出："国家主义者与共产主义者，在理论与方法上无往而不冲突，故吾人对于共产党，实无调和之可能……若夫国民党之三民主义，依孙中山先生原有之解释，与吾人实无何等冲突，予已屡次言之。惟其政纲当有待于商榷，而策略则尤不敢苟同：容许共产党跨党，一也；亲俄，二也；联军阀以制军阀，三也。此三者，无论从何方面观察，皆有害而无利。"①

国民党对青年党，虽不如中共那样花大力气去攻击，但毕竟没有好感，加之受中共的影响，视青年党人为"思想落后之徒"，有时亦不能不摆出敌对的姿态。如1926年10月16日国民党中央执行委员会即训令各级党部、党报对"甘受帝国主义与军阀官僚豢养"的国家主义派努力反攻，"以期扑灭邪说"。② 在此之前，国民党中央曾通饬广东各地禁止《醒狮》报销售。广州中山大学的国家主义派教授，也被迫辞职。

随着北伐战争的推进，国共两党势力由珠江流域扩展到长江流域，青年党在粤、湘、鄂、赣、皖、川等省份的处境也日趋艰难。青年党手中没有武力，北伐军所到之处难免受到打压，学校被关闭，报纸被禁止，人员被拘禁，言论与活动受钳制，不得不转入地下状态。③

当国共两党联手打压青年党的同时，两党的关系也随着北伐的推进而日趋紧张。在北伐以前，西山会议派已先行分共反共，继而

---

① 曾琦：《国家主义者与国民党》，《醒狮》第66号，1926年1月9日。
② 《中国国民党中央执行委员会反对国家主义派命令》，李义彬编《中国青年党》，第53~54页。
③ 李璜：《谈谈我们》（1929年），陈启天等：《近代国家主义运动史》（1929年），均见方庆秋主编《中国青年党》，第12、63页。

又有蒋介石的中山舰事件和整理党务案。北伐军占领武汉后,南昌与武汉之间发生"迁都之争",继而演变为"四一二"和"七一五"清党反共,国共关系完全破裂。

国共两党决裂后,青年党曾有意与国民党合作反共,但国民党方面并没有因反共而立即改变对青年党的排斥态度。1927年7月,青年党召开第二次全国代表大会。与会代表多数主张继续在夹攻中奋斗,一面反对共产党的"赤化",一面反对国民党的"党治"。①国民党亦在武力"清共"的同时,对青年党人加以钳制。对南京当局而言,除了在绝俄反共这一点上与青年党有所相似外,青年党坚决反对一党专政的立场,以及它在中国各地所进行的党务组织活动,对主张"一切权力属于国民党"的南京新政权构成直接的威胁。故国、青两党的敌对和对峙状态一直延续到1930年代。

三 "革命"与"反革命"

值得注意的是,在当时一些自由主义知识分子眼中,国、共、青三党的政治理念并非如它们相互关系那样水火难容或分合诡变。如在当时胡适的印象中,"国民党、共产党及国家主义党,均为中国青年学生所提倡,然打倒军阀与解除外人之压迫,实为以上三党之共同宗旨。"②事实上,无论是三民主义、共产主义,还是国家主义,也无论是国民革命、阶级革命,还是全民革命,在1920年代各自都获得了一大批青年知识分子的支持和响应。③胡适还认

① 陈启天:《寄园回忆录》,台北,台湾商务印书馆,1965,第151~152页。

② 《胡适在英宣言》,天津《大公报》1926年11月11日。

③ 到1927年国民党清党前夕,中共有党员近6万人,团员约3万人;国民党号称有数十万党员,甚至有百万党员之说;青年党到底有多少党员,未见具体统计,但自称直接受其影响的青年至少有10万人。参见拙著《党员、党权与党争:1924~1927年中国国民党的组织形态》,第29~30、39~40、85页;陈永发《中国共产革命七十年》(上),台北,联经出版事业公司,2001,第59页;方庆秋主编《中国青年党》,第66页。

为，以 1923 年为界标，中国现代思想可以划分为前后两个时期：之前思想倾向于个人主义，之后思想倾向于集团主义。"1923 年以后，无论为民族主义运动，或共产革命运动，皆属于这个反个人主义的倾向。"① 国、共、青三党都强调党和国家利益至上，强调集团主义，反对个人主义。三党在这一点上可以说是殊途而同归。

然而富有吊诡意味的是，1920 年代三个以"革命"为共同诉求的民族主义政党，它们相互之间其实是争多而合少。与清末"革命派"和"改良派"之争相比，这个时期同聚在"革命"大旗下的三大党派，其争斗反显得更为激烈，也更为严酷。一方面，"革命"一词已异化成为至高无上的符咒，② "人人都认为自己是革命者"。③ "革命！怎样一个好听的名词！怎样使我的热血沸腾着呵！""革命，是的，我们要革命！"④ 这种对革命的美好遐想和顶礼膜拜，使革命与自由、翻身、解放等字眼紧密相连。革命被建构为一种最高的道德和使命实践的正当性。任何对革命的犹疑、迟疑、质疑和怀疑态度，都有可能被戴上一顶"假革命"、"非革命"、"不革命"乃至"反革命"的帽子。一般人如果批评、质疑或亵渎革命，可能会同时得罪共产党、国民党和青年党。1922 年陈炯明叛变孙中山，胡适发表时评说是"一种革命"，即遭到国民党人的痛诋。⑤ 1924 年段祺瑞声称以"革命"的名义，集总统和总理之权于一身，出任北京中央政府之"临时执政"，即遭到国、

---

① 《胡适日记全编》（6），第 257 页。

② 1926 年冬，一位英国记者特地来华观察正在进行中的国民革命。当他在汉口与国民政府要人谈话时，惊讶地发现："不到 5 分钟就要受他们提醒，这政府是革命的。'革命'两字在他们口中相同于一种符咒。"见蓝孙姆《国民革命外纪》，石农译，北新书局，1929，第 47 页。

③ 费正清主编《剑桥中华民国史》（第一部），章建刚等译，上海人民出版社，1991，第 678 页。

④ 张闻天：《青春的梦（三幕剧）》，《少年中国》第 4 卷第 12 期，1924 年 5 月。

⑤ 罗志田：《乱世潜流：民族主义与民国政治》，第 126 页。

共、青三党的同声谴责。① 革命在中国社会已成为一种神圣不可侵犯的主流话语,以至于无人敢于公开标示、揭举"反对革命"的旗帜。② 杨荫杭在 1921 年时注意到一个有趣的现象: 孙文反对北方,则曰"革命"; 而北方反对孙文,则曰"共弃"。③ 其后,南方国民革命军举兵北伐,北方军阀则以"反赤化"为自己的军事行动正名。④ 军阀一方不以"反革命"为名,而以"反赤化"相号,至少在当时一般民众心目中,"革命"已深具政治正义性与合道性。当时普通社会对国民党的最大异议是"赤化"而非"革命",⑤ 而国民党方面亦极力辩白自己是"革命"而非"赤化"。⑥

《向导》周刊(1922~1927)是中共中央的政治机关报。"革命"是该刊出现最频的中心词语。⑦ 依类别而言,该刊以"革命"为冠称的语词几乎涉及一切领域。"革命的"(或"革命之")成

---

① 如青年党曾琦即直接质疑段祺瑞"不足以言革命"。见曾琦《异哉段祺瑞之革命》,《醒狮》第 12 号,1924 年 12 月 27 日。

② 少数如梁启超者,仍一如既往地公开表示反对暴力革命(1927 年初): "我对于现状不满,认为必要改革乃至必要革命,但我无论何时何事,对于那些暴力的无理性无效率的革命论及革命手段,总是要反对。"(梁启超: 《北海谈话记》,《梁启超论文集》,第 683 页)在北伐前后的知识界,像梁启超这样公开表示反对革命者已极为少见(私下反对者又另当别论)。

③ 杨荫杭: 《说革》,《申报》1921 年 5 月 2 日,见氏著《老圃遗文辑》,长江文艺出版社,1993,第 290 页。

④ 张季鸾当时曾就"赤化"下过一个定义: "赤化云者,简言之,赤俄化之谓也。何谓赤俄化,即受第三国际之指导,与赤俄同其主义与政策之谓也。"见张季鸾《反赤化运动之批判》,《国闻周报》第 3 卷第 27 期,1926 年 7 月 18 日。

⑤ 北伐初期,《大公报》即明言: "广东国民党招致反对最大之点,为主张俄式之党治主义。"见《时局杂感》(社评),天津《大公报》1926 年 9 月 13 日。

⑥ 国民党中央宣传部曾多次发表"赤化"辟谣声明,参见《中国国民党周刊》第 14 期。

⑦ "革命"一词在《每周评论》中出现 190 次,出现频度为 0.0812%; 在《少年中国》中出现 738 次,出现频度为 0.0490%; 在《新潮》中出现 397 次,出现频度为 0.0481%; 在《新青年》中出现 5526 次,出现频度为 0.2043%; 在《向导》中出现 10691 次,出现频度为 0.7818%。此处字词频度是语词出现次数与全刊总字数之比。统计结果根据北京大学出版社、北大未名科技文化发展公司 1998~1999 年出版的《每周评论》、《少年中国》、《新潮》、《向导》、《新青年》之电子版得出。但该电子版有少量误录,统计结果亦难免有一点误差。

为最常用的修饰词。"革命"的含义被极度泛化，并被建构为一种神圣的、进步的、正义的，同时意含理想与抱负、解放与自由、毁灭与新生的代码符号。与之相随，"革命化"、"革命性"、"很革命"、"最革命"、"更革命"、"真革命"、"半革命"、"假革命"、"非革命"、"不革命"、"反革命"等概念也应运而生。可以说，1920 年代是大量与革命相关的新词汇进入中国语言的时代。1950 ~ 1970 年代在中国流行的各类"革命"语词，几乎都能在这个时期的《向导》周刊中找到。革命中各种命名的变化，预示着 20 世纪大部分时间里中国政治舞台上翻云覆雨的变化。

另一方面，在不同的政党之间，乃至同一政党的不同派系和人物之间，对"革命"的定义和阐释时有差异，而且变动不居。1923 年 1 月，陈独秀撰写专文论述"革命与反革命"。陈氏虽然发表过大量涉论革命的文字，但专门从学理上阐发"革命"则不多见。陈独秀强调，对"革命"的定义应以社会组织进化为条件，不应以武力暴动为特征。他认为，人类社会的兵争之祸有四：一是外患，二是内乱，三是革命，四是反革命。这四者都以武力暴动为手段。而革命与反革命的区别，在于前者是社会组织进化的战争，后者是社会组织退化的战争。革命是社会组织进化过程中之"顿变"现象。革命是一种神圣事业，是推进人类社会组织进化之最有力的方法。但另一方面，陈独秀又认为，革命既以"进化"为准则，则判断一个阶级、一个党派革命与否，其标准不是绝对的和静止不变的。"一个阶级一个党派在前是革命的，在后是反革命的。动的社会进化日在新陈代谢之中。一个静的阶级党派，对于障碍他进化的旧阶级党派，他是新的、革命的，同时对于比他更进化的阶级党派，他便变成旧的、反革命的及新的阶级党派进化的障碍物了。"换言之，一个阶级或一个党派有可能同时兼具"革命"与"反革命"的双重属性。"一个党派的理想，一个人的行为，同时能建革命的功劳，也能造反革命的罪恶。"陈独秀举例说，秦始皇以武力兼并六国，建设统一的政制，建设统一的文字，这是革命的，至于焚书坑儒压迫言论，便是反革命的了。康梁一派人在戊戌变政时代是属于革命性质的，辛亥革命以后则完全取反革命的行动了。民主派在资产阶级革命时代是革命的，到了无产阶级革命时代，便是反革命的了。①

毛泽东在其《湖南农民运动考察报告》中则认为："革命是暴动，是一个阶级推翻一个阶级的暴烈的行动。"② 由于毛泽东不是专门从学理上阐释"革命"，自然不能脱离这一论断的语境而断章取义。不过，毛氏强调革命的阶级性和暴力性则是显而易见的。

与毛泽东对"革命"的狭义诠释相比，蒋介石对"革命"的演绎则要宽泛得多："人类应为的工作，不单关于政治要革命，社会也要革命，科学也要革命。政治不革命，政治不能进步；社会不革命，社会不能进步；科学不革命，科学也不能进步。多一番革命，便多一番进步，便多一番改良；不革命即不能进步，不会改良。所以革命是一件很好的事情，各界若各做各的事情，不同向革命的路上走，那是大错而特错。现在的潮流，已成为革命的潮流，无论何事都要革命。政府不良，人民要革政府的命；学校不良，学生要革学校的命；个人自身不良，自己也要革自己的命，这才可免归于退化之列……能革自己的命，才能革他人的命。"③ 像蒋介石这样对"革命"之宽泛无边的解义，说明"革命"话语在日趋神圣、理想和道德正义化的同时，也潜伏着粗疏、浮泛和任意化的趋势。

正是这种神圣化与任意化的两极悖论，导致不同的政党和不同的派系竞相争夺和垄断对"革命"话语的阐释权，争夺"革命"的正统，并试图建立各自对"革命"话语的霸权地位，唯己独革，

---

① 独秀：《革命与反革命》，《向导》第 16 期，1923 年 1 月 18 日。
② 毛泽东：《湖南农民运动考察报告》（1927 年 3 月），《毛泽东选集》（合订本），人民出版社，1964，第 17 页。
③ 蒋介石：《在广东第六次全省教育大会代表讲话》（1926 年 5 月 3 日），《蒋介石言论集》第 2 集，中华书局，1965 年铅印稿，第 459~460 页。

唯己最革，唯己真革，而贬斥对手和潜在同盟者为"不革命"、"假革命"乃至"反革命"。国民党一再自称是中国"唯一的革命政党"。孙中山容共的一个重要考量，即担心中共"独树一帜与吾党争衡"。蒋介石在中山舰事件之后，直接要求中共承认"国民党是国民革命的唯一指挥者"，宣称"革命是非专政不行的，一定要有一个主义、一个党来专政的"。① 但在共产党和青年党看来，国民党已经是"腐化"、"落伍"的"旧革命党"，自己才是"新革命党"。中共还按照社会人群的经济地位，分别划分出反革命、半反革命、中立、革命和最革命等不同阶级，坚信自己是最革命、最先进阶级的代表。革命直接与阶级结缘。革命被解释为一个阶级推翻另一个阶级的统治，阶级对立、阶级斗争被视为革命的直接动因。于是一些阶级被认定为革命的动力，一些阶级被认定是革命的对象。即使自己并未意识到属于什么阶级，也被不容分说地予以归类；在自己公开表明对革命的真实态度以前，早已被先天性地归入到了不同的政治阵营。②

主张革命和反对革命本是政治态度的不同抉择，最初并无善恶或对错之分，然而当革命成为一个时代的共同诉求之后，当革命成为各方竞逐的神圣符码之后，当革命成为社会行为的唯一规范和价值评判的最高标准之后，"反革命"被建构为一种最大之"恶"和最恶之"罪"，从此再没有人愿意被污名或被标签为"反革命"。1922 年，杨荫杭注意到各派军阀所发电报与文告中，攻击他党之辞，"一则曰卖国，再则曰违背道德、违背法律"。"骂人卖国"尤

① 中国第二历史档案馆编《蒋介石年谱初稿》，档案出版社，1992，第 592～593 页。

② 毛泽东《中国社会各阶级的分析》一文称："无论哪一个国内，天造地设，都有三等人：上等、中等、下等。详细点分析则有五等：大资产阶级、中产阶级、小资产阶级、半无产阶级、无产阶级……五种人各有不同的经济地位，各有不同的阶级性。因此对于现代的革命，乃发生反革命、半反革命、对革命守中立、参加革命和为革命主力军之种种不同的态度。"见《中国农民》第 2 期，1926 年 2 月 1 日。

为各派之通用手段，"凡异己者，即以此头衔加之"。① 说明"卖国"在当时是一种人所共弃的政治污名。而是时"反革命"一词刚刚出现于中国的政治话语中，尚未成为流行语。"反革命"一词源自苏俄布尔什维克的谴责性语言。1920年代使用该词最早也最频的是中国共产党。青年党指责中共说："共产党人动辄自炫新奇而以复古讥人，自诩进步而以反动骂人，自夸革命而以反革命诬人。国人之怯懦者往往为其气焰所慑，屏息而不敢辩。"② 中共话语的这种威慑力和影响力，国民党人更深有体会："自从共产党加入了中国国民党，动辄拿'革命'和'反革命'字样劫持中国国民党员，强使接受共产党所定的一切口号。一般党员为力避'反革命'嫌疑计，不论何种问题，总要以最革命自居，而以'反革命'为大戒。"③ 四一二政变后，蒋介石宣布禁止使用"左派"、"右派"等"怪名词"。他说："年来共产党分化我党政策，无所不用其极，造作'左派'、'右派'、'西山会议派'、'新右派'等等名词，任意加于本党同志之上。受之者如被符魔，立即瘫痪而退。"④ 胡汉民在清党反共后，对中共的口号威力仍心存余悸，认为口号是中共的一大利器，"即社会上耳熟口顺恬不为怪者……多半为共产党所制造"，"国民党人忽焉不察，随声呼喝，不久而社会观听为之动摇，遂至党内外误会，纷乱之事，层见层出。智者莫由究诘，勇者无法自存。"⑤ 富有煽动性的名词口号能产生如此巨大之威力，早期中共宣传造势和动员群众之能量，恐怕尚超乎我们既有认知之上。

不过，一个口号或一个名词之能否产生威力，亦当视时空语境

① 杨荫杭：《解决时局谈》，《申报》1922年2月24~26日，见氏著《老圃遗文辑》，第528~530页。
② 曾琦：《共产党之复古反动与反革命》，《醒狮》第68号，1926年1月23日。
③ 王季文：《中国国民党革命理论之研究》，第三编第一章。
④ 蒋介石：《谨告全国国民党同志书》（1927年4月），《蒋介石言论集》第4集，第258页。
⑤ 引自蒋永敬《胡汉民先生年谱》，台北，中国国民党中央委员会党史委员会，1978，第395页。

而定。如"反革命"之名只有赐封给那些认同革命的人，才会有被污或受侮之感，而对那些本来就不认同革命的人来说，"反革命"话语的威慑力可能就会大打折扣。

政治改革道路的不同选择不再被定义为"革命"与"改良"之争，或激进与温和之别，而是被建构为"革命"与"反革命"的你死我活。而且"反革命"是一个极为灵活的概念，可以随着革命形势的发展而不断涵括许多不同的敌对阶层。如中共对国民党左、右派的划分和定性即经历了这样一个变化的过程：最初将右派、左派都划在革命阵营之内，后来称左派为革命派，右派为不革命派，再后来则称左派为革命派，右派为反革命派。

当国民党二届三中全会作出"应严重处罚贪官污吏、土豪劣绅及一切反革命者"之决议后，《国闻周报》即发表评论说："'官吏豪绅'四字尚有范围，'一切反革命者'六字颇难解释。"① "颇难解释"，实指其内涵宽泛无边也。

北伐进程中，随着国共斗争和国民党内部分化的加剧，"反革命"也成为对立各方互相攻讦的武器。当宁汉分裂时，即有舆论指出："今武汉与沪宁二派，同是国民党，向来同一主张，谁主谁客，举世莫辨，乃武汉以沪宁派为反革命，而大张挞伐，沪宁又以武汉派为反革命，而极口诋諆。"② 当时人还注意到："大凡要陷害他人，只须任封一个'反动'和'反革命'的罪号，便足置对方于死地而有余。"③ 在这一过程中，"革命"话语日趋于专断，同时又隐含着相当的任意性。④

值得注意的是，当时置身于革命之外的北方舆论界对南方国共两党的"革命"话语之任意性与专断性，给予了高度敏锐的观察。

---

① 前溪：《农民问题案评论》，《国闻周报》第 4 卷第 13 期，1927 年 4 月 10 日。
② 《反革命》（社评），天津《大公报》1927 年 5 月 5 日。
③ 大不韪：《党军治下之江西》，《醒狮》第 118 号，1927 年 1 月 7 日。
④ 关于近代中国革命话语的专断性和任意性，黄金麟《革命与反革命：清党再思考》（《新史学》第 11 卷第 1 期）一文作过很好的个案揭示。

如天津《大公报》曾发表社评，对南方的"革命"与"反革命"话语详加评议说：

　　近来所传各种口号中，有所谓打倒一切反革命者。反革命当指反对革命之行动言。或曰：非也。不革命即是反革命。然何不云打倒一切不革命，而必曰打倒一切反革命？知反革命与不革命异义。或曰：苟非反革命，何以不革命？不革命是果，反革命是因。既云打倒一切反革命，则不革命者自在应行打倒之列可知。今即假定反革命兼积极、消极两面而言，试问今之所谓革命者，性质何属？易言之，即是社会革命或是单纯政治革命。而主张社会革命者，反对单纯的政治革命；主张单纯的政治革命者，反对社会革命。二者当然同时具有革命与反革命两重资格。即同时主张政治革命与社会革命者，或主张由政治革命以推行其社会革命，或主张由社会革命以完成其政治革命，其所取径，完全相反，是亦可互斥为反革命。即同是主张社会革命者，或以启世界改造之绪，或以奠中国改造之基，此其根柢，亦绝对相反，是亦可互斥为反革命。凡此所云，皆革命而非不革命者也。主客不同，正反立异……然则同是革命，所遇之人，主张不同，我之所谓革命，即彼之所谓反革命；同是一种革命，所遇之人，主张忽变，是彼前之所谓革命，又即彼今之所谓反革命，如是欲求客观的为反革命下一明确之定义，必革命先限定一种主张……谁革命谁反革命，本已不易辨识，主张革命者，既不一其类，一类之主张，又时有反复，尽中国皆革命之人，亦尽中国皆反革命之人……今之言打倒一切反革命者，纯是主观的，直率言之，别人皆不足言革命，我乃是革命，反对我即是反对革命……如此革命，何怪于人之不革命。微特不革命，恐真正反革命者，将由是而起矣。[①]

---

① 《反革命》（社评），天津《大公报》1927 年 5 月 5 日。

时人注意到"谁革命谁反革命"之不易辨识，不同的革命主张、不同的革命目标、不同的革命取径和不同的革命手段，均相互隐含着"反革命"的因子，或同时具有"革命"与"反革命"的双重属性。而"革命"与"反革命"之因人而异、因时而变，更令人感叹"革命"与"反革命"毫无客观准则之可言。

鲁迅曾写过一篇杂文，文中这样写道："我以为法律上的许多罪名，都是花言巧语，只消以一语包括之，曰：可恶罪。譬如，有人觉得一个人可恶，要给他吃点苦罢，就有这样的法子：倘在广州而又是'清党'之前，则可以暗暗地宣传他是无政府主义者，那么，共产青年自然会说他'反革命'，有罪；若在'清党'之后呢，要说他是 C.P 或 C.Y，没有证据，则可以指为'亲共派'，那么，清党委员会自然会说他'反革命'，有罪。"①

1929 年，陈德征向国民党第三次全国代表大会提交了一个名为《严厉处置反革命分子》的提案，内中要求法院可以无须审问，径凭国民党党部一纸证明，便可对"反革命分子"定罪处刑。这一做法无疑是"反革命"罪无限上纲和无限滥化的极致表征。

自清末至 1920 年代，随着革命在中国的潮涨潮落，革命话语亦一直处于流变与演化之中。1920 年代国、共、青三党都主张革命而反对改良，认为革命是一了百了地解决国家和民族问题的根本手段。这种对革命的积极认证和遐想式期待，使革命日趋神圣化、正义化和真理化。革命被建构成为一种与自由、解放、翻身、新生等意涵相关联的主流政治文化。另一方面，国、共、青三党分别以各自的政治利益和意识形态为依归来诠释其"革命"行径，使革命话语在日趋神圣化与正义化的同时，又意含着浓烈的任意性和专断性成分。三党唯己独革、唯己最革的内在逻辑理路和策略考量，将"革命"与"反革命"建构成为一种圣与魔，善与恶，正义与

①　鲁迅：《可恶罪》，《语丝》第 154 期，1927 年 10 月 22 日。

非正义的两极对峙，并借助武力和符号暴力，以不择手段的方式来削弱对方，乃至剥夺对方存在的合法性，最终激变为你死我活的血腥屠杀和军事较量。在这一过程中，截然两分的"革命"与"反革命"，却因变动不居和毫无客观准则可言，而令那些置身时局之外的人感到"难以辨识"和并不那么泾渭分明。

1949 年以后的数十年间，国内史学界有关中国近代历史的书写，基本上等同于中国革命史的书写。这在很大程度上归因于革命确实是近代中国历史的主调，是主导整个近代中国历史发展的一个重要符码。在业已告别革命的今天，作为历史研究者，不能仅仅简单地放弃、淡忘或者否定那些我们曾经长期沉迷的观念，而有必要追问，那些早已熔铸成为我们思想价值观念的革命话语和革命政治文化是如何建构起来的？又是如何演变的？由于近代中国革命离我们太近，我们常常因置身其中（主要指观念层面）而对习以为常的问题缺乏敏感性。适度拉开一点距离，以一种"去熟悉化"的眼光来重新检视，也许能引发新的认识和新的思考。

第四章

"北伐""南征"与
"反革命罪"的缘起

1926年7月,蒋介石在广州誓师北伐。北伐军自广东、湖南入湖北,一路势如破竹,不到两月,即由珠江流域推进到长江流域。然而,当北伐军打到武汉时,武昌城屡攻不下,伤亡惨重,最后采取围困的方式,直到守城北军粮绝无援,才最终克复,前后持续40天之久,是北伐战争中北军抵抗最顽强、北伐军伤亡最惨重的一次战役。陈嘉谟和刘玉春是吴佩孚手下负责守卫武昌的两位北军将领。北伐军攻占武昌后,两人被活捉。战争年代,处治俘虏本属常事。然而,对陈嘉谟和刘玉春的处治,不仅当时南北各方意见不一,全国舆论予以高度关注,更为传奇的是,中国历史上影响深远的"反革命罪",竟是以审判这两位北军将领为契机而出笼的。在这一过程中,本土的地缘、伦理与外来的法律、革命观念交相错突,浓缩地呈现转型时期的多元面相。亦因为此,有关陈嘉谟和刘玉春的故事,今天仍值得我们去追溯。

一 "北伐"与"南征"

北洋军阀以吴佩孚势力为最大。武汉是华中之政治经济中心,全国重要交通枢纽，当时是吴佩孚统治地盘内的一大重镇。武昌时为湖北省省会，"城周回九十里，城凡十门"，城墙坚固，高三丈有余，城外壕沟深二三米，城内蛇山横断东西，城外地势平坦，易守难攻。1926 年 8 月底，吴佩孚的军队由汀泗桥、贺胜桥接连败退。31 日晚，北伐军进抵武昌城郊。吴佩孚决定死守武汉三镇，任命刘玉春为武昌守城总司令，与湖北督军陈嘉谟共同防守。[①]

9 月 6、7 日，汉口、汉阳未经血战即因刘佐龙投诚而相继被北伐军克复。吴佩孚率部撤往河南信阳以北。武昌遂成一座孤城。北伐军满以为武昌城亦可一举攻下。未料刘玉春凭借地理优势，以 1.2 万残兵据守孤城，无粮无援，竟与七八万北伐精锐部队顽抗相持达 40 天之久。在此期间，北伐军先是坚攻，继而围困。城内居民约 20 万（亦说 30 万）一同被围，很快城内粮食殆尽，饿殍累累，"吃草根，吃树皮，吃猫，吃狗，吃老鼠"，情形十分悲惨。据说陈嘉谟战志不坚，战亦可，降亦可，而刘玉春则主张抵抗到底，誓要与城共存亡。[②] 战争僵局受到全国报纸普遍而持续的关注。舆论对城内难民给以普遍的同情。"京、沪等地及国外的报纸竟把守城的敌将刘玉春英雄化了，把他称赞得就和田单、张睢阳一样。"[③] 如称"刘氏以败残之兵，困守孤城，其勇烈洵近世稀有"，甚至誉刘氏为"武昌笼城勇士"。[④] 刘玉春竟因此声名大噪。

10 月 10 日，武昌城终被北伐军克复。陈嘉谟和刘玉春被俘。

北伐军将如何处置这两名北军守将，再次成为全国舆论关注的焦点。

武昌城克复后，北兵最担心的是"南人杀北人否"。武汉部分绅商代表担心北伐军处死陈嘉谟、刘玉春将激化南北之间的矛盾，

① 刘玉春：《百战归田录》卷 2，线装本，自印，1930，第 13 页。
② 包惠僧：《包惠僧回忆录》，人民出版社，1983，第 284 页。
③ 郭沫若：《北伐途次》，《革命春秋》，人民文学出版社，1979，第 104 页。
④ 《陈刘泰然受审》，北京《益世报》1927 年 2 月 14 日；剑甫生：《长江战线视察记》，《顺天时报》1926 年 10 月 15 日。

进而影响南北商民之间的经济贸易，因而上书北伐军前敌总指挥唐生智，劝唐生智"莫植南北之恶因"，泯除南人北人之见，声称杀一刘玉春不足惜，但"南北之杀机"将"由此而伏"，担心在北方数十百万鄂籍商民的生存也将因此而受影响。[①]

靳云鹗等一批北洋将领联名通电，"请党军持正道，勿伤南北感情"。[②] 旅京鄂人团体也出面营救陈嘉谟与刘玉春，通电说："报载党军对于陈嘉谟刘玉春不履行议和条约，加以虐待，舆论颇为不满，夫统一大局，即无南北党系之分……如实为残贼，即南人也，而南人诛之不为过，北人也，而北人戮之不为非；如非残贼，则北人也，而南人亦当爱之，南人也，而北人亦当敬之，又何分于南北哉！"[③]

反对惩治陈嘉谟、刘玉春者，大多以南北地缘观念立论。旅居北方的鄂籍商民担心激怒北方人而影响他们在北方的生意和生存。相比之下，旅居上海的鄂人可能因为没有这方面的顾虑而极力要求严惩。[④] 当时南北民众的地缘观念之强，可能超乎今人的想象。

"北伐"之称，自是站在南方国民革命军一方立论，北洋军阀一方乃以"南征"相回应。[⑤] 那时号称"中立"的商业报纸杂志，多称之为南北战争，而一般知识界则誉之为"新旧思想的

---

① 《南军攻入武昌详情》，上海《商报》1926 年 10 月 15 日；《武昌调人营救刘玉春》，季啸风、沈友益主编《中华民国史史料外编——前日本末次研究所情报资料》第 18 册，广西师范大学出版社，1996，第 47 页。

② 刘玉春：《百战归田录》卷 2，第 23～24 页。

③ 《旅京鄂人团体营救陈刘，陈嘉谟以二百万元赎命》，季啸风、沈友益主编《中华民国史史料外编——前日本末次研究所情报资料》第 18 册，第 172 页；《陈嘉谟刘玉春生命难保》，《顺天时报》1927 年 1 月 22 日。

④ 如湖北旅沪同乡会即认为陈嘉谟和刘玉春死守武昌，挟人民以自卫，置城内 20 万生灵于不顾，乃不恤民命，不重地方，故通电请求严惩。见《两团体电请处分陈刘》，《申报》1926 年 10 月 17 日。

⑤ 如《顺天时报》1926 年 6 月 9 日（第 2 版）报道标题为《吴（佩孚）蒋（介石）竞唱南征北伐》；天津《大公报》1927 年 6 月 6 日社评《南北势力变迁》写道："自北军观之，且以为只有南征，绝无北伐"。

决斗"。① 与知识界相比，普通民众的看法又有所不同。在北方民众的感受中，国民革命军的"北伐"，不仅隐含着"有道伐无道"的气势，更有"南方人打北方人"的意味。北伐出师不久，一位北方读者投书中共中央机关报《向导》说，他家乡的老百姓以为，"北伐"就是南方人打北方人，因此他觉得"北伐"二字"不能完全表示出革命的意义"，且不适合"全国普遍需要"，建议将"北伐"改名为"反吴"或"反反赤"之类，其意义更光明而不带地域色彩。②

同样，在南方民众的观念中，南北之见亦普遍存在。郭沫若在《北伐途次》一文中讲述了这样一个故事：当北伐军政治工作人员路过鄂南的一个村子时，当地百姓称他们为"南军"，并且在"南军"之前加上"我们"两个字，以示对他们的亲切认同。与此同时，村民们将一名战败散逸的北兵捉住围殴。据郭沫若说，"我们也并没有向他们宣传，事前也不会有人向他们宣传过"，显然村民的做法纯属南北地域之见。政工人员不得不向村民解释说：南军里面也有北边人，北军里面也有南边人，并不是南边人就好，北边人就不好。③

南北两方的军事首领显然也注意到这一问题。蒋介石在任北伐军总司令的就职宣言中向北方军人宣称：只要你们向义输诚，即引为同志，"决无南北畛域之见，更无新旧恩仇之分"。④ 张作霖就任安国军总司令时，也宣称他只知救国，而"绝无南北新旧之见"。⑤

---

① 那时北京社会"最流行的读物"（梁启超语）且以"自由"立场著称的《现代评论》即说"这场大战，可以说是中华民国生死的关头，是新旧思想破釜沉舟的决斗"；"南军与北军，如同光明之与黑暗，绝对不能并存"。见万《武汉风云》，涵庐《从武力的胜负到政治的胜负》，《现代评论》第 4 卷第 93、98 期，1926 年 9 月 18 日、10 月 22 日。
② 于枫：《关于"北伐"之两种不同的观念》，《向导》第 167 期，1926 年 8 月 15 日。
③ 郭沫若：《北伐途次》，《革命春秋》，第 40～41 页。
④ 《蒋介石年谱初稿》，第 612 页。
⑤ 《奉张宣言发表》，天津《大公报》1926 年 12 月 7 日；章伯锋主编《北洋军阀》第 5 卷，武汉出版社，1990，第 384 页。

孙传芳在对蒋宣战的最后通牒中，指责革命军强分南北，自称
"不知南北，不问党派，惟知有民宜爱，有国当保"。[①] 蒋、张、孙
三人不约而同宣称"无"南北之见，其实正是"有"的曲折反映。
他们力图掩饰南北鸿沟的存在，恰反证南北地域观念正是当时人关
注的焦点之一。与孙传芳指责革命军"强分南北"一样，吴佩孚
从武汉败退时，大量散发"南军仇杀北人"的传单，[②] 极力将这场
战争凸显为"南方人打北方人"的地域之争。[③]

二 "忠于职守"与"反革命"

当各方极力渲染南北矛盾以营救陈嘉谟和刘玉春之时，南方革
命阵营对如何处治陈、刘，另有截然不同的考量。

武汉民众团体强烈要求将陈、刘付诸"人民公判"，尤其指责
刘玉春"据数十万人民为护符，以图顽抗，致累及无辜，因而饿
死者无算，残忍暴行，史所罕见"，武昌百姓恨不食其肉寝其皮，
要求"速处极刑，没收财产，移赈灾黎，以平民愤"。[④] 外间舆论
推测，陈、刘一旦付诸"人民公判"，必死无疑。[⑤]

1926 年 12 月，国民政府由广州迁到武汉，先在武汉成立中国
国民党中央执行委员会暨国民政府委员临时联席会议。1927 年 1
月 17 日，武汉临时联席会议第 14 次会议上，邓演达提议说："武
昌城所俘之刘玉春、陈嘉谟二贼，前决定由人民审判委员会审

---

① 《孙传芳对蒋送最后警告》，《顺天时报》1926 年 9 月 10 日。

② 《吴佩孚初回郑时之举动，大散传单谓南军仇杀北人》，天津《大公报》1926
年 9 月 27 日。

③ 有关南北地缘文化对北伐的影响，罗志田《地方意识与全国统一：南北新旧与
北伐成功的再诠释》（《乱世潜流：民族主义与民国政治》，第 185 ~ 225 页）
有精彩论述。

④ 《两团体电请处分陈刘》、《陈刘尚在管押中》，《申报》1926 年 10 月 17、18
日。

⑤ 《陈嘉谟刘玉春生命难保》，《顺天时报》1927 年 1 月 22 日。

判……但至今并未提出审判,人民屡请审判毫无结果。在南昌方面,张凤岐、岳思寅、唐福山等皆由人民判决枪毙,今特提议从速审判。"①

同样是北军将领,守南昌的张凤岐、岳思寅、唐福山等已由"人民"判决枪毙,而守武昌的陈嘉谟、刘玉春,何以"人民"屡请审判而一直拖延不决?邓演达没有明说,内情不太明朗。当时有报纸传闻,陈嘉谟与北伐军前敌总指挥唐生智曾为结拜兄弟,被拘后受到唐生智的优待,并提出愿以200万元赎命。② 既不杀陈嘉谟,自然也就不便杀刘玉春。

然而,武汉民众强烈要求公审陈、刘,如果不加审判,无法对"人民"交代。而国民党中央和国民政府北迁武汉后,基本上由国民党左派和跨党的中共党人所掌控,其幕后实际又由苏俄顾问鲍罗廷主导,因而其政策主张日趋激进,尤以民众运动为后盾推进政策主张,对外掀起了一场声势浩大的反英运动,并最终收回汉口、九江英租界;对内强化党治,按照苏俄模式进行司法改革,彻底否认"司法独立"和"法官不党"的观念,积极推进司法"党化"、"民众化"和"革命化",强调"民意就是革命法律",在具体操作层面上,法院采用参审制和陪审制,由农、工、商、妇女等民众团体推选参审员参与人民法院的审判。③

正是在这样一种背景下,武汉国民政府司法部为了回应民众要求公审陈嘉谟和刘玉春的愿望,专门制定出一个《反革命罪条例》。1927年2月7日,武汉临时联席会议第21次会议上,司法

---

① 《中国国民党中央执行委员会国民政府委员临时联席会议第十四次会议议事录》,郑自来、徐莉君主编《武汉临时联席会议资料选编》,武汉出版社,2004,第238页。

② 《旅京鄂人团体营救陈刘,陈嘉谟以二百万元赎命》,季啸风、沈友益主编《中华民国史史料外编——前日本末次研究所情报资料》第18册,第172页。

③ 徐谦:《在武汉国民政府第十三次会议上的报告》,湖北政法史志编纂委员会编《武汉国共联合政府法制文献选编》,农村读物出版社,1987,第47~51页。

部将《反革命罪条例案》提交会议审议。会议主席徐谦解释制定该条例的原委说："现陈、刘二逆即将付人民审判，已定于本月十日上午十时在武昌司法部最高法庭开审，急须颁布此项条例以资适用，故司法部将此项条例拟订提出。本条例之草案，系以苏联新刑律为参考。"① 2月9日，武汉临时联席会议第22次会议正式审议通过《反革命罪条例》。②

"反革命"一词源自苏俄布尔什维克的谴责性语词，五四以后才开始出现于中国人的言说中，中国共产党成立和第一次国共合作以后大量宣传使用。

表 4-1　五四期刊"反革命"一词出现次数

刊　名	卷期、时间	次　数
《每周评论》	1918.12～1919.8	0
《新潮》	1919.1～1922.3	1
《少年中国》	1919.7～1924.5	2
《新青年》	第1～7卷，1915.9～1920.5	0
	第8卷，1920.9～1921.4	20
《向导》	第1集，1922.9～1923.12	70
	第2集，1924.1～1925.1	198
	第3集，1925.2～1926.4	236
	第4～5集，1926.5～1927.7	395

说明：据前引五四期刊电子版检索统计。

北伐前夕，"反革命"一词已在中国社会尤其是知识阶级中流传开来。1925年9月，《现代评论》杂志有文指出：

---

① 《中国国民党中央执行委员会国民政府委员临时联席会议第二十一次会议记录》，《武汉临时联席会议资料选编》，第315～316页。
② 《中国国民党中央执行委员会国民政府委员临时联席会议第二十二次会议记录》，《武汉临时联席会议资料选编》，第327～328页；《反革命罪条例》，见《汉口民国日报》1927年2月10日，另见武汉地方志编纂委员会办公室编《武汉国民政府史料》，武汉出版社，2005，第224～225页。

现在社会里面——尤其是在知识阶级里面，有一种流行名词"反革命"，专用以加于政敌或异己者。只这三个字便可以完全取消异己者之人格，否认异己者之举动。其意义之重大，比之"卖国贼""亡国奴"还要厉害，简直便是大逆不道。被加这种名词的人，顿觉得五内惶惑，四肢无主，好象宣布了死刑是的。①

《反革命罪条例》的出台，意味着中国历史上首次立法将"反革命"定为一种刑事罪名。鉴于武汉国民政府是国共两党联合执掌，因而也可以说，"反革命罪"的出笼，是国共两党共同推出的。《反革命罪条例》的出台，意味着"反革命"由一个谴责性的政治话语，提升为一种严厉的刑事罪名。

据司法部长徐谦介绍，《反革命罪条例》是参考苏联"新刑律"而制定的。笔者考证，徐谦所称的苏联"新刑律"，当指1926 年制定、1927 年 1 月 1 日开始施行的《苏俄刑法典》。该法典的"分则"第一章，即为"反革命罪"。② 不过，1927 年 2 月25 日苏联中央执行委员会又专门颁行《国事罪条例》，该条例又名《反革命罪及对苏联特别危险的妨害管理秩序罪条例》。③ 而武汉国民政府于 1927 年 2 月 9 日通过的《反革命罪条例》，其条文内容与后者更接近（参见表 4 - 2）。这意味着武汉国民政府在制订《反革命罪条例》时，很可能参考了苏联尚未正式颁行的《国事罪条例》草案。考虑到当时武汉政府直接受苏联顾问鲍罗廷指导，以及"联俄"、"师俄"的历史背景，这一情形自不足

① 唐有壬：《甚么是反革命》，《现代评论》第 2 卷第 41 期，1925 年 9 月 19 日。
② 全俄中央执行委员会 1926 年 11 月 22 日决议，《苏俄刑法典》从 1927 年 1 月 1日起施行，但有关反革命罪的条文除外。见〔苏〕A. 盖尔青仲编《苏联和苏俄刑事立法史料汇编（1917～1952）》，郑华等译，法律出版社，1956，第 479～501页。
③ 《国事罪（反革命罪及对苏联特别危险的妨害管理秩序罪）条例》，《苏联和苏俄刑事立法史料汇编（1917～1952）》，第 418～422 页。

为奇。

1927 年 2 月 10 日，亦即武汉临时联席会议通过《反革命罪条例》之翌日，"人民审判委员会"即首次运用该条例，审判陈嘉谟和刘玉春。这一案件被直接定名为"陈刘反革命案"。① 陈嘉谟和刘玉春也许做梦也不曾料想，他们竟会成为中国历史上被"人民审判"的"反革命犯"的鼻祖。如同"反革命罪"一样，"人民审判"也是仿效苏俄的产物。审判委员会由党政军各机关、各民众团体的"人民"代表 15 人组成。司法部长徐谦为审判委员会主席。因"人民审判""反革命案"的新奇性，各方新闻记者和数百人前来旁听。

审判程序颇具仪式色彩，先由"人民论告"代表控告，继由"国家论告"代表控告，所控陈、刘犯罪事实包括"抗拒革命军"、"牵制革命军"、"惨杀革命同志"、"压迫革命运动"、"以人民为护符"、"放火掠夺"、"残害人民"等，并声称陈、刘之罪，"罪不容诛，希望人民审判委员会，执行无上威权，以革命之法律，立时解决，以为反革命者戒"。法庭在详细审问陈、刘之后，还要求两人发表受审"感言"。

陈嘉谟胆小惶恐，申言"因从前未读革命书，不知道为反革命"，"现读革命书，非常觉悟，甚佩服孙总理，并甚信三民主义，深知从前之非，实为惭愧。"刘玉春则正襟危坐，态度强顽，虽然也声称"观《三民主义》、《建国方略》等书，甚佩服革命军"，但一再强调"我是服从长官命令，不敢承认有罪"。"即承认犯反革命罪，亦是代长官犯罪。"②

郭沫若当时在北伐军总政治部任职。刘玉春被俘后，郭沫若曾和他有过一次"对谈"。刘向郭解释他之所以死守孤城，是"忠于军人职守"，军人"只晓得服从上官命令"。若干年后，郭沫若回

---

① 适园：《武昌审判陈刘记》，天津《大公报》1927 年 2 月 18 日。
② 适园：《武昌审判陈刘记》，天津《大公报》1927 年 2 月 18 日。

忆北伐战史时，尚觉得刘玉春"很真率"，"在旧军人中的确要算是难得的一个人物"。① 正如齐锡生在《中国的军阀政治（1916～1928）》一书中所指出的，北洋军阀内部亦有一定的行为准则，如特别重视对上级主官的忠诚，重视旧的伦理道德等。② 尤其对上级主官忠诚是一种最受推崇的"美德"。刘玉春死守孤城，不仅仅体现他如何"勇"，更体现他对上司吴佩孚如何"忠"。当时社会舆论对他的赞许亦在于此。刘玉春后来回忆说，当吴佩孚决定要坚守武昌城时，"诸将领皆言武昌城大兵单，不易守，不如退师江北"，但吴佩孚斥责说："尔等在湖北多年，当为湖北守省城，若弃省城，是弃湖北也。"当吴佩孚任命他为武昌守城总司令时，刘玉春深知"守城难"，但考虑到自己应该"报答"吴佩孚，遂受命。③刘玉春之所以要对吴佩孚"报恩"，乃因两年前，刘一度被北军第八师师长王汝勤排斥而被解除旅长职，转而投奔吴佩孚，被吴氏接纳并"引为心腹"，委以"高等军事顾问"等要职。刘因此对吴佩孚"感激入骨，愿为之死"，"所以决心图报者在此，所以始终不渝者亦即在此耳"。④

　　但是，刘玉春对上司吴佩孚的"报恩"和"忠诚"，虽在北洋军阀的行为准则中被视为"美德"，却有悖于革命军的新道德规范。新的道德规范乃以"人民"利益为核心，对个人的"忠诚"显然不能违背大多数"人民"的利益。正如郭沫若在和刘玉春"对谈"时所强调的：军人固然要服从上官命令，但"军人的天职是在保卫人民的，所该服从的命令是保卫人民的命令"，"不是专为某一个人效奔走犬马之劳"。⑤ 在刘玉春自认是"忠于职守"的

① 郭沫若：《北伐途次》，《革命春秋》，第 111 页。
② 齐锡生：《中国的军阀政治（1916～1928）》，中国人民大学出版社，1991，第 171～181 页。
③ 刘玉春：《百战归田录》卷 2，第 13 页。
④ 刘玉春：《百战归田录》卷 2，第 1～4 页。
⑤ 郭沫若：《北伐途次》，《革命春秋》，第 110 页。

行为，在北伐军的新伦理中，则成了违背人民利益的"反革命"。三年后（1930年），刘玉春回忆武汉受审情节，曾有如下描述：

> 徐谦曰：尔何不早降？
>
> 玉春曰：玉春是国家大将，有守土之责，若是革命军中大将，见枪响即投降，诸公以为何如？
>
> 徐谦无以对，又曰：尔是反革命！
>
> 玉春曰：汝言又差矣，我从未入革命党，何言反革命！中国人民四万万，隶革命军者不过二十余万，其余者皆反革命耶！①

细察陈、刘两人的"感言"和答词，颇具别样意味。陈氏认为，从前没有读过革命书，既不知什么是革命，也不知什么是反革命。同样在刘氏看来，只有革命的人才有反革命的资格，而本来就不知革命为何物的人，何言反革命。这是一个颇堪注意的论理。对革命者而言，被称作"反革命"是一种莫大的耻辱；而对那些本来就不认同革命的人来说，被称作"反革命"并不是什么大不了的事。

刘玉春还辩称，中国绝大多数民众没有参加革命，"不革命"并非都是"反革命"。他也许不知，在当时国共两党的言说中，"不革命就是反革命"。如蒋介石训诫黄埔学生说："古人云：'不为圣贤，便为禽兽'。余更续数语曰：'不为信徒，便为叛逆'。更进一言曰：'不为同志，便为寇仇'。""不为革命，便为叛逆。""所以不革命这句话，简直就是说反革命罢了。没有不革命的人，而不做反革命的。"② 毛泽东与彭述之当时分别担任国、共两党的中央宣传部部长（毛为代理），主掌两党的意识形态诠释与宣导。

---

① 刘玉春：《百战归田录》卷2，第22～23页。
② 《蒋介石年谱初稿》，第348、549页。

两人的下列表述大体相似。彭氏斩钉截铁地说："现在已经到了一个历史的最坚决的时期了：不革命，便要反革命。"① 毛氏也义正词严地指出："中国革命派、反革命派已到了短兵相接时候……在中国现在时候，一切中立派的人、中立派的报都一定迅速变其态度，或者向左跑入革命派，或者向右跑入反革命派，从前灰色的中立的面具现在是不能再戴着了。"② 毛泽东还进一步将这种两极分化理论运用于对世界革命形势的分析："现在世界上局面，乃革命反革命两大势力作最后争斗的局面。这两大势力竖起两面大旗：一面是赤色的革命的大旗，第三国际高擎着，号召全世界被压迫民族与被压迫阶级都集于其旗帜之下，站在一边；一面是白色的反革命的大旗，国际联盟高擎着，号召全世界反革命分子都集于其旗帜之下，站在另一边。那些中间阶级，在西洋如所谓第二国际等类，在中国如所谓国家主义派等类，必须赶快的分化，或者向左跑入革命派，或者向右跑入反革命派，没有他们'独立'的余地。"③

国共两党精英的革命话语内涵虽有出入，其内在逻辑理路却有着惊人的一致："革命"与"反革命"，非白即黑，非圣即魔，二者之间不允许存留任何灰色地带和妥协空间。"中立派"、"中间派"、"骑墙派"、"第三种人"或难于自存，或备受谴责和排斥，甚至认为"不革命"比"反革命"更可恶，更危险，因为"不革命则真意未可知，尚有反复余地，至反革命斯无复能反复矣"。④当时北方的《大公报》对此发表社评曰："国人喜言革命，而不革命者实居多数……乃今之言曰：'不革命即是反革命'，令人已无回翔余地。"⑤

① 述之：《目前革命中的联合战线问题》，《向导》第 185 期，1927 年 1 月 27 日。
② 子任（毛泽东）：《上海民国日报反动的原因及国民党中央对该报的处置》，《政治周报》第 3 期，1926 年 1 月。
③ 毛泽东：《中国社会各阶级的分析》，《中国农民》第 2 期。
④ 《罪等》（社评），天津《大公报》1927 年 6 月 2 日。
⑤ 《罪等》（社评），天津《大公报》1927 年 6 月 2 日。

三 "杀鸡吓猴"

为了审判陈嘉谟和刘玉春，专门制定一个法律条例；为了审判陈嘉谟和刘玉春，专门成立一个"人民审判委员会"。就《反革命罪条例》的严厉性而言，陈、刘两人定处极刑；就审判现场的气势而论，陈、刘更是难逃法网。然而最终的结果却大出人们的意料。2月10日的审判，虽然大张旗鼓，声势浩大，却以"择日再判"而收场。而所谓"择日再判"实际成为"不了了之"的遁词。而这一切，似乎早有"预谋"。就在审判前夕，审判委员会主席徐谦已向外界透露，将对陈、刘"从宽发落"。① 这意味着，法庭煞有介事的审问，不过是一场精心安排的"政治秀"。

武汉政府对陈、刘何以审而不判，各方说法不一。当时外间猜测，是为了"怀柔"北洋军队，以广招徕。只是武汉"民众"强烈要求公审，不审不足以平民愤，于是审判乃成了一场政治"表演"。另一方面，这个时期的革命党人，其对中国旧的道德伦理，可能仍怀有相当的敬畏。"忠诚"、"孝顺"、"服从"，正是中国传统伦理所推崇的"美德"。亦因为此，刘玉春死守孤城时的"勇烈"，刘被俘后的"可杀不可辱"及在法庭上的"凛然大气"，一再博得社会舆论的同情。即使在北伐军一方，亦不乏"佩服"刘玉春，甚至称许他为"英雄"者。② 据刘玉春称，他被俘后，不仅没有被虐待，反而受到礼遇。蒋介石、唐生智、张发奎等北伐军将领或遣人问候，或亲到其居处慰问。③ 包惠僧在回忆录中，也认为刘玉春是一个"硬汉"，并称"刘玉春的为人处事，得到很多人的同情，邓演达对他还有点爱才之意；但刘玉春愿意当俘虏，不愿意

---

① 《武昌审判陈刘，徐谦谓拟从宽发落》，天津《大公报》1927年2月12日。
② 刘玉春：《百战归田录》卷2，第20页。
③ 刘玉春：《百战归田录》卷2，第20～21页。

当降将,结果把他同陈嘉谟一起关了几个月释放了"。① 宁汉分裂后,武汉方面的唐生智、张发奎有意起用刘玉春襄助军事,任命刘玉春为军事参议、北路总指挥。未久,宁汉合流,唐生智宣布下野,刘玉春辞职北返,隐居天津,于 1932 年 5 月逝世。陈嘉谟亦于宁汉分裂后获释,抗战时死于天津。②

武汉临时联席会议的速记录清楚显示,《反革命罪条例》完全是为审判陈嘉谟和刘玉春而制定的。陈、刘作为中国历史上最早被审判的"反革命犯"应无疑义。本章最初的写作计划亦到此为止。然而,当笔者翻阅苏联人巴库林写的《中国大革命武汉时期见闻录》时,有一段文字分外醒目:

> 一九二七年二月五日于汉口:昨天,留在武汉的一部分国民党中央执行委员开会,制定了同反动派进行斗争的政治纲领……政府制定了惩治反革命罪条例,该条例规定对最轻微的反革命罪得判处三至十年徒刑或死刑。政府表面上把颁布条例的时间有意安排在审判在武昌被俘的吴佩孚部将陈嘉谟及其他将领的时候,其实是想从政治上阻吓蒋介石。③

这段文字无疑提示,在历史的表象背后,可能另有隐情。

"孤证"难立,到处搜寻佐证史料,一直没有结果。蒋介石日记在美国斯坦福大学开放后,笔者前往查阅。在蒋介石 1927 年 2 月 17 日的日记中,发现如下记载:

---

① 包惠僧还认为:"这样的做法,共产党和革命的民众都是一致反对的,但是没有得到军事当局的同意,因此也引起了革命民众的愤怒,也是激起了大革命时期革命高潮的一个因素。"见《包惠僧回忆录》,第 285 页。

② 袁润之:《我所知道的刘玉春》,李懋东《陈嘉谟其人》,均载《武汉文史资料》1983 年第 3 辑,第 91~98 页;任锦堂:《我所知道的刘玉春》,《湖北文史资料》1989 年第 2 辑(总第 27 辑),第 229~233 页。

③ 〔苏〕A. B. 巴库林:《中国大革命武汉时期见闻录》,郑厚安等译,中国社会科学出版社,1985,第 71 页。

> 六时半起床，静坐，批阅，会客。下午看书，会客。汉口联席会定反革命罪各则，以及各种宣传，对余与静江兄攻击，几无完肤，名余为独裁制，名静为昏庸，除 CP 以外，无一非反革命，必欲使我党党员各个击破殆尽。所恨者，本党党员诡奉、卑污、趋炎附势、执迷不悟之徒，其罪恶比敌尤甚也。①

这段日记显示，当时在南昌的蒋介石已经洞察到，武汉临时联席会议制定《反革命罪条例》，其实是"项庄舞剑，意在沛公"。这与鲍库林的说法正相暗合。

在此有必要对当时的历史背景有所交代。随着北伐军事的节节推进，南方革命队伍的分裂之象日趋显露。矛盾主要在国共两党之间展开，同时也牵涉国民党内部的派系倾轧。大体言之，在北伐出师初期，苏俄和中共力图使国民党内的权力格局恢复到中山舰事件以前的局面，争取由国民党左派和共产党人重新联合执政。② 1926年 10 月，国民革命军克复武汉以后，革命势力向长江流域进展，武汉因其地理位置之重要，有望继广州之后成为新的革命中心。为此，蒋介石最先提议国民政府北迁。中共起初表示反对。11 月 7日，北伐军攻克南昌。9 日，蒋介石将国民革命军总司令部移设南昌。在这种情况下，鲍罗廷和中共改变看法，同意蒋介石先前的主张。11 月 26 日，国民党中央政治会议正式作出中央党部与国民政府北迁武汉的决议。12 月 13 日，抵达武汉的部分国民党中央委员和国民政府委员宣布成立"临时联席会议"。蒋介石对武汉临时联席会议的设置，最初并未十分警觉，几天之后，他越来越觉得以

---

① 《蒋介石日记》，1927 年 2 月 17 日，本书所引蒋日记均为美国斯坦福大学胡佛研究院藏。

② 《鲍罗廷在同共产国际执行委员会远东局委员会晤时的讲话》（1926 年 8 月 9日），《联共（布）、共产国际与中国国民革命运动（1926～1927）》（上），中共中央党史研究室译，北京图书馆出版社，1998，第 372 页。

左派为中心的武汉临时联席会议有可能在鲍罗廷的操纵下架空自己的权力。鉴于此,蒋介石于 1927 年 1 月 3 日乘张静江、谭延闿等另一部分中央执行委员路过南昌之机,劝说他们同意将中央政治会议留驻南昌。一方以武汉临时联席会议代行最高职权,一方以南昌中央政治会议行使最高权力,从而形成两个中央对峙抗衡的局面。

武汉方面,中共和国民党左派大造声势,呼吁提高党权,试图限制蒋介石的权力,达到迫使蒋介石取消南昌中央的目的。《反革命罪条例》即是在这样一种背景下出台的。审判陈嘉谟和刘玉春,恰如其分地成为条例出台的契机和借口;"想从政治上阻吓蒋介石",杀鸡吓猴,才是其心照不宣的真实意图。这不能不令笔者感叹,这一历史的真相,险些被"忽悠"。

诧异的是,最终的结果,"鸡"既未被杀,"猴"亦未受吓。蒋介石方面,显然并没为武汉政府的一纸条例所吓阻。1927 年 2 月 19 日,蒋在南昌总部特别党部成立大会上发表演讲,声称:"我只知道我是革命的,倘使有人要妨碍我的革命,反对我的革命,那我就革他的命。我只知道革命的意义就是这样,谁要反对我革命的,谁就是反革命!"[1] 蒋介石充分意识到,谁垄断了"革命"话语的诠释权,谁就可以封任何人为"反革命",就可以剥夺对方存在的合法性。

随着国共斗争和国民党内部分化的加剧,"反革命"的帽子成为对立各方互相攻讦的武器,"甲派自称正统,便骂乙派为反革命;乙派自命正统,便骂甲派为反革命。"[2] 如同之前骂人"卖国"一样。[3] 所不同者,"卖国"似"土特产","反革命"似"洋货"。

---

[1] 蒋介石:《在南昌总部特别党部成立大会演讲词》(1927 年 2 月 19 日),清党运动急进会编印《清党运动》,1927,第 4 页。
[2] 唐有壬:《甚么是反革命》,《现代评论》第 2 卷第 41 期。
[3] 参见老圃(杨荫杭):《解决时局谈》,《申报》1922 年 2 月 24～26 日,见氏著《老圃遗文辑》,第 528～530 页。

"洋货"的威慑力比"土特产"更大。

一场实实在在的战争，南方声称是"北伐"，北方声称是"南征"，中立的报纸称之为南北大战，知识界誉之为"新旧决斗"，国共两党则将其建构为"革命"与"反革命"的较量。开始是南与北战，后来演化为南与南争。在当下的局外人看来，谁"革命"，谁"反革命"，起初泾渭分明，继而模糊难辨。"反革命"既有原生态，也有可能从革命阵营中分化出来。蒋介石开始被认作国民党左派，继而被认作国民党中派，最后被认作国民党右派。与此相随，蒋介石的政治角色，也经历了一个从"革命"到"不革命"再到"反革命"的演化。

就在《反革命罪条例》出台前夕，名义上是国民党的"党报"，实际上由中共掌控的《汉口民国日报》发表一篇名为《甚么是反革命》的文章，虚虚实实罗列了 32 项"反革命"行为。不久，作者又两次增补，总计多达 53 项。① 范围不仅涉及政治、文化、思想、社会、经济等领域，更泛化到伦理道德和个人私生活、性格、品行等层面，除助长军阀、勾结帝国主义、破坏工农运动、反对联俄联共等"正宗"反革命外，连个人主义、自私自利、畏难苟安、委曲求全、阳奉阴违、好逸恶劳、行动暧昧、模棱两可、吸食鸦片、赌博嫖娼、骄傲自信、感情冲动、意志不坚、重视个人感情、抱家庭乡土宗族观念、党员不纳党费、不参加会议等等，均被归入到"反革命"行列，泛化、激化到令人叹为观止，也意味着"革命"意识形态开始向社会大众的日常生活伦理渗透。

正是在这样一种背景下，中国历史上第一个《反革命罪条例》出台，第一次将"反革命"作为一种刑事罪名列入法律。法律条文贵在严谨，将一个极度泛化和不确定性的政治概念"绳之以

---

① 英竞：《甚么是反革命》、《还有些反革命啊（一）》、《还有些反革命啊（二）》，《汉口民国日报》1927 年 1 月 24 日，2 月 9、10 日。

法",本身即隐含着浓烈的吊诡意味。在《反革命罪条例》出台以前,"反革命"只是一个相当随意的政治污名;在《反革命罪条例》出台以后,"反革命"既是一个相当随意的政治污名,又是一项可以置人于死地的法律罪名。从此以后,"反革命"称号始终处于一种虚虚实实的状态,既具有法律的威严性,又具有相当的随意性。其实《反革命罪条例》出台伊始,就具有虚实难辨的暧昧性,表面上是为了审判陈嘉谟和刘玉春,实际上是想吓阻蒋介石。武汉政府既拿它对陈嘉谟和刘玉春审而不判,又拿它对蒋介石判而不审。受审的陈嘉谟和刘玉春最终并未因"反革命罪"而受到惩治,而不曾受审的蒋介石却成为中共和国民党左派一致声讨的"反革命"对象。

《反革命罪条例》所列举的 10 余项"反革命"行为,有些其实只是普通刑事犯罪。更为关键的是,条例规定,判断"反革命"的一个基本准则是具有反革命的"目的"和"意图"。任何犯罪,只要有了反革命动机,就可以构成反革命罪,或升格为反革命罪。然而,一个人的行为是否怀有反革命的"目的"和"意图",既难判定,也难举证,既难证实,亦难证伪,有时就难免流于自由心证。

《反革命罪条例》本是国民革命和国共合作时期的产物。国、共分家后,两党的很多政策法规都作了调整,而有关反革命罪的相关法律,则基本沿袭。南京国民政府方面始称《暂行反革命治罪法》(1928),其后易名为《危害民国紧急治罪法》(1931),①镇压对象主要是共产党,但也波及青年党及其他党内外"异议分子"。中共方面,有关反革命的治罪条例,在中华苏维埃共和国时期得到继承和发扬。而"肃反"对象殃及党内革命同志。1949 年中共执掌全国政权以后,"反革命"既是一项受打击和处治最严厉

① 参见谢振民编著《中华民国立法史》(下),中国政法大学出版社,2000 年重印本,第 959~962 页。

的法律罪名，又是一项最随意、最泛滥、最令人恐惧的政治污名。难以数计的中国人被虚虚实实、真真假假地笼罩乃至葬身于这一罪名之下。直至 1997 年，整整沿用 70 年之久的"反革命罪"才正式更名为"危害国家安全罪"。两年后《中华人民共和国宪法》修改时，"反革命"一词才彻底从宪法中剔除。①

在 20 世纪的中国历史上，恐怕没有其他刑名像"反革命罪"一样虚实相因、真伪难寻、宽严无度的了。无论是被"从宽发落"的陈嘉谟、刘玉春，还是当年那些《反革命罪条例》的制定者，可能谁也不曾料想，这一罪名将要在此后的 70 年间衍生多少急风暴雨的故事。

表 4 - 2　武汉政府《反革命罪条例》与苏俄政府《国事罪条例》对照表

《国事罪条例》	《反革命罪条例》
第一条：目的在于颠覆、破坏或削弱工农苏维埃政权和无产阶级革命成果的一切行为，都是反革命行为	第一条：凡意图颠覆国民政府或推翻国民革命之权力而为各种敌对行为者，均认为反革命行为，分别判处死刑、无期徒刑至二等有期徒刑，并没收其财产
第二条：以反革命为目的，武装暴动或侵入、分裂领土，判处枪决，或宣布为人民公敌，没收财产，剥夺国籍	第二条：凡以反革命为目的，统率军队或组织武装暴徒，或集合土匪盘踞土地者，处死刑并没收其财产
第三条：以反革命为目的，同外国通谋者，同第二条判处	第三条：与世界帝国主义者通谋，以武力干涉国民政府者，依第一条之例处断

① 在修改和废除"反革命罪"的过程中，中国法学界曾引发过一场风波，一派学者认为，"反革命"是一个政治概念，其内涵和外延具有极大的不确定性和历史变异性，作为刑事罪名很不规范，而其构成要件之一的"以反革命为目的"在实践中又很难认定，主张废除这一罪名，改名为"危害国家安全罪"；另一派学者则主张保留"反革命罪"，认为"取消刑法上的反革命罪是一个危险的抉择，它必将极大地削弱我们同反革命的斗争，从而给人民民主专政带来危害"。这场论辩最后以前派意见被接受而告终。参见侯国云、李然《关于更改反革命罪名的风波》，《法学》1998 年第 9 期；石塚迅《中国における"反革命罪"の名称変更と言论の自由》，《现代中国》（日本现代中国学会主办）第 74 号，2000 年 9 月。

续表 4 – 2

《国事罪条例》	《反革命罪条例》
第四条:以任何方式帮助国际资产阶级实行反对苏联的活动者,判处三年以上徒刑至死刑,并没收其财产	第四条:凡组织各种反革命团体者,处三等至五等有期徒刑,并没收其财产
第五条:同外国通谋,对苏联实行封锁、武装干涉、侵夺、破坏等行为者,同第二条判处	第五条:破坏交通、军事设施,煽动军队暴动叛变者,处死刑并没收其财产
第六条:间谍行为,同第四条判处	第六条:以反革命为目的,从事间谍行为者,处死刑、无期徒刑或一等有期徒刑,并没收其财产
第七条:以反革命为目的,破坏国家工业、运输、商业、金融者,同第二条判处	第七条:以反革命为目的,破坏国家金融机关,或妨害其信用者,处二等至四等有期徒刑,并没收其财产
第八条:对苏维埃机关和人员实施恐怖行为者,同第二条判处	第八条:从事反革命宣传者,处三等至五等有期徒刑,并处罚金
第九条:以反革命为目的,破坏或损毁交通和其他公共设施与财产者,同第二条判处	第九条:以反革命为目的,捏造及宣传各种谣言,足使社会发生恐慌者,处四等以下有期徒刑,并处罚金
第十条:以反革命为目的,从事宣传煽动者,处六个月以上监禁	第十条:对革命运动或农工运动,有积极压迫行为者,处一等以下有期徒刑,并没收其财产
第十一条:为了预备实施本条例所规定的犯罪而进行任何有组织的活动者,判处本条例相当条文之规定方法	第十一条:本条例之未遂犯罪
第十二条:确实知道预备实施反革命罪行而不检举者,处六个月以上监禁	第十二条:预备或阴谋犯第一、二、三、五条之罪者,处一等以下有期徒刑,并处罚金
第十三条:在沙皇制度下或反革命政府中担任过负责或机密职务者,同第二条判处	
第十四条:反革命怠工,判处一年以上监禁至枪决,并没收其财产	

说明:苏联的《国事罪条例》包括两部分,第一部分是"反革命罪",第二部分是"对苏联特别危险的妨害管理秩序罪"。本表所引为第一部分的 14 条。武汉政府的《反革命罪条例》共有 17 条,后 5 条附则从略。另,表内所引乃《国事罪条例》和《反革命罪条例》各条大意,非条文原文。《反革命罪条例》,《武汉国民政府史料》,第 224 ~ 225 页。《国事罪(反革命罪及对苏联特别危险的妨害管理秩序罪)条例》,见〔苏〕A. 盖尔青仲编《苏联和苏俄刑事立法史料汇编(1917 ~ 1952)》,第 418 ~ 422 页。

第五章

党员、党组织与都市社会：
上海的中共地下党

1921~1927 年，是中国共产党 "从研究的小团体到群众的政党" 的重要转型时期。[①] 在短暂的五六年间，中共由最初的数十人，发展到五六万人。[②] 这是否意味着中共这样一个外来的 "国际性" 政党组织，[③] 已经在中国本土生根发芽并在一定程度上楔入了中国底层社会？近代以来，中国人借鉴和移植外国的知识和制度，多半 "水土不服"。那么中共在向中国社会渗入的过程中，其遭际又是如何？本章试图考察早期（1925~1927）中共在上海都市社

---

① 1926 年 10 月 17 日，陈独秀给各级党部负责同志的信："我们现在都已经喊出 '从研究的小团体到群众的政党' 这一口号了。" 见《上海区委关于扩大组织的计划》，1926 年 12 月 1 日，中央档案馆、上海市档案馆编印《上海革命历史文件汇集》（下文简称《上海文件》）甲 2，1986，第 77 页。

② 四一二政变前，中共党员人数为 57900 余人。见刘华峰、王雨亭主编《中国共产党组织工作大事记》，辽宁人民出版社，1992，第 27 页。

③ 1924 年 1 月，李大钊在国民党一大上发表声明称："因为第三国际是一个世界的组织，中国共产主义的团体是第三国际在中国的支部，所以我们只可以一个一个的加入本党（指国民党——引注），本（不）能把一个世界的组织纳入一个国民的组织。中国国民党只能容纳我们这一班的个人，不能容纳我们所曾加入的国际的团体。我们可以加入中国国民党去从事国民革命的运动，但我们不能因为加入中国国民党，便脱离了国际的组织。" 见《北京李代表意见书》，《中国国民党周刊》第 10 期，1924 年 3 月 2 日。

会的组织动员。在 1920 年代上海纷繁复杂的都市环境里，中共如何立足生存，如何扩张组织，如何动员民众，采取了何种策略，在具体实施过程中遇到了什么问题？诸如此类，均值得我们饶有兴味地去探讨。

上海是中共早期革命的大本营和重要的活动基地。在 1925～1927 年间，中共在广东和两湖地区开展了轰轰烈烈的工农大革命。不过，当时中共认为，作为一个无产阶级政党，只有在上海这样一个拥有数十万产业工人的大都市开展革命，才最具典型意义。

当然，选择研究上海，与中共上海地方组织文献相对完好地保存大有关系。1925～1927 年间中共上海地方组织的文献，尤其是中共上海区委①历次会议的原始记录，保存相当丰富。1980 年代，中共中央档案馆与上海市档案馆联合编辑了《上海革命历史文件汇集》。这套《文件汇集》分甲、乙两编。甲编按组织机构分为八册，如上海区委文件、区委各部②文件、区委下属各部委③文件，以及青年团上海地委文件、工会等群众团体文件等。乙编为上海区委会议记录之专辑，共六册。甲、乙两编均非正式出版品，注明为"馆藏本，供内部使用"。不过，甲编八册坊间早有流传。唯乙编六册控制最严，外间基本上看不到。

1980 年代以来，中共地方组织的相关文献资料大量汇编出版，为中共党史研究在进行全局性的宏观鸟瞰的同时，兼及区域性的

① 1921～1927 年间，上海区中共组织的演变大致分为四个阶段：1921 年 12 月至 1922 年 7 月，为中共上海地方委员会阶段；1922 年 7 月至 1924 年 4 月，为中共上海地方执行委员会兼区执行委员会阶段，除上海市外，还领导江浙两省党的工作；1924 年 4 月至 1925 年 8 月，为中共上海地方执行委员会阶段，只领导上海市区党的工作；1925 年 8 月至 1927 年 6 月，为中共上海区执行委员会阶段，领导上海和江浙两省党的工作。本章将这四个阶段的上海区中共组织，简称为"上海区委"。研究对象只限于上海市的党组织，不涉及江浙两省。

② 1925 年 8 月至 1927 年 6 月，上海区委的工作机构设有宣传部、组织部、工农部、职工运动委员会、妇女运动委员会、军事委员会等。

③ 1925 年 10 月，上海区委按区域建立了七个部委员会，简称"部委"，分别是杨树浦、引翔港、浦东、小沙渡、曹家渡、闸北、南市。另有徐家汇独立支部。

微观细察提供了可能性。这些文件不同于中央高层的理论性、计划性和宣传性的文件，内容多为地方各级组织的工作汇报、请示材料以及上级党组织有针对性的具体指导性文件和会议决策过程记录。它更多地反映了中共在革命实践过程中所遇到的具体问题以及路线方针政策在基层的贯彻执行情况。这些文件当时是高度保密的，从未打算公开甚至保存下来，内中不少出自文化程度甚浅甚至不知名的党内基层干部之手，行文和内容表述大多直白，未加修饰，有的文句不通顺，错别字亦不少见，但亦因此而更显生动、鲜活。如中共上海区委的会议记录几近完整地保存下来，尤为难得。

一 "精英党"向"群众党"转变

中共最初虽是少数知识分子组成的精英团体，但"无产阶级先锋队"的自我定位，使其创党伊始即申言要采取"群众路线"的革命方法。中共二大就强调："我们共产党，不是知识者所组织的马克思学会，也不是少数共产主义者离开群众之空想的团体"。"我们既然是为无产群众奋斗的政党，我们便要'到群众中去'，要组成一个大的'群众党'"。[①] 1924 年开始加入国民党后，在国民党的旗帜下，中共将精力主要投向民众运动，认为只要将民众组织动员起来了，党的势力就可以深植于广大基层社会，并具有不易摧折的伟大力量。

1925 年五卅运动，中共对动员民众的信心骤增。五卅前夕，中共估量自己的实力[②]和总结前两年工人运动的经验，不敢进行大规模的游行示威，只打算发动一场小规模的罢工，因为中共担心

---

① 《关于共产党的组织章程决议案》（1922 年 7 月），《中共中央文件选集》（1），
　　第 57～58 页。
② 当时中共党员总数不到 1000 人，其中上海的党员仅 200 余人。

"不能确定抓得住群众的指挥，群众成无意识的兴奋，恐酿事端"，引来"政治上之压迫和经济上之恐慌"。① 但运动最终引发为一场超过五四运动规模的全国性的反帝大风暴，大出中共的意料。虽然运动由多种力量和多重因素所促成，但这场运动给中共一个极深的感受是：革命并没有原先想象的那么难。如恽代英在五卅周年纪念时说："五卅运动是全国数百万人共同联合起来的一件大运动，在普通的人一定以为是一件顶难的事情，但是有了相当的宣传和组织，并得到了相当的机会，实际是很容易号召起来的。""我们不要把革命看得太难，只要我们努力，就可以使革命成功。"②

其实，中共的组织路线和组织目标是相悖的。根据中共的章程，其组织路线十分严密。而严密的组织路线显然不利于"群众党"的组织目标的实现。为了尽快实现"群众党"的目标，中共不得不修改其组织规程。1925 年初中共四大规定，党员入党时，须有正式入党半年以上之党员二人之介绍，并有相当的候补期，候补期劳动者三个月，非劳动者六个月。五卅运动以后，中共决定放宽组织路线。1925 年 9 月，中共中央通告全党："当此本校③极须发展之际，此条规定颇不便适用"，特拟变通办法：两名入党介绍人中，只须一人是正式党员，且不限于入党半年以上者；④ 候补期也尽量缩短，工人的候补期由三个月缩短为一个月，知识分子的候

---

① 《上海地委会议记录》（1925 年 5 月 15、22 日），《上海文件》乙 1，第 104、107、111 ~ 112 页。

② 恽代英：《五卅运动》，上海社会科学院历史研究所编《五卅运动史料》第 1 卷，上海人民出版社，1981，第 7、17 页。

③ 当时中共党内文件称团为"中学"，党为"大学"；中共党员之间互称为"大学同学"，而把青年团员称作"中学同学"；中共中央通告自称"本校"，对党员称"各级同学们"，而团中央转发党中央的通告时，则称"转发大学讲义某某号"。最初虽是为了隐秘的需要，但也反映其早期党团员之"学生气"。参见李一氓《模糊的荧屏》，人民出版社，1992，第 46 页。

④ 《上海区委通告，枢字第五号》（1925 年 9 月 9 日），《上海文件》甲 1，第 15 页。

补期由半年缩短为三个月。[①]

　　根据中央的指示精神，上海区委更进一步规定：党员每人每月必须介绍五人以上入党。[②] 并批评在入党问题上重质不重量的观点是极端错误的。[③] 对于发展对象，区委指示，"只要有阶级觉悟及诚实便可加入，认识主义的程度如何，能力如何，都不必计及"。[④] 在当时的政治和社会环境下，每人每月介绍五人以上入党，即使不计及能力和对主义的认识程度，恐怕也是一个难以实现的指标。况且对主义若无认识，其阶级觉悟也会大打折扣。

　　按照中共党章，党员有下列情形之一者必须开除：无故连续三次不到会；无故欠缴党费三个月；连续四个星期不为党服务。但上海区委在具体执行过程中规定："非万不得已实在无希望之同志，不可开除。"[⑤] 可见其组织实践与规章制度存有相当的差距。

　　"支部"是中共的最基层组织。上海区委文件一再强调，发展组织是基层党支部的中心工作，并提出"群众化"是组织发展的主要目标。[⑥] 不仅如此，上海区委经常下达征求党员的具体指标，如要求在1926年5月以前，全市党员要扩充到5000人，1926年9月以前要扩充到1万人以上。[⑦]

　　上海区委对于党员的征求，手段相当灵活，如要求"每个同学要深入各方面去活动，不论若何社团，到处参加，无孔不入"。

---

① 《上海区委通告，枢字第十一号》(1925年10月19日)，《上海文件》甲1，第49~53页。

② 《上海区委会议记录》(1925年8月25日)《上海文件》乙1，第124页。

③ 《上海区委通告，枢字第二号》(1925年8月29日)，《上海文件》甲1，第3~4页。

④ 《上海区委通告，枢字第二号》(1925年8月29日)、《上海地委通告，枢字第九号》(1925年9月26日)，《上海文件》甲1，第3~4、33页。

⑤ 《上海区委召开各部委书记会议记录》(1926年4月3日)，《上海文件》乙2，第15~16页。

⑥ 《上海区委召开各部委书记会议记录》(1926年3月13日)，《上海文件》乙1，第252页。

⑦ 《上海区委组织报告》(1925年9月27日)、《上海区委通告，枢字第十一号》(1925年10月19日)，《上海文件》甲1，第44~45、49~53页。

"要与各方面群众建立成很好的联合关系，或尽量帮助他们组织团体，只要不是反动的，并不是一定要马上拉他们加入我们的团体才有作用，我们可随时加以注意与领导，也就不失为我们的好助手，且可慢慢吸引其优秀分子加入我们的团体，当然也有很大的意义。"①

上海区委很快发现，即使放宽组织路线，党员的征求很难达到预期的目标。区委下达的征求指标，基层组织无法完成。到1926年8月底，上海党员总数为2223人。② 上海区委发现，这一数字未必十分确实。因为每月各部委报给区委的党员人数，时增时减，波动极大，很不稳定。"往往同志数量的增加或减缩，在一个月，相差至七八百人：发展的时候，同志突然增加了七八百人；低落的时候，突然又减少七八百人，党的组织状况不稳定。"③ 骤增骤减的背后，其实是党员数字的虚报不实。因上海区委经常向部委下达硬性的征求指标，④ 部委无法完成时，只好虚报浮夸，或者临时拉人凑数，敷衍应付。

有一个部委如实道出其中的原委说：过去上报的党员数字确有水分。"每次开会，因要人数多，临时召集些人来，每次临时来的人，即认为同志，实际只到一次，并且不能作事，故以前的同志，

① 《上海区委通告，枢字第六十号》（1926年5月25日），《上海文件》甲1，第191～192页。

② 《上海区委全体委员会议记录》（1926年10月15日），《上海文件》乙4，第69页。

③ 《上海区委关于扩大组织的计划》（1926年12月1日），《上海文件》甲2，第82页。

④ 如1926年6月12日上海区委召开各部委书记会议时指出，上海党员人数，上礼拜一千五百，今天一千九百零六，本星期发展一百三十二人。报告比上次虽好，但不可乐观，闸北部委三月前三百九十，现只二百人。商务有九十，靠得住的只五十。现望各部赶快发展党员，今天要规定各部委下星期发展党员的数量：小一百五十，杨六十，上五，引三十，复二，法八，南二十，曹三十，北五十，浦四十，共三百九十五。见《上海区委召开各部委书记会议记录》（1926年6月12日），《上海文件》乙2，第231～232页。

靠不住的，这是现在同志减少的原因。"①

另一个部委也坦承："本来有许多同志是在开会时临时找来的，在会场上将其名字抄写在名册上，即作为一个同志。这种同志第一次到了会，第二次并不来了的，一到罢工失败之后，不说要他们成为新的干部分子继续负支书干事之责没有可能，即要他们到一到会也是不容易的事……在罢工结束之后，无论罢工厂的支部或未罢工厂的支部，除部委保存了一本很好的名册之外，至于名册上的同志和支部工作，都要重新开始做起。"②

这种情形在青年团内也存在。如团上海地委指出：团员的数目有时突然增加，有时突然减少。上级机关催得紧时，就四处"拉夫"，不管三七二十一，拉来充数。这些拉来的阿猫阿狗，既不为革命而来，自然过了一个时期，又都一滚而去。③

上海区委对中央的组织路线已经打了折扣，而基层部委又对区委的组织路线打折扣。层层递减的结果，实践与制度日趋背离。

上海区委要求每个党员每月介绍五人以上入党。介绍者自然首先从自己的熟人、朋友和亲戚、帮派入手。但上海区委很快发现，通过私人感情介绍党员的方式固然便捷，而其弊端则是新党员效忠于个人胜过效忠于党，"同志对党关系不如对私人"。④ 区委称："过去我们发展党员，往往以党员个人的情感关系为介绍新同志的入手办法，因此发现很多的弊病，如一个同志发生不好倾向，或遭其他打击，其余凡为这个同志所介绍的同志，都与党脱离了关系。尤其是工人区域，往往以每个同志的帮派或姊妹们的关系，从事发

---

① 《上海区委召开各部委、独支书记联席会议记录》(1926 年 10 月 9 日)，《上海文件》乙 4，第 48～49 页。

② 《王炎夏同志关于小沙渡九月份罢工后的情况报告》(1926 年 10 月 5 日)，《上海文件》甲 4，第 260 页。

③ 《团上海地委关于青年运动与今后团的工作方针》(1927 年 1 月)，《上海文件》甲 8，第 406 页。

④ 《上海区委召开各部委书记会议记录》(1926 年 5 月 2 日)，《上海文件》乙 2，第 69 页。

展，结果，这许多同志只知有帮派或姊妹们的情谊，而不知有党，很少对党有诚挚的信仰与情感及认识。"①

这种情形在青年团中也存在。如小沙渡的纱厂工人，有的一人介绍数十人加入，甚至"一天将一车间的女工一起领来，不问她是否觉悟，介绍来的时候并没有经过支部的通过，更说不上部委的批准……只问在车间是否听他的话，不问她的家庭，她的历史……因为只是一二个人的发展，所以发展是畸形的，一厂里甲班有同志，乙班却一个也没有……而且男女同志的发展也不平均，同兴十四厂（的同志）都是女的，东、西五厂（的同志）尽是男的"。②

虽然存在种种问题，上海区委仍然不停地催促各部委和基层支部加紧发展新党员。区委的做法在很大程度上是贯彻中共中央的指示。1926 年 10 月 17 日，陈独秀亲自给各级党部负责同志写信，声称："我们现在都已经喊出'从研究的小团体到群众的政党'这一口号了，可是怎样才能够走到群众的政党呢？党员数量上的增加，乃是第一个重要问题……我们党的各级党部若仍被研究小团体的旧观念所拘囚，而不急谋党员数量上的增加，便是对党怠工，便是一种反动行为。因此，我提议：我们的党在明年春天第五次全国大会以前，党员应发展到四万以上（C. Y. 应该照此数目加一倍）。"③

因响应中央急于实现"群众党"的目标，上海区委经常将指标具体落实到各部委每周的征求数目，并提出"大发展，大洗刷"的口号，认为"因为群众很简单，不能完全靠得住，我们可以很简单的认识，就介绍进来，如果进来后稍有不合，就可开除，这样

---

① 《上海区委通告，枢字第六十三号》（1926 年 6 月 21 日），《上海文件》甲 1，第 218 页。

② 《团上海地方各部委工作概况》（1926 年 7 月），《上海文件》甲 8，第 284 ~ 285 页。

③ 陈信引自《上海区委关于扩大组织的计划》（1926 年 12 月 1 日），《上海文件》甲 2，第 77 ~ 79 页。

结果就拿住积极分子，就把党去深入群众"。① 实际上，区委一心追求"大发展"，"大洗刷"并未见实行。

1927 年 1 月的统计结果显示，上海党员约 3000 人。这一数字显然与区委所期待的"大发展"目标相距甚远，于是区委又提出一定要在三个月内发展到 1 万人。② 到 3 月 15 日统计，党员人数增加到 4400 人。区委仍十分不满：两个月只发展 1000 多党员，"实在嫌太少了，以后要努力吸收，我们要在一月内发展到一万个党员"。③ 但令区委沮丧的是，第二天各部委汇报上来的党员人数反而减少了 200 人。这意味着部委报上来的党员数字并不可靠。区委觉得"部委说话靠不住"，"部委书记工作之不切实"。④

随着北伐战争的迅猛推进，中共中央更感到扩充党的队伍的重要性。1927 年 3 月 17 日，陈独秀乐观地认为："我们如果党员发展得很多，将来对付右倾军阀，可用党员大会来解决最后难解决的问题。""我们现在要尽量扩充 C.P.，以后北伐军来后，就整个的加入国民党。"⑤

为了响应陈独秀的号召，上海区委于 3 月 18 日决定开展一个"宣传 C.P. 周"，向上海市民公开宣传 C.P.，公开征求党员，如几十人的集会，可公开签名集体加入，同时提出在产业工人及店员、学生和小商人中，要无限制地发展党员。⑥

① 《上海区委全体委员会议记录》（1926 年 6 月 2 日），《上海文件》乙 2，第189、194 页。
② 《上海区委召开支部书记会议记录》（1927 年 1 月 1 日），《上海文件》乙 5，第235 页。
③ 《上海区委罗亦农同志在活动分子大会上作关于政治与本党工作方针的报告》（1927 年 3 月 15 日）、《特委会议记录》（1927 年 3 月 15 日），《上海文件》乙6，第 272、282 页。
④ 《上海区委召开各部委书记、产总主任联席会议记录》（1927 年 3 月 16 日），《上海文件》乙 6，第 293 页。
⑤ 《特委会议记录》（1927 年 3 月 17 日），《上海文件》乙 6，第 318~319 页。
⑥ 《上海区委召开各部委书记、产总主任联席会议记录》（1927 年 3 月 18 日），《上海文件》乙 6，第 327 页。

3 月 22 日，上海工人第三次武装起义取得胜利。这一胜利更激励了上海区委扩充组织的雄心。3 月 23 日，区委召开各部委书记会议，提出"十天内假使无一万同志就为党的失败"。① 也就是说，十天之内，要将党员人数由现有的 4000 多人扩充为 1 万人。

3 月 25 日，区委召开扩大活动分子会议，头脑更为发热，声称："现在要特别群众化，以后要五万 C. P. 同志努力是可以的，三月以内要做到。下月到二万。我们同志怀疑，就是不懂革命，伟大潮流未冲破我们脑筋……我们要大开门户，就是包办革命。"②

4 月 1 日，区委将指标更往上提，提出"十天以内要发展到一万八千人。上海要五万党员，内要有六千知识分子，五千小商人，党才能有好的行动"。③ 区委要求基层支部放胆介绍，只要肯来，来者不拒。南市纠察队全体加入共产党，受到区委的表彰，号召别的部委仿行。

正是在这样一种前所未有的开门办党的大潮中，上海的中共党员人数在 20 天左右的时间里，由 4000 多人猛增到 8000 多人。目前所见的四一二政变前夕上海中共党员人数的最后统计，是 4 月 4 日的 8374 人。不过，上海区委对这一数字的确实性也不敢肯定。④

据郑超麟回忆，1927 年中共在武汉的组织发展也有过像上海一样的"大跃进"阶段。

过于追求党员数量的增加，势必影响党员的素质和组织的严密性。上海区委一再慨叹党费收不上来，支部会议不能按时开，部会组织不健全；不少党员不明党义，甚至分不清工会与党的差别；个

---

① 《上海区委召开各部委书记、产总主任联席会议记录》（1927 年 3 月 23 日），《上海文件》乙 6，第 380 页。
② 《上海区委召开扩大活动分子会议记录》（1927 年 3 月 25 日），《上海文件》乙 6，第 403 页。
③ 《上海区委召开各部委书记会议记录》（1927 年 4 月 1 日），《上海文件》乙 6，第 480 页。
④ 《上海区委召开活动分子会议记录》（1927 年 4 月 6 日），《上海文件》乙 6，第 494 页。

人主义和宗法社会思想在党员中更是普遍存在。① 如 1926 年 5 月 15 日上海区委通告称："近查各级负责同学，对于工作态度……到处表现疲乏敷衍的现象，以致党的工作非常涣散，党部与党员的关系很不密切，甚至尚有不知自己的加入者为何种团体之党员。而党部对于所属党员之名数，亦多浮夸不实；至于数月不曾开会之支部，数月不曾到会之党员，更是累累皆然；每次对于上级机关之报告，则临时敷衍，随意欺骗的地方很多很多。"② 区委还承认："我们的工作都建筑在各地方，可是真正 C. P. 的工作不是地方的而是支部的，支部是群众核心……现在 C. P. 是暴发户，而无支部工作，支部很不好。"③

1927 年初的统计显示，大约 60% 的支部每周能开会，50% 的党员每周能到会，按规定交党费的党员约 60%，实际能发挥作用的党员只有 20%。④ 上海区委感叹："在中国目前要造真正的 C. P. 确是很难！""要在中国造成理想的党确办不到！"⑤

虽然上海党组织的实际运作情形与中共党章所规定的制度形态相距甚远，但有三点值得注意：一是与同时期中共其他地方组织相比，上海和湖南要算最好。⑥ 中共中央尤其注重上海，希望将上海制造为"全党的模范区"。二是与同时期其他国家的共产党组织相比，中共的组织要算最好，共产国际"很夸奖中国支部，要欧洲

---

① 《上海区委召开各部委书记会议记录》（1926 年 4 月 24 日）、《上海区委召开各部委书记会议记录》（1926 年 5 月 2 日）、《上海区委召开各部委书记会议记录》（1926 年 5 月 15 日），《上海文件》乙 2，第 36、69 ~ 71、118 页。

② 《上海区委通告，枢字第五十六号》（1926 年 5 月 15 日），《上海文件》甲 1，第 182 ~ 183 页。

③ 《上海区委特别扩大会议记录》（1926 年 7 月 26 日），《上海文件》乙 3，第 159 页。

④ 《上海区委召开支部书记会议记录》（1927 年 1 月 1 日）、《中央、上海区委联席会议记录》（1927 年 1 月 10 日），《上海文件》乙 5，第 244、318 页。

⑤ 《上海区委召开各部委书记会议记录》（1926 年 9 月 12 日），《上海文件》乙 3，第 400 ~ 401 页。

⑥ 《上海区委召开各部委书记会议记录》（1926 年 9 月 12 日），《上海文件》乙 3，第 400 页。

各国模仿"。① 三是与同时期的国民党组织相比，中共的组织要算最好，当时国民党人对共产党组织的严密性，既无比羡慕又无比恐惧。②

二 "学生很危险"

中共创党时期的党员，基本上都是知识分子。但知识分子党员在将"研究的小团体向群众的政党"推进的时候，对吸纳知识分子同道并不积极。上海区委认为，知识分子的"小资产阶级"属性，具有"革命"与"反革命"双重性，因而也"比较含有危险性"。③ 而且，在组织管理层面上，认为知识分子"脑筋较复杂，不易宣传"，"行动浪漫"，"太重视人格"，"很难以纪律相绳"。④

正是基于这样一种认知，上海区委从一开始就对吸收学生等知识分子入党缺乏热诚。他们也承认知识分子既"能动"也"能干"，"在上海各种运动中最好的朋友为学生"。⑤ 尤其在五卅运动中，学生实际发挥了先锋作用。正是学生的斗争和牺牲，引起了社会各阶层的同情与支持。邓中夏在总结五卅运动时指出："在资产阶级眼中，学生是被他们所比较重视的，此次南京路的屠杀，假使是工人而不是学生，资产阶级一定是漠不关心，一屁不放（譬如资产阶级对顾正红案的冷淡，便是眼前的证据）。惟其是因为屠杀

① 《上海区委全体委员会议记录》（1926 年 6 月 18 日），《上海文件》乙 2，第 275～276 页。

② 参见拙著《党员、党权与党争：1924～1949 年中国国民党的组织形态》，第一至第三章。

③ 《上海区委召开知识分子会议记录》（1926 年 8 月 1 日）、《上海地委会议记录》（1925 年 5 月 8 日），《上海文件》乙 3，第 201～202 页；乙 1，第 102 页。

④ 《上海区委召开各部委书记会议记录》（1926 年 7 月 3 日）、《上海区委特别扩大会议记录》（1926 年 7 月 26 日），《上海文件》乙 3，第 29、156～157 页。

⑤ 《上海区委召开各部委书记会议记录》（1926 年 7 月 3 日），《上海文件》乙 3，第 26 页。

学生，他们方慢条斯理的讨论他们对惨案的态度。所以此次学生运动有很大的作用。"① 实际上，学生不仅受到商人等资产阶级的重视，也受到工人等无产阶级的信仰。有部委在报告中专门提到"工人崇拜学生"的现象。② 这其中显然还有"士为四民之首"等传统观念的遗存。这种观念本来有利于学生出身的共产党干部深入工人社区开展动员工作，但"学生很危险"的认知导致在吸收党员时不注重学生。1926 年 9 月，上海区委组织部在分析上海形势和党的组织现状时坦承：

> 过去吸收党员中，太不注重学生、多数青年，以致在这种群众中，共产党无一点的（影）响的，以致每次运动上，工人阶级党成独军独战的形势。在五卅运动中及过去时期中，共产党绝对不好做学生运动……以致形成今日之国家主义派、国民党右派在学生群众中之偌大势力。③

1926～1927 年间，上海的中共党员成分，工人占 80% 以上，知识分子仅占 10% 左右。学生党员只有一百五十人。④ 而同期的国民党党员中，学生占了相当的比重。据 1927 年 2 月底的统计，上海有国民党党员 7024 人，其中学生最多，有 2700 人，占 38%。此外，商人 1300 余人，工人 1000 余人。⑤ 据上海区委调查统计，

---

① 邓中夏：《五卅运动》，《五卅运动史料》第 1 卷，第 43 页。

② 《上海区委召开各部委书记会议记录》（1926 年 5 月 15 日），《上海文件》乙 2，第 121 页。

③ 《上海区委组织部关于沪区形势分析及巩固党组织的报告》（1926 年 9 月），《上海文件》甲 3，第 425 页。

④ 《上海区委组织部各项统计表》（1926 年 4 月），《上海文件》甲 3，第 205～206 页；《上海区委召开活动分子会议记录》（1926 年 9 月 25 日），《上海文件》乙 3，第 510～511 页；《中央、上海区委联席会议记录》（1927 年 1 月 10 日），《上海文件》乙 5，第 316 页。

⑤ 《上海区委召开民校党团会议记录》（1927 年 3 月 9 日），《上海文件》乙 6，第 172 页。

当时上海的大学生和中学生总计约 15000 人①。这意味着 18% 的上海学生加入了国民党，而加入共产党的只有 1%。

　　当然，学生加入国民党，在很大程度上是中共有意所为。因为这个时期的国民党基层组织基本上由共产党人代为"包办"。② 中共有意吸纳工人加入共产党，而动员学生、商人加入国民党。

　　另外，我们还应该注意到中共的青年团组织。因为这个时期中共的党、团有所分工：党侧重于工人运动，团侧重于学生运动。从上海团组织留存下来的资料看，团的领导人似乎不像党那样"歧视"知识分子。如团的领导人发现："学生对团较明确，工人很少真正认识。""支部分工人、学生二种。学较工好。"③ 早期上海团员中，学生占有相当的比重。五卅运动以前，知识分子（主要指学生）大约占上海团员的 50%。④ 不过五卅以后，团员中的工人比例上升，知识分子比例下降。1926 年 1 月的统计显示，上海有团员 2131 人，工人 1009 人（62%），知识分子 360 人（28%），店员和自由职业者 22 人（10%）。⑤

　　值得注意的是，加入中共党、团的学生虽然不多（上海总计约 500 余人），中共党、团在上海学生群体中的政治影响力却不算小。据上海团组织 1926 年 7 月的工作报告，上海学生联合会控制在中共党、团之手。加入上海学生联合会的 49 所学校的学生会，有 28 所受中共党、团的指挥和影响。不过，上海团委承认，他们的势力只限于机关，而未能深入学生群众，实际能号召到的学生，

① 《上海区委组织部各项统计表》（1926 年 4 月），《上海文件》甲 3，第 215 页。

② 参见拙著《党员、党权与党争：1924～1949 年中国国民党的组织形态》，第一、二章。

③ 《上海区委召开主席团会议记录》（1926 年 7 月 13 日），《上海文件》乙 3，第 73～74 页。

④ 《团上海地方委员会报告第三号》（1923 年 11 月 2 日），《上海文件》甲 8，第 19～20 页；《团上海地委的工作报告》（1925 年 8 月 18 日），《上海文件》甲 8，第 110～111 页。

⑤ 《团上海地委组织部关于一九二五年十二月至一九二六年一月的工作报告》（1926 年 3 月 3 日），《上海文件》甲 8，第 182 页。

不过五六千，占上海学生总数的 15% 而已。① 20 年代上海的学生运动，基本上处于多党竞争和多元分化状态。②

由于党内知识分子太少，中共中央和上海区委一再感叹人才缺乏：党员中 80% 以上是工人；而工人党员中，十分之六不识字，能看机关报《向导》的仅十分之一二，有阶级觉悟的仅十分之二三，能分清工会与党的关系者约十分之六七，还有十分之三四连工会与党的关系都分不清。③ 区委要求每个支部制作党员名册，但工厂的支部书记多不会写字，连制名册也感到困难。④

1926 年中共中央估测，全国党部自中央至地方，至少要有 350 名专职干部才可应付，实际只有 120 人。而且这 120 人中，尚有 60 人"不健全"。如果将支部书记计算在内，则全国缺少上千名干部。⑤

据 1927 年初上海区委的统计，党的专职干部，全上海连支部书记计算在内，共 195 人，其中领生活费的 140 人，实际工作较得力的只有 50 人。⑥

与其他地方相比，上海党组织还算不错。上海区委说："沪区现在人才感觉缺乏，但凡上海最无用的同志派到武汉，都很得用，足见上海党的文化确较高点。"⑦

① 《团上海地方工作的总现象》（1926 年 7 月），《上海文件》甲 8，第 262～263 页。有关上海学生人数，中共党、团方面的统计结果有较大的出入。前述党区委的统计是 15150 人，而此处若按 15% 推算，学生总数当超过 3 万人。
② 吕芳上对此作过精彩的研究，见氏著《从学生运动到运动学生》，台北，中研院近代史研究所专刊，1994。
③ 《引翔港部委关于各支部情况、群众运动及国民党工作的报告》（1926 年 10 月 1 日），《上海文件》甲 4，第 82～85 页。
④ 《上海区委召开支部书记会议记录》（1927 年 1 月 1 日），《上海文件》乙 5，第 239 页。
⑤ 《上海区委特别扩大会议记录》（1926 年 7 月 26 日），《上海文件》乙 3，第 155、162 页。
⑥ 《中央、上海区委联席会议记录》（1927 年 1 月 10 日），《上海文件》乙 5，第 320 页。
⑦ 《上海区委召开各部委书记会议记录》（1927 年 1 月 8 日），《上海文件》乙 5，第 300 页。

一般认为，中共早期知识分子较多，也比较重视知识分子，可能估计过高。

三 工人与帮口

裴宜理（Elizabeth J. Perry）在研究近代上海工人政治后指出，政党组织发动工人并非轻而易举之事，工人不是油灰腻子，党的干部不能拿在手中随意捏弄。工人自身也不是铁板一块，因地缘、祖籍、性别、文化教育程度、工作经历等不同而存有差异。[①] 另外，工人运动的组织者，多为青年学生，其家庭背景、教育程度、社会地位乃至语言举止，均与工人迥若天壤。对工人而言，青年学生是陌生的外来组织者，相互之间有一种天然的紧张关系。对政治的冷漠，对陌生组织者的戒心，对政府威权和工厂老板的恐惧，均可能影响工人的政治行动决心。工人之中原有的地缘、业缘和秘密结社组织也在一定程度上成为现代工人组织的障碍。

产业工人是中共早期组织发展的重点对象。上海是中国第一大城市，也是全国产业工人最集中的地方，自然是中共组织活动的核心地区。但中共在上海开展工运最初并不顺利。邓中夏说："中国共产党自成立以来，便在上海做职工运动，但是，总做不起来，做起来一点，便又覆灭。""'二七'失败的消沉期中，简直没法活动。"[②] 原因是：一是列强与军阀官僚的政治控制力相对较强，资本家对付工人运动的经验也相对丰富；二是上海工人中女工与童工占有很大比例，其战斗力与阶级觉悟不及成年男工；三是上海流氓帮会势力强大，招牌工会发达，革命工会初时无力与之竞争；四是因交通方便，周边地区破产农民与手工业者不断涌入，造成劳动力

---

① 〔美〕裴宜理：《上海罢工：中国工人政治研究》，刘平译，江苏人民出版社，2001，第 5～6 页。
② 邓中夏：《中国职工运动简史》，上海新华印刷厂，1949，第 155～156 页。

供过于求，减弱了工人与雇主斗争的决心与信心。①

中共在上海工人中遇到的最大障碍是帮口帮会。工人几乎都归属某一帮口。这种帮口大多是地域性的。帮口首领一般称工头。大部分工人是工头招来的，多是工头的同乡或亲戚朋友，与工头的人身依附关系极为密切，不仅在厂内听工头的话，即使出厂也要受工头的约束。工头的规矩极严。工人每月要将部分工资送给工头。但多数工人信仰工头，因工头是工人与资本家之间的中介。资本家必须透过工头控制工人，工人也必须透过工头与资本家交涉。工人如有错误被资本家开除，工头可与资本家说情，恢复其工作，也可能直接开除工人。所以工人也最怕工头，一切都要工头出面，方敢在其后面行动。工人只敢参加工头所组织的团体，而对于非工头出面组织的团体则不敢向前。② 在这种情况下，像中共这样的外来政治团体如果不透过帮口很难将组织触角伸展到工人中去。

对于是否要与工头、帮口建立"联合战线"，上海区委内部最初意见不一。有的认为工头剥削工人，工头的利益与工人的利益无关，故不能联合工头。也有的认为包探和工贼式的大工头必须反对，而普通小工头则可联合。而更多的人则主张只有联合和拉住工头，才能借重工头去号召组织工人；对于帮口，主张既不要排除，也不要整个联合，组织上要拉入其分子。③ 在这种情况下，上海区委不得不认可通过帮口介绍工人党员的方式，甚至认为借助帮口，拿住帮口领袖，是发展组织的一条便捷途径。④

---

① 《各委员报告》、《上海地方报告》，中央档案馆编《中共中央政治报告选辑（1922～1926）》，中共中央党校出版社，1981，第15～16、30～33页。

② 《吴淞独支三个月铁路工作报告》（1926年7月4日）、《对南市工人政治态度的调查与分析》（1925年12月），《上海文件》甲4，第561～562、356～357页。

③ 《上海区委主席团会议记录》（1926年4月26日），《上海文件》乙2，第42～53页。

④ 《上海区委全体委员会议记录》（1926年6月2日）、《上海区委全体委员会议记录》（1926年6月18日），《上海文件》乙2，第197、278页。

上海区委最初感到透过帮口工头来组织工人非常容易，[1] 但很快发现，这种做法大大强化了工头在工人中的权威，更使工人唯工头的话是听。工头利用工会和党组织所赋予的新的身份，由"封建"式的帮口首领，摇身一变为现代"工人领袖"或党的支部书记。他们借助新的政治身份压迫工人。另一方面，工会和党组织始终仅拿住几个工头，而没有真正深入工人群众。对工人群众的实际要求和真实意愿实际并不清楚。由工头转化而来的"工人领袖"，在党组织与工人群众之间，难免上下其手，即一面挟党的权威以令工人，一面借工人群众的名义胁迫工会和党。很多工人仍拘泥于旧式的组织形式（如帮派、弟兄、同乡等），对新式工会的功能和党组织的政治意义实际并不了解。[2]

1926 年八九月间发生的小沙渡日厂工潮，就是党组织被"工人领袖"胁迫的一个典型例证。

是次工潮，涉及日厂 12 家，8 月 20 日开始，9 月 16 日以失败告终。上海区委最初无意发动罢工。罢工完全是应"工人领袖"的要求，也自始至终受"工人领袖"的操控。"工人领袖"之所以想罢工，一个重要的考虑，是他们鉴于五卅运动的经验，以为只要发起大规模的罢工，必能得到社会各方的捐款救济，他们好从中"揩油"。上海区委将这一现象称为"五卅恶习"。五卅运动期间，数十万工人之所以能持续罢工达数月之久，一个重要的原因，即来自社会各方的巨额捐款，使罢工工人的基本生活得以维持。据统计，五卅运动期间，国内外各方为支援上海工人罢工而募集的捐款超过 300 万大洋，[3] 大约相当于中央政府全年经费开支的一半。巨

---

[1] 1926 年 6 月 2 日罗亦农在上海区委会议上称："上海组织工作因帮口多，很易进行。"见《上海区委全体委员会议记录》（1926 年 6 月 2 日），《上海文件》乙 2，第 197 页。

[2] 《上海工委宋林关于最近五月来上海职工运动的报告》（1926 年 10 月 1 日），《上海文件》甲 3，第 500~501 页。

[3] 李健民：《五卅惨案后的反英运动》，台北，中研院近代史研究所专刊，1986，第 164~168 页。

额的捐款，大部用于工人的生活补贴，但"工人领袖"也从中"揩油"不少。所以这次小沙渡日厂罢工，据上海区委事后分析，"许多（工人）领袖以为罢工便是他们'揩油'的机会来了……最初只是靠着几个（工人）领袖开些名单来，组织纠察队，没有问到真正的群众，以致纠察队很多是虚额领钱……（工人）领袖们的坏习惯太多。这些坏习惯可以说在五卅运动中养成。事情还没有做好，就以要钱揩油，视为正当。他们都说（五卅时）刘华、蔡珊好，其实刘华那时能多给他们点钱，也是一个使他们说好的原因，因为那时比较有钱。这次工会与党都没有钱，他们就常常表示不满。"① "根本问题，在党与工会不能在事前制止（工人）领袖的自由行动，以致我们被各方面逼到不得不罢工。在罢工期间，党与工会也是无力指挥工人领袖，不能深入到工人群众中去，不能得工人群众的拥护，如纠察队等都如此。所以我们这次失败，完全在失掉群众，只是应付要钱及想法子等。" "群众要上工，而我们天天得到（工人）领袖们的报告说可以支持。如指挥处，除与（工人）领袖接洽外，对工人群众毫无接近，群众完全不知道罢工的条件与策略，以致天天发生恐慌，而我们不知道。"②

中共与工人群众的联系，实际上被"工人领袖"所阻隔。所以上海区委最终认识到："上级机关与工人群众之间，往往被少数工人领袖从中隔断，不通声气，致工会不能得群众之了解，工会在群众中不能取得真实的力量。"③ 工头转化为"工人领袖"后，其原来的帮口组织实际仍存，但他们因假借 C. P. 和工会的名义，其组织力量比从前更大。"现在他拿 C. P. 工会名义去活动，我们实

① 《小沙渡日厂罢工的经过与教训》（1926 年 9 月 20 日），《上海文件》甲 1，第 357～358 页。
② 《上海区委召开日厂罢工总结批评会记录》（1926 年 9 月 20 日），《上海文件》乙 3，第 466～467 页。
③ 《今后上海职工运动的改进计划》（1926 年 10 月 1 日），《上海文件》甲 1，第 380～381 页。

际尚未抓到群众。"① 其结果，C. P. 在利用帮口的同时，反被帮口所利用。

虽然如此，上海区委仍不能不通过联络帮口首领以推动工人运动。如码头工人方面，中共一直未能打入，于是决定找码头工人中的青帮领袖，请他们吃酒。② 据 1926 年 5 月 4 日区委主席团会议记录，码头总工会近来发展很快，青帮联络到八九码头首领。③ 11 日的区委主席团会议记录：已打入 35 码头，尚有 14 个未打入。④

海员方面，也鉴于工人对工会无信仰，决定联络其"公所"，拿住其群众。据 1926 年 6 月 8 日的区委主席团会议记录，已有 5 个"公所"受 C. P. 指挥，决定直接把"公所"转为工会分会。⑤ 邮务方面，也决定在信差中组织 40 人的"弟兄团"，以发展信差的工会组织。⑥

由于帮口之间经常存在利益冲突，互相械斗亦属常事。如小沙渡纱厂工人有山东帮与江北帮的对立，杨树浦码头工人有清江帮与泰州帮的对立，闸北丝厂工人则分江南帮与江北帮。⑦ 在中共看来，帮口之间的分化与对峙，十分妨碍无产阶级队伍的团结。上海区委虽然在工人中发布"工人是一家"、"反对地方主义"等宣传口号，但收效甚微。⑧ 为了化解帮口之间的矛盾，中共经常在不同帮口之间充当调解人的角色。如小沙渡的山东帮与江北帮势如水

① 《上海区委召开各部委书记会议记录》（1926 年 6 月 26 日），《上海文件》乙 2，第 333 页。
② 《上海区委主席团会议记录》（1926 年 4 月 30 日），《上海文件》乙 2，第 59 页。
③ 《上海区委主席团会议记录》（1926 年 5 月 4 日），《上海文件》乙 2，第 79 页。
④ 《上海区委主席团会议记录》（1926 年 5 月 11 日），《上海文件》乙 2，第 104 ~ 105 页。
⑤ 《上海区委主席团会议记录》（1926 年 6 月 8 日），《上海文件》乙 2，第 225 页。
⑥ 《上海区委主席团会议记录》（1926 年 6 月 8 日），《上海文件》乙 2，第 225 页。
⑦ 《上海区委主席团会议记录》（1926 年 6 月 25 日）、《上海区委主席团会议记录》（1926 年 7 月 20 日）、《上海区委召开各部委记会议记录》（1926 年 9 月 12 日），《上海文件》乙 3，第 312、118、396 页。
⑧ 《上海区委会议记录》（1925 年 8 月 28 日），《上海文件》乙 1，第 128 页。

火。以前山东帮曾被日本资本家利用，后因他们太嚣张，日本资本家又转而利用江北帮排斥山东帮。中共在小沙渡组织工会时，最先在江北帮中发展。这样一来，山东帮难免对工会怀有抵触情绪。中共担心江北帮与山东帮之间矛盾激化，将直接导致山东帮反对工会和党组织。后经中共方面极力调解，设法让江北帮断绝与日本资本家的关系，并在山东帮中建立工会，两帮关系才趋于缓和。①

帮口问题在青年团内也相当普遍。如 1926 年 7 月《团上海地方各部委工作概况》中提到："拜姊妹、拜兄弟的风气普遍及于各厂。我们尚能利用这种组织，发展我们的组织，巩固工会的基础。但是有一个很不好的影响，就是他们只知有姊妹、兄弟的关系，大家抱义气，至于工会甚至同志的关系，他们是不懂的。结果加入团体的姊妹团、兄弟团完全信仰个人，信仰姊妹，忘了团体。""同志间姊妹、兄弟、帮口的观念还是很深，十四厂姊妹与男工冲突，部委的命令不及姊妹的义气有力。"②

除帮口外，上海工人中的"走狗"、"工贼"和流氓、包探众多，也是中共推动工人运动的重大障碍。对于"走狗"、"工贼"，中共毫不手软地加以打击。有一个时期，工会专门组织"打狗队"以暴力对待。而对于流氓、包探，中共则采取比较灵活的手段，更多的时候是软硬兼施。据上海区委报告，他们与流氓包探的关系，大体经历过三个阶段："最初为被绑票时期，他们要抓我们。第二时期为奋斗时期，我们都不怕。第三时期为联络时期，他们也知道我们无钱，现各工人区域、各码头、法兰西（引注：指旧法租界）都有相当进行的联络。"1926 年开始，中共对流氓、包探基本上采取"联络"的策略。中共所称的"流氓"，主要指帮会头目。如

① 《上海区委主席团会议记录》（1926 年 6 月 25 日），《上海文件》乙 2，第 312
   页；《上海区委主席团会议记录》（1926 年 7 月 9 日）、《上海区委召开各部委
   书记会议记录》（1926 年 7 月 10 日），《上海文件》乙 3，第 31～32、49 页。
② 《团上海地方各部委工作概况》（1926 年 7 月），《上海文件》甲 8，第 291～
   292 页。

1926 年 5 月 11 日的区委主席团会议记录：联络流氓有成绩，浦东大流氓已由顾顺章拜他为先生，范孟叔也拜他做老头子；今天再请各流氓吃饭。6 月 12 日部委书记会议记录：小沙渡工潮，由上海总工会请酒联络流氓。9 月 7 日区委主席团会议记录：码头工人方面，要与工头、红头、账房进行联合战线；要注重找流氓、包探，要利用他们的组织。① 10 月 1 日上海职工运动总报告也指出："在工人本身方面的联合战线，在小沙渡曾由上总宴请包探与流氓，结果对上总（引注：即上海总工会）表示服从，允许帮忙；在码头工人方面，也与码头包探及较有势力的流氓与工头相周旋，结果也很好。"②

由于资本家也千方百计利用和拉拢流氓、包探对付工人，流氓、包探常常会在资本家与工会之间左右摇摆，待价而沽，哪边出价高，就倒向哪一边。

号称无产阶级政党的组织基础，其实很大程度上建立在传统的帮会组织之上，两者的调适既非易事，所谓无产阶级政党的纯洁性、组织的有效性更难保障。

四　政治力量强，组织力量弱

20 年代中共在上海的组织发展，其对象和范围其实十分有限。兴盛时期的三四千党员中，80% 以上是工人，小部分是学生，其他职业比例甚微。1927 年初的资料显示，3630 名党员中，工人 3257 人，学生 116 人，店员 84 人，自由职业者 56 人，农民 14 人，商人 4

----

① 《上海区委召开党的活动分子会议记录》（1926 年 6 月 12 日）、《上海区委主席团会议记录》（1926 年 5 月 11 日）、《上海区委召开各部委书记会议记录》（1926 年 6 月 12 日），《上海文件》乙 2，第 243～244、104～105、227 页；《上海区委主席团会议记录》（1926 年 9 月 7 日），《上海文件》乙 3，第 364～365 页。

② 《上海工委宋林关于最近五月来上海职工运动的报告》（1926 年 10 月 1 日），《上海文件》甲 3，第 472 页。

人，兵士 1 人，其他 98 人。① 中共在上海的基层组织支部，也主要分两类，即工厂支部和学校支部。上海区委开始不大重视在工人之外的其他行业中发展自己的组织，等到后期有意想将组织触角伸向工人之外的职业群体时，却发现并非易事。区委本想建立以马路、里弄为单位的街市支部，将自由职业者、小商人、小学教师、律师、医生、各种工匠，以至贩夫走卒都组织起来，② 但因这些职业的党员实在太少，故街市支部最终只建立了少数几个。③ 在某种意义上可以说，1920 年代中共在上海并没有广泛渗入广大的市民社会中。

进而观之，上海的工人党员中，又有百分之七八十集中于纺织行业。④ 上海区委自我检讨说："上海工人运动的基础，建筑在纱厂工人及印刷工人上面，而在地位上最重要的码头、海员、邮电、铁路及城市工人，反最没有我们的势力。"⑤ 党内甚至有"所谓上海工人运动即是纱厂工人运动之别名"的说法。⑥ 在上海产业工人中，纱厂工人本来最多（大约占 1/3），加之外国资本在纱厂中占了相当大的比重（当时上海共有 57 家纱厂，其中日厂 35 家，英厂 5 家，华厂 17 家⑦）。外资工厂的工人显然较易接受中共的民族主

① 《上海区委关于全区支部、党员、工作人员统计表》（1927 年 1 月），《上海文件》甲 3，第 643～644 页。

② 《上海区委通告，枢字第六十三号》（1926 年 6 月 21 日），《上海文件》甲 1，第 220 页。

③ 1927 年初的资料显示，上海共有 142 个支部，其中工厂支部 105 个，学生支部 9 个，商店支部 10 个，马路支部 6 个，农村支部 1 个，机关支部 5 个，其他支部 6 个。见《上海区委关于全区支部、党员、工作人员统计表》（1927 年 1 月），《上海文件》甲 3，第 646 页。

④ 1926 年 8 月的资料显示，党员 2223 人，纱工 1386 人，交通城市 143 人，学生 165 人；支部 119 个，纱支 81 个，交通 11 个，印刷 8 个，学生 13 个。见《上海区委召开活动分子会议记录》（1926 年 9 月 25 日），《上海文件》乙 3，第 510～511 页。

⑤ 《今后上海职工运动的改进计划》（1926 年 10 月 1 日），《上海文件》甲 1，第 381 页。

⑥ 《上海区委通告，胡字第四号》（1925 年 11 月 30 日），《上海文件》甲 1，第 80～81 页。

⑦ 《上海区委组织部各项统计表》（1926 年 4 月），《上海文件》甲 3，第 214 页。

义宣传与鼓动。①

对于中共在上海的组织力量，当时上海区委有一个自我评估：上海是中国第一城市，有 225 万人口，有上百万工人群众，在我们组织影响下的大约有 10 万人，而党员不过 3000 人。在政治上很有力量，但组织上力量薄弱。所以上海的党主要是政治的鼓动，而不是组织上真能领导。②

在中共的预想中，中国工人运动有几个有利条件：第一，工人集中，现代产业工人主要分布在大城市，动员起来方便；第二，工人的生活和劳动环境极其恶劣，有利于激发工人的反抗意识；第三，大城市的工人主要在外资工厂做工，直接受到帝国主义的压迫，对帝国主义有感性认识，有利于进行反帝国主义的宣传。但实际上，这些有利条件也同时含有不利的因素：工人集中于大城市，容易受到政府的控制和镇压；工人因生存条件恶劣、缺乏文化而没有政治觉悟；工人为了保住饭碗而不愿轻易闹事。③

中共发现，他们在上海开展工人运动时，不同行业、不同地域和不同文化程度的工人，其反应也各有不同。如闸北丝厂工人"分江南、江北两帮，江北帮很苦且礼教观念极重，所以打不进去"。④ 相对于江南工人，江北工人的生存压力更大，他们迫于生计，怕丢饭碗而不愿参加工会。另一方面，像邮务工人文化程度较高，薪水也高，也不容易接受中共的宣传和鼓动。⑤ 性别方面，女

① 上海职工运动报告称："纱厂工人中总的现象之表现：第一，日厂与英厂比较易于进行组织。第二，中国厂中毫无组织。"见《上海工委宋林关于最近五月来上海职工运动的报告》（1926 年 10 月 1 日），《上海文件》甲 3，第 504 页。
② 《上海区委召开支部书记会议记录》（1927 年 1 月 1、2 日），《上海文件》乙 5，第 235、243 页；《上海区委特别扩大会议记录》（1926 年 7 月 26 日），《上海文件》乙 3，第 163 页。
③ 陈永发：《中国共产革命七十年》，第 164～165 页。
④ 《上海区委召开各部委书记会议记录》（1926 年 9 月 12 日），《上海文件》乙 3，第 396～397 页。
⑤ 《上海区委主席团会议记录》（1926 年 7 月 16 日），《上海文件》乙 3，第 94 页。

工的宗法社会思想较男工为重，更受家庭的压迫与家务的束缚，能力也不如男工，但上海各部委发现："女工很勇敢，走狗男工多，女工少，即使开除了，在女工亦不成问题。"① 20 年代上海的中共党员中，女党员一般占到 20% ～ 30%。在当时的社会环境下，这一比例已相当可观。

中共向来以"会多"著称。1925～1927 年间，上海区委几乎天天有会，有时一天数场。会议名目繁多。② 在基层组织方面，规定每个党员必须定期参加支部会议，一般要求一周一次。据上海地方组织的观察，工人党员多不愿开会，原因是：（1）每天 12～14 小时的做工，非常疲劳，很少有余暇来开会；（2）开会的材料太理论，议题太乏味，不感兴趣，也受不住抽象生活的约束；（3）怕开会被厂里开除；（4）受家庭的压迫与事务的束缚。③

有部委报告说："同学们不但不很明了马克思列宁主义是什么，而且不很能明了布尔什维克是什么，甚至有信仰工会而轻视党的成分。"④ 在上海区委看来，工人信仰工会轻视党，也是"五卅恶习"。因为在五卅运动中，工会"几乎全变成为发钱的机关，工会内负责人员，亦几完全变为发放救济费的特派员。工人入会，似亦专为救济费而来，甚至于会内要叫一工友送封信往数百步之外的地方亦非先给他以钱不可"。⑤

---

① 《上海区委召开各部委、独支书记联席会议记录》（1926 年 11 月 3 日），《上海文件》乙 4，第 233 页。
② 如区委全体委员会议、区委主席团会议、区委特别扩大会议、区委行动委员会会议、区委农运委员会会议、各部委书记会议、各部委与独支书记联席会议、各部委书记与产总主任联席会议、"民校"党团扩大会议、各团体党团负责人会议、党的部委与团的部委书记联席会议、活动分子会议、特别委员会会议、支部书记会议等。
③ 《上海区委关于怎样做部委组织工作的报告》（1926 年 10 月 25 日），《上海文件》甲 1，第 442～443 页。
④ 《方子山关于前段工作意见及下步工作安排》（1926 年 8 月 11 日），《上海文件》甲 4，第 173 页。
⑤ 《上海区委通告，胡字第四号》（1925 年 11 月 30 日），《上海文件》甲 1，第 80～81 页。

在普通工人眼里，工会是一个救济机关。"普通工人思想很简单，只在希望发救济费。"① 而且这一"罢工要发救济费"的观念，实际上也得到了中共及其工会的某种认同。如 1926 年夏天的小沙渡日厂工人罢工，罢工发动前，上海区委就估计起码要 3 万元救济费才能维持两周的罢工，而当时"中局（引注：指中共中央）也没有钱，莫斯科卢布跌价很大，广东也无法可想……募捐也靠不住。在此情状之下，实在很难罢工"。后在"工人领袖"的压力下，区委勉强同意罢工。罢工失败后，区委总结说：小沙渡工潮如有救济费就不至于完全失败。② 也就是说，上海区委也认为，罢工的成败，在很大程度上取决于救济费的有无或多少。区委有时会为某一次罢工所需的工人救济费事先作出详细的经费预算。③ 由于经费有限，区委对发动大规模罢工一般都比较谨慎。

令上海区委烦恼的是，基层党组织在鼓动工人罢工时，往往轻易对工人许诺说："你们倘若能够罢下来的话，则上总可接济几千元或几万元。"罢下来以后，因无法兑现承诺，工人极为不满。区委批评这种做法为"幼稚的煽动"。④

每次罢工都难免会有工人被开除。由于工人党员在罢工中充当先锋，被开除的也往往是他们。对于失业党员，工会和党组织无法救济，导致失业党员"对团体怨望"，甚至到区委和工会"闹事"。⑤

① 《上海区委主席团会议记录》（1926 年 8 月 17 日），《上海文件》乙 3，第 267 页。
② 《上海区委主席团临时会议记录》（1926 年 7 月 31 日）、《上海区委全体委员会议记录》（1926 年 9 月 17 日），《上海文件》乙 3，第 195、427～428 页。
③ 如 1926 年 9 月 7 日区委为码头工人罢工所做的经费预算：假使罢工期为三星期，第一星期要用 33905 元，第二星期要用 76961 元，第三星期要用 7696 元（引注：似应为 73974 元），总共要用 184840 元。内中大部分为码头工人救济费。见《上海区委主席团会议记录》（1926 年 9 月 7 日），《上海文件》乙 3，第 364～365 页。
④ 《各地工作的缺点和教训》（1926 年 7 月 15 日），《上海文件》甲 1，第 276 页。
⑤ 《上海区委主席团会议记录》（1926 年 5 月 7 日）、《上海区委召开各部委书记会议记录》（1926 年 5 月 8 日），《上海文件》乙 2，第 85、96、99 页。

如 1926 年小沙渡罢工结束后，资方开除了罢工中的大批首领。失业工人向工会要求：出钱给他们做生意；派他们到工会工作；工会替他们重新找工作。工会无法满足他们的要求，他们常常在马路上、工房中将工会和部委负责人包围，甚至殴打。[①]

中共中央对失业工人党员如何救济，也无良策。陈独秀说：在欧洲，失业工人必更革命；在中国则失业者易于反动。因罢工而失业，党与工会必应救济，如不救济，党与工会的发展将会受到阻碍。但如有救济，则失业同志必愈加多，且上海工人一失业，必较长期，所以十分难办。[②] 上海区委的看法则是：欧洲失业工人多为经济失业，中国则多为政治失业，为党、为运动而失业，此种失业，党非管不可，如不管，则同志将不敢工作。[③] 但上海区委也只能有选择地救济少数失业党员。[④]

除失业救济外，中央和上海区委还为基层党员干部的"雇佣劳动化"现象而苦恼。下级负责同志要有钱才工作。[⑤] "在党内部负责同学……雇佣性质格外厉害，你骂他也好，打他也好，只要不裁他生活费，此种人永远不会提起精神，到了裁掉生活费，他就发现各种不好的景象。"[⑥] 上海区委将党的生活划分为三个时期："'二七'以前最苦；'二七'以后到'五卅'，艰苦卓绝；'五卅'后就大优裕。过去同志都是拿很少生活费，天天吐血做工，所以做

---

① 《王炎夏同志关于小沙渡九月份罢工后的情况报告》（1926 年 10 月 5 日），《上海文件》甲 4，第 258～259 页。
② 《中共中央、中共上海区委联席会议记录》（1926 年 6 月 17 日），《上海文件》乙 2，第 254～255 页。
③ 《上海区委全体委员会议记录》（1926 年 6 月 18 日），《上海文件》乙 2，第 277 页。
④ 如 1926 年 12 月 11 日上海区委决定：现在失业同志有 70 人，如每人给 5 元，要 350 元。现只好照每人 5 元分发。见《上海区委召开各部委书记会议记录》，《上海文件》乙 5，第 56 页。
⑤ 《上海区委全体委员会议记录》（1926 年 7 月 23 日），《上海文件》乙 3，第 129～130 页。
⑥ 《上海区委主席团会议记录》（1926 年 9 月 10 日），《上海文件》乙 3，第 387 页。

好了。现在就不同，上海党费每月二千以上，七、八个月以前，只一千元，工作并没有比以前好。"① 上海区委是在 1926 年 9 月发表这一看法的。此时，中共还只有五年党龄。而雇佣劳动化问题已令中共十分头痛。

五 团与党的竞争

20 年代中共与青年团的关系亦值得关注。中共中央规定，团员与党员的年龄大致以 25 岁为分界，但年龄在 25 岁以上而在 C. Y. 工作者，可加入 C. Y. ；年龄在 25 岁以下而在 C. P. 方面负责者，得加入 C. P. 。② 上海区委要求团上海地委"注意将青校同学中之年龄超过者或年龄虽未超过而为较好分子者尽量转入本校，以资扩大本校组织。"③ 上海区委其后又规定，以后不纯粹以年龄为标准而分化，须以觉悟程度为标准。如未觉悟的分子，仍退入团。④ 这样一来，团的法理定位十分明确：团是党的后备力量，受党的领导，即"中学为大学的预备"；"大学同志应领导中学同志工作，中学同志应受大学同志督促"。⑤

值得注意的是，这个时期的青年团，其实具有相当的独立性。团与党几乎同时建立，两者的关系更像是兄弟关系⑥而非父子关系。亦因为此，双方经常呈现一种竞争和竞存的态势。在上海，不仅团员与党员的人数大体相当，而且团的组织效能明显优于党。

---

① 《上海区委召开各部委书记会议记录》（1926 年 9 月 12 日），《上海文件》乙 3，第 400~401 页。

② 《上海区委召开联席会会议记录》（1925 年 9 月 1 日），《上海文件》乙 1，第 135~136 页。

③ 《上海区委组织部关于中心工作和组织训练班及群运指导工作计划》（1925 年 10 月 1 日），《上海文件》甲 3，第 40 页。

④ 《上海区委主席团会议记录》（1926 年 5 月 11 日），《上海文件》乙 2，第 107 页。

⑤ 《上海区委主席团会议记录》（1926 年 5 月），《上海文件》乙 2，第 183 页。

⑥ 《上海区委召开党的部委和团的部委书记联席会议记录》（1926 年 7 月 17 日），《上海文件》乙 3，第 104 页。

如团的支部大都能按时开会，开会时缺席的很少。这一点上海的党就很难做到。五卅运动中，党和团的组织都有过一次大发展。上海团地委担心在这次大发展中有"投机分子"混入，曾举行了一次"洗团"运动，先后洗出上百人。① 而上海的党组织从未洗过党。

在1926年以前，上海区委很少注意团的工作。上海团地委也很少向上海区委汇报工作。党与团很少发生关系。② 1926年4月，上海区委颁布《关于党与团关系的若干规定》。规定称：党是革命的总指挥，团是在党指导下对青年施行共产主义教育的团体。"每年政治运动的方式、主张及策略均须经过 C.P. 决定以期统一。在这大前提之下，C.Y. 尽可积极发展政治工作。""C.P. 和 C.Y. 各级机关及各支部的会议，均须互派代表，藉以彼此熟悉情形。遇有共同行动时，还应召集临时的各级机关及全体同志之联合的会议。"③ 这一规定颁布后，党与团的上层关系开始发生较密切的互动。上海区委委员中，有了团地委的负责人。④

在上层，党与团的关系逐渐密切，但在基层，C.P. 和 C.Y. 之间一直存有门户之见。⑤ 按理，团员转为党员，是一个团员政治上"成熟"、"进步"和"觉悟"的表征，应该乐意为之。而实际情况却是团员多不愿转入党。由于团内青年学生较多，能力较强，而党员多为工人，才能往往不如团员，加之团的组织比党的组织严

---

① 《团上海地委工作进行计划》（1926年1月），《上海文件》甲8，第208页。

② 《上海区委召开主席团会议记录》（1926年7月13日），《上海文件》乙3，第72页。

③ 《上海区委关于党与团关系的若干规定》（1926年4月27日），《上海文件》甲1，第156~158页。

④ 《上海区委召开党的活动分子会议记录》（1926年6月12日），《上海文件》乙2，第237~238页。

⑤ 《上海区委关于党与团关系的若干规定》（1926年4月27日），《上海文件》甲1，第156页。

密，因而出现团员瞧不起党员的现象。① 在团员看来，"大学支部喜欢指导中学支部而无能力"。有些团员自以为能力比党员强，不愿服从党的命令。"有的地方中学负责人比大学强，就形成中学指挥大学，就发生纠纷。"② 尤其在学校学生方面，党的支部组织不健全，不仅不能指导中学支部工作，而且一切问题，大都由中学支部先讨论，实际上是中学支部领导大学支部。党方称此为"大C. Y. 主义"。③

其次，团内女青年较多，在她们眼中，党内女同志多是"老太婆"。"小姑娘因姊妹关系，不愿入 C. P.，又不愿与老太婆合伙，又过去男女问题使他们害怕。"④ 所谓男女问题，乃指党内常常闹恋爱纠纷。

同样，在党员眼中，团员还是一帮幼稚的小孩子，也难免存在"轻视中学"的观念。大学说中学是小孩子，中学即骂大学为老头子，因此而影响到实际工作。⑤

有的工厂中，女工多为团员，男工多为党员，党、团之争几乎成为男女之争。而在学校，如上海大学附中，党员多是教员，团员多是学生，党员往往以先生的姿态对待团员，团员则以"考试太严"而怀疑党员故意刁难。⑥

---

① 《中共中央、中共上海区委联席会议记录》（1926 年 6 月 17 日），《上海文件》乙 2，第 259 页；《上海区委召开党的部委和团的部委书记联席会议记录》（1926 年 7 月 17 日），《上海文件》乙 3，第 104 ~ 105 页。

② 《上海区委召开党的部委和团的部委书记联席会议记录》（1926 年 7 月 17 日），《上海文件》乙 3，第 97、104 页。

③ 《团上海地委关于青年运动与今后团的工作方针》（1927 年 1 月）、《团上海地委关于一九二六年十一、十二两个月工作报告》（1927 年 1 月），《上海文件》甲 8，第 403、414 页。

④ 《上海区委召开主席团会议记录》（1926 年 7 月 13 日），《上海文件》乙 3，第 77 ~ 78 页。

⑤ 《上海区委召开党的部委和团的部委书记联席会议记录》（1926 年 7 月 17 日），《上海文件》乙 3，第 104 页。

⑥ 《上海区委召开党的部委和团的部委书记联席会议记录》（1926 年 7 月 17 日），《上海文件》乙 3，第 98 ~ 100 页。

另外，团方批评党方散漫，无计划，不能按时开会，纪律不严，做事不与团方商量，只是单独去做，又做不好；而党方则批评团方只注意开会，没有注意实际工作和深入群众。①

1926 年 7 月的《团上海地方各部委工作概况》中这样描述党与团的关系："C. Y. 同志说 C. P. 同志压迫 C. Y. 同志；C. P. 同志说 C. Y. 同志胡闹；C. Y. 同志不愿到 C. P. 去。彼此攻击，互相标榜。"②

实际上，党与团在各自的发展过程中，已经形成了一种组织竞争的态势。在这种竞争态势下，团不愿把好同志分化给党；对党方面调走团的同志，团视为"拉夫"。在发展新成员时，党与团竞相介绍，团方有意隐瞒年龄，而党方则增加年龄。③

在一般的认知中，青年团一直被笼罩在中共的强势组织结构下，不具有独立的个性。早期的情形其实并非如此。由于团在人才和组织效能方面均优于党，导致党团之间构成一种竞争乃至颉颃的格局。这大概是中共历史上党团关系比较特殊的一个时期。

一个政党的产生和发展壮大，自有其时代背景、成长环境和内在动力。如孙中山的同盟会之以海外为根据地，借助华侨的经济支援和留学生的人才优势，避开统治集团的高压环境，均是其成长的有利因素。中共在 1920 年代的崛起，其内外情境又截然不同，如苏俄和共产国际的政治经济支持，与国民党合作的策略运用，中央政权的弱化与地方政权的分化等，均是其成长的重要助力和契机。

---

① 《上海区委召开党的部委和团的部委书记联席会议记录》（1926 年 7 月 17 日），《上海文件》乙 3，第 101～103 页。
② 《团上海地方各部委工作概况》（1926 年 7 月），《上海文件》甲 8，第 293 页。
③ 《上海区委召开主席团会议记录》（1926 年 7 月 13 日）、《上海区委召开党的部委和团的部委书记联席会议记录》（1926 年 7 月 17 日），《上海文件》乙 3，第 75、97 页。

五四时期有一著名的口号是"外抗强权，内除国贼"。中共成立后，将这一口号改为"打倒帝国主义打倒军阀"。1924 年 5 月 14 日中共中央的报告称："我们政治的宣传，自一九二三年起，即是打倒国际帝国主义及国内军阀两个口号。在一九二二与一九二三年间，'反对军阀'已成了全国普遍的呼声；到一九二三与一九二四年间，列强对华进攻日急，全国知识阶级中进步分子，已采用'反抗帝国主义'的口号；而且最近在北京、上海、汉口、广州、奉天等处，已渐渐有反帝国主义的民众运动发生。"中共中央强调，"我们反对帝国主义，比反对军阀还要注重"。[①]

在中共的大力宣导下，仅一两年时间，反帝国主义的口号便很快为知识精英尤其是青年知识分子所接受。表面观之，"打倒帝国主义"与"打倒列强"似无区别，其实大不然。清末之际，革命党人将中国的一切病根归咎于帝制。而"打倒帝国主义"口号的魅力，则在于它将中国的一切贫穷落后都归咎于帝国主义，故而具有强大的政治号召力和民族主义煽动性。吴国桢在晚年回忆录中谈道："那时将中国的灾难全都归罪于外国经济和政治渗透的观点，确实对年轻人几乎有普遍的号召力，因此当共产党创造出'帝国主义'这个词时，他们确实掌握了进入年轻人头脑的钥匙（中国共产党人对'帝国主义'这个词有中国式的说法）。马克思主义在打动年轻人方面，没有多少影响，但'帝国主义'和'反帝国主义'则有。"[②]

这意味着中共并没有严格拘泥于马克思主义的意识形态教条。20 年代上海区委的文献显示，党组织对普通党员其实很少进行共

① 《国民运动进行计划决议案》，《中国共产党党报》第 1 号，1923 年 11 月 30 日；《中央局报告》（1924 年 5 月 14 日），《中国共产党党报》第 4 号，1924 年 6 月 1 日。
② 《从上海市长到台湾省主席：吴国桢口述回忆》，上海人民出版社，1999，第 274 页。

产主义理论教育，以至于不少工人党员"不但不很明了马克思列宁主义是什么，而且不很能明了布尔什维克是什么"。[①] 为了追求"群众党"的发展目标，上海党组织也没有恪守其"严密的组织和铁的纪律"的组织规程，其组织手段灵活多样，或借助私人感情，或以"封建"帮口为媒介，甚至采取"拉夫"式的吸纳和来者不拒的公开征求等，其"宽松"的实际运作与其"严格"的党章法理判然有别。

不过，中共对"学生"知识分子的阶级属性颇为在意，其"学生很危险"的认知，妨碍了党对知识分子的吸纳，也导致党内知识人才的结构性欠缺。工人党员因文化程度低而影响对"主义"的信仰，又因生计所迫，而无暇参加党的组织活动，以至上海的三四千党员中，从事实际工作较得力的仅数十人。

帮口是上海工人的传统组织。中共对帮口并未因其"封建"属性而拒斥，而是利用其组织网络作为动员工人的媒介，并转化其组织能量为党的目标服务。但帮口并非完全听命于党的操控。帮口首领由"封建"式的工头，摇身一变为现代"工人领袖"或党的支部书记后，利用工会和党组织所赋予的新的政治身份，反过来控制和压迫工人，并在党组织与工人之间上下其手，既挟党的权威以令工人，又借工人的名义胁迫党。这意味着中共在利用帮口的同时，也反被帮口所利用。工头介乎党组织与工人之间，实际隔断了党组织与工人群众的直接联系。

20年代上海的党员80%以上是工人，工人党员80%又集中于纱厂。上海工人运动几乎成了纱厂工人运动。党的组织触角所伸展的范围其实十分有限，尚未广泛深入到普通市民群众中去。当然，20年代中共的政治力量与组织力量并不完全相称，如工人党员虽然只有两千左右，而在中共组织影响下的工人大约有10万；学生

---

① 《方子山关于前段工作意见及下步工作安排》（1926年8月11日），《上海文件》甲4，第173页。

党员只有一两百人，而实际受中共党、团号召的学生则有五六千人。五卅运动中，中共有过以一两百个党员组织领导数十万工人罢工的辉煌纪录，并于 1927 年 3 月成功发动第三次武装起义。故中共自认为"组织力量弱，政治力量强"。

五卅运动的成功发动，使中共感觉到革命动员并没有预想的那么难。然而五卅有两大支撑不可忽视：一是民族主义的精神基础，二是巨额捐款的物质基础。张国焘回忆说："也许有人只知道五卅运动的蓝图是中共所预拟的，但我却认为民族主义的影响，即对中共本身说来，也是超过一切的。"[①] 五卅使中共积累了丰富的工人运动经验，但也遗留下一些令中共十分头痛的"恶习"。五卅期间多达 300 万的巨额捐款，使一般工人养成了罢工依赖救济的思想，也使"工人领袖"养成了从中"揩油"的习惯。而且这一"罢工要发救济费"的观念，实际上也得到了中共的某种认同，以至于罢工的成败，在很大程度上取决于救济费的有无或多少。这无疑给中共增添了相当大的经济压力。

在一般的认知中，青年团只是中共的后备军，不具有独立的个性。早期的情形并非如此。团与党几乎同时建立，而且早期团的组织系统具有相对独立性。两者的关系更像是兄弟关系而非父子关系。由于团在人才和组织效能方面均优于党，导致团与党之间构成一种竞争乃至颉颃的格局。

20 年代的中共在不同的地域表现出不同的特色，如农运方面，湖南比广东激进，而工运方面，则上海较汉口温和。上海区委明确表示，上海工运不希望蹈汉口的覆辙，采取改良行动，避免幼稚行为；[②] 既要使工人不太消沉，也要抑制工人过分嚣张；[③] 在后期还一度与商人资本家以及帮会头目建立联合战线。1926 年底上海区

---

① 张国焘：《我的回忆》(2)，第 30 页。
② 《上海区委召开活动分子会议记录》(1926 年 12 月 17 日)，《上海文件》乙 5，第 117 页。
③ 《上海区委主席团会议记录》(1926 年 7 月 9 日)，《上海文件》乙 3，第 38 页。

委的报告反映："工人群众都太信任蒋介石。"① "一般工人群众把蒋介石当做'万家生佛'看"。② 这提示我们，蒋介石发动四一二政变镇压工人运动，并非因为上海工人运动如何激烈反蒋，而主要是蒋对中共政治组织力量的恐惧。

　　早期中共各地方组织形态不尽一致，在都市和乡村的遭际和应对更是不同。过去学界更多地关注中共高层决策及其"共性"的一面，而对中共地方组织的差异性关注不够。

---

① 《上海区委召开活动分子会议记录》（1926 年 12 月 17 日），《上海文件》乙 5，第 116 页。
② 罗亦农：《最近政治党务的概况及今后上海工作进行之方针》（1926 年 12 月 25 日），《上海文件》甲 2，第 123 页。

第六章

党员、党组织与乡村社会：
广东的中共地下党

1927 年 4 月至 7 月间，国共合作关系由局部性破裂演至全面性大决裂。中共遭受建党以来最大的一次打击。此后的数年间，中共一直处于求生存的困境中。既往的研究将目光集中于这个时期党内精英的人事更迭与高层路线之争，重在证明错误路线如何导致失败，正确路线如何导致胜利。而对中共所身临的具体历史情境则较少关注，如在白色恐怖的逆境下党员如何生存，党的组织如何应变，党的路线方针政策如何具体地付诸实施，在贯彻和实施过程中遇到了什么问题、发生了什么变异，外来的组织体制和意识形态如何植入中国乡土社会等等，均值得深入探讨。

1980 年代，中央档案馆与广东省档案馆共同编印了一套《广东革命历史文件汇集》，多达 60 余册，数百万字。这批珍贵的文献资料迄今尚未为学界重视和充分利用。本章主要利用这批党内文献，将目光由城市转向乡村，借以探讨大革命失败后（侧重 1927~1932 年）中共组织的内部调适，党员、党组织与乡土社会的关联以及党与农民在早期革命过程中的互动关系。①

---

① 据笔者有限的阅读所见，此前日本学者高桥伸夫曾对同时期河南、湖北等省中共地方组织作过较为深入的研究。参见《中国共产党の组织と社会：河南省，

一 党员的社会构成

中国共产党自成立至 1927 年 4 月以前，基本上处于"顺境"之中。在国共合作期间，中共在南方一些省份几乎处于半公开状态；在北方地区虽遭受北洋军阀的压制，但后者的社会控制力毕竟有限，中共仍有较大的生存和活动空间。但自国民党清党反共后，不允许其他政治力量合法存在。中共成为一个"非法"的在野党。用中共当时的说法，全党转入了"地下党"的状态。①

大革命失败后，中共党员总数由 1927 年 5 月的 57967 人，减少到 11 月的 17650 人，半年之内减少了近 70%。在广东，据 1927 年 4 月的统计，党员有 9027 人，约占全国党员总数的 1/6。大革命失败后，广东的党组织同样遭受了摧残。但值得注意的是，广东党组织的再生和复苏能力似乎甚强，1927 年末 1928 年初，广东省的中共党员人数增至两三万人。到 1928 年 8 月，广东党员又进一步飙升至 6.4 万多人，遥居各省之首，甚至超过了一年多前即大革命鼎盛之时全国中共党员人数的总和。

但是好景不长，1928 年底，广东党员数量即骤减至 2 万人，到 1929 年 4 月，进一步减至 1.3 万人左右。此后的两三年间，广东党员数量大约维持在 1 万人的规模。到 1933 年，更减至一两千人。（见表 6-1）

1927～1929》，《法学研究》（东京，庆应义塾大学）第 70 卷第 6 号，1997 年 6 月；《中国共产党组织的内部构造：湖北省，1927～1930》，《法学研究》第 71 卷第 5 号，1998 年 5 月；《根据地にぉける党と农民：鄂豫皖根据地，1931～1934》，《东瀛求索》（东京，中国社会科学研究会）第 11 号，2000 年 4 月。

① 如中共广东省委通告中常称："我们的党处在反动统治的环境下，全体同志应该充分的了解地下党的生活"；"同志们！我们的党是斗争的党，是地下的党。"《中共广东省委特别通告》（1929 年 3 月 1 日、10 月 12 日），中央档案馆、广东省档案馆编印《广东革命历史文件汇集》（以下均简称《广东文件》），1984，甲 14，第 171 页；甲 16，第 10 页。

表 6 - 1　中共党员数量统计（1921～1933 年）

单位：个

时　间	全　国	广　东	时　间	全　国	广　东
1921. 7	57		1927. 12		约 30000
1922. 6	195	32	1928. 1		约 21000
1923. 6	420		1928. 6	40000 余	53000
1925. 1	994		1928. 8		64229
1925. 9	3164		1928. 12		约 20000
1925. 10		928	1929. 4		13000
1926. 2	8000		1929. 6	69319	
1926. 4		3700	1930. 2	65528	
1926. 7	18526		1930. 9	122318	
1926. 9		5039	1931 春		约 10000
1927. 2		8000	1931. 7		7222（含广西 700）
1927. 4		9027	1931 底	124617	
1927. 5	57967		1933. 6		约 2000（白区，含广西）
1927. 11	17650				

资料来源：中共中央组织部等编《中国共产党组织史资料》，中共党史出版社，2000，第 1 卷，第 39、685 页；第 2 卷（上），第 68 页；第 2 卷（中），第 1596 页。1928年 12 月广东党员人数引自《广东省组织状况一览表》，《广东文件》甲 13，第 359 页。1929年 4 月广东党员人数引自《广东省工人、农民斗争情况》，《广东文件》甲 14，第 425 页。

说明：1927 年 7 月以后因处于白色恐怖下，中共党员人数多非精确统计。如 1928年 6 月全国党员总数，据中共六大公布的数字为 13 万余人，显有夸大；2000 年中共中央组织部主编出版的《中国共产党组织史资料》采信"4 万余"之说，似又嫌过小。而且同书对广东省党员人数又采信"5.3 万"之说，两者显有未合。此表不过表示当时中共党员人数变化的一个大体态势。

广东党组织在数年间何以会如此大起大落？

大革命时期，广东作为革命的策源地，自然比其他省区具有较好的革命基础。在国共合作的环境下，中共的一些革命工作虽是打着国民党的招牌进行的，但工农运动的领导权主要掌控在中共之手。中共在下层民众中的影响居于国民党之上，广东有些地方的农民甚至只知有 C. P.，不知有国民党。[①]

当国民党在广东"清共"（以四一五事变为起点）时，广东各地的中共党组织利用大革命时期奠定的工农群众基础，纷纷发动武

---

① 《中共南路特委给省委的第一号报告》（1928 年 4 月 26 日），《广东文件》甲23，第 234 页。

装暴动。据不完全统计，自 1927 年 4 月至 7 月的三个多月时间里，中共在广东 40 多个县（当时全省共 94 个县）发动了 50 多次农民武装暴动。1927 年秋至 1928 年夏，广东省又有 40 多个县市举行了不同规模的武装斗争，一度占领了 20 多个县城，有的成立了临时革命政府或苏维埃政府。[①] 暴动范围之广，次数之多，在当时全国首屈一指。总体而言，广东各地党组织在"四一五"以后虽受到不同程度的摧残，有的因此而解体，但大部分尚能继续奋斗。[②] 与其他省区相比，广东党组织在大革命失败后一度显示较强的应变和复苏能力。1928 年 8 月，广东党员多达 64229 人，是 1927 年四一五事变前该省党员人数的 7 倍。

从常理言，党组织的扩充对处于顺境中的政党并不难，而对处于逆境中的革命党则非易事。加入者随时有生命之虞，非具有坚定的革命信仰和坚强的革命意志者不敢为。为什么广东在 1928 年前后党员人数会出现一个高峰？具体言之，这个时期参加革命者，主要是一些什么人？他们为什么要加入共产党？

就全局而言，国民党"清共"标志着大革命失败，但当时相当多的中共党人并未立即认识到这一点，甚至认为革命仍处于高潮。中共六大虽指出当前国内政治形势是处在两个革命高潮之间，但因刚从顺境中走过来，对革命的长期性和艰巨性仍然估计不足，认为新的革命高潮很快就要到来，中共很快就可以夺取政权。[③] 这

---

① 黄振位：《广东革命根据地史》，广东人民出版社，1993，第 36、51 页。

② 《中共广东省委通告》（1927 年 9 月），《广东文件》甲 7，第 44 页。

③ 如 1929 年 11 月《中共湖南省委对益阳工作的指示》指出："现在中国因为帝国主义与帝国主义争取中国政治经济的统治特权的矛盾，中国资产阶级与买办地主阶级间的矛盾，国民党军阀间争夺地盘战争的矛盾，已酝酿成一次、二次国民党军阀的混战，现在又进到第三次混战了。在帝国主义，买办，地主，军阀各种侵略与剥削和纷乱生活之下，全国群众一天一天贫穷化，一天一天革命化。因此中国的革命已走到复兴时期来了。由上列三大矛盾之推测，中国革命的高潮必定不可避免的要到来，而且是不久或很快的要到来。在这革命高潮要到来的时候，即是中国党领导革命群众夺取政权完成中国革命的时期。"见中央档案馆、湖南省档案馆编印《湖南革命历史文件汇集》第 7 集，1984，第 359～360 页。

样一种对革命形势的乐观估计，固然容易导致盲动主义，另一方面亦使一些革命者在极端严酷的环境下仍然保持坚定的革命信念和高昂的革命斗志。在"后见之明"的今人看来，那时的革命实处于低谷，离革命成功还相当遥远。但在当时一些革命者的信念中，革命很快即可成功，曙光就在前头，当下的困境，不过是黎明前的黑暗而已。

当国民党"清共"时，广东地方党组织虽遭受不同程度的打击，但革命胜负未见分晓，下层民众一时尚难以判断未来到底将是国民党的天下，还是共产党的天下。如 1928 年 5 月中共番禺临时县委给广东省委①的报告中提到这样一例"投机革命"者：

该县二分区中共发展较好，该区农会代表 14 人中，党员占 10人。10 个党员代表中，有周东和一人是管理该乡财政的，颇具势力。"他原本是五桂局的握权人，不过农会势力澎涨时遂投机组织农会，'四一五'事变后，他的思想亦非常动摇，本来对党毫无认识，他所以不拒绝我们，反加入我们的党，是他的投机行动，恐防C. P. 执政，他的地位不固，以为加入党后，一旦 C. P. 执政，他的地位亦仍可以稳固。"当地农民和农民党员都很信仰周，因他管理全乡财政，不啻一个富翁，有一种潜势力，农民多有信仰富翁的心理。②

周东和算得上一个"地方精英"。他的能力和见识比普通农民应高出一筹。四一五事变后，他对投靠国民党还是共产党一度犹豫不决，表明当时政治局势尚不明朗，究竟鹿死谁手，难以预料。他最终将筹码押在中共一方，说明他当时判断中共前景比国民党可能

---

① 1927 年 8 月至 1934 年 3 月间，广东省委曾三次改名：广东省委（1927 年 8月至 1931 年 2 月）—两广省委（1931 年 3 月至 1932 年 9 月）—两广工委（1932 年 9 月至 1934 年 3 月）。为方便叙述，本文统称为"广东省委"。参见中共广东省委党史研究室《中国共产党广东地方史》第 1 卷，广东人民出版社，1999，第 351 页。

② 《中共番禺临时县委四月份给省委报告》（1928 年 5 月），《广东文件》甲 32，第 98~100 页。

更具优势。周东和的选择至少代表了一部分民众的看法，即国民党虽然"清共"，但两党谁胜谁负，一时难见分晓。

此时加入中共者，像周东和这样的地主富翁毕竟是极少数。大多数加入者是普通农民。据 1928 年 8 月的统计，广东党员中，农民占 75%，知识分子占 12%，工人占 9%，士兵占 3%。① 这一比例与当时全国中共党员的社会构成基本一致。大革命失败后，中共主体力量被迫转入农村。普通农民加入中共的情形比较复杂。大革命时期农运基础较好的地区，农民对中共已有一些粗浅的认识，如认为共产党是"穷人的党"等。但总体而言，当时广东农民对中共的认知程度相当低。如在海陆丰、顺德、廉江、化县、遂溪等地，不少农民党员分不清农会与共产党的区别，以为农会便是共产党。② 入党如同大革命时期入农会一样随便。在陆丰，2000 余党员中，"同志不明党是什么的甚多"。③ 在惠来，大革命时期原有党员100 多人，四一五事变后，该县党组织在举行暴动建立苏维埃政权时吸收党员上千人。"这一千多党员中，竟有九成不懂得共产党是什么一个东西。"④

也就是说，当时相当一部分农民加入共产党是一种盲目行为，而这种盲目性又与地方党组织在发展党员时的滥收滥拉有关。中共中央鉴于大革命失败后党员被捕被杀和大量流失，急需恢复和壮大党的力量，因而指示各地党组织大力发展党员，尤其要坚决地大批吸收工农分子入党，并给各省市党委下达指标，以期快速扩大党的组织。⑤

---

① 《广东全省党的组织统计》（1928 年 8 月 7 日），《广东文件》甲 12，第 110 页。
② 《中共南路特委给省委的第一号报告》（1928 年 4 月 26 日），《广东文件》甲 23，第 234 页；《中共广东省委扩大会议党的问题决议案》（1928 年 4 月 13 日），《广东文件》甲 9，第 223 页；《中共广东省委致顺德县委信》（1928 年 8 月 6 日），《广东文件》甲 12，第 101 页。
③ 《中共陆丰县委给省委的报告》（1928 年），《广东文件》甲 30，第 140 页。
④ 《中共东江特委给省委的报告》（1928 年 6 月 24 日），《广东文件》甲 26，第 161、162 页。
⑤ 赵生晖：《中国共产党组织史纲要》，安徽人民出版社，1987，第 70、77 页。

广东省委按照中央的指示精神，也给各特委①下达征求指标，特委又同样给各县委下达指标，各县委自然也要求各区委、各支部在指定时间内必须发展若干数量的党员，而且从中央、省委、特委，到县委、区委、支部，征求指标层层加码。如中央要求广东省在半年之内增加 8000 名新党员，而广东省委要求南路各县在半年之内必须发展到 1 万名以上的党员。② 同样，东江③特委要求潮阳县委在一个月之内发展同志 1000 人。④ 有些地方，指标一直下达到党员，要求每个党员必须在限定时间内吸收同志数人。⑤ 在这种情况下，基层党组织为了完成任务，只好"拉夫式"地吸收党员。如廉江就是"拉夫式的吸收同志"，"虽然廉江的党，无组织，无训练，无宣传，可是吸收新同志却很快。农民加入党，不是一个一个而是一批一批的"。⑥

---

① 八七会议以后，中共中央制定新的组织法，规定省委与县委之间可以设特委，但特委不是经常的党的系统中的一级，而是为工作需要设立的临时组织。（《中国共产党组织史纲要》，第 76 页）特委的设立常有变动。1927 年 8 月至 1934 年 9 月间，广东省委下属的特委先后设有 11 个：琼崖特委（1927 年 7 月至 1934 年 9 月）、潮梅特委（1928 年 1～6 月）、海陆惠紫特委（1928 年 10 月至 1930 年 10 月）、东江特委（1927 年 8 月～1934 年 8 月）、北江特委 - 曲江特委（1927 年 12 月至 1929 年 3 月；1929 年 11 月至 1933 年夏）、西江特委（1927 年 9 月至 1928 年 6 月；1928 年 11 月至 1929 年 1 月）、西江上游特委（1928 年 3～11 月）、南路特委（1927 年 7～11 月；1928 年 4～12 月）、顺德特委（1929 年 11～12 月）、广西特委（1928 年 1～9 月；1929 年 4 月至 1930 年 8 月；1931 年 3～6 月）、湘南特委（1931 年）等。参见《中国共产党组织史资料》第 2 卷（中），第 1534～1544 页。

② 《中共广东省委关于南路工作计划》（1928 年 1 月），《广东文件》甲 8，第 50 页。

③ 据 1928 年 8 月广东省委文件载，全省按地理划分为几大区域：东江，包括海丰、陆丰、惠阳、潮阳、揭阳、潮安、澄海、丰顺、兴宁、梅县等县；西江，包括广宁、罗定、高要、云浮、四会、三水等县；北江，包括曲江、英德、清远、南雄、花县等县；中路，包括东莞、宝安、增城、南海、番禺、中山、顺德、台山、阳江等县；南路，包括廉江等县；琼崖，包括琼山、儋县等县。

④ 《中共潮阳县委关于党务方面报告》（1928 年 5 月 15 日），《广东文件》甲 31，第 333 页。

⑤ 如番禺规定每个党员两星期最少吸收同志 1 人。见《中共番禺临时县委给省委报告》（1928 年 5 月），《广东文件》甲 32，第 111 页。

⑥ 《中共南路特委给廉江县委的指示信》（1928 年 5 月 1 日），《广东文件》甲 23，第 259 页。

关于吸收党员的条件，中央规定："党所收纳的党员，一定要是群众中最有阶级觉悟最勇敢的分子"。[①] 广东省委在给各县市委的指示中，特别强调要吸收工农中"最勇敢"的分子，而对"阶级觉悟"则甚少提及或干脆不提。在白色恐怖的环境下，"勇敢"成为吸收党员的首选条件自不难理解。有意思的是，一些县委在给支部的指令中，则提出"对于工农分子无条件吸收"，连"勇敢"亦不强调了。换言之，下达征求指标时，中央、省委、县委层层加码；而厘定党员条件时，则中央、省委、县委层层递减。如海丰县委在给省委的报告中承认："我们急切于发展党的组织，而期望于普遍城市乡村，所以对于工农入党条件，只是放低，且在每次群众集会公开征求党员。"[②] 群众集会时征求党员，往往是成批地集体入党。如海丰在一次工农兵代表大会上，300 名到会代表中，90% 被吸纳为党员，"未加入者只年龄太高者而已"。[③] 广东省委认为，青年农民在斗争中，通常是最勇敢、最急进、最积极的力量；而老年农民则多思想落后，苟且偷安。[④] 省委的这种认知与当时中共党员的年龄结构相吻合。据 1928 年 1 月澄海县委的报告，该县 84% 的党员在 35 岁以下，其中又有近 60% 的党员在 25 岁以下；11 名县委委员中，10 人在 19～26 岁之间。[⑤] 这个时期广东全省党员年龄未见记载，相信与澄海县的情形相差不远。青年人的急进和激情，与老年人的谨慎和保守恰成对照。年龄在很大程度上成为一个

① 《中国共产党组织史纲要》，第 87 页。

② 《中共海丰县委给省委的报告》（1928 年 7 月 1 日），《广东文件》甲 30，第 72 页。

③ 《中共广东省委给中央信》（1927 年 11 月 29 日），《广东文件》甲 7，第 156 页。

④ 《中共广东省委第二次扩大会议关于农村工作决议案》（1928 年 11 月），《广东文件》甲 13，第 147、154 页。

⑤ 该县共有党员 191 人，其中 15～20 岁者占 18%，21～25 岁者占 41%，26～30 岁者占 17%，31～35 岁者占 8%，36～40 岁者占 9%，40 岁以上者占 6%。见《中共澄海县委的报告》（1928 年 1 月 29 日），《广东文件》甲 31，第 281、298 页。

人是否参加党或革命的重要因素，各个时期革命的主体力量几乎都是年轻人。革命是年轻人的事业。

值得注意的是，作为以外来意识形态和组织体制建立起来的共产党在扩充组织的过程中，并不排斥而是借助中国传统的各类社会关系媒介。如广东省委在给下级党委的指示中，鼓励党员通过亲戚朋友邻里关系吸收同志，还提示可以通过诸如结拜把兄弟、开教馆（私塾）、教拳头和秘密结社等方式及旧式行会、同乡团体去发展组织。[①] 有的县委还要求党员"注意训练自己的老婆，发展农妇同志"。[②] 由于农民交往圈狭窄，农村党员在发展组织时，基本上是在自己的家族、亲友、近邻和同村村民中进行，借助、依附于传统的社会人际关系网络。一些知识分子出身的基层干部，大多来自当地有一定势力的地主富农家庭。其读书人的身份和较富裕的家庭出身，有利于他们在农村开展革命活动，因为农民对读书人和乡绅具有相当信仰。资料显示，这个时期中共组织的发展，受到血缘、地缘、亲缘等传统社会关系的制约和影响；在党组织内部，各种社会关系交错混杂，亲戚、邻里、同学、故旧等瓜葛穿插其间。在一些地方，党员的发展明显带有村落性和宗族性。有的地方甚至出现全村入党（或多数入党）的"共产村"。

除了盲目的和"拉夫式"、"拉友式"的入党者外，尚有部分怀有"入党谋生"的动机，亦即出于个人生存需要而投身革命者。1928 年 11 月，中共广东省委第二次扩大会议关于党的组织问题决议案中提到，"在农村则多拉自耕农、半自耕农和许多游离非阶级的分子进党；在城市则多拉许多失业工人入党"。[③] 所谓"游离非阶级分子"，是指那些年轻的农村流氓无产者。他们中不少人勇敢

---

① 《中共广东省委扩大会议党的问题决议案》（1928 年 4 月 13 日），《广东文件》甲 9，第 228 页。

② 《中共兴宁县委的报告》（1928 年 1 月 20 日），《广东文件》甲 31，第 147 页。

③ 《中共广东省委第二次扩大会议关于党的组织问题决议案》（1928 年 11 月），《广东文件》甲 13，第 191 页。

不怕死，当中共动员农民时，最先挺身而出的往往是这批人。但他们多是游手好闲之辈，加入中共以后，多存靠党谋生的观念。顺德县委报告，一些农民入党以后，以为党应该维持他们的生活，解决他们的吃饭问题，若不与他解决，就不工作了。① 在潮阳，党员向党领伙食费的多达二三百人，月需千余元。② 东江各县"失业同志、靠党生活的同志非常之多"。为了维持一大批失业党员的衣食问题，各地党委只好采取"捉猪"（即绑票）的方式筹款。③ 东江特委在给省委的报告中，批评党员存有两大错误观念：一是把党看做救济会，以为党可以有钱给他，当白色恐怖厉害时，党的财政来源断绝了，他们也离开救济会了；二是雇佣革命观念，"在那些财政来源容易的地方，一般同志对于金钱观念非常厉害，无钱不做工，路不过一二十里，每送一信非一二元不行"。④ 有些地方，农民不是因为地主压迫而是因为自然灾荒而要求入党求生路。如南雄县委报告，1928 年 2 月暴动之所以发展快，是因为上年早稻不熟，许多村庄粮食恐慌。一些村庄要求全村加入共产党，因为暴动"吃大户"可以在短期内解决吃饭问题，后来这些农民均受地主诱惑而反动。⑤ 还有些地方的农民为了眼前的物质利益而入党。如海丰苏维埃初建时，因党员分得的土地比普通农民多一倍，于是农民为了分双份田而纷纷要求入党。⑥

这个时期尽管中共中央一再要求大量发展城市工人入党，但

① 《苏我剑冯广给省委报告》（1928 年 7 月 7 日），《广东文件》甲 32，第 140 页。
② 《中共广东省委致潮阳县委信》（1929 年 7 月 1 日），《广东文件》甲 15，第 130 页。
③ 《中共广东省委致东江特委信》（1929 年 4 月 14 日），《广东文件》甲 14，第 284、285 页。
④ 《中共东江特委给省委的报告》（1929 年 8 月 2 日），《广东文件》甲 27，第 187 页。
⑤ 《中共南雄县委给省委报告》（1928 年 4 月），《广东文件》甲 32，第 58 页。
⑥ 《关于海陆丰的失陷与当前形势的报告》（1928 年 3 月），《广东文件》甲 26，第 103 页；《中共广东省委第二次扩大会议关于党的组织问题决议案》（1928 年 11 月），《广东文件》甲 13，第 194 页。

工人加入中共者甚少，加入者多为失业工人。这些失业工人亦多存靠党吃饭的观念。如广州市委报告：党员"多是失业工人及散失的同志，收集回来，多凭个人介绍，简单的谈话，有些观念很不正确，也是放在党里面，或者有的是回到党来以为有差事，有钱领，所以一经接洽，就要求工作，要求伙食。初因为周围想找人，应付有时不妥，遂养成一个很坏的恶习，并且不如意时，就有到新同志中煽动者，一般失业同志受此影响，闹出很多纠纷"。① 广东省委在给中央的报告中亦不无遗憾地说，广州的党员成分大部分是罢工工友，失业者居多，工作方面不能深入群众，只有食饭等；党员没有受过相当的训练，加上生活问题没有解决，压迫一来他便马上变节。② 同样的情形在当时广东省委所在地香港的党员中亦存在，一些党员"无经济不做工作"；一些支部"无机关便不开会"。③

雇佣革命倾向并非广东一省所独有，这个时期在其他省区党员中亦有存在。周恩来在中共六大所作的组织报告和大会通过的关于组织问题的决议草案中，谈及组织上与党员思想上存在的错误倾向，"雇佣革命"即为其中之一。④ 有鉴于此，中共中央在六大以后提出"党员职业化"的口号，要求没有职业的党员自谋职业，选拔干部时多选拔有职业的干部；认为失业党员倚党生活，不仅加重党的经济负担，而且容易使党脱离群众。广东省委也指出："党员许多是失业的活动分子，靠党生活。动摇分子至于脱离叛党，勇敢分子只能到群众前头去拼命，而无法插入群众中去领导群众。这些是党的力量削弱的最大原因。党员有了职业，便不会脱离群众生

---

① 《中共广州市委报告》（1928 年 7 月），《广东文件》甲 25，第 62 页。
② 《中共广东省委给中央的报告》（1928 年 8 月 22 日），《广东文件》甲 12，第 205 页。
③ 《中共广东省委给香港通告》（1929 年 3 月 21 日），《广东文件》甲 14，第 212 页。此处所谓"机关"，当指开会场所或办公机关。
④ 《中国共产党组织史纲要》，第 80 页。

活，一方面自己抓住社会上经济命脉，一方面易于深入群众；另一方面自然可以减少党员的拼命主义和盲动主义的倾向。"①

但"党员职业化"在广东推行的效果并不佳。本来像革命这样的事业，需要一大批职业革命者全身心投入，党员干部的兼业势必妨碍工作。"党员职业化"推行的结果是，一部分有一定生存技能的党员干部借口"职业化"，要求辞卸党的工作去另谋生活；另一方面，"一般同志并不切实'职业化'，反而天天向党讨生活。职业化的口号虽然在同志中已有了印象，但实行职业化的同志却是寥寥无几，党内天天闹同志讨生活的恐慌，天天讨论的问题，差不多大半是这些问题"。广东省委慨叹："同志们尚未根本明了党是什么东西，他们好象以为党是维持党员的生活的，而不明了党是领导群众斗争的党。"②

中共成立以来，虽然经历了一场大革命的洗礼，但毕竟尚处于少年时期。大量资料显示，这个时期，一大批底层农民是在不知党和革命为何物，亦不明党的主义和政策的情况下被卷入革命队伍的；另一些处于社会边缘的失业者、流氓无产者出于生存的需要才投身革命行列。虽然这个时期中国革命处于逆境中，但并非所有参加革命者都具有坚强的革命信仰，盲目入党者甚至占多数。

二　支部生活

对一个政党而言，既要保持组织的严密性和纯洁性，又要使组织具有相当的群众基础，总是一个两难问题。列宁主义政党以"严密的组织"和"铁的纪律"著称。中共作为一个以列宁主义政党模式组建起来的政党，亦常以此自期、自许。那么，这个时期中

①　《中共广东省委第二次扩大会议关于党的组织问题决议案》（1928 年 11 月），《广东文件》甲 13，第 197 页。

②　《中共广东省委通告》（1929 年 1 月 25 日），《广东文件》甲 14，第 73～75 页。

共到底在多大程度上达到或接近于这一理想形态？下文试对广东党的支部组织情形作一具体考察。

"支部"是列宁主义政党的基本组织细胞，也是列宁主义政党在组织结构上与西方议会政党的基本差别。西方议会政党一般仅有高悬在上的上层机构和遍布各方的散漫党员；党对党员没有多大约束，一般只要赞成党的政治主张，选举时投票拥护即可，党员入党、脱党均很随便。而列宁主义政党则不同，它有笼罩每一个党员的基层组织——"支部"。在基层组织里，党员之间定期开会讨论，交流思想，共同行动，既相互了解，也相互监督，使党对每个党员具有凝聚力和向心力，维系每个党员对党的意识形态的认同，并通过支部考察吸收新党员，确保党组织的群众性和严密性。

从这个时期中共中央的指示观之，中央显然充分认识到支部组织的重要性。特别是六大以后，中央要求各地党部做到"一切同志都有支部，一切工厂中都有支部，一切支部都有支部生活"，要求每个支部的党员"到会，纳党费，看党报，推销党报，讨论问题，在群众中工作，介绍同志等等"。[①] 但检阅这个时期广东各级党组织的大量报告，几乎千篇一律地声称，各地的基层组织支部，多数是有名无实的。1928 年 11 月广东省委第二次扩大会议关于组织问题决议案中提到，全省党的支部号称数千，但大多数都不能按期开会，即使开会也很少能到齐；党员对开会没有兴趣，支部也很少分配党员工作。支部不能成为群众的核心，因此也不能发动和领导群众斗争。党员活动多成了个人英雄的拼命主义，没能做到"一切工作归支部"。支部的发展，在城市，没有深入大的产业、交通、市政的工人中；在农村，一般没有深入地主势力占优势的大村，只偏重于小的所谓红色乡村。各地的基层党部，差不多都忽略了党员的教育训练工作，对党的政策也不能普遍了解，缺乏党内的讨论。下级党部的同志对党的政策多是盲目地听说。有些党员因不

---

① 《中国共产党组织史纲要》，第 88 页。

了解革命的前途和工作的出路，而表现烦闷消极等。①

支部组织的重要性和如何过支部生活，对多数没有文化的农民党员而言，本是相当陌生的。由于组织发展太快，加之此时党的中心工作放在武装暴动上，各地对党组织的自身建设没有予以足够的重视。比如在廉江，近千名党员"似一盘散沙，简直说不上组织。过去无人负登记的责任，各支部的同志之增多减少俱无确实的调查，各个同志也模模糊糊只知自己是个党员而已，甚至有连自己的支部都不知道的"。县委也不知道全县党员的确数。省委巡视员到廉江视察时，询问全县有多少党员，三个县委常委竟答出三个不同的数目。各支部、小组不能按期开会，很多同志只在入党时同负责同志谈过话，此后便没有开过会。县委没有向基层党部发过宣传和训练材料。"土地革命的意义，党的一切策略，目前的政治情形，同志们也无从知道，一句话，训练工作等于零。"②

在顺德，"各区及支部通都涣散而不健全，名目上虽然有二十六个支部，区委有四个，但在实质上几等于零；党员二百余人，都是挂名的多。"③ 在广州，党的组织很不严密，党员的活动能力和对党的观念均薄弱，支部很少分配党员工作。④

东江各县的党组织在广东要算建立最早，而且斗争最激烈、最普遍，尽管如此，其党组织仍然散漫松懈。⑤ 在潮阳，党部自县委至支部组织均不健全。支部不能按时开会、报告、收党费及在乡村中发挥作用；县委不知道支部及党员的确数；区委委员多不负责，有的区委委员当选后甚至从未到过区委；大多数党员对党的观念很

① 《中共广东省委第二次扩大会议关于党的组织问题决议案》（1928 年 11 月），《广东文件》甲 13，第 190、191 页。
② 《中共南路特委给廉江县委的指示信》（1928 年 5 月 1 日），《广东文件》甲 23，第 257、258 页。
③ 《中共顺德县委给省委报告》（1928 年 8 月 7 日），《广东文件》甲 32，第 147 页。
④ 《中共广州市委报告》（1928 年 7 月），《广东文件》甲 25，第 63 页。
⑤ 《罗玉麟给中央的报告》（1928 年 7 月 18 日），《广东文件》甲 26，第 225 页。

薄弱，党员的训练教育工作全无。① 在陆丰，多数同志（9/10 以上）都脱离党支部，不开会亦不工作。② 1932 年 4 月召开的东江特委扩大会议坦承："东江党的组织，很严格的讲是等于没有。党的领导群众工作，并不是经过组织力量去推动，支部不能起核心作用，而大多是少数同志个人英雄式的领导。大多数党员不能够做群众的模范，不能遵守党章上所规定党员应尽的最低限度的责任。"③ 同年 11 月，东江特委常委扩大会议再次指出："在敌人残酷进攻的现时，支部多数瓦解，同志中多表现出右倾、灰心、悲观失望的错误观点，'自新'叛变的现象各地都有，露骨的表现东江党组织上的弱点。支部不健全，不能讨论和执行上级的决议，同志多不缴党费，不能负起党员任务为党工作，党内缺少会议生活，县区委集体领导极薄弱，表现了各自为战的散漫状态。这是东江党普遍的现象。"④

　　在广东其他各地，情形也基本相似。党员多数是没有文化的农民，能读党报的很少。中央或省委所出的党报，又不能分发到支部。加之上级通告大多文字深长，一般党员看不懂。由于缺乏教育训练，党员的政治水平甚低。很多党员对党缺乏基本认识，连什么叫做 C. P. 都不能十分了解。⑤ 一些党员甚至不清楚自己有没有加入共产党。⑥ 党的政策和策略不能很好地传达到支部和党员中去。⑦

---

① 《中共潮阳县委致省委报告》（1928 年 6 月 26 日），《广东文件》甲 31，第 350 ~ 352 页。

② 《中共陆丰县委给省委的报告》（1928 年），《广东文件》甲 30，第 140 ~ 141 页。

③ 《中共东江特委扩大会议关于目前政治任务及一般工作决议案》（1932 年 4 月 18 日），《广东文件》甲 29，第 84 页。

④ 《中共东江特委常委扩大会议关于接受中央和省委指示信的决议》（1932 年 11 月 6 日），《广东文件》甲 29，第 394 页。

⑤ 《组织报告大纲——邓凤翱关于东江情况给中央的报告》（1930 年 7 月 17 日），《广东文件》甲 18，第 178 ~ 179 页。

⑥ 《中共东江特委徐国声给中央的报告》（1932 年 11 月 12 日），《广东文件》甲 29，第 434 页。

⑦ 《中共潮普惠县委关于苏区与非苏区工作报告》（1931 年 5 月 15 日），《广东文件》甲 31，第 434 页。

"中央、省委文件从没有拿到支部去讨论，看都难得，连县委本身也不能通通看到的，马马虎虎，而从没有讨论，至工作同志到各区去大半把食宿问题做中心而不把工作做中心。"① 党员不了解政治形势的变化，如上级党组织要求讨论"反五次围剿的决议"时，基层支部感到纳闷："四次围剿"是什么时候有了，又在什么时候冲破了的，未听见讲过前四次"围剿"，又有什么第五次"围剿"呢？②

总之，组织松弛涣散，支部有名无实，党员缺乏训练，是这个时期广东各地党组织的普遍特征。

尽管这个时期中共中央和广东省委一再指示和强调组织建设的重要性，实际效果却甚微。其间的制约因素自然复杂。值得思考的一个问题是，列宁主义政党模式作为一种外来的组织体制，当其植入和运用到中国社会中时，必然面临着一个磨合和调适的问题。大革命失败后，中共的生存空间由城市转移到乡村，其组织主体力量由知识分子转为农民以后，诸如"C. P."、"苏维埃"、"阶级"和"阶级斗争"等一套洋名词已令那些乡下农民一头雾水，更遑论要运用这些洋组织和洋概念将他们动员起来呢！如规定支部党员每周开会一次，广东各地的农民党员即感不适。他们表示对开会没有兴趣。中共琼崖特委在给省委的报告中称："同志讨厌开会的现象在琼崖特别普遍"。③ 在海丰，农民党员郑重其事地向党组织提出三点要求：一是不可毁弃神明；二是会不要开得那么多；三是女子不要那么活动。④ "国民党税多，共产党会多"，这句民谣起于何时，

---

① 《中共两广工委致北江工委及全体同志信》（1932 年 8 月 4 日），《广东文件》甲 20，第 191、192 页。

② 《钟仲衡关于中共两广临委组织状况和今后意见的谈话》（1934 年 2 月 1 日），《广东文件》甲 21，第 238 页。

③ 《中共琼崖特委给省委的报告》（1929 年 10 月 27 日），《广东文件》甲 23，第 127 页。

④ 《中共海丰县委给省委的报告》（1928 年 7 月 1 日），《广东文件》甲 30，第 86 页。

尚待考证，估计在这个时期当已适用。因为它隐晦地表达了农民对共产党"会多"的不欢迎态度。对于那些长期习惯在散漫无序的乡村社会生活的农民党员而言，骤然要受列宁主义政党严格的组织纪律约束显然不是一件容易的事。据东江特委报告，在普宁、惠来两县，农民同志许多以入党为麻烦多事，做错事时又要多受一层处罚，因此当党部开除同志或将同志留党察看时，那些被处罚的同志反而表示欢喜。①

由于入党前对党没有相当的认识，入党后又无严格的训练，甚至不知党为何物，这样的党员自然不可能有坚定的革命信仰。结果是入党、脱离均甚随便。来的时候是一批一批地来，去的时候也是一批一批地去。② 这个时期，广东党员中脱党、逃跑、自首、叛变的现象相当严重。

这个时期，党员发展最快的地区多是暴动一度取得成功的地区，如海陆丰、琼崖等地。但当这些地区危机来临时，党员脱逃、离叛的现象亦最突出。在海丰，当苏维埃存续期间（1927 年 11 月至 1928 年 3 月初），党员骤增 15000 人。但新吸收的党员，多数没有得到相当的训练，不晓得党的主义，不明了斗争意义，一到敌人临境，即表现畏缩，部分动摇而致叛变，坚决勇敢参加斗争者占少数。在陆丰，党员有 2000 余，不明党是什么的甚多，当敌人进攻时，能积极参加斗争者不上 400 人，余多畏缩逃散。③ 海陆丰政权之所以迅速丧失，党组织不健全是一个重要因素。1928 年 4 月中央巡视员在报告中写道："海陆丰党发展太快，对于党的训练缺乏，故每个党员，鲜有对党有正确的认识。当每次政变，叛变、灰

---

① 《中共东江特委给省委的报告》（1928 年 6 月 24 日），《广东文件》甲 26，第 174 页。
② 《中共南路特委给廉江县委的指示信》（1928 年 5 月 1 日），《广东文件》甲 23，第 259 页。
③ 《中共海丰县委给省委的报告》（1928 年 7 月 1 日）、《中共陆丰县委给省委的报告》（1928 年），《广东文件》甲 30，第 78～80、140～141 页。

心不干以及逃走的，至少在百人左右。非独海陆丰党员如此，而红军中亦有此现象发生。"① 随着白色恐怖的日趋严酷，党员中动摇人数亦呈上升趋势。据 1929 年 4 月中共海陆紫特委给省委的报告，海陆丰已"自新"者计有二三百人之多，"还有多少同志想走此道路"。②

据东江特委报告，各地党的发展与否，完全恃政局为转移。在暴动胜利时还能多少吸收一些党员；当敌人压境时，因党员之逃跑，党的力量便骤然减少。如惠来建立苏维埃政权时吸收党员千余人，白色恐怖一起，将近一半逃跑，连县委、区委委员亦跑得不知去向；仍旧留在乡村的党员，则不敢和党部通消息，实亦等于脱党。普宁的党员大多是自耕农，与惠来一样，压迫一来，逃跑过洋者近占半数。据东江特委 1928 年 6 月的报告，普、惠两县农民党员逃往海外（暹罗）者约 1000 人，匿居山上或搬到别乡和不愿与党发生关系者约占十分之六七。③

类似的情形亦在广东其他各地存在。广宁有党员 200 多人，"逃走的占二成，消极的占二成，积极奋斗的只得二成"。据称在西江地区广宁党的基础尚算较好。在高要，敌人的镇压一来，9 个县委跑了 6 个；党员有的因生活问题脱党另谋职业，亦有的入山做土匪。④ 在云浮，130 余同志，"投机动摇分子居多"。⑤ 在化县，有党员一百几十人，县委准备发动一次暴动，但是暴动尚未起，听见有敌军开来，党员便四散逃走了，全县党组织亦随之而瓦解。⑥

① 《巡视员给中央的报告》（1928 年 4 月），《广东文件》甲 26，第 139 页。
② 《中共海陆紫特委给省委信》（1929 年 4 月 19 日），《广东文件》甲 22，第 106、114 页。
③ 《中共东江特委给省委的报告》（1928 年 6 月 24 日），《广东文件》甲 26，第 161、162、164、172 页。
④ 《中共高要县委给省委报告》（1928 年 6 月 18 日、8 月 23 日），《广东文件》甲 32，第 360、368、370、371 页。
⑤ 《中共广东省委致云浮县委信》（1928 年 7 月 5 日），《广东文件》甲 11，第 56 页。
⑥ 《中共广东省委给中央的报告》（1928 年 3 月 12 日），《广东文件》甲 9，第 74 页。

共产党素以"铁的纪律"著称，中共中央和广东省委亦一再申明要强化党的纪律。如规定"不参加支部会议、不纳党费者不算同志"。① 声称如果党员违反纪律，党组织要坚决予以纪律制裁，决不姑息迁就。但各地党组织在执行纪律时颇感棘手，因为多数党员没有受过党的训练，违纪者罚不胜罚。陆丰县委在给省委的报告中无奈地说："党员既不知党是什么，自然不明白纪律为何物，我们若严格执行起来，不知要开除及处分多少。鉴此，纪律也没有严厉执行。"② 东江各县党组织亦声称，他们之所以没有执行纪律，实乃无法执行，"因为一般工农同志大多数莫有过党的生活，而且莫有受过党的训练，所以他们实是不知道纪律是什么东西。"③ 还有一些地方党组织担心党员受处分后叛变反动，亦不敢彰明开除其党籍，以至于一些已经逃跑脱离组织的分子，也没有采取组织上的制裁。④ 所谓"铁的纪律"，形同具文。

1928 年底至 1929 年 3 月，中共广东党组织遭到了一次全省性的大破坏。全省党员人数由 1928 年 8 月的 6.4 万多人，减至 1929 年 4 月的 1.3 万人。这次大破坏的主要原因，在客观上是白色恐怖加重，主观上则是党组织自身不健全。党员中具有坚定信仰，英勇无畏，敢于献身者固多，而恐惧逃跑、脱党变节者亦为数不少。如南路、北江、琼崖等特委和香港区委机关都是因党内叛徒告密而遭破坏的。

随着白色恐怖的日趋严酷，党员自首叛变人数呈上升趋势，而且日渐威胁到广东省委机关自身的生存。1929 年 1 月广东省委给

---

① 《中共广东省委第二次扩大会议关于党的组织问题决议案》（1928 年 11 月），《广东文件》甲 13，第 203 页。
② 《中共陆丰县委给省委的报告》（1928 年），《广东文件》甲 30，第 140～141 页。
③ 《蒲凤鸣关于东江党务及军事情况的报告》（1928 年 7 月 19 日），《广东文件》甲 26，第 237 页。
④ 《中共广东省委扩大会议党的问题决议案》（1928 年 4 月 13 日）、《中共两广工委致北江工委及全体同志信》（1932 年 8 月 4 日），《广东文件》甲 9，第 237 页；甲 20，第 191、192 页。

中央的信中不无忧虑地提到："党员自首之风渐炽"。① 1931 年 7 月
徐德在关于广东工作状况的报告中提到，省委"四年来破坏是定
期的，每次破坏后叛变一批，组织经常是动摇的"②。1931 年初至
1934 年 9 月间，由于省委机关屡遭破坏，省委主要领导人先后更
迭 10 次，省委机构名称亦 3 次更改。③

在各地，党员大批叛变自首使党组织遭到严重破坏。1933 年 1
月东江特委在给中央的报告中写道："近来许多阶级异己分子纷纷
叛变，葵潭一区叛徒近二打，全东江几近百人。""叛变的，自新
逃跑的真多！"相隔一个月，东江特委再次向中央报告："最近一
月来叛变的甚多，特别是潮普惠与潮普揭，一月来叛变的将近百人
（单指所谓干部）。"④ "叛变后我们受到极大损失，我们的同志与
群众死于叛徒之手的极多，党在群众中的影响受到极大的打击，许
多群众或同志对我们干部都怀疑，不知谁才靠得住，因此不敢接头
或者要我们干部发誓他才敢接头。""党员的数目是大大减少了，二
千党员的海陆紫现在不上一千，七百党员的潮普惠现在只有一百
多了，五百多党员的南山现在仅存七十二人，而且不能开会的。党
的组织是这样的削弱。削弱的原因，主要的是自新与脱离了关系。"⑤

在白色恐怖的严酷情境下，本无多少政治信念的农民党员为了
自身的生存而背弃组织，几乎是顺理成章的事情。正因为此，更彰
显那些不屈不挠、视死如归的革命者之非凡和可贵。革命党的成长
历程，本是一个不断淘汰、不断升华和不断新陈代谢的过程。最初
加入革命队伍者，中途因牺牲、失散、逃亡、叛离、清洗等，最终

---

① 《中共广东省委给中央信》（1929 年 1 月 7 日），《广东文件》甲 14，第 27 页。
② 《徐德关于广东工作状况的报告》（1931 年 7 月 20 日），《广东文件》甲 19，第
176、177 页。
③ 参见《中国共产党广东地方史》第 1 卷，第 346、351 页。
④ 《中共东江特委给中央的报告》（1933 年 1 月 17 日、2 月 14 日），《广东文件》
甲 26，第 394、399、423、424 页。
⑤ 《中共东江特委给中央的报告》（1933 年 1 月 17 日），《广东文件》甲 26，第
394、395、399、340 页。

能留存下来并成长为真正革命家者只是少数。比如 1928 年广东全省 6 万多名党员，到 1933 年仅余下一两千人，广东全省各地的白区党组织到 1933 年基本丧失殆尽。一个松弛涣散的党在白色恐怖下的生存和应变能力实在是脆弱的。

三　党费、党内交通与情报传递

对一个地下党而言，经费、交通与情报传递是制约其生存的重要因素。这个时期中共全党的经费情形非本文所能考察，此处仅就有限的资料，对广东各级党组织的经费来源与支出情形略加分析。

这个时期广东省委的经费来源主要有两个方面：一是中央的津贴，二是下级党部的上缴。

广东国民党清党反共之际，武汉国共合作的政权还存在。当时中共广东特委的经费预算，月需 1.2 万元，开支主要包括特委和广州市委机关费、工运和农运活动费、宣传费和救济费等。但当时中共中央只答应每月津贴 2300 元。广东特委认为此款实在无法支应，请求中央在广东未收复以前，每月增加特别费 5000 元；另请国民党中央农民部、工人部拨给广东农运和工运补助费。[①] 这说明当时中共广东特委的经费来源主要仰赖在武汉的国共两党中央津贴。

1928 年，广东省委要求中央每月接济 1 万元，中央批准广东省委每月的预算是 7000 元；从 1928 年 12 月起，中央减少给广东省委的津贴 40%，每月津贴 4200 元。[②] 1929 年后，中央经济日趋紧张，给广东省委每月的津贴又先后降至 3500 元、2000 元。[③]

---

① 《邝德福致家祥信》（1927 年 7 月 6 日），《广东文件》甲 7，第 17、18 页。

② 《中共广东省委给中央的报告》（1928 年 1 月 30 日），《广东文件》甲 8，第 267 页；《立三给中央的报告》（1928 年 3 月 18 日），《广东文件》甲 9，第 100 页；《中央广东省委给中央的报告》（1928 年 12 月 6 日）、《中共广东省委通告》（1928 年 12 月 13 日），《广东文件》甲 13，第 350、373 页。

③ 《中共广东省委给中央的信》（1929 年 2 月 4 日）、《中共广东省委给东江特委信》（1929 年 2 月 22 日），《广东文件》甲 14，第 126、154 页。

1930 年以后，中央要求各省及各地党部实行"党费自给"，逐渐停止了给广东省委的经常性津贴，改为不定期的补助。

广东省委经费的另一来源，是下级党部的上缴。省委要求已经发动暴动的各县必须拿出一定经费给省委，如规定琼崖、海陆丰、潮阳等地党部，每月至少各供给省委 3000 元。① 一些地方党部确有上缴，如 1928 年 2 月东江特委给省委的报告内有"前后托人带上银二千元，谅可接到"等语。② 但地方党部的上缴并非总有保障。如广东省委一再向琼崖特委催款，琼崖特委回复说，省委困难情形，特委已经洞悉，自当努力筹措供给省委，不过在暴动时期，用款浩繁，在可靠的乐会、万宁两县反动派财产几乎没收精光，不能再筹，各县又只能勉强自给，所靠者只有陵水一县能筹大宗款项，而特委及工农革命军饷项及购弹费，又大都靠该县来供给，已是十分困难，所以从目前情形看来，每月筹 3000 元供给省委，事实上是做不到的，候以后努力筹出若干，当即付上云云。③

同样，海陆丰亦表示每月向省委上交 3000 元，难以办到。因为海陆丰苏维埃政权自身财政还难以维持。开始夺取海陆丰时，所有没收财物及罚款有 5 万多元，刚好维持开销；以后财源有限，每月平均收入仅 2 万元，而每月开支仍需 5 万元，不敷远甚。④

这个时期广东大多数县市党部不仅不能供给省委经费，反而仰赖省委的接济。省委每月必须从有限的经费中拨出一部分，津贴给下级党部。省委给各县市委的津贴，一般每月数十元不等，当然很

---

① 《中共广东省委复琼崖特委信》（1928 年 1 月 21 日），《广东文件》甲 8，第 121 页；《关于海陆丰的报告》（1928 年 3 月），《广东文件》甲 26，第 114 页；《中共广东省委致潮阳县委信》（1928 年 7 月 7 日），《广东文件》甲 11，第 115 页。

② 《中共东江特委给省委的报告》（1928 年 2 月 18 日），《广东文件》甲 26，第 75 页。

③ 《中共琼崖特委给省委的报告》（1928 年 2 月 3 日），《广东文件》甲 23，第 40 页。

④ 《巡视员给中央的报告》（1928 年 4 月），《广东文件》甲 26，第 133 页。

难按月定期接济。省委有时还以停发或减发津贴，以示对下级党部工作的惩戒。[①]

由于省委的津贴有限，一些县市党部常因经济问题对省委表示不满。如 1928 年 7 月顺德县委在给省委的报告中，埋怨省委不能按时津贴，"至今相隔个多月，仍未见省委继续发给津贴，好似实行经济绝交一样，弄到顺德的党不生不死的状态"，声称若不从速设法接济，县委的工作势必消沉下去。相隔不到一月，顺德县委再次在报告中写道，负责同志要吃饭，活动同志要川资，印刷宣传品要纸墨，这些是强健县委最低的限度。报告指责省委每月的津贴50 元或 60 元也是口惠而实不至。牺牲的同志，其家属遗族得不到组织上的物质帮助和抚恤，甚至连精神上的安慰也没有，结果在同志中产生不良影响："一人牺牲，百人退倒"。报告认为该县党的组织不健全，"都是省委无钱交来所致"，指责省委为"盲官黑帝"，"自认革命党人对于这些常识（引注：指无钱没法办党）都不懂"。[②]

高要县委亦声称，省委的津贴既无确定的数目，又不能按期接济，县委没有其他经济来源，同志食饭发生恐慌，许多同志因此灰心而私逃，县委感到无法维持。[③] 一些县委为了领取津贴，接二连三派人赴省委，甚至整个县委全体委员齐赴省委坐索。[④] 当时广东各县党部普遍感到有两大压力威胁其组织的生存：一个是白色恐怖的压力，另一个即是经济的压力。上下级党部之间常因经济问题而导致关系紧张。

此时广东一些县委的经费预算，每月一二百元不等。开支项目中，最主要的是县委委员和巡视员的生活费。如惠阳县委每月预算

---

① 《中共广东省委通告》（1928 年 8 月 16 日），《广东文件》甲 12，第 164 页。
② 《中共顺德县委给省委报告》（1928 年 7 月 12 日、8 月 7 日），《广东文件》甲 32，第 145～151 页。
③ 《中共高要县委给省委报告》（1928 年 6 月 24 日），《广东文件》甲 32，第 357 页。
④ 《中共广东省委通告》（1928 年 8 月 16 日），《广东文件》甲 12，第 164 页。

为 250 元，内中伙食费 135 元，交通费 50 元，宣传费 15 元，杂费 50 元。① 所谓杂费，主要用于县委委员的医药费以及购置衣服、鞋、雨具等费用。县委每月预算中约有 70% ～ 80% 用于县委委员的日常生活开支。

除县市委外，一些区委亦仰赖省委津贴，如番禺县一、二区区委声称，区委经费，毫无办法，只有依靠省委津贴，否则无法活动。各区每月预算二三十元不等，并强调"要请省委发足，才有办法分配同志到各处活动"。② 一些支部亦表示有津贴才能工作。据广东省委通告，"各地党部对区委津贴是很普遍的现象，对支部津贴的亦为数不少"。③ 其时，广东各地县委和区委委员基本上都是脱离生产的职业革命者，支部委员中亦有少数是专职的。如东江特委规定，县委、区委和重要支部须指定专门在党内负责同时不兼外部工作的同志。这些同志的生活费，由上级党部供给。④ 广东全省从党组织领取生活费的党员干部占多大的比例，未见相关统计，估计是一个不小的数目。

从革命事业的需要来讲，一个革命党必须有一大批脱离生产的职业革命者全身心投入；而对一个没有固定经济来源的地下党而言，又希望大多数党员干部都有一个谋生的职业以减轻党的负担。对当时的革命者而言，谋生与革命常常是难以兼顾的。如云浮县委书记在给省委的报告中写道："对于各支部的负责同志未有全力的工作，其原因不做工有饭食，对于经济非常痛苦。"⑤

---

① 《中共惠阳县委给省委的报告》（1928 年 6 月 11 日），《广东文件》甲 31，第 263 页。
② 《中共番禺临时县委四月份给省委总报告》（1928 年 5 月），《广东文件》甲 32，第 101 ~ 105 页。
③ 《中共广东省委通告》（1930 年 2 月 4 日），《广东文件》甲 17，第 121 页。
④ 《中共东江特委给省委的报告》（1928 年 6 月 24 日），《广东文件》甲 26，第 181 页。
⑤ 《中共云浮县委书记剑夫给省委报告》（1928 年 5 月 16 日），《广东文件》甲 32，第 431、432 页。

　　1930 年 2 月，广东省委专门就党的经济问题向全省各级党部发表通告，指出党的经济已趋于危困的境地，党的经济问题已成为党内很严重的问题；并认为津贴制度是造成党的经济不堪重负的一个重要原因。通告称："目前党差不多形成普遍的津贴制度，各地党部亦以为要解决经济的困难唯一的希望是上级增加津贴。因此，遇到有什么困难便马上跑来省委解决，以为到省委对于经济问题便可迎刃而解，很少能自己设法补救。过去各地同志来省委解决问题的，过半数是为解决经济问题而来的，便是例证。"省委通告还指出："同志中更有一种恶劣的观念，以为做党的工作一定要得党的津贴；在党分配工作时，甚至有'无钱就无法指挥同志'的情形。这个观念的形成，不但党的经济破产，即党的纪律亦一扫乌有！"省委慨叹："目前同志中普遍的没有爱护党的观念，自动协助党费的寥寥无几，甚至可以说完全没有；自己生活困难却来找党解决，要求党维持生活。如此，战斗的共产党将变成维持同志生活的集团，斗争的意义将完全消灭了！"省委严肃地指出：津贴制度是资产阶级政党的办法，是国民党式的恶劣遗留。"无产阶级政党主要的是要靠同志来维持党的经济，现在却相反的，同志要靠党来维持他们！"①

　　这实际上是一个两难问题：从党的原则来讲，无产阶级政党要求"党员养党"，但从党员的社会成分而言，共产党是一个"穷人的党"，党员多数是贫苦农民，客观上又只能是"党养党员"。何况他们中一些人入党的动机就是指望解决个人衣食问题。按照共产党党章的规定，每个党员必须经常按期缴纳党费。广东省委也制定了党费征收条例，要求下级党部严格执行。但这个时期广东党员大多数没有缴纳党费。②"党费的征收很不普遍，只是成为偶然的事

---

　　① 《中共广东省委通告》(1930 年 2 月 4 日)，《广东文件》甲 17，第 120、121 页。
　　② 《中共广东省委第二次扩大会议关于党的组织问题决议案》(1928 年 11 月)，《广东文件》甲 13，第 194 页。

件；特别捐，所得捐，还没有使全党同志深切了解，自动的缴纳；各地党部有些竟是分文无收进。"①

对党而言，向党员征收党费，主要还不是出于经济的考虑。广东省委指出，收党费包含有两种重要意义：一是使党员认识到党是党员的集体，党的生命需要党员来维持；二是通过按期交党费，培养和训练党员的团体化、纪律化的观念。② 因此，广东省委于1930年2月向全省各级党部郑重通告："凡连续三个月不交党费者，无论什么同志都要无条件执行党的纪律开除出党！"③ 然而时隔一年多以后，省委无奈地承认："直到现在，只有琼崖特委、惠阳县委曾经进行了征收党费的工作，同时做的还是非常不能令人满意的。其他各地党部，完全忽视了这工作。"④ 这个时期，未见广东党组织有因不交党费而开除党员者。

另一方面，也有部分地方党部不仰赖省委津贴而自筹经费者。自筹经费的办法，主要是向富有阶层勒筹。如琼崖特委自称："收入全靠借、捐、抢、勒、骗……等"。⑤ 各地具体筹款方式不一，或公开向地主筹捐（南雄），或敲富人竹杠（顺德），或"掘富人骨头勒赎"（潮阳），甚至拍卖反动家属之妇女儿童（五华）等。⑥ 各地最常用的筹款方式是绑票。绑票在广东各地叫法不一："捉猪"、"抓猪"、"参吊"、"拉参"等。尤其在东江各县，经济来源几乎全靠"抓猪"。⑦ 由于"抓猪"筹款来得容易，东江各县每月

---

① 《中共广东省委通告》（1930年2月4日），《广东文件》甲17，第122页。
② 《中共广东省委通告》（1929年1月4日），《广东文件》甲14，第9页。
③ 《中共广东省委通告》（1930年2月4日），《广东文件》甲17，第124页。
④ 《中共两广省委通告》（1931年12月20日），《广东文件》甲19，第434页。
⑤ 《中共琼崖特委代表在中央会议上的报告》（1928年），《广东文件》甲23，第102页。
⑥ 《中共南雄县委给省委的报告》（1929年7月4日）、《中共顺德县委给省委报告》（1928年7月12日），《广东文件》甲32，第75、145页；《中共东江特委给省委的报告》（1928年6月24日），《广东文件》甲26，第170页；《中共五华县委给东委报告》（1929年11月3日），《广东文件》甲31，第61页。
⑦ 《中共东江特委总报告》（1932年6月9日），《广东文件》甲29，第107页。

经费开支甚大。如五华、兴宁、丰顺等县每月经费一两千元；兴宁县委有一月曾用过2万余元。这些钱均是向富有阶级"捉猪"得来。各县县委、区委甚至一个支部，都忙于计划"捉猪"，动员群众等革命中心工作被搁置一边。[①] 在潮阳，因"捉猪"所得甚丰，党员过着丰厚的生活，赤卫队员每月有20元的薪水。[②] 在海陆丰，因富有阶级多半已跑了，特委为了筹款，饥不择食，所捉的"猪"只是稍有资产者，甚至自耕农都捉，农民群众目之为"赤色土匪"。广东省委认识到"捉猪"有两个不良后果：一是容易使同志生活腐化，二是影响党在群众中的信仰。但在无法津贴和接济地方党组织经费的情况下，省委原则上不制止各地"捉猪"筹款，只是反对土匪式的饥不择食的行动，指示各地"捉猪"要有计划、有组织，由特委负责组织特别队，非常秘密地去干，目标要针对富有阶级，反对扰及农民。[③]

对省委而言，"捉猪"虽对党和革命产生了某些负面影响，但在白色恐怖的情境下，为了党组织的生存，"捉猪"又是一种无奈的选择。尽管省委力图区分"土匪式""捉猪"与革命式"捉猪"的界限，但"捉猪"这种行为仍难免使农民在现代革命党人的行为与旧式叛党的行为之间产生联想。

地下党的另一重要问题是交通和情报传递问题。它关系到中央的意志能否通畅地传达到每一层级组织，同时各级党组织的活动信息能否及时反馈给上级党部。党组织在白色恐怖下是否具有较强的生存和应变能力，与交通和情报传递是否敏捷通畅密切相关。

---

① 《中共广东省委给东江特委信》（1929年4月7日），《广东文件》甲14，第266、267页。
② 《中共东江特委给省委的报告》（1928年6月24日），《广东文件》甲26，第170、171页。
③ 《中共广东省委给海陆紫特委信》（1929年2月24日），《广东文件》甲14，第163、164页。

在 20 年代，电报等现代通信手段已在中国使用，但由于地下党斗争的秘密性，除少数特殊和紧急情况外，一般不常利用官方的电信系统。这个时期中共党内的情报传递主要依靠书信和人员往来，传递速度比较迟缓。其时广东省委驻在香港，沪中央与粤省委之间，文件传递一般需要 20 多天甚至一个多月。在此期间，政局难免瞬息多变。中央根据此时此地政治形势作出的重要决策，传递到相距较远的地方党部时，有可能与彼时彼地的情形南辕北辙。如1929 年 3 月广东省委致中央信称："关于中央每次来的政治通告，每因时间性的问题，发生不同的见解。如现在中央三十号通告是二月八日发出，省委接到时已是三月六号了。在这一个月内政治变幻是不能避免的，尤其是在资产阶级的蒋系与地主买办阶级的桂系互相冲突最激烈时候，所以省委希望中央的政治通告早点发出来，否则失了时效，党不能随政治的变迁很快的去反应，并且给下级党部于全国范围内的政治情形仍模糊和困难。"①

地下党激烈的斗争需要高效敏捷的应变能力，而其通信技术手段和党内情报传输速度不能适应斗争的需要，自然难免贻误时机。1930 年 8 月，广东省委再次埋怨"中央对省委交通太慢，有时间性的文告，使省委执行困难。'七一六'反军阀战争的通告，在七月五日才到港，等省委讨论起草，印发出去后，已有使其他地方，尤其是远一点的无法措手。'七一六'的工作，北江在事后才接到，东江接到已无余时了"。② 由中央至省委，再由省委、特委转发县委，层层递转的结果，"有些地方的负责同志都要经过一两月以后，始能接到党的文件，懂得新的环境与党的新政策；一般同志甚至于完全看不见党的文件。"③

大革命失败以后，中共中央强调上级对下级"最大限度的集

① 《中共广东省委给中央信》（1929 年 3 月 6 日），《广东文件》甲 14，第 185 页。
② 《剑英给中央的报告》（1930 年 8 月 5 日），《广东文件》甲 18，第 219~220 页。
③ 《中共广东省委通告》（1928 年 1 月），《广东文件》甲 8，第 107 页。

权"，和下级对上级"绝对的服从"，要求每个党部都要严格地与其上级及下级党部建立极密切的联系。[①] 在这种情况下，缺乏自主意识的下级党部必须等待上级党部姗姗来迟的指示才能开展工作，其反应势必迟缓被动。情报传递速度亦难适应党内集权体制的需要。1929 年 10 月，海陆紫特委在给省委的报告中即称：省委对各地工作之应付，表现得很迟钝，如秋收斗争等工作，都须等中央通告后才决定；若各地党部又呆板地等着省委通告，才能决定一切工作，则妨碍工作实大。[②]

中央与广东省委之间情报传递的密度如何呢？据 1928 年 4～7 月广东省委收发文统计，广东省委共收到中央来信 10 件，其中只有 4 封是指示策略的信；同时间内，广东省委向中央发出信件 5 封。[③] 也就是说，中央对广东省委平均一月一次策略指示，而广东省委对中央亦基本上是一月一次工作报告。对当时强调高度集权和绝对服从的中共而言，这样的联系频率并不算密切。

再看广东省委与下级地方党部之间的联系。据 1928 年 4～7 月广东省委收发文统计，省委在此 4 个月中，总计与 5 个特委、8 个市委和 33 个县委有通信往来。各级地方党部每月平均向省委提交的报告：特委 1.7 件，市委 1.1 件，县委 0.7 件。省委每月平均向地方党部发出的指示：特委 1.6 件，市委 1.0 件，县委 0.4 件。[④] 由此观之，广东省委与特委之间的联系较为密切，与县委之间的联系则较差。省委要求各县、市委每周至少向省委做一次通讯，每月做一次书面报告，[⑤] 显然大多数县委没有做到。1928 年是广东党组

① 《中国共产党组织史纲要》，第 68 页。
② 《中共海陆紫特委给省委的报告》（1929 年 10 月 25 日），《广东文件》甲 22，第 157 页。
③ 《中共广东省委文书科收发信件统计表》（1928 年 8 月），《广东文件》甲 12，第 29 页。
④ 据《中共广东省委文书科收发信件统计表》（1928 年 8 月）统计。见《广东文件》甲 12，第 29～37 页。
⑤ 《中共广东省委通告》（1928 年 1 月），《广东文件》甲 8，第 48 页。

织发展较快的一年。是年底至翌年初，各县市党部遭到一次全省性的大破坏。此后，广东省委与各县市党部的联系日趋困难。

上下级党部之间除书信往来外，还有人员往来。中央、省委、特委、县委，均派遣有巡视员分别巡视和指导下一级党部的工作，与此同时，下级党部有时亦派遣同志向上级党部汇报工作。巡视制度在广东的推行并不理想，一是没有建立经常性的巡视员制度，巡视人员有限，特委和县市委大多没有固定的巡视员，巡视不周；二是对巡视制度不能正确地实行，如省委派出去的巡视员大都参加特委工作，离省委机关太久而失去巡视员作用；或者是"走马观花"，对各地的工作没有大的帮助①。

广东省委对各县市党部的指示内容，一方面是传达中央的指示精神，另一方面是针对各地方党部的报告进行具体的工作指导。值得注意的是，各地方党部常对省委的指导表示不满，认为上级机关对各地实际情形隔膜，以致下达的指示不切合实际环境；其次是指导不敏捷，以致耽误时机；而且指导多为空洞的理论，缺少技术性和具有实际操作性的方法指导。如暴动，省委的通告不外"马上暴动起来"、"煽动大多数同志起来参加"、"须是群众的行动"、"暴动成功即分配土地，组织苏维埃"等，而对暴动的实际方法则无指示。而下级党部盼望省委能够搜集各地暴动方法和经验材料，指示各地党部有关暴动的具体办法。②

另一方面，省委也经常批评下级党部对省委指示执行不力，"各地接到通告后，对于通告的内容，没有深切的研究，对于执行的方法又没有充分的注意。有些地方接到通告后，连指导机关都不

---

① 《中共琼崖特委给省委的报告》（1930 年 2 月 1 日），《广东文件》甲 23，第 158 页；《中共中央巡视员毅宇给中央的报告》（1928 年 10 月 26 日），《广东文件》甲 12，第 341 页；《中共广东省委第二次扩大会议关于党的组织问题决议案》（1928 年 11 月），《广东文件》甲 13，第 194 页。

② 《中共澄海县委致省委报告》（1928 年 5 月 10 日），《广东文件》甲 31，第 324 ~ 325 页。

讨论，负责同志完全不阅看。通告一到，即存在秘密收藏的地方，不但下级党部得不到指示，连上级负责人都影响不到。有些地方比较注意的，则于接到通告后不加以详细的讨论，原篇全文很机械的转到下级党部（县委、区委、支部）去，使下级党部接此项通告后，因为内容复杂，文字深长，简直无从讨论，结果通告仍无法执行。"①

中央和省委的文件通告，文字深长，晦涩难懂，是影响下级党部理解和执行的一个重要因素。这个时期大多数党员是农民，县委以下基层组织的负责人亦多是农民出身，而上级党部在下发文件和通告时，未考虑基层党部和党员的接受能力。有时中央通告连省委委员都不能理解。1928 年 12 月中央巡视员毅宇在给中央的报告中即提到：广东省委"最近对政治问题常讨论，但对于反帝通告讨论结果甚坏，一方面是同志对国际情形太不懂，而另一方面是中央通告太长了，包括的'概念'太多了"。②

连省委都弄不懂的一些"概念"，若传达到基层支部的农民党员那里，自然如同天书了。像"苏维埃"这样的洋"概念"要让当时中国农民理解，就不是一件容易的事。张国焘回忆，"苏维埃"这个由俄文译过来的名词太生硬了，一般农民不易懂得。即使在已有三年历史的鄂豫皖苏区，"苏维埃"的含义还不为一般农村党员和人民所了解，有的认为"苏维埃"是苏兆征的别号，有的认为"苏维埃"是苏兆征的儿子。③ 尽管"苏维埃"这个名词在苏区已是家喻户晓，但没有多少人明白它的真正含义。

大体言之，这个时期中共中央的文件决议和通告尚能较好地传达到省委、特委，到达县委一级后即往往停顿下来。县委以下的区委、支部很难看到党内文件和党报。据 1929 年广东省委工作报告，

---

① 《中共广东省委通告》（1929 年 1 月 12 日），《广东文件》甲 14，第 41～42 页。

② 《中共中央巡视员毅宇给中央的报告》（1928 年 12 月 31 日），《广东文件》甲 13，第 450 页。

③ 张国焘：《我的回忆》（3），第 84～85 页。

《红旗周刊》和《学习半月刊》是当时广东省委办的两大党报，据称前者是省委政治机关报，是各级党部政治路线的根据；后者是党内干部党员的读物，登载中央和省委文件，同时发表对党的政治组织路线的讨论文字。但这两大刊物总不能如期出版，而且印数有限，前者每期只印 600～800 份，后者仅印 300 份。两刊的发行，9/10 以上分发在省委所在地香港，其他各县市委不能普遍分到，少数几个重要的县市委至多能分到一两本。至于中央出版的《红旗》，因寄给广东太少，县市一级党部甚难看到。①

就这个时期的中共而言，它虽然拥有一个自上而下、由中央直至基层的多层级的组织系统，但这个组织系统远未达到如身使臂、如臂使指的程度，中央的意志难以贯彻到党组织的末梢。

四　地域社会、农民与党

大革命失败以后，中共对革命形势作出乐观的估计，认为在帝国主义、买办、地主、军阀等多种反动势力的侵略、压迫和剥削之下，全国工农大众在一天一天贫困化。这种一天一天地贫困化，必然导致工人农民一天一天地革命化。革命高潮即将到来。然而，中共在动员工农武装暴动的过程中很快发现，工人农民的生活虽然日趋贫困化，但要动员贫困化的工人农民起来革命并非是一件容易的事。

这个时期中共广东省委和各县市委的文件中，经常谈到这样一个"矛盾"现象：一方面是工农群众的生活非常痛苦，另一方面是党组织发动群众非常困难。在城市，找工人加入赤色工会甚难，眼看成千上万的工人群众，而愿加入秘密工会的不过二三十人。②

---

① 《毅宇给中央的报告》（1929 年 3 月 13 日）、《中共广东省委一月至二月的宣传工作报告》（1929 年 3 月），《广东文件》甲 14，第 193～194、253～255 页。

② 《中共广东省委关于职工运动的报告》（1928 年 12 月），《广东文件》甲 13，第 464～466 页。

广东省委慨叹："工人自发的斗争，天天都在发展，但是我们天天煽动都煽动不起，好似伯爷公望生仔一样，人家天天生野仔，他天天要生仔都生不出来。"①

在农村，中共发现农民的阶级观念非常淡薄，甚至完全没有阶级觉悟。番禺县委在给省委的报告中即谈道："当地贫苦农民往往做事都是要大耕家带头，他们乃敢随之。他们依赖大耕家的心理，非常难以打破。"② 农民所依赖和信仰的"大耕家"，正是中共眼中的豪绅地主。中共号召农民起来大杀豪绅地主，而农民最初往往不愿为。如陆丰东南部一区委在接到上级党部要求大杀反革命的命令后，召集大会积极布置，并指定专人进行。未料被党组织指定去杀反革命的农民回家后几次欲悬梁自杀，人问其故，他回答说："共产党要我杀乡里的人，倒不如自己死去还了得"。共产党口中的"反革命"，农民眼中却是邻里"乡人"。农民不明白什么是"革命"和"反革命"，只知道"远亲不如近邻"的浅俗道理。结果当地农民都反对中共杀"反革命"的决议。③ 在中共看来，这是农民的封建思想和小资产阶级仁慈观念的表现，必须予以破除。

中共号召农民起来没收地主的土地，向农民宣传："土地是天生成的，并不是地主制造出来的，是由地主用强力劫夺来的，农民应以武力无条件的向地主夺回土地！"共产党的这类宣传要让农民理解和接受，并非一蹴而就。即使在农民运动发动较早的陆丰地区，仍有一些农民以为土地是地主用钱买来的，将它没收觉得有点过激。④ 对当时大多数农民而言，拥护阶级斗争或革命并不是一种自然而然的选择。

---

① 《中共广东省委致东莞县委信》（1928 年 8 月 26 日），《广东文件》甲 12，第 237 页。

② 《中共番禺临时县委四月份给省委报告》（1928 年 5 月），《广东文件》甲 32，第 98～100 页。

③ 《中共东江特委给省委的报告》（1927 年 12 月 30 日），《广东文件》甲 26，第 33 页。

④ 《海、陆丰十月暴动略记》（1927 年 12 月），《广东文件》甲 7，第 292～293 页。

　　鉴于农民的阶级观念淡薄，广东省委一再指示各地党组织要"挑拨"和"煽动"农民的阶级仇恨。而各地党组织声称，尽管他们做了大量的宣传鼓动工作，无奈农民意识中的宗族地方观念浓于阶级和革命观念。宝安县委称："此间同志与农民的封建关系是非常紧要。他们看见同姓同族乡村与别姓别族乡村械斗，即不管你们什么命令，只有挺身去帮斗。"农民"只有地方宗族思想，绝没有阶级的觉悟"；"就是我们煽动他们能够起来，又因地方宗族关系自然发生种种问题"。① 在饶平，乡村之族长经常利用姓氏关系使这乡农民与那乡农民发生械斗。② 在英德等县，姓族斗争也相当盛行。③

　　除宗族观念外，地缘意识和地方主义在广东各地普遍存在，也不可避免地影响到党内来。如东江人反对海丰人，丰顺人反对梅县、大埔人。普宁党员认为普宁的党务应当由普宁人来执行，不应当由海丰人来把持。④ 潮阳的党员反对东江特委从潮阳调款去支援海陆丰和红军。⑤ 甚至当敌人进攻时，邻县的党组织和武装囿于地方观念，不愿前往相助。⑥ 地方排外观念有时在省委中亦时隐时现，如粤籍干部与非粤籍干部之间产生摩擦等。

　　长期以来，械斗在广东各地非常盛行，几成为岭南地域社会的一大独特景观。械斗主要在宗族之间进行，有时亦在村落之间展开。两者经常是重叠的，因为农民多聚族而居。旧式的械斗显然有

---

① 《中共宝安县委给省委报告》（1928 年 5 月 2 日、3 月 29 日），《广东文件》甲32，第 279、275 页。

② 《中共广东省委给饶平县委信》（1928 年 1 月 30 日），《广东文件》甲 8，第256 页。

③ 《关于英德状况谈话记录》（1928 年 4 月 2 日），《广东文件》甲 32，第 30 页。

④ 《中共广东省委第二次扩大会议关于党的组织问题决议案》（1928 年 11 月），《广东文件》甲 13，第 193 页；《蒲凤鸣关于东江党务及军事情况的报告》（1928 年 7 月 19 日），《广东文件》甲 26，第 241 页。

⑤ 《中共东江特委给省委的报告》（1928 年 6 月 24 日），《广东文件》甲 26，第171 页。

⑥ 《卢伟良的报告》（1931 年 3 月 24 日），《广东文件》甲 19，第 64 页。

碍于以阶级斗争为理念的革命行动，因此，广东省委反复指示各地党部要注意向农民灌输阶级观念，引导农民将宗族和地方主义的械斗转化为农民与地主之间的阶级斗争。但据各地党部报告，这种转化工作收效不大。相反，一些基层党组织和农民党员却经常利用革命组织力量为他们的宗族和地域性斗争服务，以至将革命斗争异化为械斗式的斗争。

值得注意的是，中共一方面认为宗族和地方观念是农民封建意识的表观，必须予以破除，而另一方面又鼓励基层党组织利用血缘、地缘等传统社会关系去大力发展党员，导致党员的分布明显带有村落性和宗族性。那些带有村落性和宗族性的地方党组织在进行武装暴动和屠杀反革命时，往往将与自己有宿怨的村落和宗族当作革命的对象，从而使阶级斗争性质的革命行动异化为一村打另一村的械斗式的斗争。[1] 党在改造和利用农民的同时，农民实际上也在改造和利用党。这种双向社会化的情形在广东各地十分普遍。广东省委指出："因为广东乡村异姓间械斗的封建习性最深，因此在屠杀反动派的时候，还是旧的械斗的宿怨、封建的遗毒，使到一村一村的人整个的（被）屠杀或逃走。"[2] 广东省委在分析海陆丰、普宁、惠阳等县革命受挫的原因时，认为"以前各地所谓群众的斗争，实际是小豪绅所领导的对大豪绅的乡村械斗，以致造成今日乡村的分化远过于阶级的分化。党是在此等乡村械斗中生长起来的"。[3] 省委在给琼崖特委的信中也指出："琼崖以前因为反地主阶级的观念甚为模糊，所以始终一切暴动都不免乡村械斗的色彩。"[4]

乡村的地缘和宗族分化甚于阶级的分化，宗族与村落之间的斗

---

① 《中共广东省委致潮阳县委信》（1928 年 7 月 7 日），《广东文件》甲 11，第 108 页。
② 《中共广东省委致东江特委并转全体同志信》（1928 年 1 月 24 日），《广东文件》甲 8，第 172 页。
③ 《中共广东省委致东江特委信》（1928 年 7 月 7 日），《广东文件》甲 11，第 67 页。
④ 《中共广东省委、团广东省委致琼崖特委信》（1928 年 9 月 25 日），《广东文件》甲 12，第 294 页。

争也甚于阶级之间的斗争，于是广东各地出现了"革命乡村"（亦称"共产村"、"赤色乡村"）与"反动乡村"（亦称"地主村"、"民团村"、"白色乡村"）的分野。本来"革命"与"反动"之别，是建立在阶级分化和阶级对立的基础之上的，但当时所谓"革命乡村"与"反动乡村"，往往不是以阶级来划分。"反动乡村"的民众绝大多数也是贫苦农民。如一位巡视员在报告中写道："普宁、潮阳、揭阳反动乡村很多，但考察这些反动的乡村，动辄都是几万人而且都是穷人居多，不过都是被一班地主蒙蔽利用。"①在花县的"共产村"，自雇农到地主都赞成革命；而在"民团村"，自地主至雇农都反对革命。②

在中共的意识形态中，哪里有压迫，哪里就有反抗；压迫愈甚，反抗愈烈。但这个时期广东的情形表明，地主的压迫剥削与农民参加革命并不构成必然关联。参加革命踊跃的乡村往往是一些偏僻的小乡村，这些乡村自耕农居多，一般没有或少有豪强地主，中共组织力量容易渗透进去；而一些地主势力占统治地位的大乡村，中共势力不易打入，农民多受族长、耆老等豪绅地主的控制，革命运动不易开展。前者多为"赤色乡村"，后者多为"白色乡村"。赤白乡村之间相互仇视。白色乡村的贫苦农民在豪绅地主的带领下极力攻打和烧杀赤色乡村；同样，赤色乡村攻占白色乡村后，无分地主、农民，亦一概烧杀。在有些地方，赤色乡村为了报仇，不愿白色乡村的农民群众参加革命。③ 有些地方的农民踊跃到别的乡村去打土豪，而不杀自己乡村的地主豪绅。

1928 年 11 月，中共广东省委第二次扩大会议在决议案中郑重指出，赤白乡村的斗争，带有地方与宗族的关系色彩，完全是非阶

---

① 《蒲凤鸣关于东江党务及军事情况的报告》（1928 年 7 月 19 日），《广东文件》甲 26，第 240 页。

② 《立三致中央的报告》（1927 年 12 月 28 日），《广东文件》甲 7，第 261 页。

③ 《中共广东省委、团省委致东江特委信》（1928 年 11 月 2 日），《广东文件》甲 13，第 7~8 页。

级的。① 在此前后，广东省委一再指示各地党组织"须坚决的纠正赤色乡村对于地主豪绅统治下的大乡村农民群众的报复仇视观念"；② 原则上禁止赤色乡村打白色乡村；反复强调乡村中的主要斗争，应是农民对地主的斗争；要求各地党组织打破农民中的赤白界限，在白色乡村中发展党的组织，以争取为地主豪绅所欺骗的农民群众。但据各地报告，由于赤白乡村的界限分化太明，党组织很难接近和打入"反动乡村"去发动农民群众；分化"反动乡村"农民的工作收效不大。

除了"革命乡村"和"反动乡村"外，还有相当一部分是"中立乡村"。那些"中立乡村"的民众往往"得过且过，红旗、白旗均可以"。③ 革命政权建立时，接受革命政权的领导；革命政权被颠覆时，其着老豪绅便领导全乡民众竖起白旗，向敌投降。

由于农民的阶级意识淡薄，即使"革命乡村"的农民，其对革命的态度亦往往随政局的变化而转移。如梅县县委在报告中写道："当群众看见我们的力量不弱时，我们去发展组织甚为容易，这与以'党的政治宣传'征取群众的原则不符，并且在我们方面未免近于以力服人，而群众方面亦难免带有'入党自卫'的观念，而非真正认识革命耳。"④ 据各地党组织报告，农民多讲求眼前实际利益，谋求即刻兑现的报酬。在宝安，农民不愿因参加暴动而影响农作，"盖他们认为暴动斗争，究竟得到什么利益尚不知到（道），如果抛弃田工，即眼光光看到了损失利益。"⑤

对农民而言，他们是否为一次集体行动贡献力量，往往取决于

① 《中共广东省委第二次扩大会议关于目前政治任务与工作方针决议案》（1928年11月），《广东文件》甲13，第34页。

② 《广东党的目前任务与广暴纪念周的工作大纲》（1929年10月），《广东文件》甲16，第92页。

③ 《中共陆丰县委给省委的报告》（1928年），《广东文件》甲30，第127～133页。

④ 《梅县工作情形的一瞥》（1929年11月8日），《广东文件》甲31，第191页。

⑤ 《中共宝安县委给省委报告》（1928年5月2日），《广东文件》甲32，第279～280页。

其个体利益而不是群体和阶级的利益。各地暴动发起时，农民多怀发横财的念头，只对抢劫"反动乡村"的财物感兴趣。[1] 有的地方在暴动时，因绝对不准农民抢掠，农民认为暴动对自己有损无益，便不愿继续暴动。[2] 广东省委为了广泛发动群众，只好指示各地在暴动时，让群众自由携取财物，决不可以去阻止他。[3] 这表明中共并非一味地向农民灌输马克思主义的"正确"思想，有时为了动员农民，赢得农民的支持，也不得不迁就农民"落后"的价值观念而调整和修正自己的策略。

由于对革命缺乏真正认识，农民对共产党的信心自然不够坚定，当革命形势转为不利时，"革命乡村"的农民往往发生动摇。在各县暴动相继失败、白色恐怖日趋严酷的情况下，农民普遍表现出恐慌、灰心、退缩、妥协，埋怨革命同志惹事，甚至怨恨党和苏维埃，拒绝同志下乡；上级党组织派去的同志在乡村无法插足。[4] 惠阳县委在报告中写道，农民群众因多次暴动不成，敌人压迫愈甚而对革命表示消极、绝望，他们说"请同志不要来狡（搅？），以免害我乡被围，屋被烧，人被杀，大家平安过日就算了，地主压迫是小事"。[5] 在受地主压迫和革命所带来的高风险之间，农民比较和算计参与革命所付出的代价和带来的收益。他们的选择是基于其当下的生存境遇作出的。在这一过程中，农民的道德价值观念必然影响革命的进程。对中共而言，如何根据农民的思想、行为及其对党动员政策的反应，去调适和磨合与农民的关系，还需要经历一个

---

[1] 《中共陆丰县委给省委的报告》（1928年），《广东文件》甲30，第129页。

[2] 《中共兴宁县委的报告》（1928年1月20日），《广东文件》甲31，第141～142页。

[3] 《中共广东省委致潮阳县委信》（1928年1月30日），《广东文件》甲8，第247～248页。

[4] 《中共北江特委给省委的报告》（1928年3月1日），《广东文件》甲24，第124页；《林道文给省委的报告》（1928年4月30日），《广东文件》甲30，第236页；《中共花县县委给省委报告》（1928年8月3日），《广东文件》甲32，第11页。

[5] 《林道文给省委的报告》（1928年4月30日），《广东文件》甲30，第236页。

较长的摸索过程。

综合上文的考察，大致可以得出以下几点初步的看法。

第一，即使处于逆境中的革命党，其加入者也未必都具有坚强的革命信仰；这个时期参加革命的农民多数是盲目的。一大批农民是在不知党和革命为何物，亦不明党的主义和政策的情况下被卷入革命队伍的；另一些处于社会边缘的失业者、流氓无产者，或是出于生存的需要才投身革命行列。

第二，中共组织的实际运作与其理想形态之间存有较大差距。中共向以"严密的组织"和"铁的纪律"著称，而1927～1932年间华南的中共地下党却是另一面相：组织松弛涣散，支部有名无实，党员缺乏教育训练，入党、脱党均甚随便；党的纪律无法执行，中央和上级党组织的意旨难以有效地贯彻到党组织的末梢。

第三，经济窘迫与白色恐怖是这个时期中共地方组织生存所面临的两大压力。松弛涣散的党在白色恐怖下的生存和应变能力十分脆弱。

第四，工人农民的生活虽然日趋贫困化，但要动员贫困化的工人农民起来革命并不是一件轻而易举的事；地主的压迫剥削与农民参加革命并不构成必然关联。这个时期广东的情形表明，参加革命最踊跃的往往是那些比较偏僻的小乡村民众，而非受地主压迫最甚的大乡村农民。对大多数农民而言，拥护阶级斗争或革命并不是一种自然而然的选择。农民的宗族地缘观念浓于阶级和革命意识，地方主义和宗族性渗透于党的组织中。党在力图改造农民的同时，农民也在改造和利用党。

上述看法缘于对广东中共组织的地域性考察。这种地域性的考察结论对该时期中共历史是否具有普遍性的认知意义，尚有待更多地域性研究的累积和验证。

第七章
国民党最高权力机构的演变

  国内学界习惯从国共合作的视角考察 1924 年国民党一大召开的意义，对国民党自身组织体制的转折性变化及其对中国政治的后续影响反而关注不够。而李剑农在 1930 年出版的《最近三十年中国政治史》一书中十分敏锐地注意到，1924 年国民党的改组，是中国政治新局面的开始："因为此后政治中所争的将由'法'的问题变为'党'的问题了；从前是约法无上，此后将为党权无上；从前谈法理，此后将谈党纪；从前谈'护法'，此后将谈'护党'；从前争'法统'，此后将争'党统'了。"①

  本章拟以国民党中央政治委员会（名称多次变化，统称、简称"中政会"）为中心，考察孙中山逝世前后国民党最高权力机构的演变。国民党中政会，自 1924 年 7 月建立，一直延续到 1940 年代，其间名称、组织、人事与职能迭有更易。学界虽有过相当的研究，唯大多仅依据法规条文进行静态讨论，对其实际运作情形仍缺

---

① 李剑农：《最近三十年中国政治史》，太平洋书店，1930，第 531 页。该书于 1965 年中华书局重印时，改名为《戊戌以后三十年中国政治史》。李剑农在"重印说明"中自述对内容"略加修改"。而本段引文于重印时被删。

乏清晰的认知。① 更为关键的是，政治制度史研究者，眼光多囿于制度本身，而对制度背后的权力和权谋少有关注。事实上，每一制度自出笼、修正、更替乃至取消，无不浸淫于权力与权谋的运作中。当然，权谋常运作于幕后，当时的局外人既难明真相，后来治史者更有雾里看花之感。不过，治史者也有"后见"之优势。如中山舰事件后蒋介石曾声称："若要三月二十日这事情完全明白的时候，要等到我死了，拿我的日记和给各位同志答复质问的信，才可以公开出来。那时一切公案，自然可以大白于天下。"② 当时人看不到的书信日记和档案，后来的治史者可能看到。历史上的政治内幕至少有部分可能被治史者揭明。本章所要考察的早期中政会（1924～1927），正值孙中山逝世前后国民党最高权力轮替的关键时期，其演变和更迭，一度成为国民党高层精英角逐的重心和国共党际斗争的矛盾焦点。此前学界较多关注 1927 年以后的中政会，对 1927 年以前中政会的组织演变情形，或语焉不详，或存有误解。笔者通过查阅台北国民党党史馆所藏中政会的会议记录和工作报告，并汇聚各方当事人的书信日记，大致能对早期中政会的演变和实际形态作一较为深度的描述。

国内学界习惯以 1927 年为界标，将之前的广州/武汉国民政府与之后的南京国民政府，在"革命"与"反革命"或"容共"与"反共"的标签下截然两分。这难免过度凸显其断裂而漠视其传

① 相关研究主要有杨幼炯：《近代中国立法史》，商务印书馆，1936；王世杰、钱端升：《比较宪法》，商务印书馆，1943 年增订 4 版；钱端升、萨师炯等：《民国政制史》，商务印书馆，1946 年增订 2 版；陈之迈：《中国政府》，商务印书馆，1945；陈之迈：《国民党的政治委员会》，《社会科学》第 1 卷第 4 期，1937 年 6 月；林桂圃：《中国国民党的中央政治会议》，《国衡半月刊》第 1 卷第 12 期，1935 年 10 月。近年来情形有所改观，刘维开《训政前期的党政关系——以中央政治会议为中心的探讨》一文对 1927 年以后的国民党中政会进行了相当精彩的探讨。刘文载中国社会科学院近代史研究所民国史研究室等编《1930 年代的中国》（上），社会科学文献出版社，2006，第 77～94 页。

② 蒋介石：《黄埔军校总理纪念周训词》（1926 年 6 月 28 日），《蒋介石言论集》第 2 集，第 514～515 页。

承。事实上，在中国国民党历史上，1924 年的广州改组，比 1927 年的南京开府，更具有界标意义。就党治体制而言，南京国民政府基本上是广州/武汉国民政府的继承和延续。就中政会而言，早期的源起与运作，对 1927 年以后的发展演变具有深远和直接的影响。

一 以俄共中央政治局为蓝本

1924 年 1 月，中国国民党一大以俄共党章为蓝本，制定新的党章。[①] 新党章规定，党的"最高机关"为全国代表大会（简称"全代会"），全国代表大会闭会期间为中央执行委员会（简称"中执会"）。以后国民党党章虽历有修改，此一规定基本未变。这意味着国民党中央在法理上有两个并列的"最高机关"。因人数众多的全代会不便常开，早期中执会实际上成为国民党中央常设的"最高机关"。

国民党自兴中会一直到 1924 年改组以前，一贯采用党首制。党首的名称或称会长，或称总办，或称总理，始终由孙中山担任。而俄共组织体制在形式上实行委员制。在鲍罗廷为国民党起草党章时，决定让国民党仿照俄共体制实行委员制，得到孙中山首肯。[②] 孙中山之所以同意将党首制改为委员制，一个重要的考量，是担心自己逝世以后党内没有一人能立刻完全承继他的职位。[③] 但当新党章草案付诸审查时，审查委员会鉴于孙中山在党内的当然地位，乃

---

① 1924 年《中国国民党总章》的蓝本，是 1919 年 12 月俄共（布）第八次全国代表会议颁发的《俄国共产党（布尔什维克）章程》，详见拙著《党员、党权与党争：1924～1949 年中国国民党的组织形态》，第 13～17 页。

② 在 1923 年 10 月 25 日中国国民党改组特别会议上，廖仲恺说明采委员制是"出于中山先生之意"。参见吕芳上《革命之再起——中国国民党改组前对新思潮的回应》，台北，中研院近代史研究所，1989，第 528 页。

③ 参见孙中山《关于列宁逝世的演说》（1924 年 1 月 25 日），《孙中山全集》第 9 卷，第 136～137 页。

在党章中增列"总理"一章，使在采纳俄共委员制之外，兼顾总理制，明文规定以孙中山为总理；总理为全国代表大会主席和中央执行委员会主席，并对全国代表大会的决议有交复议之权；对中执会之决议，有最后决定之权。这意味着"总理"位居全党"最高机关"之上。这样一来，全代会和中执会实际上也并非真正的"最高机关"。

更令人诧异的是，在国民党一大召开半年之后，孙中山又另设一个中央政治委员会。孙中山为什么要在两个"最高机关"之外，还叠床架屋另设一个机构？它又是一个什么样的机构呢？

汪精卫对中政会成立的缘起，有一说法。1926 年 1 月汪精卫在国民党二大上解释说："政治委员会之设立，因为前年中央执行委员会虽有海外部、工人部、农民部、妇女部……各部，但因没有政治指导机关，究未完备。因此，总理提出应设立政治委员会，辅助总理计划政治的方针。"①

其实中政会的设立，也是孙中山"以俄为师"的结果。中政会的原型即是俄共中央政治局。1919 年，俄共鉴于人数众多的中央委员会作为决策机构运转不灵，乃决定在中央委员会之下设立政治局和组织局，分别负责政治和党务工作。这两个机构成立后，隐然取代了中央委员会，而且政治局的权力又逐渐超乎组织局之上，最终成为俄共中央的最高权力机构。②

俄共的这一体制，经鲍罗廷介绍，被孙中山采纳。鲍罗廷向孙中山进言：国内政治形势复杂多变，而由 41 人组成的国民党中央执行委员会③对一些政治上的重大事件，往往不能及时作出反应，

① 《中国国民党第二次全国代表大会会议记录》，《中国国民党第一、二次全国代表大会会议史料》（上），第 194 页。
② 伦纳德·夏皮罗：《一个英国学者笔下的苏共党史》，徐葵等译，东方出版社，1991，第 269 页。
③ 第一届中央执行委员 24 人，候补中央执行委员 17 人。另有中央监察委员 5 人，候补中央监察委员 5 人。

以表明自己的立场和主张，因而难以发挥政治领导作用，有必要组织一个人数更少、更核心的最高权力机构。① 鲍罗廷另有一个更隐讳的考虑，即当时国民党中央执行委员和监察委员中，有一批保守的国民党"老同志"反对"联俄""容共"政策，对孙中山时加掣肘和影响。而另立中央政治委员会，意在将中央执监委员会的权力逐渐削弱，从而使孙中山摆脱那批"老同志"的影响。②

1924 年 7 月，国民党中央政治委员会正式成立。孙中山自任主席，指派胡汉民、汪精卫、廖仲恺、谭平山（旋辞职，易为瞿秋白）、戴季陶、邵元冲、伍朝枢等 7 人为委员，聘鲍罗廷为高等顾问。孙中山所指派的委员，除伍朝枢外，都是当时鲍罗廷眼中的"左派"人物，或是中共跨党党员。孙中山显然在中政会人选上参考和采纳了鲍罗廷的意见。③ 张继等"老同志"听说鲍罗廷建议设立中政会，而且要聘鲍氏为中政会的"高等顾问"，曾极力表示反对，但未能奏效。④ 值得注意的是，7 名委员中，邵元冲和瞿秋白只是候补中执委，而伍朝枢则连候补中执委都不是。这意味着中政会并非由中执会内产生，有打破中执会之法理权威的意图。

后来的看法，认为中政会最初只是备孙中山咨询的一个辅佐机关，没有法理职权和明确责任，其权力实际有限。⑤ 这一说法不尽符合事实。在鲍罗廷的设计中，中政会是一个类似于俄共中央政治

① 《鲍罗廷在中国的有关资料》，李玉贞译，中国社会科学出版社，1983，第 12 页。
② 这批人被鲍罗廷称为"国民党老朽"、"右派"。国民党改组之初，鲍罗廷即注意与"右派"展开斗争，并力图将其从国民党权力中心排挤和清除出去。参见《鲍罗廷的札记和通报》，《联共（布）、共产国际与中国国民革命运动（1920～1925）》，第 445～448 页。
③ 《鲍罗廷给瞿秋白的信》（1924 年 7 月 18 日），《联共（布）、共产国际与中国国民革命运动（1920～1925）》，第 510 页。
④ 《国民党中央执行委员会第 40 次会议情况通报》（1924 年 7 月 3 日），《联共（布）、共产国际与中国国民革命运动（1920～1925）》，第 498 页。
⑤ 林桂圃：《中国国民党的中央政治会议》，《国衡半月刊》第 1 卷第 12 期，第 32 页；陈之迈：《国民党的政治委员会》，《社会科学》第 1 卷第 4 期，第 608 页；彭厚文：《国民党中央政治委员会的演变述略》，《湖北大学学报》1993 年第 4 期。

局的最高权力机构。鲍罗廷甚至私下直呼中政会为政治局。[①] 孙中山所指派的中政会委员，都是其最信赖的左膀右臂和忠实追随者。而中政会的实际运作，也显示它一开始即是一个比中执会更核心的权力机构。中政会从设立到孙中山北上前的三个多月时间里（1924 年 7 月 11 日至 11 月 1 日），共召开过 12 次会议，其中孙中山亲自出席并主持了 8 次。[②] 而在同一时期，孙中山甚少出席中央执行委员会。[③] 很明显，中政会成立后，孙中山有将党的权力重心由中执会逐渐向中政会转移的倾向。另外，在国民党内具有相当操控力的鲍罗廷以政治顾问的身份一次不落地列席中政会，此亦十分微妙地反映了中政会实际地位的重要性。

　　一般的说法，孙中山设立政治委员会的目的，是出于军政、党务分工办理的考量。[④] 因为在政治委员会成立后，又议决成立了军事委员会。这样一来，似乎形成了中央执行委员会负责党务、中央政治委员会负责政治、中央军事委员会负责军事之分工格局。[⑤] 不过，在政治委员会成立初期，其职能之分工并不如此清晰。在中政会成立后第三日，胡汉民向中央执行委员会第 43 次会议提出政治委员会之权限案，经会议议决：（1）关于党事，对中央执行委员会负责，按照性质，由事前报告或事后请求追认；（2）关于政治及外交问题，由总理或大元帅办理。[⑥] 以此观之，中政会不仅处理

---

① 《鲍罗廷给瞿秋白的信》（1924 年 7 月 18 日），《联共（布）、共产国际与中国国民革命运动（1920～1925）》，第 510 页。

② 委员的出席次数：孙中山 8 次，胡汉民 11 次，汪精卫 7 次，廖仲恺 9 次，伍朝枢 10 次，邵元冲 6 次，瞿秋白 6 次，鲍罗廷 12 次。据《政治委员会第 1～12 次会议记录》统计，台北国民党党史馆（以下简称"党史馆"）藏《中政会档》：00-1/27。下引中政会档，出处均同此，不再一一注明。

③ 参见《第一届中央执行委员会会议记录》，《国民党周刊》（第 9 期以后改名为《中国国民党周刊》）1924 年各期。

④ 中央政会会议秘书处编《政治总报告》（1929 年 3 月），《中政会档》：00-1/2；另参见林桂圃《中国国民党的中央政治会议》，《国衡半月刊》第 1 卷第 12 期。

⑤ 参见彭厚文《国民党中央政治委员会的演变述略》，《湖北大学学报》1993 年第 4 期。

⑥ 《政治总报告》（1929 年 3 月），《中政会档》：00-1/2。

政治及外交问题，也可以处理党务。党务方面虽要向中央执行委员会负责，而政治与外交则直辖于总理。细察初期 12 次中政会所讨论和议决的议案，内容涉及内政外交、财政金融、党务宣传、地方自治、军事训练、国共关系、人事任免等各个方面，其决策范围几乎无所不包。其中，政治决策确是中政会的主要职责。该会第 10 次会议决议案称："本会为唯一讨论政治之机关，至于实行，则一方面由于政府，一方面由于中央执行委员会。"① 此案可以解读为：其一，除中政会外，别的机关（包括中央执行委员会）不能讨论政治问题；其二，中政会是政治决策机关，而政府和中央执行委员会则是其政策执行机关。此点与中执会第 43 次会议之决议又有所不同。中政会的权力似超乎中执会之上。②

中政会自 1924 年 7 月设立，至 11 月孙中山北上，因时间不长，总计开会仅 12 次，其职能和角色在当时固不为外间所明了，而后来研究者又基本无人查阅当年的会议记录。实际上，在 1924 年下半年间，广州政府的一些重大决策，多是通过中政会作出的。如 9 月 3 日第 7 次会议，议决发表北伐宣言，并决定国民运动大会的宣传宗旨；11 月 1 日第 12 次会议，议决和北方合作的条件，中山先生决定北上，提出召开国民会议解决国是的主张等。在此期间，国共关系问题在国民党中央有过多次激烈的论争，最终也是通过中政会加以解决的。事缘于 1924 年 4 月，国民党"右派"党员寻获到一册中国社会主义青年团《团刊》，并以此作为中共在国民党内进行秘密组织活动之证据。张继、谢持、邓泽如等以国民党中央监察委员的身份向国民党中央执行委员会提出弹劾共产党案。③

① 《政治委员会第 10 次会议记录》，《中政会档》：00 - 1/27。
② 1924 年 10 月初，孙中山在鲍罗廷的鼓动下，还一度打算成立一个名为"革命委员会"的权力机构，这一机构可能位于政治委员会之上，其地位比政治委员会更为核心，权力更为集中，以"对付种种非常之事"，并加大"以俄为师"的力度。但不知何故最终未能正式成立。参见《蒋介石年谱初稿》，第 243 页。
③ 《张继等三监察委员弹劾共产党呈文》，转引自李云汉《从容共到清党》，台北，及人书局，1987 年影印 2 版，第 303 ~ 305 页。

国民党中央执行委员会多次开会讨论，均发生激烈争执而未果，最后决定请孙中山召集中央全会讨论解决。① 8 月 15 日，国民党一届二中全会开幕，但全会争论数日，亦未能达成任何决议。20 日，国民党中央政治委员会召开会议，对此问题拟出两个草案：一是《国民党内共产党派问题》；一是《中国国民党与世界革命联络问题》。21 日，汪精卫将两草案提交中央全会。全会表决一致通过。② 草案的一项重要内容是在国民党中央政治委员会内设立国际联络委员会，负责与共产国际"协商中国共产党之活动与中国国民党有关系者之联络方法"。据鲍罗廷给莫斯科的报告，孙中山怀疑中共企图通过垄断与共产国际的联系来垄断中国革命，乃建议成立一个直属国民党中央政治委员会的国际联络委员会，以后共产国际的所有指示都通过该委员会来传递。这样一来，国民党就能知道共产国际和中国共产党对自己的态度，并可切断共产国际与中共的直接联系。孙中山将国际联络委员会直属中政会，使中政会的权力更为集中。只是因共产国际与中共消极抵制，国际联络委员会才没有实际运作起来。

孙中山北上以后，广州之中央政治委员会暂时停开。因肝病在北京住院期间，鉴于自己病势严重，不能躬理政务，孙中山乃下令将中政会由广州移至北京，决定以吴稚晖、李石曾、汪精卫、于右任、陈友仁、李大钊、邵元冲为委员，随行北上的鲍罗廷仍为顾问。③ 这一名单也值得注意，仍然是 7 名委员，其中吴稚晖和李石

---

① 《国民党中央执行委员会第 40 次会议情况通报》（1924 年 7 月 3 日），《联共（布）、共产国际与中国国民革命运动（1920～1925）》，第 497～502 页。

② 《中国国民党第一届第二次中央执行委员会全体会议记录》，转引自李云汉《从容共到清党》，第 328～329 页。

③ 《汪精卫在国民党"二大"会议上说明接受孙中山遗嘱经过记录》，中国第二历史档案馆编《中华民国史档案资料汇编》第 4 辑（上），江苏古籍出版社，1986，第 267 页。另据张国焘回忆，北京政治委员会委员还有丁惟汾、王法勤、张国焘等人，后来又陆续增加了几个由广州到北京来的国民党中央执监委员。见张国焘《我的回忆》（1），第 375 页。

曾是中央监察委员，陈友仁则既非中央执行委员，亦非中央监察委员。按理，既是"移设"，则北京政治委员会存在期间，广州的政治委员会即不再存在。但事实并非如此。在此期间，广州之政治委员会虽然基本处于停顿状态，但并未取消，其例证是：1925 年 2 月，北京政治委员会讨论决议："帅座若不讳，广州政府改合议制。"汪精卫将此决议电告广州。① 广州政治委员会依据汪电，于 2 月 19 日开会，决议广州政府在孙中山去世后改为合议制。② 是次会议虽是孙中山北上后广州政治委员会召开的唯一一次会议，但足以证明广州政治委员会仍然存在，其对北京政治委员会的决议，既似追认，又似接受和执行，折射出两会并存之微妙关系。

据张国焘后来回忆，鉴于广州有一常设的政治委员会，北京的政治委员会只是临时性的，没有设主席。汪精卫当时是北京政治委员会与孙中山之间的唯一联络人，不仅经常代表孙中山和国民党对外发言，而且在孙病危之际，是国民党内少数能直接见孙的同志之一。但汪精卫不愿在名义上负起领导这个委员会的责任，原因即是广州还有一个常设的政治委员会，由胡汉民代理孙中山任主席。③ 笔者查阅到一封当年汪精卫致吴稚晖的信函，说明是孙中山命令将中政会由广州移至北京。④ 可见北京政治委员会是"临时"机构之说不能成立。孙中山还在，汪精卫自然不可能任主席。

不过，张国焘认为，汪虽然名义上不是北京政治委员会的负责人，但北京政治委员会实际以汪为中心。⑤ 这一说法大体是不错的。孙中山逝世后，汪精卫之所以很快能在国民党内脱颖而出，成

---

① 汪精卫电报原件藏党史馆，转引自李云汉《从容共到清党》，第 372 页。

② 《政治委员会第 13 次会议记录》，《中政会档》：00 – 1/27。

③ 张国焘：《我的回忆》（1），第 375 页。

④ 1925 年 1 月 26 日，汪精卫致吴稚晖函："稚晖先生大鉴：敬启者，顷奉总理命令，将广州中央执行委员会政治委员会移至北京，以吴稚晖、李石曾、汪精卫、于右任、陈友仁、李大钊、邵元冲为委员，鲍罗廷为顾问。谨此布达，即候台安。汪精卫谨启（黄昌谷代）。"毛笔原件，党史馆藏档：稚 7565。

⑤ 张国焘：《我的回忆》（1），第 375 页。

为"革命接班人"，与其主持北京政治委员会的经历大有关系。北京政治委员会存在的时间虽然不长，但在孙中山逝世前的一段时间里，代孙中山处理国民党与北方军政当局之间的关系，发挥了相当重要的中枢决策作用。

在孙中山北上以前，中政会召开不定期，或一周一次，或两周一次。移至北京后，开会频度增加。查《邵元冲日记》，他自 1925 年 2 月 2 日至京，3 月 26 日离京，在京 52 天内，共计出席政治委员会 25 次，平均约两天一次。同一时期，中央执行委员会在北京也召开过数次会议，多数情况下是与政治委员会联席召开，显示决策的重心在中政会而非中执会。①

中政会的决策范围相当广泛，除有关孙中山的治疗及遗嘱等事项外，诸如国民党对北方善后会议和段祺瑞政府的态度，以及联络冯玉祥的国民军等重要问题，均经北京政治委员会讨论决定。不仅如此，广州时局与西南军政大计的处理和应付，亦由北京政治委员会加以决策。② 这意味着国民党最高权力中心此时在北而不在南。

既往论者多以为孙中山北上后，由胡汉民代理广州大本营大元帅，是孙中山有意让胡接班，而甚少注意这一时期国民党权力中心北移以及汪精卫在北京主持政治委员会这一重要事实。在当时一些不明真相的国民党人心目中，以为汪精卫不过是随孙中山北上办外交的，无论如何也轮不到他做孙中山的继承人。实际上，汪精卫主持北京政治委员会的这一段经历，为其日后角逐国民党的最高领导权，奠定了相当重要的基础。

---

① 1925 年 2 月 14 日鲍罗廷在给莫斯科的报告中也谈道："目前在北京有 7 位政治局委员在领导全部工作。还有半数的中央委员也在北京，他们与政治局经常举行联席会议。"见《鲍罗廷的书面报告》，《联共（布）、共产国际与中国国民革命运动（1920～1925）》，第 578 页。

② 如 2 月 5 日"对于应付粤中时局及以军事委员会代行大元帅职务事，有所讨论"。2 月 7 日"讨论对于善后会议之态度及对于执政府应取之方针"。2 月 11 日"讨论西南大团结事"。2 月 28 日"商金法郎案事及国民会议促成会事"。见《邵元冲日记》，上海人民出版社，1990，第 111～136 页。

二 孙中山逝世后的权力继替

对一个政党而言，第一代魅力领袖逝世后的权力继替，往往是考验其组织调适力的重要关口。由于党的创建者大都是青年人，其换代期势必在时间上拖得很长，加之创业的第一代往往能力超凡，长期在其光环下成长起来的第二代很难脱颖而出。第一代领袖一旦逝世，继起者在能力与威望上均遥不可及。党内一时难以产生一个足以慑服各方或维系和笼络各派的强势人物。在无人足以服众的情况下，党内继承权之争亦应运而生。

竞争首先在胡汉民和汪精卫之间展开。

孙中山北上以前，孙是中政会的当然主席。孙不出席时，由胡汉民代行。① 孙中山北上之际，又任命胡汉民代理大元帅职，显示孙对胡确有特别嘱托。另一方面，汪精卫在北京侍疾期间，也得到孙中山的深度信任，不仅经常代表孙中山和国民党对外发言，而且在孙病危之时，是"总理遗嘱"的执笔人。他主持北京政治委员会所表现出来的气度和才干，也颇得党内同志的好评。② 在这种情形下，汪精卫如果萌生角逐最高领导权的野心，也在情理之中。

迨孙中山丧事料理完毕，北京政治委员会也随之寿终正寝。吴稚晖和李石曾等人主张在北京召开中央全会和第二次全国代表大会，但汪精卫没有同意。③ 汪深知要角逐最高领导权，必须回广东不可。1925 年 5 月初，汪精卫由北京回到广东。据蒋介石日记载，汪精卫回到广东的第一件事，即径往潮州晤蒋，主动要求与蒋结拜为把兄弟，并劝蒋"实行总部参谋长职权"。蒋有点受宠若惊，在

---

① 《政治委员会第 1～12 次会议记录》，《中政会档》：00－1/27。

② 张国焘：《我的回忆》（1），第 378～379 页。

③ 《汪精卫致吴稚晖、李石曾函》（1925 年 5 月 2 日，钢笔原件，党史馆：稚 7560。吴、李主张在北京开会的原因不详，可能是为了延续其在北京的权力，担心政治委员会迁回广州后，自己的委员资格有可能被取消（政治委员会在广州重开后，吴、李不再是政治委员会委员）。但此点仅是笔者的推测，尚未见直接证据。

日记中写道："同志对余如此亲爱，愧感交集。"① 汪的这一举动，显有拉拢和争取蒋为自己同盟者的意图。

除蒋介石外，另一实力派军人许崇智更是举足轻重的人物。目前虽未见汪、许交谊的直接史料，却有胡、许交恶的足够证据。② 许是粤军总司令。当时论军队的数量，以许的粤军为最多；论军队的素质，则以蒋的黄埔党军为最锐。当汪、胡竞争最高领导权之际，蒋、许两人均有排胡拥汪的意向，鹿死谁手，大局基本已定。

另外，孙中山逝世后，鲍罗廷在国民党内的权力和地位日隆。他以中央政治委员会高等顾问的身份，运用其高超的政治手腕，在广州几乎一言九鼎。③ 有资料显示，鲍对胡早有成见，认胡"难以相处"；④ 而对汪则认为"有野心，无宗旨，可利用"。⑤ 一般的说法，汪精卫在与胡汉民的竞争中之所以能胜出，与鲍罗廷的谋略运用密不可分。⑥

据各方所述，胡汉民为人刻薄，气度狭隘，城府太深，消极方面多有得罪，积极方面又未能赢得党内同志的多数信仰。武人如粤军之许崇智固与之势不两立，湘军之谭延闿与滇军之朱培德对其亦恶感多而好感少；文人方面，"胡戴（季陶）交恶"、"胡廖交恶"更早有传闻。⑦

---

① 见 1925 年 5 月 8、10 日蒋介石日记。6 月 21、27 日蒋日记中尚有多处有关汪夫妇对其亲爱逾常而感激莫名的记载。陈公博回忆录中，转述谭延闿的说法，汪蒋结为把兄弟，是蒋主动。（陈公博：《苦笑录》，香港大学亚洲研究中心，1980，第 70 页）显为不明内情之说。

② 如 1925 年 8 月 15 日蒋日记载："再访展堂（引者注：胡汉民）兄，为彼与汝为（引者注：许崇智）兄意见太深，汝则且有两不相立之心，故劝展让步出游也。"另据陈公博回忆，胡、许交恶由来已久，其详情请参见陈公博《苦笑录》，第 28～29 页。

③ 张国焘：《我的回忆》（2），第 57 页。

④ 《蒋介石致孙中山函》（1924 年 10 月 9 日），《蒋介石年谱初稿》，第 243 页。

⑤ 语出邹鲁《回顾录》（岳麓书社，2000，第 145 页），未见原始出处。

⑥ 参见李云汉《从容共到清党》，第 375 页。

⑦ 伯矢：《胡汉民政治生涯之一页》、杨新华：《廖仲恺与胡汉民》，均载《现代史料》第 2 集，海天出版社，1934，第 151～163 页；陈公博：《苦笑录》，第 28～29 页。

虽然如此，胡汉民仍以"代帅"自居，并有意重新揽回政治委员会的主持权。北京政治委员会结束后，胡汉民于 1925 年 6 月 14 日在广州大本营重新召集政治委员会会议。值得注意的是，是次会议被胡称为第 14 次会议，其排序是：孙中山北上之前召开过 12 次会议，孙中山北上期间，胡汉民于 2 月 19 日在广州召开的会议被排为第 13 次，而是次被排为第 14 次。这意味着胡汉民有意将汪精卫在北京主持召开的各次政治委员会议，排除在中政会的法理序列之外；政治委员会委员也恢复为孙中山北上前的格局。北京期间的政治委员会委员如吴稚晖、李石曾、于右任、陈友仁、李大钊等不再担任，亦即否认北京政治委员会存在的合法性。[①] 否认北京政治委员会的合法性，自然意在削减竞争对手汪精卫的政治资本。

另一方面，胡汉民进一步强化广州政治委员会的职权。如 6 月 14 日第 14 次会议决议："在中国国民党中央执行委员会内，设政治委员会，以指导国民革命之进行"；"关于政治之方针，由政治委员会决定，以政府之名义执行之。"[②] 这一规定可以理解为政治委员会为整个国民革命的指导机关，而不只限于政治指导；对于中执会，中政会应对其负责；而对于政府，则中政会是指导和决策机关，政府是执行机关。

6 月 19 日，政治委员会召开第 16 次会议，决议设立中央政府，定名为"国民政府"，以委员若干人组织会议并于委员中推举一人为主席，并确定新政府的组织大纲及成立日期。[③] 6 月 22 日，政治委员会开会讨论国民政府的人选问题。[④] 7 月 1 日，国民政府正式宣告成立于广州。但出乎胡汉民意料的是，汪精卫竟以全票当

---

① 台北党史馆现藏中政会档案中，缺北京政治委员会的会议记录。
② 《政治委员会第 14 次会议记录》，《中政会档》：00 – 1/27。
③ 1929 年 3 月中央政治会议秘书处编印的《政治总报告》载，广州国民政府成立是 6 月 14 日政治委员会第 14 次会议作出的决定。此后之相关论著多沿袭此说。查政治委员会之原始记录，此说有误。
④ 《政治委员会第 16、17 次会议记录》，《中政会档》：00 – 1/27。

选为首任国民政府主席，同时兼军事委员会主席，而胡本人仅被推选为毫无实权的外交部长。因新成立的国民政府尚未为列强所承认，所谓外交部不过是徒有其名而已。

不过，以往认为汪当选为国民政府主席，胡的"代帅"职权即随之解除，因而也意味着胡汉民在政治上失势。这一说法值得商榷。因为除外交部长外，胡汉民还是政治委员会主席。① 正是以后者为凭借，胡汉民仍在一段时期里得以与国民政府主席汪精卫相颉颃。《邵元冲日记》载，胡汉民在国民政府成立后不久曾致电邵，促其速赴粤，声称"政治委员之责任，在改组后更为重要"。② 胡汉民可能有意抬高政治委员会的地位，藉政治委员会与汪之国民政府抗衡，此点从这一时期政治委员会的相关决议中充分反映出来。

1925 年 7 月 8 日政治委员会第 31 次会议议决："党与政府及军事之政策，未经政治委员会讨论以前，无论何项机关都不能决议；如有决议，即认为无效"；"国民政府委员会开会之先，须有议事日程，此议事日程须在政治委员会先行讨论"；"议决受政治委员会指导监督之机关，对于政治委员会所决定之事件文书，不得于其重要之点有所更改，如临时发见有特殊之事实，许该机关提出疑义，由政治委员会审定之"。③ 这意味着中政会具有至高无上的地位。国民政府既置于中政会的指导监督之下，国民政府主席也须受政治委员会主席的指导监督。

7 月 10 日，政治委员会议决"一切物质之来源，均认为本党之财产，由政治委员会为党之用途处分之"。7 月 15 日，政治委员会进一步讨论"集中党务于政治委员会问题"，决定"政治委员列席于中央执行委员会时，对于政治委员会之议决案，只能提议修正

① 查中政会记录，最初胡汉民尚署"汉民代"或"汉民代行"。自 1925 年 6 月 30 日第 26 次会议起，直接署"胡汉民"而不见"代"或"代行"字样。7 月 15 日第 35 次会议记录上首次出现"主席胡汉民"，一直到 8 月下旬廖仲恺被刺案发生。

② 《邵元冲日记》，第 169 页。

③ 《政治委员会第 31 次会议记录》，《中政会档》：00 - 1/27。

文句，不能变更意义"。7 月 27 日，政治委员会议决，中央组织部应直接受政治委员会领导，中央组织部长应出席报告全国各地党务。①

上述决议，意味着中政会集党政军最高权力于一身，明确规定其权力至高无上，集权的范围和力度均属前所未有，与俄共中央政治局几无二致。不仅国民政府，连党章规定的"最高机关"之中执会亦受其节制，甚至中执会直接主管的党务，中政会也要加以干预。同时政治委员会可越过国民政府直接向省市政府发号施令。②这是中政会权力之鼎盛时期，也正是胡汉民担任政治委员会主席时期。可以说，这一阶段，胡汉民至少可以与汪精卫平起平坐，或可称为"双雄并主"。

胡汉民的真正失势，应是在廖仲恺被刺案发生以后。

1925 年 8 月 20 日，廖仲恺被刺于国民党中央党部。对于廖案的起因，两岸史学界多从国共党争的角度加以解释，认为是国民党内的反共分子不满廖"亲共"所致，实则忽视了一个重要因素，即参与刺廖的嫌犯胡毅生、赵士觐、林直勉、林树巍等人均是胡汉民的追随者，胡毅生更是胡汉民的堂弟。这些人平日以拥戴胡汉民自命，在案发前曾多次聚会于胡汉民家，攻击廖仲恺，并商议驱逐廖仲恺事。且案发后，这些人仍以胡汉民为护符。③ 胡汉民虽未直接参与"刺廖"，但"刺廖"乃其追随者所为。这其间显然有胡廖

① 《政治委员会第 33、35、40 次会议记录》，《中政会档》：00–1/27。
② 《政治委员会第 73、75 次会议记录》，《中政会档》：00–1/27。
③ 1925 年 9 月 24 日，汪精卫致临时浙江执行委员会函，对廖案与胡汉民的关联有所说明："各报所云〔胡汉民〕'被拘'、'被审'，完全造谣，若云'被嫌'则诚有之。以嫌疑犯人林直勉供称：屡在展堂家开会议驱逐仲恺也。'误会'亦诚有之，以既在展堂家开会议，则展堂应知情也。惟据后来精密调查之结果，知彼辈在展堂家开会发攻击仲恺之言论是一件事，后来与魏邦平等一班帝国主义走狗结合谋杀仲恺又是一件事。前一件事展堂不能谓不知，后一件事则展堂完全被瞒过，且由展堂家之会议而移为魏邦平家之会议矣。故谋杀之案，展堂全不知情，所谓'释嫌'者此也，所谓'误会'尽释者此也。须知廖案嫌疑犯人如胡毅生、赵士觐、林直勉、林树巍等平日皆以拥戴展堂自命，展堂亦与之亲近……彼辈自廖案发生后，以展堂为护符，终日萦绕其侧……诸同志不责弟等过于姑息斯已矣，奈何尚汹汹然疑弟等予展堂以难堪乎！"（党史馆：稚 7615.2）

之间的个人恩怨潜存。有资料记载："当国民政府成立之初，内部纠纷迭起，最重要者，即为'廖胡交恶'，盖当时国民政府主席虽属汪精卫，但在政治上居最重要地位者，实为廖仲恺。胡氏之被推为外交部长，亦系廖氏之意……廖氏之所以推胡任外长者，实欲暗示胡氏自动去职也。"廖案前夕，外报已有"胡氏另有企图，将不利于广州当局，尤不利于廖氏"之说。[1] 故廖案发生后，胡汉民难脱干系。[2]

廖案发生后，政治委员会指定汪精卫、许崇智与蒋介石三人组织特别委员会，主持缉凶事宜，并"授以政治、军事及警察一切全权应付时局"。[3] 汪精卫认为，胡汉民对廖案虽不负法律责任，但须负政治责任。中政会遂派胡汉民赴苏俄"养病"及考察，含有放逐之意。与此同时，政治委员会（9月2日第52次会议）增补蒋介石、孙科、谭平山为委员，汪精卫亦名正言顺地接替胡汉民为政治委员会主席。

汪精卫利用廖案排胡，在国民党"老同志"中激起波澜。《邵元冲日记》载：广州廖案发生后，在上海的戴季陶、孙科、叶楚伧、刘芦隐和邵元冲等人均对汪精卫的做法及其为人甚表愤慨，认为"此次之大狱，实系精卫欲掊去展堂（引注：即胡汉民），故罗织种种罪名而成之，以便自代，其阴贼险狠，振古所希，季陶痛人心之狡刻，为之大恸，同座相对，俱为唏嘘"。随后几天内，邵元冲又获悉广州方面对林森、邹鲁、谢持、许崇智等亦有排挤倾向，他在日记中感叹道："粤中相煎益急，始作俑者其责任将如何耶！"[4]

当时聚集在上海的国民党"老同志"有谢持、叶楚伧、茅祖权、邵元冲、沈定一、戴季陶、覃振、孙科等人。这批人之会聚，

① 伯矢：《胡汉民政治生涯之一页》，《现代史料》第2集，第154~155页。
② 台湾学术界对胡汉民与廖案涉嫌，多倾向认为胡汉民无辜，胡、廖"感情素笃"，强调汪精卫借机排除异己。参见李云汉《从容共到清党》，第391页；林玲玲《廖仲恺与广东革命政府》，台北，近代中国出版社，1995，第417~419页。
③ 《政治委员会临时会议记录》，1925年8月20日，《中政会档》：00-1/27。
④ 《邵元冲日记》，第193、195~197页。

除对"联俄容共"政策持有异议外，共同对汪精卫不满，是他们结盟为西山会议派的一个重要因素。《邵元冲日记》中所记西山会议派最初聚集情形，除了共愤汪氏"剪伐异己"外，未见涉及"联俄容共"的政策分歧。当然邵氏日记未记载，并不表明他们对"联俄容共"问题没有看法，但当时在上海的这批"老同志"似乎更关注汪精卫的所作所为。值得注意的是，这些对汪氏不满的"老同志"，并非因汪氏如何"左倾"，而更多的是"从友道信义上立论"。如戴季陶致粤中各人通电中，大谈"友道信义"，认为汪精卫"不应苛遇展堂"，谴责汪氏为人"狡刻"。①

本来汪、胡两人在国民党内的口碑，一"长厚"，一"刻薄"，对比十分鲜明。孰意廖案之后，形象完全颠覆。其实谴汪者未必均"同情"胡，内中难免存有一己之私。以邹鲁为例，其时刘震寰与杨希闵的滇桂军控制广州的财税，邹主持广东大学，依靠与刘的私谊而分得几项税捐。当广州当局决心解决滇桂军时，邹赞成打杨希闵而反对打刘震寰。国民政府成立后，力图统一财政，广东大学所包办的税捐也被一并收归财政部。邹因此而对汪精卫深怀不满，四处散发函电言论攻击汪，汪乃通过政治委员会免去邹的校长职务。两人于是交恶日深，以致陈璧君担忧邹鲁因仇汪而迁怒乃至谋害其子女。② 邹随后成为西山会议派中最活跃的一员，即种因于此。

廖案发生一个月之后，许崇智被蒋介石驱逐赴沪。此事本来与汪精卫没有直接关系，但许崇智在痛恨蒋介石的同时，对汪精卫似乎更不能原谅。在许氏看来，汪当选任国府主席，自己立有殊勋，而蒋之敢于驱许，势必先得汪之同意。③ 他到上海后，对邵元冲等

---

① 《邵元冲日记》，第 193 页。

② 《汪精卫致李石曾吴稚晖电》，具体日期不详；《陈璧君致吴稚晖函》（1925 年 8 月 16 日、12 月 14 日）；均为毛笔原件，党史馆：稚 11443、7645、7644。

③ 查蒋介石日记，蒋在驱逐许崇智之前，确与汪精卫有过商议，见《蒋介石日记》，1925 年 9 月 17 ~ 20 日。另据 1925 年 9 月 20 日政治委员会临时会议记录，蒋驱许一事，正式经政治委员会讨论并形成决议。汪身为主席显然参与此事。

人说："介石有时或受人挑拨，盛气难回，然精卫不为之谅解，而反投井下石，殊非对友朋之道。"① 因而对汪极为愤忿。

西山会议派的形成，至少有三个方面的因素：一是对"联俄容共"政策不满；二是对汪精卫个人不满；三是对中政会的"僭越"不满。

中政会在国民党党章中缺乏法理依据，孙中山在世时，国民党全党愿意接受他的"独裁"，党内虽有人对中政会的设立有所质疑，但因是孙中山亲自主持，质疑者毕竟不敢公开演进为反对。孙中山逝世后，中政会实际成为党的最高权力中心。随着中政会集权的强化，中执会的权力大受侵蚀，多数国民党中央委员很难参与机要决策。中政会委员中，有几位连中央委员都不是，从而出现部分中委"边缘化"，而部分非中委进入权力核心之怪局。一批受到冷落的"老同志"尤其心怀不满。反对中政会的声音亦随之而起。②

正是在上述多种因素汇聚下，一批国民党中委"老同志"于1925年11月下旬在北京西山集会，试图与广州的党中央相分庭抗礼。由于西山会议派以反共分共相号召，以往学术界对西山会议派的认知，多专注其分共反共的面向，有意或无意地忽略和遮蔽了国民党内权力斗争的一面。③ 其实，西山会议派常以"路线"之争的面目呈现，但其幕后的纷争未必都和意识形态有关。

西山会议除决议取消共产派在国民党之党籍外，还决议取消中央政治委员会、解除鲍罗廷的顾问职务、弹劾汪精卫。其中指责鲍罗廷与汪精卫的主要"罪状"，是"利用政治委员会而驾驭中央执

---

① 《邵元冲日记》，第198页。
② 参见李国祁《邹鲁与西山会议》，《中华民国建国八十年学术讨论集》第1册，台北，近代中国出版社，1991，第208~209页。
③ 蒋介石四一二清党反共时，西山会议派不仅没有揽得"反共"头功，反而沦为与共产党一样受打击的对象，其设在上海环龙路的"中央党部"亦被查封。此实亦为国民党内权力斗争之延续，与"路线"之争无关。

行委员会"；① 鲍罗廷在政治委员会内大权独揽，汪精卫则遇事听命于鲍，以致"不见了广州中央执行委员会，不见了国民政府，只见鲍罗廷所包揽的政治委员会"。②

西山会议派指责中政会违法越权，认为政治委员会本是中央执行委员会的下级机关，应受中央执行委员会的指挥，但政治委员会逾越权限，导致"中央执行委员会几如其收发机关，而政治上之事，自国民政府以及市政府，事无大小必须开列议事日程，经其核准，方得置议"；其次，政治委员会只应讨论党中关于政治的事件，不应过问党事，但实际上，政治委员会"关于党部之事亦擅自决议"。③ 鲍、汪操控的政治委员会实际上成了西山会议派攻击的主要目标。

查阅这个时期政治委员会的会议记录，西山会议派的指责基本上是属实的。如要求中央执行委员会和国民政府委员会在开会前先将会议议事日程送交政治委员会审查；要求两广省政府与省党部直接受政治委员会指导监督；省党部委员人选的指定应属中执会，但也由政治委员会来决定，等等。④

针对西山会议派的指控，汪精卫辩称："政治委员会是总理决定的，鲍顾问先生在里面真是尽职，总理在不在都是如此。鲍先生没有一次不为我们详细计划，不过表决时候他必完全处顾问地位，没有表决的。现在西山会议攻击鲍罗廷先生，说鲍先生操纵政治委员会。但政治委员会是各机关都有人在内的，有什么事情大家都在政治委员会内充分讨论，讨论之后，或交中央执行委员会去执行，或交国民政府执行。政治委员会止是一建议机关，还

---

① 《顾问鲍罗廷解雇案》、《开除汪精卫党籍案》，荣孟源主编《中国国民党历次代表大会及中央全会资料》（上），光明日报出版社，1985，第358～359页。

② 李云汉：《从容共到清党》，第417～425页。

③ 《取消政治委员会案》、《为取消共产派在本党的党籍告同志书》，《中国国民党历次代表大会及中央全会资料》（上），第361、385页。

④ 《政治委员会第50～123次会议记录》，《中政会档》：00－1/27。

不是执行机关。"① 汪的这一说法，与其说是替鲍罗廷"开脱"，不如说恰恰道出了鲍罗廷在幕后操纵政治委员会以及政治委员会侵夺中执会权力的内情。政治委员会讨论之后，交中央执行委员会去执行，即意味着政治委员会实际上是一个凌驾于中执会之上的决策机关，而绝非汪氏所言"止是一建议机关"。

三　国民党二大之后

1926 年 1 月，在汪精卫主持下，国民党在广州召开了第二次全国代表大会。在国民党历史上，广州二大是历次全国代表大会中最为激进的一次。作为广州中央的领袖人物，此时汪精卫的左倾化程度也达到了极致。作为政治委员会顾问的鲍罗廷实际上是整个大会的幕后指挥。

广州二大修正《中国国民党总章》时，增列"中央执行委员会遇必要时，得设立特种委员会（如政治委员会等）"一条,② 从而使中政会的设立在党统党规上具有合法性。随后举行的二届一中全会通过《中央执行委员会政治委员会组织条例》，规定政治委员会为中央执行委员会特设之政治指导机关，对于中央执行委员会负其责任；政治委员由中央执行委员会推任之；政治委员会认为必要时，可在某地方组织分会；政治委员会设委员和候补委员若干人，并聘任顾问，候补委员和顾问只有发言权；政治委员会由委员互选一人为主席，并设办事机关。③ 这是国民党中央第一次对中政会的性质、组织、人事及职能作出正式规定。该规定明确了中政会与中

---

① 《中国国民党第二次全国代表大会会议记录》，《中国国民党第一、二次全国代表大会会议史料》（上），第 195 页。

② 《中国国民党总章》，《中国国民党历次代表大会及中央全会资料》（上），第 159 页。

③ 《中央执行委员会政治委员会组织条例案》，《中国国民党第一、二次全国代表大会会议史料》（上），第 456 页。

执会的隶属关系：中政会为中执会所特设，并对中执会负责，其委员亦由中执会推任。其次是将中政会的职权限定在"政治指导"方面。这一条例适度纠正了此前中政会凌驾于中执会并过度集权之倾向，亦可能有回应西山会议派攻击之考量。检阅此后半年（北伐前）之中政会记录，其议决事项基本上恪守了"政治指导"之原则。以往有学者认为自1925年孙中山逝世后，一直到1927年宁汉合流以前，中政会始终是国民党的"党政最高机关"，其地位基本上没发生过变化。① 这一看法显然不确。

广州二大选举产生新一届国民党中委80人，其中中央执行委员36名，候补中央执行委员24名，中央监察委员12名，候补中央监察委员8名。在第一届中央执行委员会时期，虽有常务委员，却无常务委员会之组织；第二届中央执行委员会鉴于人数增加，召开中央委员全体会议并非易事，乃正式设立常务委员会（简称"中常会"），选举汪精卫、谭延闿、谭平山、蒋介石、林祖涵、胡汉民、陈公博、甘乃光、杨匏安9人为常务委员会委员。接着，又推定汪精卫、谭延闿、胡汉民、蒋介石、伍朝枢、孙科、谭平山、朱培德、宋子文等9人为政治委员会委员，陈公博、甘乃光、林祖涵、邵力子4人为政治委员会候补委员。9名政治委员会委员均是第二届中执委委员；4名候补委员中，陈、甘、林亦是中执委，只有邵力子是中监委。

中常会与中政会均为9名委员，其中有5人兼任两会委员。按规定，中常会在中央执行委员会全体会议闭会期间，代行中执会的职权。既如此，中政会亦应对中常会负责。但在实际运作时，中常会主管党务，中政会主管政治。两会似各独立，不相上下。②

二大后，汪精卫仍被推选为中政会主席。自廖案以后至中山舰

① 彭厚文：《国民党中央政治委员会的演变述略》，《湖北大学学报》1993年第4期。
② 国民党第二届中央执委会临时全会决议案，《中国国民党历次代表大会及中央全会资料》（上），第255页。

事件以前（1925 年 8 月至 1926 年 3 月），中政会主席一直由汪精卫担任。[①] 这一时期经常出席中政会的委员只有汪精卫、谭延闿、伍朝枢等数人。这是汪精卫在国民党内权力之巅峰时期。

国民党一大时，蒋介石没有当选为中央委员。二大上，蒋介石首次当选为中委，随后又相继兼任中央常务委员会委员、政治委员会委员、军事委员会委员和国民革命军总监。一大之际，蒋介石因未获党中高位而倍感失落，而二大后，蒋又因"高处不胜寒"而深感危惧。1926 年 3 月 20 日，蒋介石以其校长座舰中山舰出现"异动"迹象，误断为有一个汪精卫、苏俄顾问季山嘉与中共联手的倒蒋阴谋，于是宣布紧急戒严，是为有名的中山舰事件。事件发生后，汪精卫负气出走海外。广州政局从此为蒋介石所掌控。[②]

汪精卫走后，中政会主席一职，初由谭延闿代理。[③] 4 月 16 日，正式推选谭延闿为政治委员会主席，蒋介石为军事委员会主席。[④] 二大推选的 9 名政治委员中，因胡汉民与汪精卫流亡海外，经常出席者只有谭延闿、孙科、伍朝枢、宋子文、朱培德等人，其次则为甘乃光、陈公博、林祖涵等候补委员。令人诧异的是，中山舰事件后掌控大局的蒋介石，却甚少出席中政会和中常会。[⑤] 蒋日

① 查中政会会议记录，廖案发生后，第 50、51 次会议汪精卫为"临时主席"，第 52～62 次会议为"代理主席"，第 63 次会议开始署名为"主席"，直至 1926 年 3 月中山舰事件发生。见《中政会档》：00 - 1/27。

② 有关中山舰事件的研究，参见杨天石《"中山舰事件"之谜》，杨奎松《走向"三二〇"之路》，分见《历史研究》1988 年第 2 期、2002 年第 6 期。

③ 国民党二届一中全会（1926 年 1 月）时，中常会没有设主席。二届二中全会（1926 年 5 月）时，根据蒋介石提议，中常会设主席，并推张静江担任。张静江以中央监察委员身份，出任中央执行委员会常务委员会主席，实为蒋之代理人。

④ 《蒋介石日记》，1926 年 4 月 16 日。

⑤ 1926 年 3 月 24 日至 7 月 15 日，出席政治委员会的委员主要有：谭延闿（39 次）、甘乃光（39 次）、孙科（31 次）、陈公博（30 次）、林祖涵（28 次）、伍朝枢（23 次）、宋子文（23 次）、朱培德（22 次）、蒋介石（7 次）、张静江（6 次）、邵力子（5 次）、谭平山（4 次）、胡汉民（3 次）、鲍罗廷（26 次）。见政治委员会第 124～163 次会议记录，《中政会档》：00 - 1/27。蒋介石出席中常会的情形参见《中国国民党中执会常委会会议录》，1926 年 2 月 1 日～10 月 30 日，《中国国民党第一、二次全国代表大会会议史料》（上），第 461～711 页。

记显示，蒋更多地让张静江、谭延闿等人在前台替他打理。张、谭于幕后多与蒋协商。这无形减削了中政会与中常会的实际决策职能。1926 年 7 月北伐出师前夕，蒋介石甚至试图取消中政会，或将中政会归并于中常会。蒋的这一想法，表明他对中政会的存在心存疑虑。最后蒋与张静江、谭延闿等人商议的结果，决定将政治委员会停开，将中政会与中常会合并为一"政治会议"，[①] 并指定汪精卫、谭延闿、蒋介石、胡汉民、甘乃光、陈公博、邵力子、林祖涵、伍朝枢、孙科、朱培德、谭平山、张静江、于树德、丁惟汾、王法勤、吴稚晖、陈友仁、何香凝、顾孟余、宋子文等 21 人为政治会议人员。[②]

这意味着组织精干、权力集中的政治委员会不复存在，取而代之的是一个人数众多的政治会议。有学者认为，此次中政会改组，"其意义在将中央常务委员会与政治委员会合并为一"，因而权力更大，甚至超过中常会。[③] 实际上，两会并非完全合并为一，中常会仍然独立存在。而中政会改组为政治会议后，意味着中央常务委员均可参加政治会议，而一般的政治委员却不能参加常务委员会议。而且人数增多以后，政治决策的机密性与运作的灵敏性均将受到影响。

改组后的政治会议没有常设主席，[④] 其会议次数不再赓续以前的中政会。1926 年 7 月 9 日第 163 次会议是政治委员会的最后一次会议。7 月 15 日，政治会议召开首次会议。统计第 1 ~ 52 次政治

---

① 《蒋介石日记》，1926 年 7 月 5 日。

② 《中国国民党中央执行委员会常务委员会第 40 次会议录》（1926 年 7 月 13 日），《中国国民党第一、二次全国代表大会会议史料》（上），第 604 页；《政治总报告》（1929 年 3 月），《中政会档》：00 - 1/2。

③ 彭厚文：《国民党中央政治委员会的演变述略》，《湖北大学学报》1993 年第 4 期。

④ 第 1 ~ 2、53 ~ 54、57 ~ 67 次政治会议，主席为蒋介石；第 3 ~ 29、32 ~ 52、55 ~ 56 次，主席为谭延闿；第 30 ~ 31 次，主席为徐谦。见《政治会议第 1 ~ 67 次记录》，《中政会档》：00 - 1/31。

会议（1926 年 7 月 15 日至 12 月 9 日）的出席情况，26 名政治会议人员中，[①] 实际经常出席者只有一半左右。蒋介石仅出席过两次。[②] 这个时期蒋之甚少出席，显系北伐出征的缘故，但出席者不踊跃，在某种意义上可以解读为该时期政治会议之职能与地位明显下降的表征。中共中央看到，北伐出师告捷后，蒋介石顿时声势煊赫："党权、政权、军权皆集中于总司令一身，蒋所在地，就是国民党中央所在地，国民政府所在地；蒋就是国民党，蒋就是国民政府，威福之甚，过于中山为大元帅时。"[③] 在这种情况下，政治会议有可能沦为国民革命军总司令的橡皮图章。

随着北伐军事的节节推进，南方革命队伍的分裂之象日趋显露。矛盾主要在国共两党之间展开，同时也牵涉国民党内部的派系倾轧。迎汪复职运动、迁都之争、提高党权运动等，均是国共之间和国民党内不同派系之间激烈冲突的反映，而矛盾的焦点则集中于蒋介石一身。在军事方面，势力日涨的唐生智对蒋介石的总司令地位构成挑战和威胁。在政治方面，蒋介石极度忧虑鲍罗廷、中共和国民党左翼亲汪势力对其权位的颠覆。

大体言之，在北伐出师初期，苏俄和中共力图使国民党内的权力格局恢复到中山舰事件以前的状态，争取由国民党左派和共产党人重新联合执政。[④] 为此，中共与国民党左派联合发动了迎汪回国复职运动，意在抬汪抑蒋。

1926 年 9 月 6、7 日，国民革命军相继克复汉阳、汉口，武昌

---

① 后来加推李济深、陈果夫、徐谦、李烈钧、戴季陶 5 人。

② 经常出席者有：谭延闿、陈果夫、李济深、丁惟汾、张静江、甘乃光、孙科、何香凝、徐谦、宋子文、于树德等。见《政治会议第 1~52 次会议记录》，《中政会档》：00-1/31。

③ 《中央局报告》（1926 年 9 月 20 日），《中共中央第一次国内革命战争时期统一战线文件选编》，第 260~262 页。

④ 《鲍罗廷在同共产国际执行委员会远东局委员会晤时的讲话》（1926 年 8 月 9 日），《联共（布）、共产国际与中国国民革命运动（1926~1927）》（上），第 372 页。

也指日可下。革命势力正向长江中下游推进。武汉因其地理位置重要，有望继广州之后成为新的革命中心。蒋介石担心这一中心可能落入唐生智之手，故而主张国民政府迁都武汉，以就近监控唐生智。但中共有意将广东建设成一个左派革命中心，趁蒋介石不在广州而对国民党的最高权力中心施加影响，如国民政府北迁，则有可能失去这一基地，因而最初反对迁都。11 月 7 日，北伐军攻克南昌。9 日，蒋介石将国民革命军总司令部移设南昌。在这种情况下，鲍罗廷和中共广东区委率先改变了对国民政府北迁的看法，同意蒋介石先前的主张，理由是：江西战事结束，孙传芳已失败，国民政府必将向全国发展，要以武汉为中心进行第二期北伐，巩固广东省的基础已不是当前主要的工作。

11 月 16 日，国民政府派外交、司法、交通、财政四部部长和顾问鲍罗廷北上，前赴武汉做政府迁移准备。11 月 26 日，国民党中央政治会议正式作出中央党部与国民政府北迁武汉的决议。

国民政府四部部长及鲍罗廷等一行于 12 月 10 日抵达武汉。13 日，在鲍罗廷的提议下，在武汉宣布成立中国国民党中央执行委员暨国民政府委员临时联席会议，并正式对外宣告："中央执行委员会政治会议未在鄂开会以前，执行最高职权。"① 1927 年 1 月 1 日，临时联席会议宣布，国民政府在武汉办公，财政、外交、交通、司法四部开始行使职权。

蒋介石对于武汉临时联席会议的设置可能带来怎样严重的权力变局，最初并未十分警觉，虽有所不满，却未公开表示反对。经过几天短暂的思量后，他越来越觉得由以左派为中心的武汉临时联席会议代行最高职权，有可能在鲍罗廷操纵下架空自己。鉴于此，蒋于 1927 年 1 月 3 日乘张静江、谭延闿等中央委员途经南昌之机，宣布在南昌召集中央政治会议，劝说与会者同意将中央党部及国民

① 李云汉：《从容共到清党》，第 532～533 页。

政府暂驻于他所直接掌控下的南昌，迁都问题以后再议。①

鲍罗廷本来设想利用蒋介石与唐生智的矛盾，削弱蒋的权力，将党权和政权转移到国民党左派之手。他乘中央党部和国民政府北迁之机迅速成立联席会议，代行"最高职权"，即含有此意。未料蒋介石将中央政治会议留驻南昌，与武汉临时联席会议呈对峙局面。

武汉临时联席会议成立后，鲍罗廷俨然成为武汉方面的领军人物。武汉与南昌之间的对峙迅速升级。南方国民党政权实际分裂成两个中心：武汉一方坚持以临时联席会议代行最高职权，② 南昌一方坚持以中央政治会议行使最高权力。国民党中央党部机关也一分为二：武汉方面掌握宣传部、农民部、工人部、妇女部和海外部，南昌方面则掌握组织部、青年部和秘书处。双方形成分庭抗礼之势。

1927 年 2 月 21 日，武汉方面决定即日结束临时联席会议，宣布中央党部与国民政府正式在武昌开始办公。23 日，增选唐生智、蒋作宾、宋庆龄、彭泽民、吴玉章为政治委员，在武汉另行组织中央政治委员会。同日，南昌方面召开临时政治会议，议决国民政府仍在南昌照常办公，以纠正武汉方面宣布在武昌办公之通电。③

武汉方面想通过召开国民党中央全会来限制蒋介石的权力，乃决定于 3 月 1 日前在武汉召开二届三中全会，并大造声势，呼吁提高党权，指责蒋介石操控二届二中全会变更党章规定，设立中常会主席，中常会主席差不多成了一国的大总统和一党的总理。

---

① 《蒋介石日记》，1927 年 1 月 3 日；另参见《蒋中正总统档案·事略稿本》(1)，台北，"国史馆"，2003，第 8 页。

② 武汉临时联席会议历次会议记录，可参阅郑自来、徐莉君主编《武汉临时联席会议资料选编》。

③ 《蒋介石日记》，1927 年 2 月 23 日。另参见《蒋中正总统档案·事略稿本》(1)，第 58 页。

2 月 26 日，蒋介石以国民党中央政治会议的名义致电共产国际，请其撤回鲍罗廷。3 月 1 日，武汉国民党中常会议决二届三中全会展期一周召开，希望南昌之中央委员赴汉出席。3 日，南昌中央政治会议举行第 66 次会议。会上，蒋介石发现谭延闿、何香凝、陈公博等人均已动摇，有意赴武汉参加二届三中全会，只好表示同意将中央党部和国民政府迁往武汉。① 这意味着持续两个多月的南昌中央寿终正寝。据统计，南昌中央政治会议自 1 月 3 日至 3 月 4 日，共开会 17 次，出席较多者有蒋介石、张静江、谭延闿、丁惟汾、陈果夫、陈公博、朱培德、何香凝等人。② 与此前不同的是，南昌时期之政治会议，蒋几乎每会必到，并亲自担任主席。出于与武汉临时联席会议抗衡的考虑，南昌时期政治会议的地位显然得到了蒋介石前所未有的重视，又一度成为行使最高职权的机构。

1927 年 3 月 10～17 日，国民党二届三中全会在武汉召开，会议由鲍罗廷和国民党左派势力掌控。会议决议：（1）中央常务委员会对党务、政治、军事行使最终议决权，取消主席制，由 9 名常务委员组织之；（2）政治会议恢复为政治委员会，置于中央执行委员会之下，以 9 名中常会委员及由中央执行委员会全体会议选举 6 名中央执行委员和候补中央执行委员组织之，指定其中 7 人组成主席团，不设主席；（3）政治委员会为中央执行委员会下之最高政治指导机关，对于政治问题议决后，交由中央执行委员会指导国民政府执行之。③

根据上述决议，政治委员会的角色定位大体是：位居中央执行委员会和中央常务委员会之下，直接受中央常务委员会节制；虽是最高政治指导机关，但对于政治并不能行使最终议决权；对于国民

---

① 《蒋介石日记》，1927 年 2 月 28 日、3 月 3 日。
② 《政治会议第 54～67 次会议记录（含临时会议）》，《中政会档》：00－1/32。
③ 《统一党的领导机关决议案》、《修正政治委员会及分会组织条例案》，《中国国民党第一、二次全国代表大会会议史料》（下），第 768～769、775 页。

政府，可以行使政治决策权，但不能直接指导国民政府执行，而必须透过中央执行委员会。这一定位，意在限制中政会曾经过于膨胀的权力，也是针对前一阶段蒋介石在南昌挟政治会议以自重而进行的调整。在二届三中全会上，蒋介石原来的职位如中常会主席、中央组织部长、军人部长等，或被撤销或被替代，只保留国民革命军总司令一职，而总司令的权限，亦由全会通过条例加以限制。二届三中全会的结果，基本上恢复到了中山舰事件和二中全会以前左派掌权的局面。

全会大大削弱了蒋介石的权力，但亦因此成为蒋介石大踏步走向清党反共的契机。4 月 12 日，蒋介石在上海发动反共政变。16 日，蒋在南京另行召开政治会议，接续南昌之政治会议，议决 18 日国民政府与中央党部开始在南京办公。① 国民党中央与国民政府于是再次一分为二，形成宁汉对峙的局面。②

武汉方面，二届三中全会以后，至宁汉合流以前，共计召开了 46 次政治委员会会议，议决案共约 780 件，内容涉及政治、军事、外交、财政、交通、司法、教育、劳工等 10 类。③ 武汉中政会的权限实际并无明显降低。这与武汉中政会的人员构成有关。因为按照二届三中全会之相关规定，中常会委员同时也是中政会委员。中常会委员规定为 9 人，中政会委员规定为 15 人。就影响力而言，9 名中常会委员显然在中政会内具有举足轻重的作用。中政会主席团 7

① 1927 年 4 月 16 日蒋介石日记。查政治会议记录，议决此事的是第 73 次会议，开会时间为 4 月 17 日，但第 74 次会议（议决发表定都南京宣言）的开会时间亦记为 4 月 17 日，怀疑第 73 次会议的日期可能有误，故采信蒋日记。
② 1927 年 4 月 16 日会议排序为第 73 次政治会议，至同年 8 月 24 日排序至第 123 次，经常出席会议的有蒋介石、吴稚晖、胡汉民、邓泽如、陈果夫、丁惟汾、叶楚伧、萧佛成等。会议未设常任主席，先后主持会议的主席有吴稚晖、胡汉民、蔡元培、丁惟汾、李烈钧等人，以胡汉民主持次数最多。1927 年 8 月 24 日以后停会约四个半月。1928 年 1 月 11 日重开，排序续前。见《政治会议第 73～140 次记录》，《中政会档》：00－1/31、00－1/32、00－1/33、00－1/34。
③ 《中国国民党中央执行委员会政治委员会工作报告》（1927 年 3 月 14 日至 8 月 14 日），《中政会档》：00－1/3。

名成员中，有 6 名是中常会委员。① 人事的高度重叠，使本属领导与被领导关系的两会，在实际运作过程中几乎难分上下，有时在职能分工上也难免混淆。如 1927 年 4 月 5 日武汉中政会第 9 次会议，收到军事委员会给中央执行委员会的一个呈文，请求明令讨伐张作霖，并将军队编制改为集团军，废除总司令。会议主席提示，呈文是给中央执行委员会的，是否适合在政治委员会内讨论？孙科当即回答说："中央执行委员会还不是这几个人，大家同意就可发表。"又如 4 月 13 日中政会第 12 次会议，吴玉章提出要让四川代表报告万县惨案的情况，会议主席提示说："这一类的事，是在常务委员会报告的"。吴玉章回答说："政治委员会跟常务委员会差不多的。"② 可见在当事人认知中，中执会、中政会、中常会实在难分彼此。按规定，中政会虽然是最高政治指导机关，但政治问题的最终议决权掌握在中常会。不过，在实际运作过程中，中政会通过的决议即使提交中常会复议，也很少被否决。因为就人员构成而言，武汉时期的中政会几乎是中常会的扩大会议，中执会又像是中政会的扩大会议。

在国共合作、国民革命与北伐战争的大背景下，在国民党由区域性执政党向全国性执政党迈进的过程中，国民党借鉴苏俄尝试实施一种新的政党政治体制。这种新的党治体制，用孙中山在国民党一大上公开宣示的话讲，就是"先由党造出一个国来"，然后"将党放在国上"，"完全以党治"。③

---

① 中政会委员名单：汪精卫、谭延闿、顾孟余、徐谦、蒋介石、吴玉章、陈公博、孙科、谭平山、宋子文、宋庆龄、王法勤、林祖涵、陈友仁、邓演达（前 9 名为中常会委员）。中政会主席团名单：汪精卫、谭延闿、孙科、顾孟余、徐谦、谭平山、宋子文。见《中国国民党第二届中执会第三次全体会议速记录》，《中国国民党第一、二次全国代表大会会议史料》（下），第 816～817 页。

② 《中国国民党中央执行委员会政治委员会第 9 次会议速记录》、《中国国民党中央执行委员会政治委员会第 12 次会议速记录》，《中国国民党第一、二次全国代表大会会议史料》（下），第 1025、1051 页。

③ 《中国国民党第一次全国代表大会会议录》，《中国国民党第一、二次全国代表大会会议史料》（上），第 14～15 页。

在党治的具体运作方面，国民党自上而下设立了一套双轨并行、以党治政的制度化管道。在中央，国民党的最高权力机构是全国代表大会，全代会闭会期间是中央执行委员会，中执会闭会期间是中常会，中常会之外还有中政会。这些机构均仿照苏俄实行委员制，而委员制存在着一个不易解决的问题，即当委员会成员太多时，运作成本高，而且运转不灵敏，委员会越大，越不易召集。在这种情况下，只好逐步缩小委员会，一层一层递减地设立新的委员会。全代会→中执会→中常会→中政会，即是层层缩小的结果。

但层层缩小之后，难免形成机构之间的叠床架屋。而且在国民党的法理上，全代会、中执会、中常会与中政会，在某种意义上均有最高权力机关的性质，这意味着党的最高权力实际处于分割状态。另一方面，每一个最高权力机构，均由若干委员组成，于是每一个最高权力机构又被众多委员所分割，从而导致各个最高权力机构之间和每个最高权力机构内部形成多元竞争和冲突，并导致整个结构的极不稳定。

孙中山在世时，全党听从其独断，党的最高机关名义上是委员制，实际上是总理主导制。孙中山逝世后，委员制正式推行，其问题也随之而来。在1924～1927年间，国民党中政会的名称、性质、人事、组织与职能变动不居。在短暂的两三年间，中政会数番改组，几度浮沉，演变的周期大多仅在数月之间，而人事之轮替，更是你方唱罢我登台。如胡汉民、汪精卫、蒋介石之间的党魁继承人之争，西山会议派掀起的中执会与中政会之争，蒋介石主导下的南昌政治会议与武汉临时联席会议之争等，中政会均成为党内精英角逐和国共党际斗争的矛盾焦点。这个时期中政会的演变，实际上也是北伐前后南方革命政权纷争剧变的一个缩影。

中政会的权力，时而被擢升，时而受限制；中政会与中执会、中常会的关系，时而相统属，时而被逾越；机构之内，时而主席制，时而常委制。连中政会的名称亦三度变更。中政会的实际运作往往与其法理地位不相吻合。仅据法规条文无法判断中政会的实际职能；仅从职能变化也无法判明其权力斗争的内幕。法无定规，权随人转，一切都在"党章"、"党纪"、"党权"、"党治"、"党统"等旗帜和名义下进行，一切又以实力较量和权力权谋为依归。党的规章和形制虽是外来的、现代的，而实际运作与权力递嬗的潜规则及其政治文化土壤则完全是本土的、传统的。

从早期中政会的组织与人事演变中，我们不难看出，传统"帝治"向现代"党治"的转型，变的更多是外在形式，而不变的，则可能延续在中国数千年的深层政治文化之中。政治制度史的研究仅关注制度本身是不够的。"法治"的背后其实仍是"人治"。

第八章

大学校园中的国民党

抗战时期，中国国民党在大学普设党部，将党的组织触角全面伸入高等教育界。与此同时，中国共产党也在高校里建立了自己的地下组织。战时大学校园遂成为国共两党进行组织较量的一个重要舞台。数十年来，学界对中共领导的学生运动史，已有相当细致的研究；相对而言，对执政的国民党在大学校园的组织活动情形，则缺乏深入翔实的探讨，甚至基本史实和大致轮廓也模糊不清。以西南联大为例，在已出的数本校史（包括北大、清华、南开）著作[①]中，对于中共领导的爱国民主运动，均有专章详述，而对国民党与三青团在各校的组织活动，大都语焉不详，且或误述。

过度的凸显与遮蔽，难免给人留下错误的印象和认知，以为大学校园是中共组织独自驰骋的舞台，而国民党则一味依靠军警特务实施武力镇压。其实，战时国共两党在大学校园中的斗争，多数情况下是"以组织对组织"的"文斗"。当组织较量不得力时，国民

---

① 参见西南联合大学北京校友会编《国立西南联合大学校史》，北京大学出版社，1996；萧超然等编著《北京大学校史》（增订本），北京大学出版社，1988；清华大学校史编写组编著《清华大学校史稿》，中华书局，1981；《南开大学校史》，南开大学出版社，1989。

党才转而动用武力。

以往对战时知识界与国民党关系的描述，偏重张扬战争后期少数激进的大学教授和部分自由主义学者与执政当局之间的紧张和对立，有意无意地漠视了另外相当部分与执政当局亲近合作的知识精英之心态与作为。① 其次，战时大学校园内的斗争，并不仅仅是国共两大政党之间的较量，国民党内不同派系亦以此为舞台展开角逐。学界分化的背后，尚有国民党派系纷争的因素潜存。此种分化与纷争甚至延续和影响了战后部分英美派学人与执政党的离心离德。抗战前后政治与学术互动之考察，若仅从国共相争立论，实难得真相之全貌。

本章拟考察抗战时期国民党在大学校园中的组织活动情形，兼析战时知识界/教育界与执政党不同派系之间的复杂关系，主要以国民党西南联大区党部为中心，兼及武汉大学、中山大学、西北大学等校党务。所用资料大部分来自台北中研院近代史研究所档案馆所藏朱家骅档案。朱家骅（1893～1963）于1938年国民党临时全国代表大会后出任中央党部秘书长兼中央调查统计局局长；三青团成立初期，一度兼任代理书记长；1939年11月至1944年5月担任国民党中央组织部长，1944年11月转任教育部长。② 将党务推进校园是朱家骅主持国民党中央组织工作时期的一项重要举措。朱家骅档案中藏有一大批战时大学党务档案，其中西南联大党、团负责人姚从吾与朱家骅之间数十封来往信函尤足珍贵。这些信函相当细致地呈现了战时西南联大国民党党务的运作情形。本章即以此为基础，兼及台北国民党党史馆和南京第二历史档案馆的相关文献，通

---

① 直到最近，才有杨奎松、王晴佳等学者开始关注不同政治立场的大学教授在战后学潮中的分合与转化。参见杨奎松《国民党在处理昆明学潮问题上的分歧》，《近代史研究》2004年第5期；王晴佳《学潮与教授：抗战前后政治与学术互动的一个考察》，《历史研究》2005年第4期。

② 参见《朱家骅先生记事年表》，杨仲揆：《中国现代化先驱——朱家骅传》，台北，近代中国出版社，1984，第225～252页。

过西南联大这一个案，"再现"和展示战时国民党在大学校园中的组织实态。[①]

一　大学党部的筹设

国民党的组织触角伸入大学校园，最早可追溯到 1920 年代国民革命时期。当时，在苏俄与中共的影响和推动下，国民党在青年学生中大力发展组织，吸纳党员。中央专门设立青年部，在部分大学和中学建立基层组织。"学生入党"一度成为时髦话题。[②] 1926 年 7 月，国民党在广州召开中央教育行政大会，会议议决学校教职员和教育机关人员必须全体加入国民党，并开始在广东推行党化教育。当时激进的青年学生对国民党的党化教育非但不反感，且以能接受党化教育和加入国民党为荣。

北伐胜利后，国民党由革命党转变为执政党。路线政策亦相应改弦更张。国民党中央青年部与农民部、工人部、商民部、妇女部一起被取消。与此同时，国民党对青年学生参与政治的态度，渐由支持转向反对；对青年学生之加入国民党，亦由鼓励转为限制。1928 年 5 月，南京国民政府召集第一次全国教育会议。会议提出的《学生自治条例案》中，删除了先前由大学院起草的《学生团体组织大纲草案》中关于国民党可在学校设置区分部的条文；会议还议决废止"党化教育"名称，代之以"三民主义教育"。不过，"党化教育"的名称虽改，党化教育的理念仍存。南京国民政府另颁《各级学校增加党义课程暂行条例》，要求各级学校开设党义课程。国民党中央训练部特设党义教育

---

① 台北中研院近史所胡国台先生曾利用台北"法务部调查局"所收藏的国民党档案和中共文献，对抗战时期国共两党在高校里的斗争情形进行过研究，但不知何故，他未利用其本所档案馆所藏之朱家骅档案。见胡国台《国共校园斗争（1937～1949）》，《历史月刊》（台北）第 44 期，1991 年。

② 参见吕芳上《从学生运动到运动学生》，第 247～281 页。

科，掌理各级学校党义教育事宜，并对各级学校党义教师的资格
加以检定。

九一八事变后，为了应付国难，南京国民政府的教育政策由着
重党义灌输、思想控制，逐渐转向民族自信心与国家向心力的培
养。1932 年教育部修订各级学校课程标准时，将"党义科"改名
为"公民科"。试图将党的主义，融合和渗透于"公民"教材之
中，意在淡化党化教育刻板僵化的负面形象。①

战前党化教育的效果如何？国民党四大曾检讨说："中央年来
厉行党义教育，国内大中小学均有党义教育课程之设置，惟综其结
果，不但成效难收，反使一般学生感觉三民主义之空虚枯燥与毫无
意义。"② 社会舆论亦认为，训政初期的党化教育，实际上完全失
败。③ 据统计，战前大学党义教师与学生的比例，平均为 1 比 900。
有的大学甚至没有专任的党义教师。即使有党义教师的大学，其党
义教师的处境亦十分尴尬，因被视为国民党派来宣传主义的，经常
遭到学生的轰赶。④ "党义教师的地位，连担任自修课的教员都不
如。"⑤ 1939 年朱家骅接任中央组织部长之际，即痛陈大学党义教
育流于形式，"各校所教，内容不一，思想更不一致，更有大学根

---

① 有关战前国民党党化教育政策，参见陈进金《抗战前国民党的教育政策》，李
　云汉主编《中国国民党党史论文选集》第 5 册，台北，近代中国出版社，
　1994，第 175～232 页。
② 《革命文献》第 76 辑，台北，1978，第 166～167 页。
③ 叔永：《党化教育是可能的吗》、《再论党化教育》，《独立评论》第 3、8 号，
　1932 年 6 月 5 日、7 月 10 日。另据陶百川于 1935 年 1 月测验上海 154 位参加
　"优秀学生联谊运动"的高中生对三民主义的认识之结果，发现连"三民主义
　的涵义如何"这样简单的问题，竟有许多学生回答不及格。陶氏慨言："他们
　在学校中应该都已读过六七年的党义教科书，何以程度竟如此低劣！优秀学生
　如此，普通学生将何如！劣等学生更将何如！中学生如此，小学生将何如！学
　生如此，一般民众将何如！由此观之，七八年的党义教育，至少在这一点上是
　惨败了！"见陶百川《中国青年政治思想的观察》，《上海党声》第 1 卷第 2 期，
　1935 年 2 月。
④ 马超俊：《实施党义教育之重要》，《中央党务月刊》第 32 期，1931 年 4 月。
⑤ 陶其情：《难乎其为党义教师》，上海《民国日报》1929 年 7 月 11 日。

本就没有党义教员，只在学生毕业时，交一篇党义的论文，便算敷衍了事。"①

　　战前国民党基本上没有在学校建立基层党组织。全国大学和专科学校中，可能只有国民党中央政治学校等少数几所学校设有区党部。一般院校未见设立。战前大学师生加入国民党者为数不多。②

　　国民党在大学普设党部，是抗战时期的事。1939 年 3 月 14 日，蒋介石电令教育部长陈立夫："全国各级学校有党籍之教职员，应设法管理，以考察并指导其行动与生活。"蒋并要求教育部和各省教育厅指定专人负责。陈立夫呈复说：根据党的组织原则，"任何机关学校之长官或校长，对其所属教职员只能以长官或校长资格指导监督其教职员，不能以党员资格指导监督同一机关或学校之其它党员，因此等党员之指导监督，应属于隶属最近之党部。若机关长官、学校校长行使指导监督之权，即难免有越权之弊，甚或引起纠纷。为免除此弊与求指导便利起见，必须透过党之组织，实行指导监督，方易进行。惟以各机关学校各级党部组织或尚未成立，或未臻健全，为实施管理并考察及指导其行动与生活计，似应先由中央规划于各大学校及各教育机关中成立直属党部。"③ 陈立夫还禀告蒋，国民党中央组织部自 1938 年底即已着手在中央大学

---

①　朱家骅：《党务实施上之问题》，1939 年 11 月，中国国民党中央训练委员会编印《中央训练团讲词选录》，1941，第 185 页。

②　抗战初期，国民党中央要求党员重新报到登记。据 1940 年 7 月统计，各大学参加报到的党员人数（基本上是战前加入者）总计不过千余人，其中大部分集中在中央政治学校，普通高校只有四川大学和中山大学两校较多。各大学国民党员的具体数字是：中央政治学校 748 人，四川大学 209 人，中山大学 184 人，朝阳学院 59 人，师范学院 46 人，厦门大学 43 人，中正学院 20 人，武汉大学 6 人，西北大学 5 人，协和医学院 3 人，民国学院 3 人。除此之外，金陵大学、复旦大学、齐鲁大学、河南大学、云南大学、广东国民大学、西北工学院等学校均无党员报到。因为战乱等因素，有的党员可能没有及时报到，实际党员人数应多于报到党员人数。见李云汉主编、林养志编辑《中国国民党党务发展史料·组织工作》（下），台北，中国国民党党史会，1993，第 409 页。

③　《关于各校区党部之筹设》，党史馆：特 3—26.1。

等 8 所高校中筹设党部。①

当时舆论认为，大学党部的筹设，主要缘于 CC 系向教育界扩张其势力地盘的考量。蒋介石欲加强对全国各级学校中国民党籍教职员之组织管理，与 CC 系向教育界扩张势力的意图不谋而合。战前国民党党机器一直掌控在以陈果夫、陈立夫兄弟为首的 CC 系之手。1938 年 1 月，陈立夫出任教育部长。在当时人们的揣测中，CC 系势必趁此机会向教育界渗透。

另一方面，抗战初期新成立的三民主义青年团积极在大中学校建立基层组织，亦刺激了 CC 系与之争夺地盘。CC 系与复兴社（此处泛指包括复兴社与力行社在内的金字塔形组织）两大集团在战前即已展开过恶性的组织竞争。蒋介石鉴于国民党实在沉疴太深，积重难返，特别是年青一代瞧不起国民党，乃决定在旧的党机器之外，另起炉灶，重组一个新的具有政党形态的组织——三民主义青年团。② 为了统合党内各派系，蒋介石训令 CC 系与复兴社同时解散各自的小组织。但在筹组三青团时，蒋介石将组织重任交付给了原复兴社成员，仅分配 CC 系在团内扮演适度调节的角色。由于复兴社势力实际主控了三青团，战前 CC 系与复兴社之间的派系宿怨，又延续为战时党团之间的对峙和竞争。③ 教育界自然成为双方竞逐的重要场域。

自三青团成立起，团与党的关系即缺乏一种组织制度上的明晰界定。蒋介石有意将三青团塑造成一个革命新血轮的形象，特赋予三青团以自主运作的政治地位。除其本人以国民党总裁兼三青团团长外，国民党与三青团之间并不具有组织体制上的统属关系。从中央到地方，党团之间各成系统。这样一种二元双轨体制，势必在组织发展上产生竞争和矛盾。

---

① 李云汉主编《中国国民党党务发展史料·组织工作》（下），第 11～12 页。
② 三青团的成立，最初亦隐含有另立新组织以向其他党派表达合并意向和吸引其他党派参与合并的企图。
③ 参见王良卿《三民主义青年团与中国国民党关系研究》，台北，近代中国出版社，1998。

党、团组织在西南联大的筹建，几乎是同时进行的。1939 年 7 月，教育部长陈立夫与国民党中央组织部长张厉生（CC 系干将）联名致函西南联大三常委之一的北大校长蒋梦麟，要求在西南联大建立国民党直属区党部。与此同时，西南联大历史系教授姚从吾[①]被三青团中央任命为西南联大三青团直属分团主任干事，负责组建该校三青团组织。

国民党中央组织部最初规定，大学区党部由教职员党员与学生党员共同组织。[②] 陈立夫和张厉生在致蒋梦麟函中，亦请蒋推荐教职员党员两人、学生党员一人为西南联大区党部筹备员，负责西南联大区党部的筹备工作。对此，蒋梦麟表示担忧："从前经验，校中党部不分员生。学生人数多，教职员人数少，几无发言余地，遑云指导？其弊则党内分派，抢权打架，骗中央津贴，诸奇百怪，直以党乱校。"为免蹈前辙，蒋梦麟主张大学党部的重心，必须放在教师身上。学生党员因学力经验不足，若无指导，则如无缰之马，必须置于教师党员的指导之下。他向陈、张建议：大学"区党部由教职员组织，学生则组织区分部，是则区党部直接受命令于中央，区分部则受命令于区党部，条理一贯，指挥如意矣。待组织全健后，再加入学生代表，方不至于闹向来之幼稚病。"[③]

实际上，蒋梦麟的担心，并不全在教师党员与学生党员之间难

---

① 姚从吾（1894~1970），1920 年毕业于北京大学文科史学门，继入北大文科研究所国学门为研究生，1922 年 12 月赴德国留学，1934 年夏返国受聘为北大历史系教授，抗战爆发后，随校南迁，任西南联大历史系教授，1939 年 7 月，任西南联大三青团直属分团筹备主任，负责组建该校三青团组织，1941 年 12 月，任国民党西南联大直属区党部书记，1944 年 1 月，西南联大区党部改选，连任区党部书记，1946 年春，随北大返回北平，任历史系教授兼系主任，1947 年 7 月，任河南大学校长，1949 年去台湾，1958 年当选为中研院院士。见《直属西南联大区党部人事组织动态报告》，党史馆：会 5.3—225.12；徐友春主编《民国人物大辞典》，河北人民出版社，1991，第 634~635 页。

② 《关于各校区党部之筹设》，党史馆：特 3—26.2。

③ 《蒋梦麟复陈立夫、张厉生函》（1939 年 7 月 15 日），台北中研院近代史研究所档案馆藏《朱家骅档·学校党务卷》：95 -（1）。下引各函，凡未标注出处者，均同此。

以协调。他更为担心的是，由 CC 系主控的国民党党部，与由复兴社主控的三青团之间，在同一个校园中将如何共处。他将陈立夫与张厉生要求他在联大建立国民党区党部的消息，告诉了负责筹备西南联大三青团分部的姚从吾，并提醒姚说："此事仍为两根线，一由二陈主持，一由黄埔主持（引者注：复兴社与黄埔系之间有历史渊源和人事传承关系，外间常将二者视为一体）。此事合之则两美，离之则两伤。"姚从吾获悉后，立即向时任三青团代书记长的朱家骅求证"两根线"之说是否属实，并申言"两根线之说，外间言者甚多，非孟麟先生一人之言"。[①] 此时朱家骅虽代理三青团书记长，但实际组织大权掌控在复兴社之手。朱没有正面回答姚的问题，实际表示默认。

一般认为，战时国民党在高校里建立党部，是为了抑制中共扩张势力。[②] 这一说法在间接的意义上可以成立。不过，在最初筹设大学党部时，国民党党内派系的组织竞争，实为更直接的动因。

二　教师入党，学生入团

姚从吾因与朱家骅有前后留德以及在北大求学、任教等"学缘"关系而深得朱家骅的信任。姚与朱同岁，但姚对朱执弟子礼，敬重有加。当朱家骅代理三青团书记长（1938 年 7 月至 1939 年 8 月）时，姚被任命为联大三青团筹备主任。

姚从吾在筹备联大三青团之初，就建议朱家骅：教职员与学生应分别组织党部与团部。姚从吾认为，学生与教职员，年龄不同，地位不同，心理与见解亦各别。教授利害观念太重，不易组织，加之身家牵累，活气已竭；而青年学生，则英俊济济，思想活泼。因此他建议学校的政治组织应以学生为中心。教职员因"保守落后"

---

①　《姚从吾致朱家骅函》（1939 年 7 月 16、17 日）。

②　胡国台：《抗战期间国共两党在高校里的斗争》，《国外中国近代史研究》第 19 辑，中国社会科学出版社，1992。

只宜加入国民党，青年团则专吸收"思想进步"的学生；学校党部只可作为学校团部的辅佐和陪衬，不能妨害学生青年团的进行。在姚从吾看来，"教职员中，小组织甚多，大半志在利禄。年来政府多方延揽，参政服官者，其数已众，所余非庸碌自保，即是别有怀抱之人。然调高行迁，利害观念太重，即另有组织，实希望甚少。事实上又不便听其徘徊圈外，似宜另加组织，别为一团，聘资望高于彼辈者统率之，与青年团彼此互助，各不相妨。"①

姚从吾重学生、轻教师，与前述蒋梦麟之重教师、轻学生的看法适相反。姚、蒋虽然都认为师生不宜混合编组，但两人的出发点大不同：在蒋看来，学生学力经验不足，好冲动，若无教师指导约束，则如无缰野马，故建议将学生党员置于教师党员的直接指导下，而不宜以"党内同志"的关系平起平坐。而姚从吾则认为教师老成保守，"大半"志在利禄，不宜吸纳到国民党体制中来，但他又替国民党担心：如果听任那些利害观念重的教职员徘徊于党国体制之外，又难免"别有怀抱"。姚从吾将希望寄托在青年学生身上。不过他也看到了青年学生情感胜于理智的一面："学校青年，血气方刚，人数既众，自不免感情胜于理智，不得志于团者，自易思入党，以相报复。如此则磨擦易生，而党与团步调不齐，予青年及第三者以不良印象。"② 有鉴于此，姚从吾主张学生只许入团，不许入党；教师则只许入党，不许入团。③

对姚从吾提出的教师与学生分别入党、入团的主张，朱家骅回

① 《姚从吾致朱家骅函》（1939 年 7 月 16、17 日）。王晴佳对姚从吾此段言论的阐释是：国民党对知识界已经多有拉拢，但"似乎成效不够理想"；左倾人士的存在，表明当时知识界"已非国民党的一统天下"。（参见前引王文，第 31 页）王的阐释似乎有悖姚文原意。姚文中显无"成效不够理想"之意；此前知识界从未出现过"国民党的一统天下"局面，"已非"何从谈起？姚文亦无此意。

② 《姚从吾致朱家骅函》（1939 年 12 月 28 日）。

③ 王晴佳认为，姚从吾提出要将教授与学生分开对待，成立不同的组织，把重点放在学生身上，是为了加强联大国民党的力量。（参见前引王文，第 31 页）此点有些说不通。要知此际姚从吾的身份是联大三青团筹备主任，他显然是站在团的立场说话。

复说：三青团中央干事会最近已修正团章，将团员年龄改为 16 ~ 25 岁，此后大学党部，自可专以教职员为对象，党员年龄当在 25 岁以上。① 1939 年 11 月，国民党中央常会第 133 次会议通过《党与团之关系及其实施办法》，其中规定：各级学校党部仅以教职员为对象，不得征收学生为党员；学生中之党员悉数介绍加入三民主义青年团；"在校学生，年龄虽满 25 岁，仍应入团；其已入党者，由中央党部令其加入团部，其党籍自仍保留。"② 1940 年 11 月，国民党中央常会第 163 次会议又通过《确定党与团之关系办法》，再次重申各级学校党部不得征求学生入党，并划分党与团的活动范围：党的活动范围注重社会，团的活动范围注重青年学生。③ 这样一来，从制度上明确划分了国民党与三青团在学校的组织发展对象和范围，改变了先前教师党员与学生党员混合编组学校党部的规定，与姚从吾的教师入党、学生入团之主张大致吻合。

战时各大学是否严格遵循了国民党中央有关教职员与学生分别入党、入团的规定呢？

由于缺乏全面、完整的统计资料，我们无法得知战时各大学党部党员构成的整体状况。据已掌握的数所大学区党部的相关数据显示，有的大学在吸收教职员入党的同时，仍然吸收学生入党。如西北大学区党部即发展了大量学生党员，只是在划编区分部时，教职员党员与学生党员分别编组。值得注意的是，国民党中央组织部并没有制止该校区党部吸收学生党员，相反批评他们不应将教职员党员与学生党员分开划编区分部。④ 另据中山大学区党部 1943 年 6

---

① 《朱家骅复姚从吾函》（1939 年 8 月 3 日）。
② 《姚从吾致朱家骅函》（1939 年 12 月 28 日）。
③ 《确定党与团之关系办法》，《中央党务公报》第 3 卷第 11 期，1941 年 5 月 12 日。
④ 国民党中央组织部指示称："查该部有数区分部悉由教职员组成，其余则全由学生党员组成，似此划编方法，对于员生之感情及联系上，均属有损无益，流弊所及，甚易形成员生对立之形势，嗣后划编区分部或小组，教职员与学生不应分开。"见《指示直属西北大学区党部工作》，《中央党务公报》第 3 卷第 1 期，1941 年 1 月 10 日。

月的党务报告，该校有党员 1200 多人①，党员人数为全国各大学之冠，其中多数是学生；② 而且区党部的职位亦全为学生把持，以致激起部分教职员党员的不满。③

国立中正大学则声称遵守中央有关规定，"本区征求党员，仅以教职员为对象。""凡学生中党员年龄未满 25 岁者，一律加入三民主义青年团，拨归本校分团部暂行保留党籍。"④ 武汉大学区党部最初是将教师党员与学生党员合编，后遵循国民党中央的规定，将教职员与学生分开组织：学生有三青团，教职员有党部；党部工作注重教职员，而以学生为辅。⑤

西南联大的情形与中正大学、武汉大学相似。党员以教职员为主，学生极少。教职员党员中，又以教授为主。1944 年 1 月西南联大区党部召开党员大会，出席党员 79 人，请假 6 人，合计 85 人，其中教授 42 人，教员、教官、助教、研究生共 25 人，职员 14 人，学生 4 人。⑥ 教授党员近占半数。据姚从吾写给朱家骅的报

① 《任国荣致朱家骅函》（1943 年 6 月 20 日），《朱家骅档·学校党务卷》：95 －（5）。

② 《中国国民党直属国立中山大学区党部三十一年度工作大纲》规定，征求新党员，教职员占 1/4，学生占 3/4；又据《中国国民党直属国立中山大学区党部三十二年度工作总报告》称："查过去入党者，多为四年级学生，盖毕业后到各机关中之需要也。本部为革除此种不良习惯，特别通饬各区分部大量征收较低年级之同学及各学会社团负责人入党。"见《国民党中央组织部档》，中国第二历史档案馆：717（4）—1065。

③ 《国立中山大学党员代表致重庆中央党部组织部长电》（1944 年 7 月 10 日）称："因招收之学生新党员既多，故各学院之区分部所有委员及书记等，均由学生充任，以致热心党务及对党有历史之教职员，均持消极，对于学校党务前途影响甚大。"见《国民党中央组织部档》，中国第二历史档案馆：717（4）—1065。

④ 《中国国民党直属国立中正大学党部三十年度工作总报告》、《中国国民党直属国立中正大学区党部三十一年工作实施进度表》，《国民党中央组织部档》，中国第二历史档案馆：717（4）—1063。

⑤ 《武汉大学区党部书记杨端六呈报本部去年下半年工作情形及今后工作计划由》（1941 年 1 月），《国民党中央组织部档》，中国第二历史档案馆：717（4）—1077；《杨端六致朱家骅函》（1942 年 3 月 11 日），《朱家骅档·学校党务卷》：94 －（12）。

⑥ 《中央直属国立西南联合大学区党部第三次党员大会（会议记录）》（1944 年 1 月 7 日），《朱家骅档·学校党务卷》：95 －（1）。

告，此时西南联大教师党员（不含职员与学生党员）合计实有 150
余人。① 而是年西南联大教师总数为 371 人（兼任除外），其中教
授 155 人。② 由此推断，西南联大教师大约 40% 加入了国民党。③
其中教授加入国民党的比例可能接近 50%。④ 在号称战时"民主堡
垒"的西南联大，这一比例实可惊人。⑤

在战时大学校园中，国民党党部与三青团团部的关系十分微
妙。如中山大学等校，学校当局与青年团均为党部之"对手"，
"无不与党部为难"。⑥ 西北大学等校，党、团冲突更为激烈。西北
大学校长为 CC 系干将赖琏（景瑚）。该校党部自然也成为 CC 系

---

① 《姚从吾致朱家骅函》（1944 年 2 月 12 日）。
② 《三十三学年度第一学期国立西南联合大学教员数报告简表》，北京大学等编
　《国立西南联合大学史料》（4），云南教育出版社，1998，第 379 页。
③ 姚从吾在 1944 年 2 月 12 日给朱家骅的一封信中谈到，联大教师党员（不含职员）
　约占教师总数的 1/4。这一估计可能是姚对当时联大教师总数了解不确所致。
④ 出席党员大会的 85 人，教授近占一半；当时西南联大教师党员实际有 150 人，
　如将职员学生党员加入，约有 170 人，如果以教授占一半推算，则教授党员为
　85 人，而当时教授总数为 155 人。50% 还是保守估算。杨奎松在《国民党在处
　理昆明学潮问题上的分歧》中认为，在联大上百名教授当中，有国民党党籍或
　三青团团籍的教授占到 20% 左右。这一比例显然低估了。
⑤ 部分联大国民党籍教职员：校常委：蒋梦麟、梅贻琦、张伯苓；中文系：罗常
　培、杨振声、赵毓英、李松筠、陈士林；哲学心理学系：冯友兰、贺麟、敦福
　堂、冯文潜；历史系：姚从吾、王信忠、雷海宗、郑天挺、蔡维藩、孙毓棠、
　皮名举、何炳棣、宋溥生、李其泰、戚志芬、何鹏毓；法律系：燕树棠、马质
　夫；政治系：钱端升、邵循恪、崔书琴、王赣愚、吴之春；经济系：伍启元、
　周炳琳、杨西孟、赵乃抟；外文系：颜锡嘏、杨西昆、李田意；教育系：查良
　钊、陈雪屏、田培林、沈履、黄钰生、樊际昌、陈友松、李廷揆；数学系：华
　罗庚、孙树本、闵嗣鹤、施惠同；物理系：郑华炽、吴有训、张文裕、霍秉
　权、孟昭英、范绪筠；化学系：杨石先；生物系：杜增瑞、李觊高、孙兆年；
　地质地理气象系：赵九章、孙云铸、李宪之、鲍觉民、张印堂、王恒升、张景
　哲；化学工程系：苏国桢；土木工程系：李庆海；电机工程系：马大猷、叶楷；
　机械工程系：王遵明；航空工程系：王德荣、宁榥；国文学系：张清常、李广
　田；理化学系：许浈阳；公民训育系：王德明、孟宪德；院系不详：叶日葵、郑
　师拙。根据《中央直属国立西南联合大学区党部第三次党员大会（记录）》整
　理，《朱家骅档·学校党务卷》：95 - （1）；《国立西南联合大学史料》（4）。
⑥ 《任国荣致朱家骅函》（1943 年 4 月 24 日、6 月 20 日），《朱家骅档·学校党务
　卷》：95 - （5）。

的领地。在赖琏的主导下，"造成系统，排斥异己"，与复兴社势
力主控的校三青团团部势如水火。双方各自在教员和学生中扩张势
力，闹得校园硝烟四起。①

　　但在西南联大，党、团关系比较特殊，其特殊性主要表现在联
大党、团关系融洽而非颉颃。学校当局自始即对教员与学生混合编
组党部将带来的隐忧高度警觉。负责筹建西南联大三青团的姚从吾
更是极力主张学生与教员分开组织，从而使西南联大泾渭分明地形
成了教员入党、学生入团的局面。另一个至关重要的因素是，最初
负责筹建联大三青团的姚从吾后来转任联大区党部的书记。这种一
身而二任的资历和身份，使姚从吾在联大党、团两大系统之间起到
了很好的组织协调作用，并使联大团部实际处于联大党部的直接指
导之下，从而避免了在其他大学较为常见的党、团冲突现象。姚从
吾在担任联大三青团筹备主任期间，初步奠定了联大三青团的组织
基础。当他转任联大区党部书记后，仍对联大三青团具有相当大的
影响力。1944 年 2 月，姚在致朱家骅的报告中，不无得意地宣称：
联大区党部不仅能指挥全校党员教师，而且"能指挥团部，领导
大部分之学生"。② 当时外间舆论也认为西南联大是"党团合
一"。③

三　教授入党的情境

　　半数教授加入了国民党这一事实，足以提示我们有必要重新
检讨西南联大知识分子与执政当局之间的复杂关系。至少意味着，

---

① 《施宏勋致朱家骅函》（1942 年 4 月 6 日）、《陈立夫致朱家骅函》（1942 年 5 月
　　22 日）、《朱家骅复陈立夫函》（1942 年 5 月 28 日），《朱家骅档·学校党务
　　卷》：94 -（13）。
② 《姚从吾致朱家骅函》（1944 年 2 月 12 日）。
③ 《任国荣致朱家骅函》（1943 年 6 月 20 日），《朱家骅档·学校党务卷》：95 -
　　（5）。

联大教授是一个多元分化的群体，其中既有闻一多那样的"民主斗士"，亦有姚从吾这样的"坚贞党员"，更多的可能是介于两者之间。

西南联大的国民党籍教授，除少数在战前即已加入者外，多数是在联大时期新加入的。也有的是早期加入过国民党，后因长期不与国民党发生组织关系，实已无形脱党，战时又重新填表加入。联大教授加入国民党的情形比较复杂，不能对他们的入党动机一概而论。

率先加入国民党的，是担任学校及院系行政职务的一批教授。当陈立夫、张厉生要求蒋梦麟在西南联大建立国民党直属区党部后，蒋梦麟立即拟具计划："第一步先介绍联大之各长之未入党者入党；第二步介绍北大清华南开各校原来之各长入党；第三步联大各系主任及三校原来之各系主任。如是则三校之健全主要分子，大部分为党员，则以后推行党务，如顺水推舟矣。"[①] 1939 年 7 月 23 日，蒋梦麟召集北大、清华、南开三校院处以上教授举行茶会，宣布"凡在联大及三校负责人，其未加入国民党者，均先行加入"。[②] 会后不久，冯友兰等十余位担任行政职务的教授即首先加入。

冯友兰在 1924 年冬曾一度加入过国民党，但入党后对参加实际革命活动缺乏兴趣和热情，到 1926 年便自行脱党。南京政府建立后，冯友兰没有再次加入。1934 年 10 月，冯友兰访苏归来，因其言论有"宣传赤化"嫌疑，被北平公安局逮捕。虽然仅关押了一天，但在冯氏心中，难免留下挥之不去的阴影。[③] 此次在联大重新入党，据冯友兰后来解释："蒋梦麟约我们五位院长到他家里谈话。他说：'重庆教育部有命令，大学院长以上的人都必须是国民

① 《蒋梦麟复陈立夫、张厉生函》（1939 年 7 月 15 日）。
② 《清华大学校史稿》，第 296～297 页；蔡仲德：《冯友兰先生年谱长编》，河南人民出版社，2000，第 239 页。
③ 参见翟志成《冯友兰彻底的民族主义思想的形成和发展（1895～1945）》（五），《大陆杂志》（台北）第 98 卷第 3 期，1999 年。

党党员。如果还不是，可以邀请加入。如果你们同意加入，也不需要办填表手续，过两天我给你们把党证送去就是了。'当时只有法学院院长陈序经表示不同意，其余都没有发言表态。我回家商量，认为我已经有过被逮捕的那一段事情，如果反对蒋梦麟的提议，恐怕重庆说是不合作，只好默认了。过了几天，蒋梦麟果然送来了党证。"①

冯友兰的忆述，与实际情形略有出入。查教育部长陈立夫与中央组织部长张厉生给蒋梦麟的指令，并无"大学院长以上的人都必须是国民党党员"之类旨意。蒋梦麟要求院处以上负责人先行加入，应只是劝进，而非强制。② 事实上，也并非所有院系负责人都加入了国民党，如法商学院院长陈序经等人即拒绝加入。陈序经在拒绝入党后，其职位并未受到影响。另如浙江大学校长竺可桢多次拒绝加入国民党，③ 亦未影响其职位。

当时的实际情形是，联大各院系负责人对国民党的入党邀请，多数采取了合作而非对抗的态度。冯友兰当时虽然没有加入国民党的积极意愿，而且此前曾以学术与政治须分途为由，谢绝了朱家骅要他为三青团向青年作号召的请求。④ 但他并没有拒绝蒋梦麟送来的国民党党证。这种合作而非对抗的态度，大体代表了战时相当一部分知识分子在"团结御侮"的大背景下对执掌政权的国民党之

①　冯友兰著、蔡仲德编《我的学术之路——冯友兰自传》，江苏文艺出版社，2000，第 111 页。

②　1940 年 3 月，蒋介石听说教育部命令全国中小学教员须一律入党，十分不满。他在给教育部长陈立夫的手令中表示：强迫中小学教员入党，其作用与事实太不相宜。陈立夫呈复说：教育部通令各省教育厅尽量介绍中小学教职员入党，但始终未有强迫必须一律入党之说。见《关于各校区党部之筹设》，党史馆：特3—26.1。

③　竺可桢自 1936 年 4 月至 1949 年 4 月，一直担任浙江大学校长。在任期间，曾于 1938 年 5 月和 1939 年 3 月两次拒绝加入国民党，但 1943 年 4 月出席三青团第一次全国代表大会时，因被选为三青团中央监察委员，无奈之中加入了三青团；1944 年 8 月才正式加入国民党，而此前全国大学校长中，只有他一人为非国民党员。见《竺可桢日记》，人民出版社，1984，第 1 册，第 234、316 页；第 2 册，第 673、680、775 页。

④　蔡仲德：《冯友兰先生年谱长编》，第 244 页。

真实心态。① 尤其是抗战初期，多数知识界精英将抗战胜利的希望寄托于国民党，加入国民党，在某种意义上也表示自己与执政当局共渡艰难一致对外的决心。② 即使如竺可桢那样"对入党事极不热心"，并对国民党的一些作为不愿苟同的人，亦表示"对国民党并不反对"。③ 另据朱自清1943年5月9日日记载，罗常培给闻一多一份入党申请书，拉闻入党。闻有些动心，邀朱自清一同参加。朱以"未受到邀请"为由婉拒。受朱的影响，闻才打消了入党的念头。④ 据此观之，后来以"民主斗士"著称的闻一多，直到此时，对国民党尚无明显敌对情绪。若非朱自清劝阻，闻也许就加入了国民党。

除院系负责人外，有部分教授是因为私人情谊，或主动或被动地成为国民党体制中的一员。1939年11月，朱家骅接替CC系干将张厉生担任国民党中央组织部长。在此之前，蒋介石一直将党务交付给二陈（果夫、立夫）为首的CC系掌控。CC系对党务资源的长期垄断，导致不少人因厌恶其派阀作风而不愿加入国民党。甚至有些行政部门为了防御CC系势力的渗入而抵制设立国民党党部。⑤ 与陈立夫、张厉生等纯粹的"党官"有所不同，朱家骅可以称得上是一个政学两栖人物。留学德国的学历背景、北京大学教授、中山大学副校长、中央大学校长等任职经历，以及中英庚款董事会董事长、中央研究院总干事等显赫头衔及其所掌控的丰富的学术资源，使朱家骅在知识界具有深厚的人脉基础。朱在知识界不仅朋友众多，而且相当一批人对他执弟子礼。正是与学界人物之千丝万缕的联系，朱家骅在出任国民党中央组织部长后，有意要将党务

① 参见翟志成《冯友兰彻底的民族主义思想的形成和发展（1895～1945）》（六），《大陆杂志》（台北）第98卷第4期，1999年。
② 此一论点，前引翟志成和王晴佳两人论文中均有提及。
③ 《竺可桢日记》第2册，第768页。
④ 朱乔森编《朱自清全集》第10卷，江苏教育出版社，1997，第240页。
⑤ 参见拙著《党员、党权与党争：1924～1949年中国国民党的组织形态》，第320～321页。

推进校园。在其直接笼络或间接影响下，相当一批知识精英相继加入国民党。在此之前，很多知识界人士对 CC 系控制的国民党敬而远之。而朱家骅接掌国民党组织大权后，很快成为执政党联络和亲近知识界的一个重要桥梁。

姚从吾原本是一个埋首书斋的纯粹学者，自称"与外间断绝往还，专心治史"，"一向不谈政治，与任何组织不生关系"。① 当朱家骅推荐其担任联大三青团负责人时，他列举多种理由表示"恳辞"。后得知此事已由蒋介石批准发表，并出于对朱家骅这位师长的尊重，姚勉为其难地接受了。朱家骅转任国民党中央组织部长后，姚也随之担任联大区党部书记。在此期间，姚逐渐对政治产生了"不感兴趣"的兴趣，并由一名"纯粹的"学者逐渐转化为一名忠贞的国民党党员。姚担任联大区党部书记期间，又介绍身边的一批同事、朋友相继加入了国民党。罗常培、贺麟、雷海宗、华罗庚等人均是在姚从吾的动员和怂恿下，通过朱家骅亲自介绍加入的。姚向朱家骅坦承，在西南联大国民党组织发展过程中，私人情谊远胜过组织关系。当他向朱家骅推荐某教授入党时，除简介其学问品行外，还会介绍该人的私谊关系。姚从吾推荐给朱家骅的人，大多与朱家骅有一定的学缘关系，或留学德国，或出身北大，或中研院同事等。在近代中国知识界，相同或不同的留学背景，常常是影响他们相互聚合或疏离的重要因素。显然因为朱家骅的关系，西南联大留德出身的教授，大部分被介绍加入了国民党。姚从吾在致朱家骅的信中这样写道："凡与先生有学谊者，第一虚心请其与党合作，其次当使为党之诤友，再其次亦为党部之朋友。"② 被介绍者中，有的对入党比较积极，有的虽不大情愿，但碍于朋友"面子"不便拒绝而勉强加入。如史学系主任雷海宗，与姚相交甚密。姚对其反复游说，雷仍有些犹疑。姚请朱家骅亲自出面邀雷入党，

---

① 《姚从吾致朱家骅函》（1939 年 7 月 16 日）。
② 《姚从吾致朱家骅函》（1942 年 6 月 3 日）。

雷碍于情面方表示允可。[①]

联大三常委之一的张伯苓是 1941 年加入国民党的。最初孔祥熙曾让行政院参事张平群动员张伯苓入党。继而贵州省政府秘书长郑道儒亦向张作过同样请求。最后是国民党秘书长吴铁城亲赴张氏寓所，请其参加，并将党证放置在张伯苓的桌上。张伯苓碍于情面，不好意思将党证"璧还"，只好认可。[②]

联大教授中，考量个人政治前途而加入者亦不乏其人。其实党票本身并不能提供更多政治机会，多是希望通过入党而与朱家骅建立私人关系。姚从吾在私下里一再批评联大教授"大半"志在利禄，"利害观念太重"。他致信朱家骅说：联大教授"大抵学有专长，各有独见，均愿与政府及党国中枢要人私人发生关系，以言党务，则均事规避，故党务工作推行实难"。[③] 之所以如此，与国民党的组织体制大有关系。国民党虽然号称"以党治国"，但在人事任用和晋升时，党籍有无，实无关宏旨。对谋职谋位者而言，关键是有无奥援，有无私人背景。

战时国民党发展党员，有几种不同途径：一是通过基层区分部介绍、吸收，这是正途；二是集体入党，军队士兵入党大多采取这一方式；三是由国民党中央委员、中央组织部与各省市党部直接征求，特许入党，这种方式主要面向知识精英和各界名流。[④] 通过朱家骅介绍特许入党，一则可以体现自己的特殊身份，二则可以借机与介绍人建立私人交情。联大教授中那些想与"党国中枢要人"发生私人关系者，亦希望借由朱家骅介绍入党而与朱建立私谊，对国民党的"公"组织并无多大兴趣。

---

① 《姚从吾、王信忠致朱家骅函》（1942 年 11 月？日，引者注：该函原件无时间，年月系根据信的内容推断）；《朱家骅致雷海宗函》（1942 年 11 月 28 日）；《雷海宗复朱家骅函》（1942 年 12 月 31 日）。

② 参见《南开大学校史》，第 271 页。

③ 《姚从吾致朱家骅函》（1942 年 2 月 10 日）。

④ 参见拙著《党员、党权与党争：1924～1949 年中国国民党的组织形态》，第 300～302 页。

为了迎合这种心理，姚从吾在介绍教授入党时，经常转请朱家骅亲自写信邀请；每当有党员教授赴重庆时，姚会函请朱家骅亲自接见他们，以示笼络。此种情形不止在联大，在其他大学也同样存在。如中山大学区党部书记任国荣在给朱家骅的信中写道："区党部之执行委员会已无形解散，本可从新选举，但一般心理，皆极愿与钧长发生直接关系。故鄙见以为不如仍由中央选派。"① 任国荣所称的"一般心理"值得注意：大学区党部委员不愿自下而上地由党员选举产生，而极愿由中央自上而下地选派。所谓"中央选派"者，实际上由朱家骅选派。被选派者即多因此而与朱氏个人结缘，或进而成为"朱派"中的一员。朱家骅本人显然也乐意利用此种"一般心理"，以网罗人马，壮大自己的派系势力。就派系属性论，朱家骅原本与 CC 系较为亲近，但自其接掌中央组织部长后，开始自组班底，另树一帜。由于朱家骅在学界政界均有相当的地位与历史基础，自立门户后，很快成长为战时一大新生派系，并逐渐与 CC 系形成分庭抗礼之势。②

联大教授中，还有一批主动申请加入者。在这方面，理工科教授尤多，如张文裕（物理）、孟昭英（无线电）、范绪筠（无线电）、赵九章（气象）、苏国桢（化工）、王德荣（航空工程）、闵嗣鹤（数学）、施惠同（数学）、叶楷（电机工程）、马大猷（电机工程）、李庆海（土木工程）、叶日葵、郑师拙等。他们之入党，多是华罗庚引介的。

---

① 《任国荣致朱家骅函》（1944 年 1 月 20 日），《朱家骅档·学校党务卷》：95 –（5）。

② 据长期担任国民党中央执行委员会秘书和中央监察委员会秘书长的王子壮观察，战时朱家骅系与 CC 系在地方层级的冲突相当激烈。"蒋先生对于其干部，似采牵制政策，果夫立夫组党十年而有所组织，自然在党中形成一个力量，朱骝先（家骅）来长组织，因其在学界政界均有相当之地位，故其措施不能悉循旧轨，于是下级冲突公然暴露，如河南、陕西、山东等省均因此而致工作于停顿，更谈不上下级之健全。"见《王子壮日记》第 9 册，台北，中研院近代史研究所，2001，第 133 页。

据华罗庚自述，他在北伐时期（1926 年）加入过国民党。北伐后，他因没有参加登记而自动脱党。1942 年 12 月，华由朱家骅介绍重新入党。[①] 华罗庚入党后，其理科同事多人亦相率要求入党。华罗庚将他们一一引荐给朱家骅。[②] 华罗庚还致函朱家骅，主动请求赴重庆中央训练团受训。当时国民党中央有规定，凡战时出国人员，都必须先到中央训练团受训。朱家骅考虑到华罗庚身有残疾，从昆明赴重庆，路途遥远，行动不便，劝他不要受训，并允诺华罗庚，"苟他日有机会出国，可代其证明"。华罗庚回复说："罗庚请训之鄙意，实为慕风而非徒为出洋计也。溯罗庚自民十四折节读书以来，久违党教，凡百举措，类多隔膜，自去年先生重介入党以后，每思有以报党之道，但常有不知从何处努力及如何努力之感，是以苟能来渝聆训，饱识时宜，或可为党尽一分力量，而不致徒为挂名党员而已也。"[③] 朱家骅感其意态殷恳，由中央组织部寄去旅费 3000 元，玉成其行。1943 年 11 月，华罗庚入中央训练团受训。受训期间，他还专门就党团问题与党国要政，向朱家骅进言献策。据姚从吾称，华在入党之前，曾上书蒋介石，"条陈青年问题，颇蒙奖许"。[④] 1945 年 5 月，国民党召开第六次全国代表大会。大会选举新一届中央委员时，朱家骅签呈总裁蒋介石，将华罗庚列为中央委员候选人。华罗庚虽然最终未能当选，但对朱家骅"感

---

① 《华罗庚致朱家骅函》（1942 年 12 月 19 日）："骝先部长先生赐鉴：遥颁大教，语重心长，谋国之忠，垂念之切，跃然纸上。罗庚敢不奉教，今后当体念国父遗教、总裁训诲，以追随先生为党为国，尽其绵薄。溯民十五时，罗庚曾在沪入党。其时军阀之势犹张，革命之花未发，北伐成功后，罗庚为经济所困，不得不负责经营先父之店铺，日则持称运筹，晚则研习算学，每日工作有过于十六小时者，致对党务方面因循未暇登记。今常戚戚，愧为国父信徒。今先生振聩启蒙，使罗庚得生新机而还旧识，感激之殷，有若拨云霓而见天日者……"《朱家骅档·人才人事卷》：459—（2）。

② 《华罗庚致朱家骅函》（1943 年 2 月 21 日、3 月 4 日、10 月 12 日，1944 年 1 月 8 日），《朱家骅档·人才人事卷》：459—（2）。

③ 《华罗庚致朱家骅函》（1943 年 8 月 7 日），《朱家骅档·人才人事卷》：459—（2）。

④ 《姚从吾致朱家骅函》（1942 年 11 月 28 日）。

深铭腑，莫可言宣"。①

华罗庚的情形在联大理工科教授中具有一定的代表性。他们并非完全沉潜书斋，不问政事。至少在抗战时期，他们中不少人对国民党实际抱有相当的同情和支持。

1945 年国民党六大召开前夕，朱家骅与陈立夫联名向蒋介石推荐了 98 名"最优秀教授党员"，内有：黎锦熙（西北师范学院），陈寅恪（燕京大学），伍蠡甫（复旦大学），熊庆来（云南大学），萨本栋（厦门大学），金毓黻（东北大学），竺可桢（浙江大学），王星拱、朱光潜（均武汉大学），张伯苓、蒋梦麟、梅贻琦、冯友兰、贺麟、华罗庚、姚从吾（均西南联大）等。②

四　联大区党部的组织运作

如果说，大学党部的最初筹设，在相当程度上缘于 CC 系向教育界扩张势力的考虑，那么，自朱家骅接掌组织部后，学校党务乃正式成为战时国民党组织建设的重要一环，而统制教师和学生的思想信仰与组织纪律，也顺理成章地成为学校党务的主要目标。

朱家骅认为，党不是一个孤立的集团，党必须社会化，尤其要和教育界、文化界沟通，因为中国的社会结构仍然是士人社会而不是工业社会，党若和文化教育界脱节，则这个党将完全没有社会基础。因此，他主张党要开门，让教育界的人进来；同时也要使大学开门，让党的力量进去，从而使党教趋于一致。③ 为此，他多次借

---

① 《华罗庚致朱家骅函》（1945 年 6 月 26 日），《朱家骅档·人才人事卷》：459—（2）。
② 《最优秀教授党员名册》，台北"国史馆"藏国民政府档案，典藏号：001014151008。
③ 甘家馨：《给国民党带来新观念新作风的朱先生》，《传记文学》（台北）第 29 卷第 6 期，1976 年 12 月。

助报纸、广播等媒体公开宣讲学校党务的意义与重要性，强调学校党务的目标，一是"传播中心思想"，二是"增强组织力量"。他认为国民党"在教育界基础薄弱，苟非急图改善，前途堪虑"。[①]而目前大学"思想庞杂，是不必讳言的危机，这必赖于教育学校界同人循循善诱，以纳入于正轨的"。"没有中心思想以为归宿，绝没有安定的日子。"[②]

在思想统制这一总体目标下，国民党中央组织部特设学校党务科，专门负责学校党务工作。1940 年 1 月，中央组织部指示各学校直属区党部，重点注意以下各项工作："（1）组织外围团体，联络优秀青年；（2）征求新党员，培植党的干部；（3）健全基层组织，加紧党的训练；（4）宣传本党主义，批判异党言论；（5）运用党团组织，指导学生行动；（6）协助学校当局，推动社会服务工作；（7）调查全校教职员学生之言行及社会状况。"[③] 第 4 项和第 7 项明显带有抑制中共和统制师生的意图。

1941 年 3 月，国民党中央组织部对学校党务工作又规定了三条原则：第一，学校区党部可以公开活动；第二，学校区党部的执行委员可以增为 5~7 人（原定 3~5 人），并可添设干事，分股办事，必要时可以呈准设置特种委员会；第三，大学区党部书记有权列席校务会议。[④] 这三条原则，显示国民党中央着意加强学校党务的决心。

依据 1938 年 12 月国民党中央常会第 106 次会议通过的《筹设各专科以上学校及国立中学直属区党部组织办法》，凡各专科以上学校及国立中学应按照情形，分别设置直属区党部；一般情况下，

---

① 《朱家骅复姚从吾函》（1940 年 3 月 7 日）。
② 朱家骅：《学校党务的诠释》、《学校党务之鹄的》，《中央党务公报》第 2 卷第 27 期，1940 年 7 月 6 日。
③ 《筹设专科以上学校及国立中学直属区党部经过》，《中央党务公报》第 2 卷第 1 期，1940 年 1 月 6 日。
④ 李云汉主编《中国国民党党务发展史料·组织工作》（下），第 434 页。

国立、私立专科以上学校区党部直属中央党部；省立专科以上学校及国立中学区党部直属所在地之省市党部。① 战时各大学党部的筹建，多在 1939 年下半年至 1940 年上半年之间。在此期间，国民党中常会先后议决了全国各大学直属区党部筹备员名单。② 筹备员大都是学校教职员，个别大学的筹备员亦有学生担任。

西南联大直属区党部的筹备和成立情形，以往相关论著之记载大多不确。如 1981 年出版的《清华大学校史稿》称：1938 年国民党中央直属联大区党部和三青团直属分团部相继成立，区党部书记为姚从吾，分团部干事长为陈雪屏。③ 1996 年出版的《国立西南联合大学校史》称：国民党西南联大直属区党部和三民主义青年团直属分团部筹备处于 1938 年底成立，由历史系教授姚从吾任筹备处主任。以后正式建立时，两者分开，姚从吾任区党部书记长，教育学系主任陈雪屏任分团部主任。④

实际情形是：1939 年 10 月，国民党第五届中常会第 132 次会议议决设立西南联大直属区党部，任命钱端升、周炳琳、查良钊三位教授为联大区党部筹备员。⑤ 联大区党部的筹备工作，开始于 1940 年初。⑥ 联大三青团分团部的筹备较区党部略早。1939 年 7

<hr/>

① 《筹设直属专科以上学校及国立中学区党部经过》，《中央党务公报》第 1 卷第 5 期，1939 年 8 月 12 日。
② 部分大学区党部筹备员名单：中山大学：萧冠英、邹谦、萧锡山；四川大学：向楚、钟行素、傅嘉政；东北大学：臧启芳、崔德化、焦海学；中央大学：何义均、王书林、汤宗舜；金陵大学：柯象峰、刘继宣、李文褒；西北联大：胡庶华、杨立奎、赵金铭；同济大学：丁基实、冯承植、田培林；浙江大学：张其昀、苏毓芬、诸葛麒；湖南大学：李寿雍、谭云鹤、成应琮；厦门大学：彭传珍、陈荻帆；云南大学：伍纯武、汤惠苏。见《关于各校区党部之筹设》，党史馆：特3—26.1。
③ 《清华大学校史稿》，第 296 页。
④ 《国立西南联合大学校史》，第 439 页。
⑤ 王晴佳认为，朱家骅一度考虑让钱端升主持联大区党部工作，但也许钱的思想已经开始左倾，或许钱对此没有太大热情，因此朱转而依赖姚从吾、陈雪屏（参见前引王文，第 31 页）。此一推断不确。朱首先依赖的即是钱端升。
⑥ 《关于各校区党部之筹设》，党史馆：特3—26.1；《周炳琳致朱家骅函》（1939 年 12 月 18 日）。

月 7 日，三青团中央临时干事会命令成立西南联大直属分团部筹备处，聘联大三常委张伯苓、蒋梦麟、梅贻琦为指导员，派姚从吾、裴笑衡、王旸、谭镇黄、尹士伟、郑福全 6 人为干事，任命姚从吾为筹备处主任。除姚从吾外，其余 5 人均为在校学生。①

联大区党部在筹备期间，除了发展一批新党员外，党务活动甚少。这可能是当时全国各大学党部在筹备时期的普遍现象。朱家骅在 1941 年 6 月的一次党务工作会议上谈到，学校党务"尚觉太差"，"教授与学生更有以谈党务为耻者。党员数量亦甚少"。② 相比之下，同样处于"筹备"阶段的联大三青团在姚从吾的积极主持下，发展迅速。1939 年 12 月 12 日，联大三青团首批百余名团员举行入团宣誓典礼。③ 两个月后，团员增至 180 余人。④ 以后三青团在联大的人数达 500 人（当时联大学生将近 3000）。⑤ 校团部还成立了合作社、话剧团、小规模之图书室，并举办了读书会、墙报、兵役宣传、青年学术讲习会等活动。⑥ 联大学生自治会亦掌握在三青团手中。⑦

联大三青团经过三年多的筹备直到 1943 年才正式成立。⑧ 联大国民党区党部经过了大约一年半的筹备，于 1941 年 7 月 23 日召开全校党员大会，选举产生第一届执监委员，宣告成立。周炳琳、姚从吾、钱端升、田培林、冯友兰、查良钊、王信忠为执行委员，杨西昆、黄钰生为候补执行委员，蒋梦麟为监察委员，梅贻琦为候补监察委员。联大区党部正式成立后，正值暑假，加之敌机空袭，新当选的执监委离昆明者甚多，迟至同年 12 月 23 日才举行第一次

---

① 《姚从吾致朱家骅函》（1939 年 7 月 16 日）。
② 中国国民党中央组织部编印《朱部长对于组织工作之指示》，1943，第 17 页。
③ 《姚从吾致朱家骅函》（1939 年 12 月 28 日）。
④ 《姚从吾致朱家骅函》（1940 年 2 月 27 日）。
⑤ 参见王晴佳前引文，第 32 页。
⑥ 《姚从吾致朱家骅函》（1940 年 12 月 12 日）。
⑦ 《姚从吾致朱家骅函》（1942 年 1 月 21 日）。
⑧ 《姚从吾致朱家骅函》（1944 年 4 月 27 日）。

执行委员会议，推选姚从吾为区党部书记。^① 在此之前，姚已辞去联大三青团分团部筹备主任职务（由教育系教授陈雪屏接任）。

联大区党部内设组织、总务、宣传等股，由王信忠负责组织，杨西昆负责总务，查良钊负责宣传。区党部下按学院分设数个区分部，如文学院区分部、师范学院区分部、法商学院区分部等。^② 按照国民党中央的有关规定，全区党员大会，每两月应举行一次；区党部委员会议每两周应举行一次；区分部书记联席会议应每月举行一次；区分部组训委员联席会议及宣传委员联席会议每三月应各举行一次；全区小组组长会议每半年应举行一次。^③ 但联大各区分部实际上很少开会。全校党员大会也仅开过三四次。据姚从吾称，联大党员教授对开会、服务等工作多不热心。日常党务工作主要由姚从吾等数位区党部执委推动。

1944 年 1 月 7 日，联大区党部改选。新一届执行委员：姚从吾、周炳琳、陈雪屏、郑华炽、雷海宗、查良钊、钱端升。候补执委：杨石先、何鹏毓、孙毓棠、宋泽生、孙树本。蒋梦麟、梅贻琦仍分别为监委和候补监委。姚从吾继续担任联大区党部书记，另由何鹏毓负责总务，郑华炽负责组织，雷海宗负责学术兼宣传。^④

姚从吾担任联大区党部书记以后，以做一个国民党"忠实党员"为己任，立志于"授课之外，虚心办党，不赴重庆，不作官吏，期以三年，冀其有成"。^⑤ 在姚从吾为首的区党部执委的积极

---

① 《直属国立西南联合大学区党部呈报成立经过及工作分配情形》（1942 年 1 月 22 日），《国民党中央组织部档》，中国第二历史档案馆：717（4）—1092。蔡仲德编《冯友兰先生年谱初编》（河南人民出版社，2000，第 251 页）载，1940 年 6 月 14 日，联大区分部举行成立大会。大会选举冯友兰、周炳琳、黄子坚为执行委员，查良钊为候补委员。此说有误。另，王晴佳认为，朱家骅让冯友兰办党，冯态度有些敷衍，故联大成立区党部后，冯友兰不在执委名单中。（参见前引王文，第 31 页）此说亦不确。

② 《姚从吾致朱家骅函》（1942 年 1 月 21 日、2 月 10 日、4 月 6 日）。

③ 《中央直属学校区党部办事通则》，《中央党务公报》第 3 卷第 25 期，1941 年 12 月。

④ 《直属西南联大区党部人事组织动态报告》，党史馆：会 5.3—225.12。

⑤ 《姚从吾致朱家骅函》（1943 年 2 月 20 日）。

领导下，联大党务大有起色。姚从吾对联大的历史传统和教职员的思想状况有着清醒的认识。他对朱家骅说："西南联大功课素严，教授多潜心专业，大概言之，对政治不感兴趣者有之，图谋他种活动……实无其人。"故"区党部之设，似应使之为沟通上下情谊之关键，正不必过重形式"。① 正是在这样的认知和考虑下，姚从吾没有把联大区党部的工作重心放在积极对付中共和统制师生方面。因联大区党部主要以教师为对象，统制和强制只会适得其反。身为教授的姚从吾显然对此有充分的认识。在联大区党部筹备初期，"教授均以名列党籍为讳"，② 已入党者也多不愿公开暴露自己的党员身份。在这种情况下，姚从吾借助朱家骅所掌控的丰厚学术资源和人脉关系，首先吸纳一批具有较高学术声望而又热心党务的教授入党，再通过这批有声望的教授党员，去吸引青年教师。

姚从吾经过审慎的观察和考查，首先向朱家骅推荐了周炳琳、陈雪屏、贺麟、田培林、郑天挺等五位教授，认为这五位教授品学兼优、忠实、稳健、人缘佳，建议朱家骅对他们"信之任之"，以他们为骨干，再从清华、南开各选择若干人，形成一比较扩大的核心，"则党务在联大自有欣欣向荣之势"。③ 五人中，除田培林被朱家骅于1941年冬调赴重庆，任国民党中央组织部训练处处长外，其他四人与姚从吾、查良钊、钱端升等人一起，成为西南联大开展国民党党务的中坚力量。

姚从吾在联大的办党方针是："以学术领导党务"，"寓宣扬主义于研究"，"党与学术配合，团与教育配合"，④ 藉学术确立区党部在联大教师中的信用和地位。⑤ 而举办学术讲座，是联大区党部

① 《姚从吾致朱家骅函》（1940年2月27日）。
② 《姚从吾致朱家骅函》（1942年8月10日）。
③ 《姚从吾致朱家骅函》（1941年6月21日），中国第二历史档案馆：717（4）—1092。
④ 《姚从吾致朱家骅函》（1942年2月10日）。
⑤ 有关姚从吾运用学术手段"寓宣扬主义于研究"的情形，王晴佳前引文作过简要的论述。

开展"学术党务"之要着。数年间，联大区党部共计举办了一百多场次学术讲演。① 可以举出名称的系列讲座如：《建国问题十二讲》、《战后建设问题十四讲》、《国际情势十二讲》、《文史学十四讲》、《文史学十二讲》、《文史学八讲》、《工学院学术讲演十六讲》、《现代科学十二讲》、《宪政问题十讲》。此外还定期举办了国史讲习会、国际情势讨论会、新艺文座谈会等。② 报告人以党籍教授为主，有时也邀请党外教授加入。讲座本身都是学术性的，没有明显"党化"意味。姚从吾坦承其举办学术讲座的目的，对学生重在安定人心，对教授重在"联络感情"。③ 前者重精神，后者重物质。两者均收到了一定的成效。讲座的学术性，受到多数学生的欢迎，而对演讲者而言，"联络感情"的关键，实际上并不在"学术"，而可能在演讲报酬。每次讲演，区党部付给每位演讲者200～300元报酬（1945年增至5000～6000元），并约请演讲人聚餐。1941年开始，昆明物价骤涨。二三百元讲演费，对讲演者不无小补。聚餐竟也成了笼络和凝聚人心的一个重要手段。④ 姚从吾承认："在联大数日不得一饱，忧困交迫情形中，有此调剂影响实大。"⑤

创办刊物，是联大区党部开展"学术党务"的另一手段。为了吸引联大青年助教入党，姚从吾最初设想创办一学术期刊。姚的考虑是："联大各院助教，人数众多，程度亦高，倘能加以联络组织，选优入党，则效力实异常可观"。"惟组织各院助教，实非空口开会所能成功。生等筹思再四，自以筹办一定期刊物，藉以商讨学术，联络感情，使逐渐接近本党为最善办法"。⑥ 刊物拟名为

---

① 《姚从吾致朱家骅函》（1944年4月25日）。
② 《姚从吾致朱家骅函》（1942年2月10日；1943年2月20日、12月17日）。
③ 《姚从吾致朱家骅函》（1942年2月10日）。
④ 如梅贻琦日记载：1941年5月15日晚，周炳琳、姚从吾、钱端升、查良钊、陈雪屏、钟天心合请校中同仁三桌。饭后谈及请大家入党的意思。见黄延复、王小宁整理《梅贻琦日记（1941～1946）》，清华大学出版社，2001，第32页。
⑤ 《姚从吾致朱家骅函》（1943年5月18日）。
⑥ 《姚从吾致朱家骅函》（1942年2月10日）。

《人文季刊》或《社会科学季刊》，由助教党员何炳棣、何鹏毓出面组织，但这一计划似未能落实。[①] 办得较有声色的是《当代评论》杂志。该刊于 1941 年 7 月创刊，1944 年 3 月终刊。姚从吾声称该刊是云贵诸省唯一的政论周刊。"联大区党部年来人数之增加，工作之开展，得力于《当代评论》之号召者实多。""党在联大一年来，似有若干信用，而一部分少壮教授之参加，《当代评论》之出版，实为主因。"[②] 笔者重新检视该刊，感觉其党化色彩甚淡。此点也许正是该刊之成功处。除《当代评论》外，联大区党部于 1944 年还派人协助云南省党部编辑昆明《民国日报》，由联大党员教授雷海宗、伍启元、王赣愚担任编辑委员会常委。[③]

联大区党部还资助北大文科研究所和南开文科研究所油印学术论文。据姚从吾介绍，两所的主持人，如罗常培、郑天挺、杨振声、贺麟、黄子坚、冯文潜、皮名举等教授，均为区党部中坚分子。由于各研究所经费困难，薪金之外，百事停顿。其主编之学术刊物均难出版。区党部乃分别资助数千元，将两研究所战时积压的纯粹学术论文、讲演稿、调查报告，各选择 30 种左右，每种油印 100 份。姚从吾认为，资助数额虽小，但直接或间接增强了区党部在联大的地位。[④]

推荐党员教授到重庆做官、到中央训练团受训和选拔应届毕业生到国民党中央组织部工作，是联大区党部笼络党员人心的又一要着。前者如推荐田培林、陈雪屏、敦福堂、郑华炽、王信忠、杨西昆、何鹏毓、宋泽生等人，后者保送了 14 名应届毕业的团员学生

---

① 何炳棣在晚年回忆录中写道：在西南联大期间，"我未参加任何政治运动，也很少参加别的活动。"对自己参加国民党一事只字未提，却提到与他同为助教的同事何鹏毓是国民党员。见氏著《读史阅世六十年》，广西师范大学出版社，2005，第 159、162 页。

② 《姚从吾致朱家骅函》（1943 年 2 月 20 日）；《姚从吾致朱家骅函》（1944 年 2 月 12 日）；《姚从吾致朱家骅函》（1942 年 6 月 3 日）。

③ 《姚从吾致朱家骅函》（1944 年 5 月 14 日）。

④ 《姚从吾致朱家骅函》（1943 年 2 月 20 日）。

和 2 名党员助教。一些年轻教师为出国做准备，未雨绸缪想争取到中央训练团受训。而联大区党部向国民党中央多争取几个受训指标，既"可以表现党在联大有力量、有计划、有办法"，又"可以鼓励联大教授中之少壮派"。至于选拔优秀青年学生到中央组织部任职，"可以引起大学优秀青年对党之欣慕，为效极大。"①

姚从吾"以学术领导党务"的办党方针，在西南联大确实收到了相当的效果。姚从吾在担任区党部书记一年后自我总结说：一年前联大教授多以名列党籍为讳，今则自承为党员者日多，联大党务已引起各方之注意。1944 年姚从吾第二次连任区党部书记时，认为"党与团在联大信用已著"。"党在联大之基础，已大致稳定。"②

在西南联大这所具有自由主义历史传承的高等学府，能吸纳 1/2 的教授加入国民党，确非易事。姚在向朱家骅报告成绩的同时，也倾吐了一腔"苦水"："伏念抗战将八年，生活维持不易，人言庞杂，动辄得咎。凡百施为，罔不顺利，则人人视为当然；偶一违志，则上下责言四起，应付之难，难如登天。在大学党部服务，有时实视其它党部为尤甚。此点实有时非纸笔所能形容其万一。"③

对于姚之热衷党团活动，朋辈同事间难免存有不同看法。傅斯年于 1940 年 8 月 14 日致信胡适谈及北大情形时，对北大文科研究所师生多有赞赏，唯对姚从吾颇有微词，直指姚之办青年团为"胡闹"："此人近办青年团，自以为得意。其人外似忠厚，实多忌猜，绝不肯请胜己之教员，（陈）寅恪断为'愚而诈'，盖知人之言也。"④ 时任国民党中央组织部秘书的甘家馨后来回忆说：西南联大是战时最坚强的学校，党是很难进门的，但是朱家骅凭其个人

---

① 《姚从吾致朱家骅函》（1942 年 6 月 26、3 日，9 月 21 日）。

② 《姚从吾致朱家骅函》（1942 年 8 月 10 日、1944 年 2 月 12 日）。

③ 《姚从吾致朱家骅函》（1944 年 5 月 14 日）。

④ 欧阳哲生编《傅斯年全集》第 7 卷，湖南教育出版社，2003，第 222 页。

在教育界的条件，居然把西南联大的人也拉进党里面来，在西南联大也能设立党部，在当时是很不容易的。①

五　联大区党部与学潮

中共在西南联大的地下支部成立于 1939 年 3 月，② 比联大国民党区党部和三青团分团部成立略早。三青团分团部成立后，联大学生自治会即受其掌控。而联大的中共地下支部十分隐蔽，初期几无公开活动。在 1941 年 1 月皖南事变以前，在国共合作的大背景下，两党在联大的基层组织大体相安无事。皖南事变以后，中共将大部分党员学生撤离联大，疏散到云南边境各县，留下的少数几个未暴露身份的学生党员也基本停止了活动。故在抗战前期，国共两党在联大校园内实际没有过正面交锋。

1942 年 1 月，联大学生发起"倒孔"大游行。这次行动可以说是西南联大发生的首起学潮。事缘于珍珠港事件后，日军攻占香港，滞留香港的一批名流学者无法及时撤离，而孔祥熙等高官却用飞机运输私人财物，甚至连家养洋狗也用飞机运回重庆。"飞机运狗"消息被《大公报》等媒体披露后，联大学生群情激愤，于 1 月 6 日举行了一场上千人的反孔大游行。参加者除联大学生外，还有云南大学和中法大学等校学生。事件发生时，正值联大区党部改选，新当选的执委尚未上任工作，主要由三青团分团部出来应付。当时三青团内部意见不一，有的主张参加学潮，认为不参加即丧失领导地位，但被三青团干事会和学校当局严加制止。三青团透过学生自治会，很快将风潮消解于无形。姚从吾当时对事件的突发与戛然而止感到疑惑不解："此事突然暴发，有无背景，至今似尚不能

① 甘家馨：《给国民党带来新观念新作风的朱先生》，《传记文学》（台北）第 29
　　卷第 6 期。
② 《国立西南联合大学校史》，第 438 页。

作肯切之判断。若云有背景，似不至于一哄即止，照常上课，不再继续；若云无背景，则各校同时发动，步骤相当整齐，无人主持，何能如此？"① 此次游行确系学生自发组织，中共并没有参与。

1943 年 5 月，因昆明物价高涨，联大师生生活日益窘迫。联大部分教授纷纷集议，有的主张向外募捐，有的主张集体绝食，有的主张联合辞职。联大区党部执委会紧急筹议后，将联大师生困苦实况及如何补救之道，通过朱家骅转呈国民党中央。② 5 月 19 日，联大教授会开会，议决请求政府增加生活费，并推周炳琳、吴有训、陈雪屏三人赴重庆晋谒当局，说明情形，请求切实救济。当日，姚从吾、陈雪屏、王信忠三人以联大区党部的名义致函朱家骅，为联大教授生活困苦而再次陈情，请国民党中央速筹救济之策，以免酿成风潮。③

1943 年春，中共地下党支部在西南联大重新建立。而自本年起，"联大青年团因复兴社旧人逐渐离校，政治性渐淡。"④ 到1944 年，学生自治会脱离三青团的掌控，转入左翼学生之手。三青团势力减弱后，联大校园的民主风气顿形活跃。一时间墙报如雨后春笋。联大区党部试图加以控制、引导和利用，如组织恳谈会，酌予物质上经济上之协助等，但没有采取过激手段打压进步学生的活动。校园氛围尚属宽松。

1944 年春，李公朴等人组织云南学术界宪政问题研究会。在姚从吾看来，李公朴等人"以研究宪政为掩护，以批评政府，实现私图为主旨"。联大区党部为了抑制其活动，乃先发制人，由钱端升、周炳琳两名党员教授以联大法学院宪政讲演会名义，邀请 6 名党员教授、4 名非党员教授举办《宪政问题十讲》，与之对抗。⑤

① 《姚从吾致朱家骅函》（1942 年 1 月 21 日）。
② 《陈雪屏、姚从吾、王信忠致朱家骅函》（1943 年 5 月 14 日）。
③ 《陈雪屏、姚从吾、王信忠致朱家骅函》（1943 年 5 月 19 日）。
④ 《姚从吾致朱家骅函》（1943 年 12 月 17 日）。
⑤ 《姚从吾致朱家骅函》（1944 年 5 月 14 日）。

联大区党部对左翼激进教授的态度，还算比较克制，未采取过激手段对付。联大教授的政治倾向虽然日趋分化，但不同政治倾向的教授在联大校园内尚能互相尊重，和平共处。

同年4月下旬，日本发动豫湘桂会战。国民党军队节节败退。联大学生受此刺激，纷纷以纪念五四为契机，发泄对当局的不满。5月4日前后，联大校园空前热闹，"民主墙"上，墙报琳琅满目。5月4日晚，《文艺》墙报社举行以"五四运动与新文艺"为主题的文艺晚会，邀请了罗常培、闻一多、杨振声、朱自清、李广田、沈从文、冯至、卞之琳等人讲演。由于到会人数太多，会议场地容纳不下，乃改于5月8日晚举行，由国文学会举办，在原请演讲人之外，增加了孙毓棠、闻家驷两位教授。重开的文艺晚会盛况空前，参加者达3000多人。晚会由罗常培、闻一多共同主持。1996年出版的《国立西南联合大学校史》将这场文艺晚会与5月3日历史学会举办的纪念五四晚会（有周炳琳、雷海宗、张奚若、闻一多、吴晗等教授讲演），称作战时联大校园新的爱国民主热潮兴起的标志。[①] 而姚从吾在晚会之后写给朱家骅的报告则称，这场文艺晚会完全是联大区党部有意策划的一次成功化解学生风潮的行动。姚在报告中写道：校内左倾分子"初欲藉救济费太少，激动风潮，志未得逞。嗣又欲因人心浮动，假纪念五四，扩大活动。幸五四天雨，团部、党部又分别防范，虽墙报五光十色，而集会实未举行。延至5月8日，由罗莘田（引者注：罗常培）同志用中国文学系名义，联合八教授，召开一五四新文艺晚会，专以讲述文艺为限。目标转移，人心始复归镇定。八教授中，除闻一多、沈从文、卞之琳三先生外，主席及召集人罗莘田、杨振声、孙毓棠、李广田等均为党员。五四文艺晚会自七时起，至十二时止，参加者逾两千人，实属空前。希望经此一次发泄之后，人心能由此安定下去也。"[②]

---

① 《国立西南联合大学校史》，第451~452页。

② 《姚从吾致朱家骅函》（1944年5月14日）。

1944 年 5 月，国民党召开五届十二中全会。会上，蒋介石让陈果夫取代朱家骅任中央组织部长，旋即又由陈立夫接任。朱家骅则接替陈立夫任教育部长。国民党党务组织大权再次回归 CC 系之手。在朱家骅任中央组织部长期间，自树一帜，难免侵蚀 CC 系的地盘。陈立夫重掌组织大权后，势必趁机报复。① 西南联大区党部是朱家骅一手扶植起来的基层党部。因联大在全国大学中之独占鳌头的地位，以及姚从吾与朱家骅之深厚私人交谊，使得西南联大区党部得到了国民党中央组织部的特殊关照。中央拨给联大区党部的经费，远高于其他大学区党部。朱家骅的离任，势必影响联大区党部的活动。姚从吾在联大办团、办党，在很大程度上是为朱家骅效力。朱既去职，姚从吾的办党热情也随之减低。没有中央党部在经费上的特殊津贴，联大区党部的工作也难以为继，加之三青团在联大的势力此前因复兴社旧人离校而受到削弱，形势朝着有利于中共和左翼学生运动的方向发展。

学校当局的态度也在发生微妙的变化。1944 年 4 月 30 日，清华大学举行 33 周年校庆。联大常委蒋梦麟在致词时一再声称"西南联大是中国的民主堡垒"。当时在场的朱自清对蒋梦麟敢说这样的话而深感吃惊。② 在此前后，联大另一常委梅贻琦也私下表示，他对共产主义无大认识，颇表怀疑，但对于校局则以为应追随蔡元培兼容并包之态度，以恪尽学术自由之使命。"昔日之所谓新旧，今日之所谓左右，其在学校应均予以自由探讨之机会。"③ 1944 年秋，联大学生自治会的领导权由三青团转入中共和左翼学生之手。④

1945 年 5 月，国民党召开第六次全国代表大会。为了争夺大会代表席位，CC 系与朱家骅系在西南联大展开了一场明争暗斗。

---

① 参见拙著《党员、党权与党争：1924～1949 年中国国民党的组织形态》，第 323 页。
② 朱乔森编《朱自清全集》第 10 卷，第 289 页。
③ 黄延复、王小宁整理《梅贻琦日记（1941～1946）》，第 184 页。
④ 《清华大学校史稿》，第 405 页。

在此之前的 1942 年，河南大学改为国立，朱家骅曾推荐姚从吾任河大校长，被教育部长陈立夫婉拒。姚对 CC 系难免心存芥蒂。陈立夫转任中央组织部长后，试图将 CC 系势力打入西南联大。国民党六大召开前夕，CC 系笼络联大政治系教授崔书琴，然后以崔书琴为桩脚，发展 CC 系在西南联大的组织基础。在 CC 系的经费支持下，崔书琴在联大法学院举办讲演会，每次付给讲演者优厚酬金，以此笼络党员教授。姚从吾对此十分警觉。他告诉朱家骅：CC 系想打入联大，不惜运用种种力量，其目的"自然是想另在联大立一'龙头'"。为了抵制 CC 系势力的侵入，姚从吾建议朱家骅：由朱家骅以教育部长的名义每学期津贴联大文史讲演会或国际学术研究会七八万元，仍在文、法学院举办讲演会，以资对抗。鉴于 CC 系每次每人送讲演费 4000 元，姚从吾建议将讲演费提高到 5000～6000 元，每次聚餐 1.5 万元。同时编印党员教授讲演集，以此吸引和笼络联大师生。由于朱家骅与学界名流多相往还，姚从吾还建议朱家骅呈请蒋介石，直接圈选一批"名流党员教授"为中委。因 CC 系与知识界的关系比较疏远，派内的"名流党员教授"不如朱家骅系多。请蒋圈选名流党员为中委，自然对朱家骅系最有利。[①] CC 系与朱家骅系的争斗，导致联大国民党籍教授群体分裂，进而影响国民党在联大的组织力量和声誉。此一情形在战后教育界一直延存，[②] 甚至影响一部分英美派知识分子与国民党的背离。

出人意料的是，国民党第六次全国代表大会通过决议，撤销军队党部和学校党部。六大决议后不久，全国各学校党部相继关闭。[③] 西南联大区党部亦不例外。

---

① 《姚从吾致朱家骅函》（1945 年 3 月 22 日）。

② 1948 年，有文谈论中央大学教授的派系，内中所提"陈派"即 CC 系，"少壮派"即朱家骅系。见南京通讯《中央大学的教授们》，《新路》第 1 卷第 6 期，1948 年 6 月，第 17 页。

③ 《第六届中央执行委员会第二次全体会议中央各部会工作报告》，李云汉主编《中国国民党党务发展史料·组织工作》（下），第 569 页。

　　抗战胜利后，国共内战继起。当国民党关闭学校党部后，中共在大学校园的活动日趋活跃。两党在大学校园的局势迅速发生逆转。过去"以组织对组织"的"文斗"，迅速升级为"以行动对行动"的"武斗"，以至出现"前方打仗，后方打人"的奇特政治景象。因大学区党部不复存在，国民党只能直接藉军警力量震慑学潮。

　　1945 年年底爆发的一二·一运动，将国共两党在西南联大的斗争推向极致。有关此次运动的背景和经过，学界已有相当详尽的研究，① 此处不赘述。值得提及的是，如果此时联大区党部还存在的话，依照以往的经验，其很有可能通过政治和组织手腕，将学潮化解于无形，甚至消弭风潮于未起之时。学生的一次例行集会，竟激变为震惊全国的惨案和学潮。姚从吾颇为懊丧。他在 26 日事件初起时即报告朱家骅说："就常态言，此等集会，也不过骂骂接收人员，藉以讥笑中央腐化，把预备好的抗议书送给外国人而已。""夜寒道远，参加人少，置之不理，则不久即散。"不意地方军政当局过激反应，地方军人横暴干涉，事件遂一发而不可收。② 这样一种局面的形成，在某种意义上正是联大区党部停闭的结果。因复兴社旧人相继离校后，三青团在联大的势力本已大为削弱，区党部继而停闭，党、团在联大更是群龙无首。与此相反，抗战刚一结束，蒋介石就用武力解除了龙云在云南的党政军职务，由中央军全面接防。纵容民主和左派势力的龙云下台后，取而代之的是国民党强硬派李宗黄。云南政局为之一变。在这种情势下，如果西南联大发生学潮，校内党、团力量无法应付，云南地方当局势必强行介入。从这种意义上可以说，大学党部的停闭，实在是国民党中央的一大失策。原来"以组织对组织"的国共之争，乃转变为直接以武力相向的局面。

---

① 参见杨奎松《国民党在处理昆明学潮问题上的分歧》，《近代史研究》2004 年第 5 期。

② 《姚从吾致朱家骅函》（1945 年 11 月 28 日）。

"一二·一"学潮的最终解决，实际得力于联大教授会以全体总辞职相要挟，迫使学生复课而告终。而教授会的辞职决议，在很大程度上又是国民党籍教授从中操纵的结果。因为国民党籍教授占了联大教授总数的一半。他们大多是院系领导或具有较高学术声望者，在联大教授会具有中坚的作用。正是他们左右了教授会的态度和取向。闻一多等少数激进教授的主张未获通过。姚从吾事后致函朱家骅说："教授会重心，就此事论，仍以党员为主动。枚荪（引者注：周炳琳）、芝生（引者注：冯友兰）、华炽（引者注：郑华炽）、霍秉权、蔡维藩、贺自昭（引者注：贺麟）等二十余人，均甚努力。"[1] 当然，国民党籍教授内部并非铁板一块，其态度亦非完全一致。姚从吾、陈雪屏、郑华炽、周炳琳等教授具有较强的反共倾向和忠党情结。他们认为学潮是中共挑拨和煽动的结果，对罢课学生深怀敌意。也有的党籍教授如钱端升、伍启元、华罗庚等对学生抱以一定的同情，对国民党地方当局的做法表示不满和失望，但基本上仍站在国民党一边，尽力为国民党分忧。国民党在联大主要以教授为组织发展对象，共产党在联大主要以学生为组织动员对象。"一二·一"学潮及其最终解决，在某种意义上可以说是以共产党与部分学生为一方，国民党与部分教授为另一方，相互对垒博弈的结果。

六 比较中的审视

战时大学党部中，西南联大区党部办得最具声色。此一结论与西南联大"民主堡垒"的称号似乎难相凿枘。其实两者并不矛盾。首先，联大区党部之"最具声色"，乃相对其他大学党部而言。其次，所谓"民主堡垒"实乃联大后期之称号（大体是1944年以后的事，今人大多统称西南联大为"民主堡垒"显然不确），而那时

---

[1] 《姚从吾致朱家骅函》（1945年12月23日）。

联大区党部趋于停闭。

晚年冯友兰对国民党在西南联大的活动有一评价。他说：战时"国民党对于高等院校的直接控制空前地加强了"。在联大公开设立国民党区党部、三青团分团部，出席联大常委会的人都是国民党党员，而且还要受区党部的"协助"，在学校还设有训导处，由训导长负责对学生进行"训导"。"这种公开地以党治校，在中国教育史上还是第一次。"但冯友兰又说："从表面上看来，联大成为国民党完全统治的学校了，其实并不尽然。据我所知，联大还是照三校原有的传统办事，联大没有因政治的原因聘请或解聘教授；没有因政治的原因录取或开除学生；没有因政治的原因干涉学术工作。所以在当时虽然有这些表面的措施，但社会上仍然认为联大是一个'民主堡垒'"。①

事实上，当时人誉西南联大为"民主堡垒"，不完全指其在"民主"方面如何具有声色，在很大程度上乃称许其"宽容"精神。1946 年当联大宣布结束的时候，《观察》杂志专门发表文章，就其"宽容精神"作过如下一番评议：

> 联大容忍精神最好的表现，就是它包容了各党各派的教授与学生……教授方面，在属于左派政党的教授中，有闻一多和曾昭抡等先生；在民主社会党中，有潘光旦和费孝通等先生；没有党派而批评政府的有张奚若和陈序经等先生；比较中立而对政治常有意见的有陈岱孙和王赣愚等先生；在经济问题方面批评政府的有伍启元、杨西孟、戴世光等先生；属于国民党反对派的有钱端升等先生；属于国民党批评派的有周炳琳、杨振声等先生；国民党开明分子有冯友兰和雷海宗等先生；三青团的有姚从吾和陈雪屏等先生。在联大这许多教授中，有一件可喜的事，就是联大是没有顽固派的分子。不过，如果有极左右

---

① 《冯友兰自传》，江苏文艺出版社，2000，第 321～322 页。

的人，联大也必能包容而不加排斥的。这才是一个真正的
"民主堡垒"，真正的"自由堡垒"。①

值得考察的是，在西南联大，区党部与学校行政当局之间究竟
处于一种什么样的关系？

当大学党部刚刚筹设时，教育界即有人担心："有了学校党
务，也许会影响学校行政。"朱家骅当即出面解释说："这是过敏
之谈，不足为虑的。""学校党务是在和谐中谋发展，倘有违背此
原则，必予以纠正或取缔。学校有学校的秩序，党有党的纪律，在
严守秩序与纪律中，来求学校党务的推进，不仅不影响学校行政，
并且可以协助学校行政的。"② 国民党中央组织部随即于 1941 年 3
月出台规定：大学区党部书记有权列席校务会议。这是国民党中央
对大学党部与学校当局关系之唯一法规。区党部书记仅具"列席"
校务会议资格。这意味着国民党中央无意让大学区党部干涉学校行
政。事实上，国民党中央从来没有"以党治校"之说。在西南联
大，常务委员会是最高行政领导机构，下设校务会议和教授会。校
务会议的成员由常务委员、教务长、总务长、训导长、各学院院长
以及教授、副教授互选之代表组成。初期每学期举行一次，后改为
每学年举行一次，其职权为学校预、决算的审议，学系的设立和废
止，学校各项规章制度的颁行，讨论改进校务以及常委会交议的事
项等。③ 1941 年 12 月，联大区党部选举时，周炳琳与姚从吾的票
数相同，但周坚辞不就，姚只好连任书记。周之坚辞，在很大程度
上是因为区党部书记一职，实在无足轻重也。④ 姚从吾当选为联大

---

① 记者：《西南联大任务完成，化整为零》，《观察》第 1 卷第 6 期，1946 年 10 月
5 日。
② 朱家骅：《学校党务的诠释》，《中央党务公报》第 2 卷第 27 期。
③ 《国立西南联合大学校史》，第 36 ~ 37 页。
④ 王晴佳认为，周炳琳推让不就区党部书记职，是因为受蔡元培民主治校思想的
影响而不支持国民党的"党化"政策（参见前引王文，第 31 页）。综观周炳琳
在联大区党部的工作态度及表现，此说实难成立。

区党部书记后，按理可以"列席"校务会议，但他让周炳琳、冯友兰代为列席，[①] 显然对"列席"兴趣不大。周当时是教务长，冯是文学院院长，两人均是校务会议正式成员，故代为"列席"者，不过名义和形式罢了。

联大由北大、清华和南开三校合成。三校校长组成联大常委。三人均是国民党党员，但张伯苓长期在重庆任国民参政会副议长，蒋梦麟与梅贻琦分别兼任联大区党部监察委员和候补监察委员。校长兼任校党部监察委员，在其他大学也多如此，似是国民党中央的统一部署。按照规定，区党部监察委员的权责是执行党纪，稽核区党部经费的收支，审查区党务的工作。实际上，让校长兼任监察委员，更大的可能是为了便于学校党部与学校行政当局之间的沟通和协调。只有个别大学，校长同时兼校党部执行委员。[②]

从西南联大的情况看，区党部与学校行政当局之间甚少往来和联系。区党部基本上不参与和干涉学校行政；反之亦然。就组织系统而言，大学区党部直属于国民党中央，只对中央组织部负责，接受中央组织部的指导，定期向中央组织部汇报工作。区党部的经费也由国民党中央组织部划拨。学校对区党部没有补助。区党部与学校当局之间亦未发生过摩擦和冲突。只是当党员人数发展到相当规模时，姚从吾担心"招致学校方面与其它方面之嫉忌"，而有自我收缩之意，转而"取保守与稳健态度"。[③] 外间评论联大区党部与学校当局之间关系冷淡，但也互不干涉，相安无事。

在其他大学，区党部与学校当局的关系，并非都如西南联大一样相安无事。比如西北大学、中山大学等校，党政关系十分紧张。[④]

---

① 《姚从吾致朱家骅函》（1942 年 1 月 21 日、2 月 10 日）。
② 《筹备成立中央直属学校党部》，《中央党务公报》第 2 卷第 37 期，1940 年 9 月；《各学校党部执监察委员名单》，1945 年夏，《朱家骅档案·学校党务卷》：94 -（15）。
③ 《姚从吾致朱家骅函》（1944 年 2 月 12 日）。
④ 《施宏勋致朱家骅函》（1943 年 7 月 15 日），《朱家骅档案·学校党务卷》：94 -（13）。

中山大学区党部如同一个衙门，书记、总干事、干事、股长等职员共有 8 人，办事人员多为学生党员，而且皆受实薪。由于经费开支大，中央组织部所拨经费远远不足。区党部要求学校予以补助，还要求学校分派秘书、事务员与工役，供区党部驱使。对于学校事务，区党部提出："学校一切会议，须请书记列席"；"凡地方军政长官送来学校之密件，有关于思想行为或逮捕者，须通知区党部"。区党部还要求下属各区分部留意学校之兴革事宜，汇集送来区党部，由区党部择其可行者，交学校当局采纳。中大区党部的做法，明显有干涉学校行政之嫌。学校当局难免对区党部的"不合理"要求加以抵制。区党部反过来指责学校当局干涉党务，并攻击校长"倒行逆施"、"寡义无信"。①

与中山大学相比，武汉大学区党部的情形又是另一番景象。该校区党部书记杨端六向朱家骅坦陈：

> 本校党务，实在过于沉寂，不可讳言。推究其原，大旨不外经费无着一事，即经济问题是也。去年（引者注：1941 年）10 月以前，中央津贴每月 50 元，11 月以后为 100 元，而且不能按月发给。每有迟至三五月以后方汇寄来嘉②之事。但即令按月汇寄，试思以如此高涨之物价，每月 100 元，不能雇半个工人，聘请录事更不论矣。此事说来诚属滑稽，弟自办事以来，垂 30 年，从无每月经手管理 100 元之开支者。如果照"以党养党"之旨，中央原无须津贴分文，但区党部即非有向党员征收捐款不可之权力，而现在党部又无此权，且党部月捐亦扫数解缴中央，党部不能再向党员捐款。党部在名义上与学校平等，但实际上则毫无用人之权，每事非仰给学校不成。如

---

① 《任国荣致朱家骅函》（1943 年 4 月 24 日、6 月 20 日），《朱家骅档案·学校党务卷》：95 - （5）。

② 1938 年武汉大学西迁四川乐山，乐山古称嘉定。参见吴贻谷主编《武汉大学校史》，武汉大学出版社，1993，第 133～134 页。

学校不给予助力，则并文具纸张邮电等费，将亦无从出。若云利用党员中之学生分任工作，可以无须经费，但亦只能做到一部分。因为一则学生每年有变更，二则党部既应注重教职员，事事假手学生亦非策之得者也。至于征求教职员新党员，弟亦曾数次努力，而总无多大成就，则亦经济问题为之阻梗也。教职员一入党，则由学校扣去所得捐之数，作为党员月捐，当此米珠薪桂之时，教职员自己生活尚不能维持，焉能再负担此项捐款？已入党者，虽不得不负担此项责任，而尚未入党者，则万难冀其加入。如果中央订有强制办法，教职员非入党不可，则事情又当别论。不过，诚如来示所云，"真正优秀分子"是我们党部所希望者，一律入党，即等于无党矣。今不加强制，则又观望不前。弟实无法解决此困难问题。总而言之，学校经费每年有百万以上，而党部不过 1200 元，故在实际上，党部不能经济独立，只能附属于大学。大学经费既日感拮据，党部之发展即受其影响。即如发行刊物一事，弟曾屡次计及，然一念及印刷费之庞大，即十余页之小册，亦须四五千元，遂不果行。但无论如何，弟对于党务，不得不抱一作官之信念，即"不求有功，只求无过"，故平生对于党员，极力以身作则，不作无益，而且努力教学，从人格上给予学生以良好之印象。至于教职员，则彼此立于均等地位，不敢言此矣。以此所陈，均系实在情形，毫无虚饰，以此报答党国，报答先生。①

杨端六这番不加虚饰的"真情告白"，将战时大学党务的各种实在情形，几乎和盘托出。按照国民党中央组织部 1939 年颁布的有关规定，大学区党部成立后，其经费由所属党员缴纳党费拨充之，不足之数由上级党部酌予补助。中央直属各校区党部的日常经费，党

① 《杨端六致朱家骅函》（1942 年 3 月 11 日），《朱家骅档案·学校党务卷》：94－（12）。

员在 60 人以上 200 人以下者，每月补助 60 元；200 人以上 500 人
以下者，每月补助 100 元；500 人以上 1000 人以下者，每月补助
150 元；1000 人以上者，每月补助 200 元。① 一个大学区党部，每
月一二百元经费，自然无法运作。

　　与武汉大学区党部不同的是，西南联大区党部经常能得到中央
组织部数额不小的特别补助。这主要有两方面的原因：一是西南联
大地位重要，朱家骅比较重视。朱说："联大地位重要，能使联大
党务改进，树立中心力量，实足影响全国教育界。"② 二是联大区
党部书记姚从吾与朱家骅有特殊交谊。姚从吾向中央组织部额外请
拨经费时，朱家骅每次都如数特批。姚从吾在教学研究之余，兢兢
业业地为党工作，投入了大量的时间和精力，令朱家骅甚为满意。
在战时经济和物质生活十分艰困的环境下，姚从吾通过与朱家骅的
特殊关系，能额外弄到经费，无疑提高了他在联大区党部的地位，
也无形中扩大了区党部在联大教师中的影响。联大区党部的特殊
性，令其他大学区党部十分嫉羡。中山大学区党部书记有一次对朱
家骅发牢骚说：西南联大除部津 600 元外，尚有其他活动经费；联
大区党部每月邀人欢聚二三次，每次约 200 元，学术讲演费每次每
人送 200 元。中大无法与联大比。③

　　战时大学党部中，西南联大的情形明显具有特殊性，相比之
下，杨端六所述武汉大学区党部的情形可能更具有普遍性。

① 《筹设直属专科以上学校及国立中学区党部经过》，《中央党务公报》第 1 卷第
　 5 期，1939 年 8 月。
② 《朱家骅复姚从吾函》（1940 年 3 月 7 日）。
③ 《任国荣致朱家骅函》（1943 年 6 月 20 日），《朱家骅档案·学校党务卷》：
　 95－（5）。

第九章

"武主文从"：
战时国军的政工与党务

　　五四以后，中国人的学习榜样开始由欧美日本转向俄国。"以俄为师"成了一部分激进知识分子和革命政党热衷实践的目标。在"以俄为师"的大潮中，苏俄的"治党"和"党治"体制最受追捧。在学习苏俄建立列宁主义新型政党的同时，仿效其"红军"建立一支由革命政党控制的军队，也成为国共两党的共同理想。1920 年代中期，在国共两党的努力下，以政治工作为特色的苏俄党军制度开始移植于中国南方，并在随后的北伐战争中收到了令人惊奇的显著效果。但在北伐结束后，军队政工制度随着国共两党的分家而殊途异辙。共产党将其发扬光大，国民党将其废弃变易。

　　抗战爆发后，在国共两党再次合作竞争的战略互动下，国民党将军队政工和军队党务重新恢复。但在"武主文从"的大背景下，政工党务早已无法回复北伐时期的功能与信誉。政工成了军队的附庸，党务又成了政工的附庸，最终形成党不如政、政不如军的局面。在黄埔系和力行社的参与和长期掌控下，政工、党工与特工三位一体，更使国民党军队的战时政治工作蒙上了一层诡异的色彩。

　　近代以来，许多外国的"先进"制度被移植进来，其中大半水土不服。苏联红军政工制度被移植过来后，在中国这一相同的

"水土"中，却结出两种截然不同的果实。看来我们不仅要考察"水土"，更要关注"移植者"。

一 以党治军的蜕变

古今中外，最难以驾驭的统治机器莫过于军队。国民党"党军"的建立，是中国近代军队建设史上一件具有划时代意义的大事。军队党化，由党来指挥枪，是中国军事史上前所未有的新事物。晚清民初以来，军队沦为私人争权夺利、割土称雄的工具。"党军"的意义，意味着以党建军，以党控军，军队服从党的意识形态，党的组织细胞渗透到军队的组织系统中，军队设立政治部和党代表，文职的党代表和职业军官之间"权""能"分开，从而抑制军权过度膨胀。[①]

国民党改组后，确曾有过一段"党权高于一切"和"以党治军"的时光。但这一局面未能维持多久。北伐打到长江流域以后，军权迅速蹿升，最终形成蒋介石借"党军"坐大的格局。南昌与武汉"迁都之争"和"提高党权运动"实即军权与党权的较量。党权本是至高无上，既要"提高"，说明党权已受到军权的侵蚀和挑战。当时国民党中央显已感到党有不能指挥枪的危险。在北方《大公报》报人眼中，南方的党权与军权之争，实际仍是文武之争。其实当时南方党人内部亦有相似的看法。四一二政变发生后，当时尚站在武汉国民党左派一方的宋子文，最初的反应就是觉得文人被武人制裁了。他亲口对当时一位来华的美国哈佛大学教授说："国民革命的主旨是以党治军，就是以文人制裁武人。现在都完了！文人制裁武人的局面全被推翻了。"[②]

1927年4月宁汉分裂后，南京的军权与武汉的党权公开对峙。

---

① 北伐前后政工制度的详细情形，可参见吕芳上《近代中国制度的移植与异化：以1920年代国民革命军政工制度为例的讨论》，"中华民国史料研究中心"编印《1920年代的中国》，台北，2002，第137～198页。

② 胡适：《追念吴稚晖先生》，《自由中国》第10卷第1号，1954年1月1日。

未久，宁汉合流，国民党党权与军权形式上达成统一，而潜在的对抗依然存在。此后直至 30 年代初期，党权与军权一直处于分裂、对抗和较量之中。其间国民党党统几度分裂。在中央，蒋介石挟军权另立中枢，与西山会议派和改组派互争正统。在地方，北伐完成后新军人与加入新政权的旧军人重新瓜分地盘。蒋介石在南京，冯玉祥在开封，阎锡山在太原，李宗仁在武汉，李济深在广州，张学良在沈阳，形成各自的军事权力中心。① 国民党的党权、军权与政权呈现四分五裂之象。但最终还是蒋介石以军权裹胁党权，建立了一个以党治为表、军治为里的政权，形成如吴稚晖所称的"党亦交给武装同志，权亦交给武装同志"的局面。② 汤山事件之后的胡汉民更愤激地申言："顾今日中国政治之现象，一绝对的军权统治之现象也。枪之所在，即权之所寄；政令所由，不在政府，而在于军事委员长……国计之决，不在于党部，而在于庐山、南昌之会议。"③ 中国政局再次演化为"武主文从"的局面。

"武主文从"不仅表现在南京中枢政局，在地方，各省主席十之八九也是武人。笔者统计 1927～1949 年间全国各省主席的出身背景，文人占 12.5%，武人占 87.5%；各省主席主政年数，文人仅占 9.6%，武人占 90.4%。④ 国民党仿照苏俄体制自上而下建立了一套与行政层级相并行的党务组织系统，地方党部与地方政府各自独立，自成系统，法理上两者的地位不分轩轾，平行并存，互相监督。实际上由文人主控的省党部无法与武人主控的省政府相抗衡。地方政治的重心在政不在党。省党部几乎沦为省政府的附庸。⑤ 可以说，国民党执政时期，武人控扼地方权势资源的程度与北洋时代几无二致。

---

① 参见蒋永敬《国民党兴衰史》，台北，台湾商务印书馆，2003，第 151～152 页。
② 《吴稚晖氏为和县惨劫事致彭基相氏函》，《中央日报》1928 年 9 月 11 日。
③ 胡汉民：《对时局宣言》（1933 年 12 月 25 日），《三民主义月刊》第 7 卷第 6 期，1936 年 6 月。
④ 据《民国职官年表》（刘寿林等编，中华书局，1995）和《民国人物大辞典》统计。
⑤ 参见拙著《党政关系：国民党党治在地方层级的运作》，《中国社会科学》2001 年第 3 期。

蒋介石认为，任何时候，任何国家，军人都应该是社会的主导群体。"盖无论古今中外，国家之兴替，全视军人为转移"。① 在蒋看来，军队的组织精神在国家和社会各个领域均具有普适性。他说："无论古今中外，要组织成一个健全的国家和社会，都是要全国军队化。"② 他对军队化的含义作过如下解释："就是以军队的组织，军队的纪律，军队的精神，和军队的行动和生活，使之普及于政治、经济、教育，以至于整个社会，成为一个战斗体，最后要做到民众即军队，军队即民众，生活即战斗，战斗即生活的目的。"在他看来，在一切社会组织中，只有军队组织最严密，最科学，最合理。因为军队组织的特质在于层层节制，系统分明，如身之使臂，臂之使指。③ 故他极力主张不仅要政治军事化，政党军事化，而且要社会军事化。保甲制度的推行，即是他推进社会军事化的重要举措。

在蒋介石军治思想主导下，军权日趋膨胀，党权日趋低落。从中央至地方，军凌驾于党政之上。党治徒有其表，军治实际上取代了党治。1930 年，张季鸾曾深有感慨地说：

> 现在状况，政界固不堪，军界殆尤甚，且时局递演之结果，权力中心，皆集中于军。今人民已不知有党权、政权，而唯见军权。社会所注意，报纸所记载，世界所研究，政府所筹划者，皆为关于若干军人之事。此情形已仿佛北洋时代之旧观，绝非三民主义训政下应有之现象。④

人民不知有党权、政权，而唯见军权，正是党权衰微、军权膨

---

① 《蒋主席昨日在平陆大纪念周演说》，《中央日报》1929 年 7 月 2 日。
② 蒋介石：《中国建设之途径》（1928 年 7 月 18 日），张其昀主编《先总统蒋公全集》第 1 册，台北，中国文化大学出版部，1984，第 559 页。
③ 蒋介石：《全国总动员的要义》，1935 年 9 月 10 日，张其昀主编《先总统蒋公全集》第 1 册，第 1009 页。
④ 《季鸾文存》第 1 册，大公报馆，1947，第 5 页。

胀的写照。自晚清以来，军人集团逐渐从社会边缘走向社会中心，成为举足轻重的力量。[①] "民国成立，军焰熏天"，是民国初年的一种写照。1924 年孙中山改组国民党，一个基本出发点即欲提高党权，强化党力，以图制服军权，扭变"因军人持权，党员无力，故党之主张无力"的局面。但孙中山过早去世，北伐又过早举行，[②] 蒋介石借军坐大。军人持权的局面很快又复旧观。在这一时代背景下，军人的地位如日中天。军人成为国家和社会的主导群体。在军人势力膨胀之下，"党权高于一切"实际成了一句空话。南京政府建立初期，蒋介石手下一名旅长公然声称："吾不知何谓党权高于一切，吾只知有万能之枪杆。"[③] 军人之骄横表露无遗。其时蒋介石自己亦承认：

> 近来最可悲的现象，为一般皆不知尊重党。武装同志之间，亦有怵于一时感想，视党务为赘瘤，甚至对党有反对之表示。当政治责任者，不知不觉之间，不免流露对党的厌恶之心理，且以党比拟于昔时之国会，颇有敝屣弃之之概，亦有以为吾侪只要三民主义的国民革命，但不必一定需要党。[④]

"武装同志"视党如赘瘤，弃之若敝屣，正是北伐结束后党军关系的鲜活写照。1929 年，胡适在《新月》杂志发表文章坦言："其实今日所谓'党治'，说也可怜，哪里是'党治'？只是'军人治党'而已。"[⑤]

---

① 参见熊志勇《从边缘走向中心：晚清社会变迁中的军人集团》，天津人民出版社，1998。

② 苏俄最初的建议，国民党应准备 5 年、10 年甚至更长的一段时间来健全和发展党的组织力量。待党权充实健全，并与民权相结合，奠立一个十分稳固的政党组织基础之后，再出兵北伐。届时党权已稳，足以驾驭军权而不至于为军权所挟制。但这一建议未为国民党中央采纳。

③ 《谭曙卿移押总部监狱》，《中央日报》1929 年 9 月 12 日。

④ 《蒋总司令的重要谈话》，《中央日报》1928 年 9 月 3 日。

⑤ 胡适：《人权与约法的讨论》，《新月》第 2 卷第 4 号，1929 年 6 月 10 日。

二 军队政工与党务的恢复

1942 年，国民党政工人员龙家汾撰文指出，国军政治工作经历了三个时期：北伐时期为政工新生期，国共军事时期为政工消沉期，抗战时期为政工复兴期。他还指出，第一期的对象是军阀，因军阀没有政治头脑，没有政治眼光，没有政治技术，故政工朝气蓬勃；第二期的对象是共产党，因共产党"颇著政治头脑，颇有政治眼光，颇富政治技术"，政工乃消沉衰微；第三期的对象是日寇，因全民同仇敌忾，政工又复兴迈进。[①]

北伐政工之所以朝气蓬勃，一个至关重要的因素是政工人员绝大部分由共产党员充任。这一格局也潜伏了日后国民党政工因清党反共而衰微的危机。南京国民政府成立后，军委会政治部于 1927 年 8 月被撤销。不久另成立政治训练部主导军队政治工作，但其职责仅为宣传与联络，沦落为"替军队贴标语"的地步。济南惨案发生，怪罪政工人员贴标语惹祸，遂将军以下之政训机关一律撤销。其后新军阀混战不断，各军离合向背无常，政工完全停顿。[②] 30 年

---

① 龙家汾：《现阶段的军队政治工作》，《阵中月刊》第 3 期，1942 年 11 月 10 日。
② 参见方觉慧《整理军队政工案》，《中央日报》1929 年 3 月 23 日。张明编著《国军政治工作史稿案》对这一阶段的军队政工有过如下评述："自十七年完成北伐，至二十年剿匪，为时三年，可谓整个陷于停顿状态中，其失败原因：一则由于在初创时期，政工制度含有监军作用，因政工人员使用不当，事无巨细，辄取管理与干涉态度，使军事长官对部属失去处分自由，致引起反感……再则中央以共党操纵民运，清共后为正本清源计，断然将民运工作停止，自是政治工作即失其重要的一环，因此政工人员不敢再与民众接触，从而军民隔离，分道扬镳，结果贪污盛行于上，反动派操纵播弄于下，所有过去民众对政治工作人员的信仰与同情，完全丧失……清共后，政工干部减少，部队又加扩充，原有政工干部不敷，乃起用未经训练人员，其缺乏政工志趣与技术，复无党的认识与革命热情，因之本身腐化日益加深，不惟不足帮助部队，反而妨害部队，故于国军克服济南后，总裁乃毅然撤销各级政工组织。"该书稿由李济深题序，时间为 1942 年 12 月，军事科学院藏，第 33~34 页。北京大学历史系徐勇教授赐示。

代初，为配合"剿共"，先后设立海陆空军总司令部"剿匪宣传处"、训练总监部"剿匪训练处"、军事委员会政训处等机构，但国民党军队政工一直处于衰微低落状态。[1] 1929 年 2 月，蒋介石曾对军队党务和政治工作的废弃过程及其原因与影响，作过下一番检讨：

> 现在国民革命军军队里的党务和政治工作，几乎可以说是没有了……军队的政治工作不能做，甚至党务也有名无实，或毫无党务可言。这是什么道理呢？其中的原因：第一，从前做党代表和政治工作的人员差不多都是共产党，或受了共产党理论和宣传影响的人，后来……因为反对共产党，就对政治和党务工作人员也不信任了！第二，是军队里带兵官长，本来就对党代表和政治工作人员怀有成见，只是没有机会来反对，自从有了反共的机会，他们不仅是对党代表和政治工作人员要反对，连党代表的制度以及政治工作的计划也要全部取消了！……所以后来的政治工作没有一点效力，并且在军队中发生不好的影响！[2]

与之相反，1927 年以后的中国共产党军队，则继承发扬了北伐时期政治工作的优良传统并取得很大成绩。抗战爆发后，国民党重新重视政治工作，在某种意义上可以说是与中共合作竞争之战略互动的产物。国共十年的较量，使国民党高层深切认识到政治工作是中共赖以生存和发展的利器。军事委员会军令部部长徐永昌即直截了当地说："共产党赖政治工作以生存、以扩大，阎先生（锡山）赖政治工作以防共、以整军，中央何至不能用政治工作以抗倭、以戡共？"[3]

---

[1] 唐森树、钟声：《民国时期的国民党军队政治工作述评》，《零陵师专学报》1990 年第 1 期。

[2] 蒋介石：《今后军队的政治工作》，张其昀主编《先总统蒋公全集》第 1 册，第 574 页。

[3] 《徐永昌日记》第 5 册，台北，中研院近代史研究所，1991，第 88 页。

1938 年 2 月，国民政府军事委员会设立政治部，总管军队政治工作，以陈诚为部长，周恩来、黄琪翔为副部长，下设秘书处、总务厅、第一厅（掌军队和军事学校的政治训练）、第二厅（掌民众运动及国民军事训练）、第三厅（掌宣传）。贺衷寒、康泽与郭沫若分任三厅厅长。抗战初期，第三厅引用了不少共产党员和左派知识分子，既体现了国共合作精神，也有借重共产党人之处。但与北伐时期不同的是，中共党员没有直接参与战时国民党军队的政治工作。

1938 年 3 月，军事委员会通令：陆海空军各部队一律设置政治部及团连指导员，并规定政工人员的职责为主持军队政治训练，督促军民合作。抗战时期，国民党军队的政工机构多次改制：开始是按部队层级，自战区、行营、集团军、军、师、团、营、连，逐级分设政工机构。后鉴于层级过多，分工过细，人员经费缺乏，乃以师政治部为重心，师以上的军、集团军不设实级的政工机构；其后军、师两级的政工机构又多次调整，或军实师虚，或军虚师实，只有战区设政治部和团、连设指导员则基本未变。故战时国民党军队政工系统大体为：军委会政治部→战区政治部→军政治部→师政治部→团指导员室→连指导员。人员编制，战区政治部一般有上百人；军政治部七八十人，师政治部十多人，团、连数人。[①] 随着政工机构的扩大，国民党军队政工人员的数量亦迅速增加。抗战前夕全国军队政工人员仅三千多人，到 1940 年初即增至三万人。[②]

政工复兴之后，军队党务也重新恢复。北伐时期，党务与政工，如车之两轮，相辅并行。除中央设有军人部外，各军师团连均

---

① 李侠文：《三年来部队政工机构之演变》，《政工周报》第 3 卷第 6 期，1941 年 8 月 24 日；梁寒操：《南岳政工会议的检讨与分析》，《建军半月刊》第 14 期，1940 年 3 月 15 日；彭家贤：《国民党军队政治工作》，全国政协文史资料委员会编《文史资料存稿选编》（军事机构下），中国文史出版社，2002，第 84 页。

② 梁寒操：《南岳政工会议的检讨与分析》，《建军半月刊》第 14 期；唐森树、钟声：《民国时期的国民党军队政治工作述评》，《零陵师专学报》1990 年第 1 期。

设有党的组织和党代表。党代表与部队长官平起平坐。国民党清党后，中央军人部被取消，党代表也不复存在，仅在中央组织部之下设军人股，后改设军人组织科。新军阀混战中，军队党务也卷入旋涡，实际工作无法开展。1935 年 12 月，国民党中央鉴于"军队本身为有组织的行动集体，若再加一重党的组织，徒紊乱其本身组织而毫无实益"，乃撤销军队（陆军）各级党部。抗战进入相持阶段后，蒋介石提出"政治重于军事，训练重于作战"，于 1939 年 3月又通饬恢复各级军队党部。[①]

战时军队党部的建置，国民党中央组织部设军队党务处，下设战区特别党部、军特别党部、师特别党部、团党部、连党部。连党部之下分设小组。[②] 小组为训练党员的基层组织。蒋介石对战时军队党务训示三点：（1）军队政治工作"应与党配合，以党为基础、为中心"；（2）所有官兵员生，尽量吸收入党；（3）军队党务工作由各级政工人员兼办。[③]

军队党部的职务，规定由军事长官与政工人员共同兼任。具体兼任办法是：特别党部设特派员和书记长各一人，分别由该部队军事长官和政治部主任兼任；其他如总干事、科长、干事、助理干事、录事等，则由该单位政工人员兼任。如军特别党部由军长兼党部特派员，军政治部主任兼党部书记长；团党部由团长兼党部指导员，团政治指导员兼党部总干事；连党部由连长兼党部指导员，连政治指导员兼党部干事。[④] 名义上，军队党务由部队长官和政工人员共同负责，而且规定由特派员综揽特别党部一切事宜，书记长位

---

① 李云汉主编《中国国民党党务发展史料·组织工作》（下），第 156、58、11、234 页。

② 李云汉主编《中国国民党党务发展史料·组织工作》（下），第 251、277～278 页。

③ 周兆棠：《八年来之军队党务》，第 2～5 页，中国第二历史档案馆：711（5）—231；李云汉主编《中国国民党党务发展史料·组织工作》（下），第 277～278 页。

④ 《各级军队党部处理人事应注意事项》，《党务半月刊》第 13 期，1940 年 4 月 1日；李云汉主编《中国国民党党务发展史料·组织工作》（下），第 234～235 页。

居特派员之下，副署特别党部一切命令。① 但实际上部队长官对党
务大多轻视而不大负责，具体党务工作专委之于政工人员兼办。②

军队党部成立后，吸收官兵入党是其基本工作。抗战初期，
"部队长官及政治部主任，颇多无党籍者，须先办理入党手续。"③
蒋介石指示："全体官兵员生，均须集团宣誓入党"；"军队党务经
整理一年以后，凡军官之无党籍者，概无铨叙之资格。"④ 据统计，
抗战胜利前夕，国民党共有党员 688 万，其中军队党员 423 万，占
总数的 61%。更值得注意的是，士兵占军队党员的 77%，占全国
党员总数的 47%。⑤ 在某种意义上说，战时国民党党员的主要成分
是士兵。按规定，士兵集体宣誓即为党员，⑥ 不收党费，也不发党
证，几乎没有政党组织活动。

三 文武关系的变奏

在国民党军队政工史上，北伐时期有"黄金时期"之称。⑦ 这
一说法主要指当时的政工与党代表具有相当高的权威：在法理上有
与军事指挥官平起平坐的地位；军队中的所有命令和法令规则，均
由党代表副署；党代表对军事指挥官具有监督制衡的作用。⑧ 这一

---

① 《中国国民党军队特别党部组织条例》（1940 年 2 月通过），《党务半月刊》第
13 期。
② 黄守诚：《团政治指导员在党部的基本任务》，《建军半月刊》第 8 期，1939 年
12 月 5 日；李森：《怎样加强军队党务与政训工作》，《建军半月刊》第 14 期。
③ 李云汉主编《中国国民党党务发展史料·组织工作》（下），第 236 页。
④ 周兆棠：《八年来之军队党务》，第 2 页；《军队党务中心工作》，《组织与训
练》第 1 卷第 3 期，1939 年 9 月。
⑤ 李云汉主编《中国国民党党务发展史料·组织工作》（下），第 7 页；周兆棠：
《八年来之军队党务》，第 128 页。
⑥ 《征求军人党员办法》，《党务半月刊》第 1 期，1939 年 6 月 1 日。
⑦ 《张治中回忆录》，中国文史出版社，1985，第 312～313 页；"国军政工史编纂委
员会"编《国军政工史稿》上册，台北，"国防部总政治部"，1960，第 292 页。
⑧ 参见吕芳上《近代中国制度的移植与异化：以 1920 年代国民革命军政工制度
为例的讨论》，《1920 年代的中国》，第 196～197 页。

制度后来在中共军队中得到很好的继承、发扬和完善。抗战时期,八路军的各级政治部与各级司令部,其相互关系是平行的;各级政治委员与其同级军事指挥员,在军务和行政上有同等的权力。"政治委员在与同级军事指挥员发生争执时,属于作战行动方面的,由军事指挥员决定,其余由政治委员作最后决定。"①

但蒋介石及国民党高层将领对军队中的二元领导十分反感。1939年3月,蒋在下令恢复军队各级党部的同时,也训诫政工人员不得与部队主管长官采取对立或监察形态,而应服从部队主管长官受其指导。② 军令部部长徐永昌亦极力主张"军队政工人员应重政治工作,不应重监视部队,应加给部队长以督饬政治工作之责。"③ 据蒋介石解释,他反对军队"二元制"是基于以下考量:

> ……实行"二元制",就是军官与政工人员二者并立,互相监督。但我们中国古人说:"权出于一者强,出于二者弱。"我们既然委任了一个将领,就应该绝对的信任他,而不要用其他的方法来牵制他,所以我们在北伐之后,就取消党代表制度,采取一元制,把一切事权集中于带兵者。我认定一元制必定比二元制要好,这是无可置疑的事。④

带兵官与政工人员的紧张关系在"二元制"的北伐时期确曾存在过。⑤ 但当蒋介石易为"一元制"后,政治工作实际成了军队的附属品,政工人员的地位由部队的监护者,一降而为部队的

---

① 萧向荣:《八路军的政治工作》,《八路军军政杂志》第2卷第10、11期,1940年10、11月。

② 见《徐永昌日记》第5册,第24~25页。

③ 《徐永昌日记》第5册,第17页。

④ 《国军如何才能完成剿匪救民的任务》(1947年6月5日),《蒋总统集》,台北,"国防研究院",1960,第1613页。

⑤ 参见吕芳上《近代中国制度的移植与异化:以1920年代国民革命军政工制度为例的讨论》,《1920年代的中国》,第195~196页。

宣传员。政工人员甚至被人戏称为带兵官的"姨太太"，部队里的"清客"。[①] 陈公博谈到，有一次他与白崇禧讨论军队政治工作。白崇禧即认为，党务工作和政治工作，不过"贴标语，叫口号"而已，无足轻重；"天下事都可以武力了之"；"无论民众怎样凶，有一连机关枪便什么都完了。"[②] 政治工作几乎受到军事将领的普遍轻视。

抗战时期，政军关系在具体操作层面上并无一个明晰的制度规定。政工人员在部队中亦无明确的法理定位。[③] 军队政工自成系统，人事、经理独立。政工人员的考绩升等，经费的领发报销，均受上级政工机构直接领导和管理。政工人员与部队长官没有隶属关系。在法理上，部队长官管不着他。[④] "在阶级方面，政治人员与部队长官不相上下，在职权上确定政工人员有参加命令通告意见、军法会审、以及经费审核特权。"[⑤] 但另一方面，蒋介石又明令训诫政工人员应服从带兵官的指导，导致政工人员对自我角色定位感到困惑：似乎既不是与部队长官平起平坐的党代表，又不是完全听命于部队长官的纯幕僚。[⑥] 也有人将政工人员定位为带兵官的帮手，好比带兵官是一家的家长，而政工人员是他所需要的家庭教师。[⑦]

1940 年，即将出任政治部副部长的梁寒操，对军政关系定位的两难性，作过如下表述：

> 我们的立场，本来有两种方式：第一种是站在党代表的地位，对部队采取监督指导的态度，但目前这个方式是行不通

---

① 汪仑：《军队里的政治工作》，黑白丛书社，1938，第 56 页。

② 陈公博：《苦笑录》，第 156~157 页。

③ 《张治中回忆录》，第 324 页。

④ 彭家贤：《国民党军队政治工作》、谭冀平：《国民党军队的政治工作和党务工作》，《文史资料存稿选编》（军事机构下），第 85~86、90 页。

⑤ 薛民任：《军队党务工作的重要性》，《建军半月刊》第 12 期，1940 年 2 月 15 日。

⑥ 见《徐永昌日记》第 5 册，第 25 页。

⑦ 谈祖庚：《展开政训工作的要点》，《政训月刊》第 4 期，1941 年 4 月 20 日。

的；第二种是绝对秉承部队长官之命，办理部队政训，也因为政工另有系统，人事经理都独立的原故，不能实行。①

也就是说，战时国民党政军关系既非军主政从的"一元制"，亦非政军制衡的"二元制"，而是模棱于两者之间。其结果，部队长官与政工人员经常处于紧张状态，"互相歧视者有之，互相倾轧亦有之，弄得猜忌丛生，自相纷扰。"② 在部队长官一方，大体表现为：（1）否定政治工作的效用，轻视政工人员；（2）对政工人员不信任，戒备政工人员监视；（3）担心政工人员与自己争权夺利；（4）视政治工作为点缀，利用政工人员为自己摇旗呐喊。③ 而在政工人员一方，则表现为：（1）视部队长官为落伍军阀、封建势力；（2）以改造军队为使命，监视检举部队长官的言行；（3）文职背景的政工人员鄙夷行伍出身的带兵官愚莽和粗鲁；（4）利用士兵与部队长官抗衡。④

政军关系紧张的另一个重要因素，是战前政工延续下来的特务传统。自1930年代初开始，国民党军队政工系统为以黄埔系为核心组成的力行社所经营和掌控。由于力行社的法西斯主义组织特征，政工系统也成为他们用来对付异党异派的特务工具。很多政工人员同时也是力行社及其下层和外围组织的成员。⑤ 在战前，力行

---

① 梁寒操：《南岳政工会议的检讨与分析》，《建军半月刊》第14期。

② 谈祖庚：《展开政训工作的要点》，《政训月刊》第4期。

③ 如有文这样描述："很多的军官同志，对政工根本不信任，甚至发生了一种恐怖的观念，认为政工同志是他们的监视员，或者是与他们争权夺利者，有的也根本否认政治工作的效用。他们单纯的认为政工人员的任务是唱歌子，写标语。同时还有些假进步的军官，要求上峰给他们配备政工，但事实上，他们把伟大的政治工作，当成了他们的点缀门面的形式，把政工人员当成了他们的摇旗呐喊的喽啰。"见生康《论目前的军政工作及我们应有的努力》，《军政月刊》第1卷第2期，1940年5月1日。

④ 赵铁寒：《论军队政治工作》，《民意周刊》第33期，1938年7月27日；容又铭：《部队政治工作当前的几个问题》，《政训月刊》第3期，1941年3月20日。

⑤ 蔡树鸿：《我所知道的国民党军政治工作》，《文史资料存稿选编》（军事机构下），第87～88页；王良卿：《三民主义青年团与中国国民党关系研究》，第18～19页。

社的工作对象主要有二：一是对付共产党；二是对付地方实力派。抗战初期，在国共第二次合作的背景下，共产党尚不遗余力地谴责国民党政工的特务性质。[①] 同样，地方实力派在全面抗战的情境中仍对南京中央所派遣的政工人员深怀戒惧。据一位少将级的资深政工干部忆述，为了同化或吃掉"杂牌"部队，政工人员除了进行一般的宣传教育工作外，主要是调查掌握部队的实力消长，侦察部队长官对蒋介石和国民党中央的真实态度，以及了解部队内部相互之间的联系和矛盾。[②]

1938 年 7 月，国民党体制内的一位政工干部在埋怨政工人员"技术拙劣"时谈道：

> 在整理军队前提下，政工人员既由最高统率部派遣，工作而外，附带作些兵力装备的调查，人事思想的分析，自属应有之义，不足为奇。不幸当时一部分将领，见不及此，认为政工人员是统率部派的侦探，含有检举监视意味，发生普遍的恐惧与不安，歇斯底里的惶恐戒备。在此种情况下，政工人员自应先行设法取得部队官兵之信任，调查工作自可从缓。最低限度，也应审慎与极端秘密。而一般政工人员，为博取部队的尊重，常有意无意的半公开的进行，似乎是藉此表示权威。这真是不可饶恕的错误。影响所及，有许多军队，竟派人对政工人员暗中监视，一举一动，都逃不出部队长官的耳目侦察。于是尔诈我虞，愈演愈烈。在彼此提防戒备的情形下，政工功效乃打消无余。[③]

战时国民党政工内部在检讨工作的困难情形时，亦不隐讳部队

---

① 参见萧向荣《八路军的政治工作》。
② 彭家贤：《国民党军队政治工作》，《文史资料存稿选编》（军事机构下），第 84 页。
③ 赵铁寒：《论军队政治工作》，《民意周刊》第 33 期。

长官把政工人员看做侦缉他行动的特务这一事实。1939 年军事委员会政治部在南岳召开全国政工会议。会上政治部承认"过去政工人员多少负有特务性质，因此和部队长官不甚协调"。为了减少这一矛盾，政治部公开以"反特务"相号召。①

虽然如此，非嫡系的"杂牌"部队，对代表重庆中央立场的政工人员仍然处处设防排斥，甚至不愿政工人员与官兵经常接触，也不许政工人员与闻军队的事。② 而政工人员方面，有的故意以中央派遣员的身份敲诈地方"杂牌"部队长官。③ 即使是蒋介石的嫡系部队，因政治部责成各级政工人员检举和稽查部队的弱点，而战时部队长官经商、走私、吃空额等现象普遍存在，政工人员若加以检举，势必与部队长官发生摩擦，也因此而歧视和嫌弃政工人员。④

一般情况下，握笔杆的政工人员与握枪杆的职业军官发生摩擦，前者显然居于弱势。不过，由于政工人员受军委会政治部主管，政治部难免有意维护其政工人员的权益。因分属不同系统，政工人员有时也不甘示弱，而敢与部队长官相颉颃。部队长官即使嫌弃政工人员，甚至政工人员胡作非为，也对之无可奈何。据徐永昌日记载，有一军长，明知其政工人员侵吞军饷，却不敢向政治部检举并提出换人要求，因为担心因此"开罪"政治部，而新来者可能更坏。⑤

---

① 梁寒操：《南岳政工会议的检讨与分析》，《建军半月刊》第 14 期。
② 汪仑：《军队里的政治工作》，第 55 页。
③ 如有文描述："某部队的政工人员，多数藉口接济未到，向所在部队长官借钱。又因工作技术拙劣，早被该部官兵疑为中央派遣的侦探，既然开口借钱，在对方便认为含有敲竹杠的意味，不敢不如数供应，一次两次，引起部队长官的无限厌恶与憎恨。而且政工人员借钱到手，随意挥霍，甚者挟妓冶游，酒食征逐。这类行为都足以引起所在部队官兵之卑视。"见赵铁寒《论军队政治工作》，《民意周刊》第 33 期。
④ 《张治中回忆录》，第 327、330～331 页；刘凤翰、张力访问《丁治磐先生访问纪录》，台北，中研院近代史研究所，1991，第 155～156 页。
⑤ 见《徐永昌日记》第 5 册，第 171 页。

四　政工与党务的困境

战时国民党军队政治和党务工作的成效如何？我们不妨先考察一下国民党体制内的自我评价。

1947 年，蒋介石在一次针对军官训练团的讲话中，曾批评各级军官"不重视政治工作，把政工人员看作军队的附属品，以致工作不能发展，成效甚鲜。"① 1949 年败退台湾后，蒋介石更认为军事的溃败与政工有着密切的联系：

> 自从党代表制取消，政治部改成部队长的幕僚机关以后，军队的监察即无从实施，同时因为政工人事的不健全，故政训工作亦完全失败……又由于政工人员本身程度的低落，对于主义的认识不够，于是官兵皆缺乏政治训练，对敌作战就意志薄弱，战斗精神完全丧失，尤其对民众则不知爱护联系，甚至恣意骚乱，以致军风纪荡然无存。这种没有灵魂的军队自然非走上失败道路不可。②

抗战时期，军令部长徐永昌十分重视军队政治工作。他认为中共军队克敌制胜的唯一长处就是政治工作。另一方面，他对国民党军队的政治工作极为不满。与蒋介石指责军事指挥官轻视政治工作有所不同，他将责任主要归咎于政工人员。他指责政工人员无爱国心，无中心思想，只会分离内部，甚至是"一群谁对他好他说谁好的蠢才。"③

阅读战时讨论政工的文章，可见其普遍看法是：与战前相比，

---

① 《国军如何才能完成剿匪救民的任务》，《蒋总统集》，第 1613 页。
② 《国军失败的原因及雪耻复国的急务》，《蒋总统集》，第 1655 页。
③ 见《徐永昌日记》第 5 册，第 58、87、143 页。

战时政治工作有了相当的进展，但离预期目标还甚遥远。他们的预期目标，是要恢复北伐时期政工的功能与信誉，达到北伐时期政工的水准。

1940 年，张治中接替陈诚担任军委会政治部部长，主持战时政治工作达 5 年之久。在晚年回忆录中，张对战时政治工作的优点、缺点和困难之点作了一番相当细致的检讨。首先，他肯定部分政工人员在对日作战中，与官兵同生死、共患难的精神，与其勇敢牺牲的行动。他在列举了多个可歌可泣的实例之外，还提供了一组统计数字：1940~1944 年 5 年间，在湘北、中条山、浙赣、鄂西、常德、中原、衡阳、桂林等 8 次战役中，政工人员共阵亡 434 人，受伤 492 人，失踪 560 人。① 笔者从中国第二历史档案馆留存的档案中，也找到了部分相关数据，与张治中的数据相吻合。② 这些政工人员都是伤亡于抗战后期之对日作战战役中。政工人员的身份是"官佐"，其总数约 3 万人，如此比例的伤亡与失踪，确是其浴血抗战精神的体现。

张治中认为，战时政工人员对部队官兵风气的转移，部队纪律的监察，以及宣传教育等方面，做了相当艰苦的工作。同时，他也承认，"抗战愈至末期，政工本身力量与客观原因相互激荡，矛盾愈益加深，困难愈益扩大，以致缺点毕露，功用尽失。"③

在人事制度上，政工人员的出路和待遇远不如职业军官。战时职业军官升迁非常快速，④ 而政工人员则受种种限制，升迁殊感困难。"恒有团指导员，其最初之团长已升任军师长，其本团之营连长已升任团长，而团指导员则仍为该团之指导员者。"另一方面，

---

① 《张治中回忆录》，第 319 页。

② 如军委会政治部编印的《政训统计报告》显示，1944 年度对日作战中，政工人员共阵亡 121 人，负伤 148 人，失踪 340 人。中国第二历史档案馆：6—51。

③ 《张治中回忆录》，第 322 页。

④ 张瑞德：《抗战时期的国军人事》，台北中研院近代史研究所专刊，1993，第 60~61 页。

优秀的政工干部，虽具备相当的能力、资历与功绩，亦不易获得升迁部队长官之机会。① 至于政工人员的待遇，表面上与部队长官一致，实际上则显有轩轾，如武器、马匹、车辆等项，均不配给政工人员，其他如吃空额等，也几乎成为部队长官的专利。由于政工人员待遇低，升迁慢，职权小，一般军官视政工为畏途，不唯高级军官多不愿转任政工，即军校出身之初级军官，亦视政工为毫无出路之工作而加以鄙弃，导致政工干部来源缺乏。而现有政工人员觉得个人前途黯淡，情绪低落，不安于位，从而导致政工人才缺乏，素质下降。中下级政工干部补充尤感不易。连级指导员经常空缺，只好由副连长或排长兼任。而连排长因本身职务过繁，多无暇兼顾，以致基层政治工作经常处于空虚状态。②

战时政治工作的内容，无论国共，大体不外这样几个方面：在部队鼓舞士气，在后方发动群众，在敌后瓦解敌伪，收拾民心。从民心士气的角度来考察战时国民党的政治工作成效，情形实在令人沮丧。以1944年中原会战和桂柳会战为例。蒋介石总结中原会战的情形说："我们的军队沿途被民众包围袭击，而且缴械！这种情形，简直和帝俄时代的白俄军队一样，这样的军队当然只有失败！……部队里面军风纪的败坏，可以说到了极点！在撤退的时候，若干部队的官兵到处骚扰，甚至于奸淫掳掠，弄得民不聊生！"③ 而军令部在检讨桂柳会战时也指出："政治不能适应军事要求，军队不能得民众协助。此次作战，各级政府多行迁移，一般民众率多避难，致军队运输方面发生诸多困难。""地方政府既行迁移，各部队副食补给发生问题，军队为作战及给养关系，往往涉及民众物资，致军民感情不大融洽，合作方面发生缺憾。"各地方团

---

① 《张治中回忆录》，第325~326页。
② 谈祖庚：《展开政训工作的要点》，《政训月刊》第4期；《张治中回忆录》，第324~328页。
③ 蒋介石：《知耻图强》，引自《中华民国史事纪要（中华民国三十三年七至九月份）》，台北，"国史馆"，1994，第148页。

队虽间或协助国军作战，但往往有劫取国军枪支情事。相反，日军却能利用中国民众运输粮弹，虽道路破坏，仍可继续攻势，锐意前进。[①] 对此，蒋介石痛心疾首地说："我军最大的耻辱，就是敌人利用便衣队到处扰乱，而我们在自己的国土之内作战，反而不能用这种战术打击敌人。据我所知道的，此次除王耀武所部使用便衣队发生相当效用以外，其他各战区各部队都没有切实组织和运用。可见我们平时对于发动民众、组织民众的工作，完全没有认真去作。"[②] 国民党军队与民众的关系竟不如入侵的敌军，的确是莫大的耻辱。军民关系的紧张和对立，造因固不止一端，但至少是军队政治工作失效的表征。

再看部队内部的政治教育，1938 年冬至 1939 年春，有人对 147个部队单位（以师为单位）的 614 名士兵进行调查。调查结果显示：士兵知道中国国民党的，占 70% 弱，知道"三民主义"的，占 48%弱。即使知道中国国民党和"三民主义"的，也很少知道这两个名词以外的内容。调查者发表感想说：这是目前军队政治训练最确实的成果，说明政训工作没有渗透进士兵和基层民众之中。[③]

1939 年以后，随着军队党部的建立，官兵集体宣誓加入国民党，想必士兵不知国民党的情形不大可能继续存在。但集体宣誓全体加入，其效果恐怕与全体不入没有太大差别。因为入党没有门槛，没有条件，入党后不交党费，不发党证，没有组织活动，党员缺乏党的意识。党部仅具形式，并无权威。党对部队无论消极或积极作用均无由发挥。[④]

① 《桂柳会战战斗要报》，《国民政府军令部战史会档案》，中国第二历史档案馆：25—4884。

② 蒋介石：《对于整军会议各案之指示》，引自《中华民国史事纪要（中华民国三十三年七至九月份）》，第 493 ~ 494 页。

③ 朱一民：《建军时军队政训工作之改革与配合问题》，《挺进》第 16 期，1941年 10 月 10 日。

④ 《张治中回忆录》，第 331 ~ 332 页。

查八路军中的共产党员比例，一般控制在 20% ~ 30% 之间，只有真正优秀的官兵才被吸纳入党；党员在部队中具有相当的政治优越感，因而在部队中能真正起到模范带头作用。在八路军中，支部工作是一切政治工作的基础，建立于连队的党支部是部队政治工作的实际推动力量，是保障党的路线与军事任务执行和完成的重要基层组织。①

蒋介石虽然也强调军队政治工作应"以党为基础、为中心"，实际上，将军队党务交由政工人员兼办，而政工人员并不能运用党的组织关系，加强其权威与效能，工作反而与政工有重复矛盾之处。政工人员对兼办之党务自然无所用心。② 其结果，政工本来是军队的附庸，党务又成了政工的附庸，最终形成党不如政、政不如军的局面。

战时国民党中央组织部长朱家骅即承认："军事胜于政治，政治胜于党务。"③ "在战地，最先瓦解的是党部，其次是各级政府，最后才是军队；收复某一个地方，最先到达的是军队，其次是政府，最后才是党部。"④ 而共产党则相反，党的力量往往成为军政的前锋，攻占某一地区，最先打入的首先是党组织，然后军政力量跟进；从某一地区撤退时，即使军政力量退出，党的组织仍然留下来继续战斗。在共产党那里，党充分发挥了政治核心的作用；而在国民党那里，党务几乎沦为军政的附庸。

---

① 萧向荣：《八路军的政治工作》，《八路军军政杂志》第 2 卷第 10 期。
② 《张治中回忆录》，第 332 页。战时军队党务存在的问题，可参见《中央组织部军队党务工作综合的指示》 （1943 年 12 月），中国第二历史档案馆：717（4）—1526。
③ 《32 年度日常工作的检讨与指示》，《中央党务公报》第 6 卷第 7 期，1944 年 4月 1 日。
④ 邓飞黄、徐佛观、萧作霖：《党的改造刍议》，出版者不详，1945，第 8 页。

第十章

湖南会战：战时国军的作战能力

　　1944 年，日军发起了一场纵贯中国南北、代号为"一号作战"的大规模战役。在这场战役中，日军总计动员兵力约 51 万，其参战兵力之多、作战地域之广，创造了日军侵华以来的纪录，据称在日本陆军作战史上亦是史无前例的。① 对中国军队而言，它也是 1938 年以来所遭遇到的规模和破坏力最大的一场战役。数十万士兵及无数的平民伤亡；国民政府的统治区域被日军的南北通道切成两半；在失去 1/4 的工厂的同时，政府的财政收入来源亦随之锐减。此次军事败挫，暴露了国民政府军队（以下简称"国军"）的诸多弊端。它与同时俱来的经济萧条与政治危机一起，使抗战胜利前夕的国民党政权遭到一场灾难性的打击。蒋介石慨叹"1944 年对中国来说是在长期战争中最坏的一年"，自称"从事革命以来，从来没有受过现在这样的耻辱"；"我今年五十八岁了，自省我平生所受的耻辱，以今年为最大"。②

---

① 日本防卫厅防卫研究所战史室：《一号作战之二：湖南会战》（下引简称《湖南会战》）上册，天津市政协编译委员会译，中华书局，1984，第 7 页。

② 蒋介石：《对于整军各案之训示》（1944 年 7 月 28 日），秦孝仪主编《先总统蒋公思想言论总集》卷 20，台北，中央文物供应社，1984，第 455～471 页；《徐永昌日记》第 7 册，第 387 页；《湖南会战》上册，第 2 页。

日军"一号作战"攻势发起于 1944 年 4 月，至同年 12 月结束，前后持续约 8 个月，历经中原会战（或称豫中会战）、湖南会战（亦称长衡会战）、桂柳会战等战役，先后攻占河南、湖南、广西和广东的部分地区。其中湖南会战自 5 月底迄 9 月初，历经 3 个多月，是"一号作战"中会战时间最长、国军抵抗最为顽强的一次战役。

本章拟以湖南会战为中心，具体分析国军是如何从战略、战术上回应日军的挑战的，兼及其战略决策机制、情报信息系统、官兵素质、后勤补给、兵役军纪以及民众动员等方面。

一　对日军战略意图的判断

日军发动"一号作战"的战略目的，一是要摧毁在中国大陆的美空军基地，以防止美空军袭击日本本土；二是要打通中国大陆交通线，铺设一条纵贯中国大陆南北，并连接东南亚的陆上交通动脉；三是要歼灭和击溃国民党军队，摧毁重庆国民政府的抗战力。由于日本当局主要担心设在广西桂林的美空军基地对其本土发动空袭，故将桂林作为此次作战的最重要目标，并由北而南打通平汉线、粤汉线及湘桂线的交通。①

对于日军的上述战略意图，国军方面是如何逐步认知的？

军令部是重庆军事委员会下属的掌理国防和用兵事宜的重要部门。军令部内设三厅，第一厅掌理制定作战计划、监督指导作战之实施、考核战绩、军队整训调遣等业务，第二厅掌理军事情报搜集研究及谍报网业务，第三厅掌理陆海空军参谋人事业务。② 在日军发动"一号作战"期间，军令部长徐永昌在日记中逐日详细记载

---

① 《湖南会战》上册，第 7、11 页。
② 《军事委员会军令部组织法》、《军事委员会军令部服务规程》（1942 年 3 月），《中华民国史档案资料汇编》第 5 辑第 2 编军事（一），江苏古籍出版社，1998，第 95～96 页。

了敌我双方的战况动态情报，为研究这场战役提供了重要的第一手资料。以下主要依据徐永昌日记，分析国军最高指挥机构是如何判断和认知敌情的。

从徐永昌日记看，徐氏最早于 1944 年 2 月 25 日获悉日军增兵抢修平汉路黄河铁桥，有打通平汉线的企图，并获悉日军由长江下游向武汉、鄂西等处调动。3 月 4 日，徐又获悉北平、上海各有敌机两批飞汉口。徐虽怀疑"敌或有企图"，但基本认定是日军的一种眩惑伎俩，没有予以重视。迄 3 月中旬，蒋介石判断，日军必拟打通平汉线，乃指示在河南布防的第一战区（司令长官蒋鼎文，副司令长官汤恩伯，后者操有实权）做好应战准备。军令部据此拟具作战指导方案下达给第一战区。3 月 21 日，徐永昌根据敌军调动情况，提出要警惕日军出于防空或交通上的考虑，有打通粤汉线的企图，并认为占领衡阳对敌最为有利。3 月下旬，军令部收到各方情报，日军从伪满及长江下游大量调集武汉，并由平汉路由北向南集结大量兵力于豫北，判断日军有大举进犯企图。①

据徐永昌日记，是时国军可部分截获和破译对方密电情报。国军在各地所布置的谍报网站是军令部的重要军事情报来源。此外，各战区军事长官亦时有敌情报告。但国军的军事情报效能远不如日军。军令部综合各方情报，对日军动态的判断大致不差，但不够灵敏，而且有时难免出现偏差。

4 月 6 日，军令部收到来自上海的敌情报告，日军拟打通"大东亚铁路线"。② 徐永昌判断，日军为准备将来从东南亚向中国大陆撤退，并扰害中国西南空军基地，有可能先打通粤汉线，但徐永

---

① 《徐永昌日记》第 7 册，第 252、255、260、264 ~ 265 页。
② 据日本防卫厅所编"一号作战"战史记载，日军参谋总部确曾拟有铺设纵贯大东亚铁路线的计划，该计划起自釜山，经奉天、北平、汉口、衡阳，进入湘桂铁路，复经桂林、柳州、谅山，从法属印度支那，抵达泰国曼谷，纵贯马来半岛，直至新加坡，全长近 8000 公里。后这一计划在审核中被搁置。参见《湖南会战》上册，第 6 页。

昌推断日军兵力可能难以抽调，并认为日军打通平汉线的说法，可能是声北击南。① 实际上，此时"一号作战"攻势即将发动，平汉路日军进犯河南在即。徐永昌显然对日军的实力和野心作了过于保守的估计。他将注意力集中于日军对粤汉线的企图固然不错，但轻忽了其首先打通平汉线的作战计划。作为军令部长，徐对敌情判断的偏差，必然影响国军在平汉线的备战部署。从中原会战前国军的作战准备来看，并未从其他战区调集优势兵力应战，显然对是次日军之强大攻势估计不足。

日军"一号作战"于 4 月 17 日在河南打响之后不久，军令部长徐永昌认为："最堪注意仍在中战场"，断言日军对湖南"将扰犯无疑"。是时日军确在加紧进行湘桂战役的作战部署。徐永昌对日军在中战场（湖南）的增调动态，观察比较敏锐。4 月 24 日，军令部仍判断日军在平汉线的攻势，是声北击南，其目标恐仍在粤汉线。② 27 日，军令部得到来自越南方面的据称是极可靠的情报，日军的战略企图是要打通平汉与粤汉两铁路。但徐永昌认为日军打通平汉铁路"殊无理由"，日军在河南的军事行动，主要在打击第一战区的国军，亦可能掩护换防或抢收小麦。③ 是时日军在河南战场的攻势已近半月，而军令部长徐永昌对其打通平汉路的战略意图仍然未能作出准确的判断。

5 月上旬，日军的战略企图日趋明朗。6 日，蒋介石致电驻守湖南的第九战区司令长官薛岳："由赣北直攻株洲与衡阳之情报甚多，务希特别注意与积极构筑据点工事，限期完成，以防万一为要。"7 日，军令部和徐永昌获悉，此次日军南犯部队，前后共准备 10 个师团。这一情报是准确的。14 日，蒋介石再次致电第九战区司令长官薛岳，明确指示："敌军打通平汉线以后，必继续向粤汉

① 《徐永昌日记》第 7 册，第 274 页。
② 《徐永昌日记》第 7 册，第 285、288 页。
③ 《徐永昌日记》第 7 册，第 293 页。

路进攻，企图打通南北交通，以增强其战略上之优势，务希积极准备。"同日，蒋介石还致电驻守广东的第七战区司令长官余汉谋，指示敌人企图打通粤汉路，其发动之期将不在远，敌将在广州大举增援，务希积极准备。① 15 日，军令部第一厅着手研究日军侵犯粤汉路及湘桂路的防范方案。28 日，蒋介石召集军事会报，研讨对湘鄂及全国军事计划，认为"敌寇在湘北与鄂西分别进犯，共集中 9 个师团以上兵力，其必欲打通粤汉路，乃为预料之事，盖以兵力而论，或可达其目的，但以地理与空军及运输而论，当不能如其预计之易，吾人亦惟有针对敌之缺陷，着手抵抗，以冀补我兵力之不足也。"②国军最高当局已初步揣测了日军"一号作战"的战略要图。

　　进入 5 月以来，军令部收到各方有关日军向武汉和鄂南、湘北大量调集兵力，即将进犯粤汉路的情报。军令部第二厅将各方情报整理分析后认为，自 3 月中旬至 5 月中旬，日军由长江下游上运的兵力约 12 万，由上游下运的兵力 5 万～6 万，两相加减，武汉方面日军增加兵力 6 万～7 万，计约 3 个师团。但徐永昌对日军的进攻能力仍估计不足。5 月 19 日，徐永昌在回答蒋介石"豫战之后敌人的动向如何"之咨询时，认为日军无持久进攻力，其部队亦多为杂凑。③

　　实际情况是，日军自 3 月底 4 月初即已着手制订"一号作战"之湘桂战役的作战计划。日军大本营鉴于其在太平洋战场日趋不利的局面，企望通过在中国大陆的作战来鼓舞日本国民的士气。据称日军"大本营极端期待此次将成为今年最出色的作战"。为此，日军准备投入 150 个大队的兵力，比 1938 年进攻武汉时的 140 个大

①　《蒋委员长致第九战区司令长官薛岳指示敌情判断电》等，秦孝仪主编《中华民国重要史料初编——对日抗战时期》第二编（2），台北，中国国民党中央委员会党史委员会，1981，第 643～644 页。
②　秦孝仪主编《总统蒋公大事长编初稿》卷 5（下），台北中国国民党中央委员会党史委员会，1978，第 526 页。
③　《徐永昌日记》第 7 册，第 311～312 页。

队的兵力更大。这些兵员中确有很多是只经过短期训练、缺乏实战经验的新编兵团，因过去熟悉对华作战的、具有较强战斗力的兵团大部分已被抽调赴太平洋和东南亚战场。但日军用了近两个月的时间作了反复、周密的策划和充分的作战准备。作战方案不仅包括总体作战计划的拟订，而且具体到每一战斗的方案细则的制订，包括兵力配置、作战进度、后方兵站、警备以及气候与地理环境等，均作了周详的考虑和部署。①

相比之下，重庆方面虽知道日军在鄂南、湘北方面加紧调兵遣将，预料日军将要进犯粤汉路，但军令部对日军的攻势规模和作战部署没有进行充分的分析研究。蒋介石于 5 月中旬指示第九战区和第七战区司令长官积极准备，但只下达了一个简单的、提示性的手令，并未从其他战区抽调兵力，显然对日军即将发动的强大攻势估计不足。而负责制订作战计划的军令部亦未拟具出详细具体的应对方案。直至会战打响十余日之后，军令部才拟出一个作战指导大纲来。驻守湖南的第九战区司令长官薛岳以为日军在前三次长沙战役接连受挫以后，②一时不敢再谋取长沙，再则以为日军兵力因抽调太平洋和东南亚战场，在中国大陆力量薄弱，加之时值雨季，气候和湖南的地形不利于日军机械化部队作战，故而疏于防范。③

5 月 26 日，亦即日军发动湖南会战的当天，日军参谋总长东条英机向天皇上奏作战情况说："随着我军作战准备的进展，敌方估计我将在岳州（今岳阳）、常德、宜昌以及浙赣地区，也发动进攻，因而试图加强各个阵地，但其原有兵力分散各方，未能认真采取对策。对于我方的进攻，尚未看到敌人从其它方面集中兵力的情

---

① 《湖南会战》上册，第 10～33 页。

② 第一次长沙会战：1939 年 9～10 月；第二次长沙会战：1941 年 9～10 月；第三次长沙会战：1941 年 12 月～1942 年 1 月。

③ 赵子立、王光伦：《长衡战役》；向廷瑞、陈德邵：《茶陵、安仁战斗》，《湖南四大会战——原国民党将领抗日战争亲历记》，中国文史出版社，1995，第 399～403、438 页。

况。据观察，目前敌方虽担心我今后作战将发展成大规模的进攻，但对我方的作战设想尚未能做出准确判断。"①

重庆军事当局虽不像东条英机分析的那样没有觉察出日军的主攻方向，但低估了日军的作战能力和野心，因而未能采取积极的对策和进行充分的作战准备。

二　战略部署

1944 年 5 月 26、27 日，日军第十一军各部队兵分三路向鄂南、湘北之国军发起攻势，揭开湖南会战之序幕。

会战伊始，重庆军事委员会内部在战略指导方针上存有分歧，主要有两派主张：一派认为粤汉路势必失守，不如主动放弃，退守湘桂路，在湘桂边区或广西桂林与日军展开决战；另一派则主张在粤汉路沿线及两翼组织抵抗，以狙击日军的野心和消耗其有生力量。前者以副参谋总长白崇禧为代表，后者以军令部长徐永昌为代表。

28 日，重庆军事委员会举行最高幕僚会议，军令部长徐永昌在会上报告鄂南敌情，认为"此番最显著之迹象，敌军质的方面虽不见甚精良，而量则普遍俱有增加，中国战场（除滇西、滇南外）现约有敌军 34 个师团，为武汉会战以后之最高峰。而以此次北战场战役观之，我指挥与战斗能力均见减低，此层至堪忧虑。"蒋介石对徐永昌的分析表示认同。次日，军委会最高幕僚会议继续讨论湘鄂战局。据徐永昌日记，与会诸人"咸认粤汉线势且必失，多主张于湘桂线准备，并以北战场反攻为不可能，与其徒作牺牲，不若抽撤整理"。徐永昌独排众议，认为湘桂路地形易攻难守，应先于粤汉路部署抵抗和苦斗；北战场方面，仍须积极反攻，否则节节败退，抗战前途实堪忧虑。徐永昌日记载："余气极发言，诸人皆无语。"②

---

① 《湖南会战》上册，第 32~33 页。
② 《徐永昌日记》第 7 册，第 320~321 页。

军事委员会最高幕僚会议的与会人员包括参谋总长、副参谋总长、各部部长（军令部、军政部、军训部、政治部、后勤部等）、侍从室主任、海军总司令、航空委员会主任、军法执行总监、军事参议院院长等。① 他们大多主张放弃粤汉线的抵抗，显然已对粤汉线的仓促防守失去信心。退守湘桂路，可赢得一个多月的准备时间，在此期间从各方调集兵力，在桂林附近组织决战，或有制胜的希望；鄂北与广西桂林相距约七百公里，对攻者来说，如同橡皮带一样，拉得愈长，就愈薄弱，超过了极限，就可能绷折。退至广西境内与日军决战就有这样的优势。白崇禧力持这一主张。②

而徐永昌主张于粤汉路节节抵抗，一方面是激于义愤，同时也有他的战略考量。

据6月3日徐永昌日记，军事委员会内部多数认为日军的战略意图是欲打通平汉、粤汉至湘桂线迄镇南关。而徐永昌对日军欲打通大陆交通线、摧毁西南空军基地的说法不以为然。他判断日军的企图是"欲打击我之野战军，杜我反攻或转用"，认为日军的进退程度，全视国军的反击力度如何。如前所述，打击重庆国军与打通大陆交通线、摧毁西南空军基地，均是日军"一号作战"的战略意图。徐永昌之所以对日军打通大陆交通线的企图认识不清，乃因为他低估了日军的作战能力。他认为日军"欲攻犯两路或三路而确保之，恐彼亦不易抽出如此巨大兵力"。③

鉴于第一战区蒋鼎文和汤恩伯在北战场抵抗不力，迅速败退，已引起国内舆论的纷纷指责和国际舆论的讥评，徐永昌认为，若粤汉线也不战而退，"抗战前途尚堪问乎？"徐的主张得到了蒋介石的认可。

日军欲打通粤汉路和湘桂路，有三个要地必须攻克，即长沙、

---

① 《国民政府军事委员会最高幕僚会议规则》（1939年2月），《中华民国史档案资料汇编》第5辑第2编军事（一），第12～14页。

② 赵子立、王光伦：《长衡战役》。

③ 《徐永昌日记》第7册，第324页。

衡阳、桂林。按当时中国战区的划分，鄂南、湖南为第九战区，司令长官是薛岳；广西为第四战区，司令长官是张发奎；广东为第七战区，司令长官是余汉谋；鄂西为第六战区，司令长官是孙连仲。这四个战区中，第九和第四战区是此次湘桂战役的正面战场；第七及第六战区处于战场边缘。

日军预定的作战路线是穿过第九战区的西侧，然后冲向第四战区的中枢，以第九、第四战区国军为主敌。日军在制订作战计划时考虑到："攻克长沙是这次作战的关键，自应全力以赴。但我方此次的兵力比前几次作战都大得多，长沙一举可破。因此，战局的关键乃在于衡阳长沙之间敌军进行侧攻时的决战，估计攻下长沙后不致立即出现侧攻，而在进攻衡阳时，当前重庆军将会全力展开。"日军预测，衡阳地区位于国军第九、第六、第四、第七4个战区之间，主要决战肯定将在其周围进行。①

日军从一开始就动用强大兵力，第一线部署5个师团并列于湘北、鄂南之华容、岳阳、崇阳一线，另以3个师团部署于第二线监利、蒲圻和崇阳一线，共约15万人。5月26、27日，日军兵分三路南攻：右翼渡洞庭湖趋沅江、益阳；左翼从通城分趋平江、渣津；中央沿粤汉路向汨罗江推进。日军号称在东西约120公里、纵深约50公里的地区展开规模宏大的野战。

5月28日，重庆军委会电令第九战区准备在长沙、浏阳之间与敌决战。由于对日军的强大攻势估计不足，重庆当局开始除从第六战区抽调1个师增援外，没有从其他战区调集兵力。薛岳请求蒋介石从第三、六、四、七战区抽调兵力增援，而蒋介石要求第九战区以现有兵力应战。直至战役开始一段时间后，重庆当局感到日军来势凶猛，才陆续从周边战区抽调兵力参战。②

---

① 《湖南会战》上册，第12～14页。
② 《湖南会战战斗要报》，中国第二历史档案馆编《抗日战争正面战场》（下），江苏古籍出版社，1987，第1256～1258页。

第九战区司令长官薛岳部署的战区防卫战略是：在湘江东、西两岸，步步阻击，消耗敌军，而将主力部署于两翼，诱敌深入后，在长沙附近围歼日军。但薛岳的这一战略部署是沿袭第三次长沙会战的战法，日军早有防备。日军一反过去惯用的孤军深入的战法，以战斗力最强的骨干兵团部署于两翼，致使薛岳的外侧作战难以成功。另一方面，日军使用优势的第二线兵团保持纵深阵势，对战略要点实施重点突破。国军总体参战兵力虽超过日军，但在要点的防守攻略上，兵力反居劣势。①

薛岳的外侧作战不利，沿湘江两岸南下的日军很快进逼长沙。日军以两个师团约 3 万余人围攻长沙，而薛岳仅以 1 个军（第四军，军长张德能）守备，战斗兵员不过 1 万余人，守备的兵力与阵地极不相称。日军进攻长沙的计划是："为了攻取长沙，必须攻占其西方的岳麓山。为此，派遣有力兵团在湘江左岸进攻该山，与直接担任进攻长沙的兵团相互策应。"而薛岳在防守长沙的兵力布置上，令张德能以第四军的 2 个师守长沙城，以 1 个师守岳麓山。岳麓山位于湘江西侧，与长沙城隔江相对。在地理位置上，岳麓山居高临下，俯瞰长沙城，为长沙整个阵地之锁钥，欲守长沙必先守岳麓，岳麓一旦失守，长沙绝守不住。守备岳麓山的第九师除缺员外，战斗兵不过 3000 人，而防区竟达 50 里之广（岳麓山周围设防），实属防广兵单。迄岳麓形势危急，张德能临时转用兵力，从长沙城抽调兵力增援岳麓山，由于在战斗激烈之时仓促调动，渡江船只准备不足，反而自乱阵脚，动摇军心，导致长沙迅即失守。长沙决战计划落空。②

湖南会战自 1944 年 5 月 26 日开始，至 6 月 18 日长沙失守，第一阶段湘北的战役告一段落。

---

① 《湖南会战战斗要报》，《抗日战争正面战场》（下），第 1293 页；《湖南会战》上册，第 34~35 页。

② 《军事委员会副参谋总长白崇禧呈第四军在长沙守城经过等报告》，秦孝仪主编《中华民国重要史料初编——对日抗战时期》第二编（2），第 646~648 页；赵子立、王光伦：《长衡战役》。

再说重庆军令部直至 6 月 10 日，亦即长沙失守一周前，才拟出作战指导计划，并经蒋介石批准。在这个作战指导计划中，军令部拟定的作战方针是：以巩固重庆、昆明，确保抗战基地及国际交通为目的，进行战略持久战，控制有力兵团于六盘山、秦岭、巴山、鄂西、湘西、桂东、滇南各要隘，严防"敌奸"之侵入，见机再转攻势。① 从这一作战方针看，军令部主要担心日军西进，威胁重庆陪都和西南国际交通。

6 月 4 日王世杰日记称："一般推测，以为敌军企图攻占衡阳、桂林，俾免该地成为盟军空军根据地。"② 可见当时社会舆论对日军的战略意图已有相当准确的推测。从徐永昌日记可知，军令部内对敌情的判断存有分歧。如军令部第一厅认为，中战场敌人将会师衡阳，并窥伺桂林。而军令部长徐永昌则持有不同看法。据他的推断，中战场敌人进至渌口（株洲以南）或即停止，即使窜据衡阳，亦绝不至西入桂林。"敌人完全无深入企图，不过一意打击吾人反攻力量"，坚持认为日军没有打通粤汉、湘桂路的意图。③

6 月 18 日，亦即长沙失守之当日，军事委员会举行最高幕僚会议，军令部副部长刘斐认为敌人必乘势进攻衡阳，并可能入桂林。徐永昌仍以为"敌兵力不足，尚不至企图入桂"。而军令部所属的"作战研究会"则得出结论曰："此次湘北敌军蠢动，以目前情报判断，其企图似在打通粤汉交通，求击破我野战军，仍为守势作战，但根据前述倭既有从事决战准备之余裕时间及兵力，则仍有增加兵力来华之可能，敌能否进一步攻战西安、昆明及重庆等重要据点，企图乘机解决我国战场，实不能不深加警惕。"④ 可见军令

---

① 《军令部拟国军今后作战指导计划大纲稿》，《中华民国史档案资料汇编》第 5 辑第 2 编军事（一），第 714～715 页。

② 王世杰在此前后曾担任国民党中央宣传部长（1939 年 11 月～1942 年 12 月；1944 年 11 月～1945 年 8 月）。见《王世杰日记》第 4 册，台北，中研院近代史研究所，1990，第 325 页。

③ 《徐永昌日记》第 7 册，第 335 页。

④ 《徐永昌日记》第 7 册，第 339～341 页。

部内对敌情的判断甚不统一。

据徐永昌称，蒋介石对他的敌情判断将信将疑，但对他所提努力打击日军的主张则表示同意。长沙失守后，白崇禧主张放弃在长沙、衡阳之间拼命抵抗，将防守衡阳的兵力调往桂林，着手桂林防卫战。徐永昌则主张，下一阶段仍要在长沙、衡阳正面作持久抵抗，两翼则相机与日军展开决战，以消耗日军，打击其侥幸心理。徐永昌的意见被蒋介石采纳。①

自6月下旬至9月初是湖南会战的第二阶段。日军总结第一阶段的战果称："自开始作战以来，第11军虽力图歼灭第九战区军的主力，但敌军大部回避与我决战，尤其是敌军退避到了东面山岳地带，如不将其歼灭，对第二期作战向桂林、柳州方面进攻，则很难保证不留有后患。"为此，日军的战略构想是：为了下一阶段攻取桂林、柳州，要在这一阶段的作战中尽量歼灭中国军队，为此，设法引诱中国军队采取攻势。

衡阳地处粤汉与湘桂铁路交会处，是进入桂、黔、川、滇四省的门户；湘江连接长沙与衡阳，是南北交通之要道。日军估计进攻衡阳时，中国军队将会全力展开攻击。为此，日军计划在攻取衡阳的同时，以主力搜索围歼对日军侧攻和前来增援的国军，重点击溃湘东山区的中国第九战区主力。②

国军在第二阶段的战略是：中间防堵，两翼夹击，置主力于湘江之东西两翼，实施正面阻止，侧背猛攻，战略上与前一阶段没有大异。在此期间，国军只以1个军用于衡阳防守，而东西两翼则先后投入了约13个军以上的兵力。③

6月20日，蒋介石电令各兵团以阻敌深入、确保衡阳为目的，从东西两翼夹击日军。具体的战略部署是：中央以一部于渌口、衡

① 《徐永昌日记》第7册，第339、342页。
② 《湖南会战》上册，第12～15、78页。
③ 柯育芳：《论长衡会战第二阶段战役》，《抗日战争研究》1996年第4期。

山地区持久抵抗，东翼主力由醴陵、浏阳向西，西翼主力由宁乡、益阳向东，夹击深入之敌而歼灭之。①

但日军迅速突破中国军队的阻击，6 月 23 日即兵临衡阳附近。日军在兵力布置上，以 2 个师团进攻衡阳，以 3 个师团进攻湘东地区，以 1 个师团进攻湘江以西。6 月 25 日，重庆军委会电令方先觉的第十军死守衡阳。6 月 26 日，第九战区拟具于衡阳与日军决战计划，并向衡阳周围调集兵力。同日，蒋介石指派副参谋总长白崇禧前往桂林，协调指挥衡阳一带战事。

7 月 1 日，蒋介石主持军事会报，获悉广东之敌已向清远与从化方向分路进犯。蒋认为日军"打通粤汉路之计，已不可遏阻矣！今日惟一要图，为如何能固守衡阳，增强湘桂路兵力，以确保桂林空军基地，如能粉碎其犯湘桂路之企图，则此次作战当不失为成功也。"②

这个时期，蒋介石一再电令各兵团依照"正面阻止，侧背猛攻"的战略攻击进犯之日军。第二阶段军委会下达的一系列指令均是执行这一战略，要求前方各军向当面之敌发起猛攻，或向敌人侧背发起猛攻，试图打消和狙击日军的战略企图。③

中原会战与长沙会战节节挫败以后，国内外舆论对中国军队群加指责。作为国军最高统帅，蒋介石对来自英美盟国的讥评尤其感受到莫大的压力。7 月中旬，美国总统罗斯福致电蒋介石，谓豫湘战事颇减低中国信誉，拟令史迪威直接指挥中国全部军队（包括中共军队）作战。蒋介石对此深感耻辱和刺激。④ 7 月 21 日，蒋对出席整军会议的军委会各部会主官痛心疾首地说："自从这次中原会战与长沙会战失败以来，我们国家的地位，军队的荣誉，尤其是

① 《第九战区湖南会战作战指导方案》，《抗日战争正面战场》（下），第 1258 页。
② 秦孝仪主编《总统蒋公大事长编初稿》卷 5（下），第 551 页。
③ 《第九战区湖南会战作战指导方案》，《抗日战争正面战场》（下），第 1259～1261 页。
④ 《徐永昌日记》第 7 册，第 374、379、383 页。

我们一般高级军官的荣誉，可以说扫地以尽。外国人已经不把我们军队当作一个军队，不把我们军人当作一个军人！这种精神上的耻辱，较之于日寇占我们的国土，以武力来打击我们，凌辱我们，还要难受！"[1] 据徐永昌记述，蒋介石当时"声色俱厉，数数击案如山响"，其心情之愤激可见。[2]

白崇禧身为军事委员会副参谋总长，在战略指导方针上始终持有不同看法。鉴于敌我力量悬殊，他不主张国军与日军在正面战场硬拼。他建议将国军兵力转向敌后开展游击，破坏其交通和后勤补给，袭扰和消耗日军。7月26日，白崇禧从桂林致电蒋介石，呈述其战略主张：对敌战法应重加检讨，查岳阳至衡阳铁路约342公里，水路约710公里，公路约720公里，敌军10万以上，补给不足，我于正面既不能击破敌人及阻止敌人，拟请改变战法，转向敌后袭击其辎重，破坏其交通，使敌饥疲无法持久。[3]

而军令部长徐永昌则认为，在目前国内外舆论交加贬议的情势下，国军唯有发愤拼命，打几个胜仗，才能提高地位，扭转国际观感。[4] 徐永昌的意见大体上表达了蒋介石的心声。而白崇禧转向敌后开展游击的战略，可能对消耗敌人、与日军展开持久抗战切实有效，但难以在短期内起到对外宣传的作用。蒋介石没有接纳他的建议。

第二阶段的基本战局是，以衡阳为中心，在湘江以东山区（湖南攸县、茶陵、醴陵、安仁、耒阳和江西萍乡、莲花）和湘江以西的丘陵地区（宁乡、湘乡、永丰），[5] 双方展开了一场激烈的攻防战。在这一阶段的战斗中，第十军长达47日的衡阳守城战最

---

[1] 蒋介石：《知耻图强》（1944年7月21日），秦孝仪主编《先总统蒋公思想言论总集》卷20，演讲，第444~453页。

[2] 《徐永昌日记》第7册，第380页。

[3] 《军事委员会副参谋总长白崇禧呈战略管见电》，秦孝仪主编《中华民国重要史料初编——对日抗战时期》第二编（2），第649~650页。

[4] 《徐永昌日记》第7册，第383页。

[5] 永丰，今湖南双峰。

为壮烈，因而也最具影响。但衡阳守城战只是第二阶段战局的一部分。衡阳周围的增援和解围战，以及湘江东西两翼的攻防战，国军不仅投入了相当多的兵力，而且战斗亦十分激烈，牵制和消耗了日军的大部分兵力。

8月8日衡阳沦陷后，白崇禧从桂林急电蒋介石，建议速将衡阳周围的第四十六军、第六十二军调往桂林，并请将其他部队大部撤至祁阳、零陵至桂林一线防守。从日军的战略意图看，日军占领衡阳后，必将迅速西进，攻取其下一目标桂林。白崇禧的这一部署显然是正确的。蒋介石接电后，让军令部加以研讨。而军令部建议将主力部队仍留在衡阳周围继续攻敌，其理由是：（1）前线撤兵，敌必跟踪深入；（2）激战之后，部队急撤，有溃退之虑；（3）撤兵影响人心与盟军观感；（4）目前态势，地理比较有利，利用现形势打击敌人，较退保桂林有利。军令部还建议蒋介石将白崇禧调回重庆。① 蒋介石再次接受了军令部的建议而否决了白崇禧的主张。8月10日，蒋介石电令各军反攻衡阳。12日，蒋介石再次训令各军"以攻为守，并袭扰敌后方"。②

湖南会战的结束时间，历来以8月8日衡阳沦陷为标志。实际上，在衡阳失守以后的一段时间里，蒋介石仍命令国军继续在衡阳周边地区攻击敌人。直至8月下旬，蒋介石才放弃反攻衡阳的企图，调整部署，开始转向沿湘桂路两侧组织防御。8月24日，蒋介石判断"敌主力向衡阳西郊集中，似有沿湘桂路西犯之企图"；9月1日，蒋介石确悉日军更有深入广西之企图，命令第九战区抽调主力准备参加湘桂沿线作战。③ 9月7日，日军攻占零陵，④ 整

---

① 《徐永昌日记》第7册，第405页。
② 《第九战区长衡阻击战战斗详报》，《中华民国史档案资料汇编》第5辑第2编军事（四），江苏古籍出版社，1998，第209~210页。
③ 《第九战区长衡阻击战战斗详报》，《中华民国史档案资料汇编》第5辑第2编军事（四），第212~214页。
④ 零陵，今湖南永州。

个湖南会战基本结束。①

9月11日，军事委员会筹商湘桂线防御事宜，白崇禧再次力主撤全州兵力以增保桂林，其意以全州既难久守，不必徒作无谓牺牲，并请增兵桂林，担保桂林可守三四个月以上。徐永昌则以现时运至全州弹药，足供三个月之用，而且全州地形较衡阳为佳，尤利于守，似宜定一防守期限，纵即不能如期，亦可令其突围而出。②这一次，蒋介石总算接受了白崇禧的主张，但为时已晚。桂林很快亦沦入敌手。

事后分析，整个湖南会战期间，徐永昌主掌的军令部对敌情的判断及其战略部署明显存有缺陷。如前所述，日本担心设在广西桂林的美空军基地对其本土发动空袭，自始即将桂林作为此次作战的最重要目标。但徐永昌一直对日军的战略意图和主攻方向判断不明，且太注重盟军的观感，一意主张节节抵抗，步步阻击，处处设防。而蒋介石基本上接受了徐永昌的意见。结果是，国军防广兵单，顾此失彼，处处都不愿主动弃守，处处都未能集中优势兵力，对日军形成重点防守和重点出击。湖南会战初期，徐永昌和蒋介石对日军攻势和参战兵力估计不足，导致国军逐次使用不充分之兵力。无论长沙、衡阳，均无充足决战之兵，将应参与决战之有限兵力，分用于决战地后方第二线之防守，甚至因对日军主攻方向判断有误，将兵力分用于日军非攻击方面之防守。③

与国军不同，日军常集中优势兵力，纵深部署，"亘全战役期间，敌之实力在全面计算虽劣于我军，但在重点方面，均居优势，

---

① 1944年10月第九战区所撰《长衡阻击战战斗详报》，其起止时间自5月25日，迄10月10日。9月初至10月初，浏阳、醴陵、攸县、茶陵、安仁、耒阳、常宁、邵阳等地国军仍与日军交战，10月3日，邵阳沦陷。参见中国科学院历史研究所第三所南京史料整理处编印《中国现代政治史资料汇编》第3辑第40册，南京，1957年油印本。

② 《徐永昌日记》第7册，第430页。

③ 《第九战区长衡阻击战战斗详报》，《中华民国史档案资料汇编》第5辑第2编军事（四），第216～217页。

且对长（沙）、浏（阳）、衡（阳）三要点之攻略，概以绝对优势之兵力，纵深部署，施行攻击"，① 最终将国军逐一击破。

三 指挥与协调

战时国军指挥系统是，重庆军事委员会设统帅部，指挥各战区司令长官；军委会委员长为最高统帅，参谋总长、副参谋总长襄助委员长处理该会一切职务，下设军令、军政、军训、政治和后勤等部，分掌作战指导、兵员征募、军队训练、政治教育、后方勤务等职能。战区之下，其层级依次为集团军、军、师、团等。②

按照军事指挥系统，身为委员长的蒋介石只要将指令下达给战区司令长官即可，但蒋素有越级指挥的习惯。一些大的战役，蒋必亲自遥控指挥，通过电报、电话，频频传布命令到前方，不仅越级指挥集团军和军，甚至直接指令到团、营一级。1944 年 6 月 12 日军令部长徐永昌在日记中发牢骚说："委员长每好亲拟电，亲笔信，或亲自电话，细碎指示，往往一团一营如何位置等，均为详及。各司令长官或部队长既不敢违背，亦乐于奉行，致责任有所诿谢，结果，所至战事愈不堪问矣。因委员长之要求，即本部指导者，实亦有过于干涉之嫌。"③

由于蒋介石事无巨细均要亲自过问，部队长官不敢自作主张，或为了卸责，遇事均请示执行，导致前方将领欠缺自主作战意识和机动应变能力。1944 年 5 月 6 日徐永昌日记载，当日军事委员会"会报不及两小时，蔚文（引者注：侍从室主任林蔚）转达第一战区电话至四五次，闻有时一团之活动，战区亦请示委员长，此非丛

① 《第九战区湖南会战作战检讨》，《抗日战争正面战场》（下），第 1293 页。
② 抗战初期，曾于战区之下、集团军之上设兵团；集团军之下、军之上设军团；师之下、团之上设旅。但一年多后分别被简化。参见刘凤翰《抗战前期国军之扩展与演变》，《中华民国建国八十年学术讨论集》第 1 册，第 481~484 页。
③ 《徐永昌日记》第 7 册，第 332 页。

脞而何！"徐永昌身为军令部长，深感蒋介石"权责集于一身，余等欲少分其劳而不可得，以是往往于横的方面不能多所裨助，转觉国事有举轻若重之嫌，深用惶叹！"①

张治中 1939～1940 年间曾任侍从室主任。他对蒋介石的高度集权深有体会："蒋对军队的统率，向来采集权于一身的办法，养成习惯已久，所以部队将领就有一种反映：部队接到蒋委员长电报，先看电尾是那一个机关主办的，如'中正手启'是要特别注意的，如是'中正侍参'（引者注：侍从室主办的）也还重视，但如是其他部门主办的电报，就要看情形来决定遵行的程度了。所以军令部、军政部甚至后方勤务部，有时为求命令有效，也要用'中正手启'名义发电。这种个人集权、机构无权的特殊现象，坏处甚多，决难持久……我认为这是以后军事失败种种原因之一。"②

蒋介石集事权于一身，却又经常埋怨手下无人负责办事。军令部副部长刘斐私下与徐永昌议论时，即认为这种状况"实由委员长自己造成，将领骄不受命，必委员长手令才有几分几的效率；派出人员必侍从参谋。此全系不运用组织，自毁机构能力"。③

中央军嫡系将领固然骄不受命，地方非嫡系部队长官或因待遇不平，或出于保存实力的考虑，抗不遵命者常有之。长沙失陷后，蒋介石曾电令薛岳将第九战区主力布守湘江以西，以拱卫西南大后方。薛岳拒不从命，声称必须固守湘东南，不让日军打通粤汉路与通往香港之海道。而据徐永昌等人揣测，"薛伯陵（引者注：薛岳）不欲至铁道以西，其心叵测，盖一旦有事，渠颇有划疆自保之意。"④

另据徐永昌日记，军政部长何应钦感慨部队整理之难，即如近

---

① 《徐永昌日记》第 7 册，第 298、300 页。
② 《张治中回忆录》，第 298～300 页。
③ 《徐永昌日记》第 7 册，第 286 页。
④ 《徐永昌日记》第 7 册，第 416 页。

在重庆之九十七军军长指挥不动其师长，言下唏嘘不置。①

此次湖南会战，除第九战区外，还从第三、第六战区抽调兵力。由于参战系统不一，容易出现多头指挥。除蒋介石越级指挥外，侍从室主任林蔚也常以蒋的名义发号施令。薛岳作为第九战区司令长官在其防区内自有调兵遣将之权。李玉堂等集团军主官也可名正言顺地指挥其下属。衡阳会战期间，蒋介石指派军委会副总参谋长白崇禧前往桂林，协调指挥衡阳一带战事。白崇禧在战略方针上本与军令部长徐永昌意见不一，薛岳的作战意图亦与白崇禧不同。② 在这种不统一、也不专一的多头指挥之下，难免前后矛盾，左右失调，令作战部队无所适从。以第六十二军为例，该军属余汉谋第七战区建制。长沙告急后，蒋介石电令余汉谋调第六十二军担任衡阳外围作战任务，归第二十七集团军副总司令李玉堂指挥。据该军军长黄涛晚年回忆，该军在衡阳参战期间，重庆军事委员会侍从室主任林蔚常以蒋介石的命令直接指挥；薛岳也以第九战区司令长官名义来指挥；李玉堂又以第二十七集团军副总司令名义来指挥。第六十二军处于多头指挥而又命令不一的情况下，只好以军事委员会蒋介石的命令为行动依据，直接与侍从室主任林蔚密切联系；有时故意借蒋介石的命令去抵制第九战区司令长官薛岳的调遣，薛岳亦无可奈何。③

由于参战系统有别，多头指挥无所适从，部队长官骄不从命，地方部队保存实力等诸多因素，致使参加会战各部队之间步调不齐，协同作战能力差。战场指挥官缺乏自动与邻接部队联系策应的习惯。第十军苦守衡阳40余日，而前往解围的野战军如与城内守军适时配合，或可收内外夹击之效，无奈当内围突出时，外无援应；当外围进击时，内徒固守。另一方面，前往解围的各部队之间

---

① 《徐永昌日记》第 7 册，第 321 页。
② 赵子立、王光伦：《长衡战役》。
③ 黄涛等：《第六十二军参加衡阳战役的经过》，《湖南四大会战——原国民党将领抗日战争亲历记》，第 574～575 页。

缺乏联络，步调不一。各军逐次前往解围，此去彼来，未能集中各军优势兵力与日军决战，结果坐失良机，陷于被日军各个击破的败局。①

四　官兵素质与战斗力

湖南会战历时三个多月，双方参战人数，国军先后投入 16 个军、40 多个师，35 万～38 万人；日军先后投入 10 个师团，25 万～28 万人。② 双方伤亡人数，据日军方面的统计，国军死亡 66468 人，被俘 27447 人，伤病 132485 人，合计 226400 人；日军伤亡 6 万多人。③ 而国民政府军令部的统计，国军伤亡 90557 人（死 49370 人），日军伤亡 66809 人。④

日军伤亡人数，双方公布的数字接近。而国军伤亡人数则出入较大。日军方面公布的数字，包括伤、病、俘、亡在内，国军损失过半。国军自己公布的数字，不含病、俘，仅伤、亡两项，占国军参战人数的 25%。

导致国军高伤亡率的因素固然复杂，但有两点值得注意：一是作战意志，一是作战能力。

关于国军的对日作战意志，历来存有不同的看法。2001 年南京大学出版社出版、张宪文主编的《中国抗日战争史》，是近年来中国大陆出版的有代表性的抗战史著作。该书对湖南会战失败原因的分析，主要归因于蒋介石消极抗战，保存军事实力；认为蒋介石首先考虑的不是对日军的积极出击，而是主要准备战后权威的确

① 《第九战区湖南会战作战检讨》，《抗日战争正面战场》（下），第 1296～1297 页；黄涛等：《第六十二军参加衡阳战役的经过》。
② 柯育芳：《长衡会战日军参战兵力述考》，《抗日战争研究》1998 年第 3 期。
③ 《湖南会战》下册，第 71 页；《日本帝国主义侵华资料长编》（下），四川人民出版社，1987，第 314 页。
④ 《湖南会战敌军伤亡判断表》、《湖南会战国军伤亡统计表》，引自张宪文主编《中国抗日战争史（1931～1945）》，南京大学出版社，2001，第 1089 页。

立，尽力对付中共和防范国民党内的非嫡系，没有同日军在真正意义上展开决战。① 这一观点基本上沿袭了过去数十年间中国大陆史学界的一贯看法。但从前文所述湖南会战前后蒋介石对日军的战略决策和战略部署来看，谓国军无意与日军在真正意义上展开决战，显然有悖事实。近 40 万国军兵力的投入，9 万国军和 6 万多日军的伤亡，亦足证国军对日军的积极出击。尤其是长达 47 日的衡阳保卫战"是八年抗战中，保卫城市作战最长，伤亡官兵最多，敌我两方进行最为惨烈的一场生死搏斗"。② 其时，重庆 20 余万市民签名，向苦守衡阳的第十军官兵致敬。日军亦承认"从未有若斯顽强之抵抗"。重庆《大公报》社论将衡阳守军的死拼硬打誉为"抗战精神"。③ 王世杰在日记中称道衡阳守城战"断然为抗战以来之一伟绩"。④ 凡此均说明衡阳国军抵抗之顽强英勇。论者又有谓衡阳的英勇抵抗，是非中央军将领薛岳指挥的，而重庆统帅部则从中阻挠。⑤ 而本文第二部分的叙述，证明这一说法亦属不实。

另一方面，国军对中共的监视和防范，亦确然存在。据徐永昌日记，1944 年 6 月 8 日，日军正大举从湘北南犯之际，军事委员会在重庆开会讨论国军各战区作战计划，主要议题有二：一是预防日军北犯陕西潼关，南犯广东曲江；二是"预防共党窜扰后方问题"。⑥ 6 月 10 日，军令部拟具《国军今后作战指导计划大纲》，其第一条即要求"第八战区以第一线兵团，依陕东、绥西既设阵地，拒止敌人，并监围奸伪"。"如奸伪以抗战口号向西南窜犯时，

---

①　张宪文主编《中国抗日战争史（1931～1945）》，第 1090～1091 页。

②　葛先才：《衡阳孤军抗战史实》，《中华杂志》（台北）第 17 卷第 217 期，1981 年。

③　《感激衡阳守军》、《向方军长欢呼》，重庆《大公报》1944 年 8 月 4 日、12 月 13 日；另见《衡阳突围》，战时文化供应社印行，出版时间不详，第 39～42 页。

④　《王世杰日记》第 4 册，第 365 页。

⑤　费正清主编《剑桥中华民国史》（第二部），第 636 页；张宪文主编《中国抗日战争史（1931～1945）》，第 1090～1091 页。

⑥　《徐永昌日记》第 7 册，第 328 页。

应令其向渭河以北、三原以东截击敌人，我监围部队应由东向西逐次向长武、邠县、栒邑、正宁方面转移，绝对防止其向该线以西以南窜扰。"此处所称的"奸伪"显指中共军队。同日，蒋介石根据军令部所拟的这一方案，分别密电第八战区司令长官朱绍良和副司令长官胡宗南，针对如何防范中共，作了具体的军事部署。① 可见即使在日军攻势最激烈之际，国军亦未懈怠对中共军事扩张的防范。

至于国军投入了多少兵力监视中共，据徐永昌 7 月 3 日日记：近来英美舆论指责国民党以数十万部队监视中共，以致影响对日作战。徐氏辩称：胡宗南防共军队不过数师，何至影响如此之大。② 但同月下旬，蒋介石主持召开整军会议，要求将国军现有的 321 个步兵师减编为 240 个师。参谋总长何应钦奉命拟订减编方案，240 个师中，计划以 140 个师对付日军，20 个师监视中共，40 个师作预备队，其余 40 个师用于西北边防、缅甸及机场防守。③ 这虽然只是一个计划草案，但仍然可以依此推论，国军对付日军与监视中共的兵力之比，大致为 7:1。是时国军共分 9 个战区。这意味着国军至少以一个战区的兵力监视中共。

另一个值得考察的问题，是国军官兵的素质与作战能力。

抗战初期，日军装备完整，训练精良，常常以 1 个大队（营）战国军 1 个师（3 团）或 1 个旅（2 团）。日军第一军在山西有过战国军 30 个军的记录。④ 抗战后期，国军的战斗力更趋下降。据军令部 1944 年统计，第一战区敌我兵力之比是 14:100；第二战区是 13:100；第三战区是 20:100。平均起来，国军要六七个人才能

① 军令部：《国军今后作战指导计划大纲》；蒋介石：《关于第八战区军事部署密电稿》，均见《中华民国史档案资料汇编》第 5 辑第 2 编军事（一），第 714～718 页。
② 《徐永昌日记》第 7 册，第 356 页。
③ 《徐永昌日记》第 7 册，第 397 页。
④ 参阅刘凤翰《陆军与初期抗战》，《抗日战史论集》，台北，东大图书公司，1987，第 252～257 页。

抵抗一个敌人。① 徐永昌的估计也大致相似：国军共有 320 个师，在中国战场的日军约 40 个师，比例是 8∶1。徐永昌认为，这样的敌我力量对比，在水田山地尚可应付几日，一到平地，便多不能支持。② 何应钦在拟订国军减编方案时，其着眼点亦大致以国军 1 个师对日军 1 个联队的比例编制。不过考虑到抗战后期国军编制的缺额，国军与日军的战斗力未必有如此悬殊。战时国军 1 个师的编制约 1 万人，每个师的缺额少则 2000 名，多则 3000 名。③ 徐永昌亦认为战时国军各师的实际兵力平均要打 7 折。而日军师团分甲、乙、丙三种，人数为 1 万多人至 2 万余人不等。一个师团内辖 3~4 个联队。依此推之，1944 年国军与在华日军兵力的实际比例约为 3∶1。

具体到湖南会战，据徐永昌当时的估计，国军参战步兵约为日军之 1.5~2 倍。日军炮兵约为国军的 3 倍，但因道路补给关系，始终未得充分使用。"战术上敌比我极为集中，战斗上我远逊敌。"④

就官兵素质言，国军更远不如日军。史迪威对国军各阶层有一概括性的观察：一般士兵温顺、有纪律、能吃苦耐劳、服从领导；低级军官对于命令，每能迅速执行；营、团长个别差异极大，不过也不乏优秀之士；至于师长和军长阶层，则是个大问题。⑤ 蒋介石亦有与此大致相似的看法。蒋曾多次公开指责国军将领的知识、能力和精神，与其职务级别的高低成反比。1944 年 8 月 18 日，蒋在军委会召开的整军会议上援引苏俄顾问的话说："中国军队现在营以下的动作，大体可以说是很注意了，但团以上到军师为止，各级

① 蒋介石：《对黄山整军会议审查修正各案之训示》，引自《中华民国史事纪要（中华民国三十三年七月至九月份）》，第 365 页。
② 《徐永昌日记》第 7 册，第 388 页。
③ 张瑞德：《抗战时期陆军的教育与训练》，《中华民国建国八十年学术讨论集》第 1 册，第 532 页。
④ 《徐永昌日记》第 7 册，第 400 页。
⑤ 引自张瑞德《抗战时期的国军人事》，第 39 页。

司令部的业务极不健全。图上作业与沙盘教育可以说完全没有，指挥所与参谋业务的演习，更是完全忽略，所以中国军队一到作战就莫名其妙。既没有具体的作业计划，也没有完备的作战命令……团以上司令部的人员，很多不是正式军官，而多是主官的私人。往往很重要的职务，交给一些落伍的军官或不习军事的文人来担任。参谋人员虽然有些是陆大毕业，但大多数都缺乏实际的经验，在部队里面也没有专门业务的训练，所以人事参谋不知怎样来管人事，补给参谋不知如何来办理补给。至于军需军械人员，更多滥竽充数，甚至于管理物品检查物品的常识都没有。"① 蒋还声称："无论自我自他任何方面之观察，皆官不如兵"。② 蒋也许有痛责高级将领反省以及有"恨铁不成钢"之意，但仍可从中看出国军军官素质之不佳。

徐永昌在日记中亦称："人人言，我国兵好官不好。"③ 可见"官不如兵"在当时几乎成为一种共识。因士兵多为农家子弟，具有朴实、勇敢、服从、坚毅以及吃苦耐劳等良好品性。战时来华的外国人士，亦多有类似的观察。如美军参谋总长马歇尔就曾说过，如果中国的士兵能被适当地领导、喂饱、训练、装备，他们的战斗力将和世界上其他任何国家的士兵一样。④

但不幸的是，战时国军士兵因营养不良，体质严重恶化。缺乏食品，而不是武器，是导致战时国军战斗力下降的首要原因。1944年10月，魏德迈担任蒋介石的总参谋长后，发现士兵无力行军，不能有效作战，而其主要原因是他们处于半饥饿状态。⑤ 由于后勤、补给工作不良，后方军粮不能按期送达第一线，导致前线部队

---

① 蒋介石：《对于整军会议各案之指示》，引自《中华民国史事纪要（中华民国三十三年七至九月份）》，第493页。
② 《徐永昌日记》第7册，第364页。
③ 《徐永昌日记》第7册，第432页。
④ 引自张瑞德《抗战时期的国军人事》，第35~36页。
⑤ 费正清主编《剑桥中华民国史》（第二部），第625页。

常常断粮。欠发、克扣士兵粮饷，更是国军部队的普遍现象。加上军粮、军盐掺杂掺假，士兵食不果腹。军服不能按季节发下，士兵夏季尚有穿冬季军服者。前方缺乏药品，伤兵不能得到及时救治，因伤不及救治而致死者占死亡率之大部。①

兵役不良，是导致国军士兵素质低劣的又一重要因素。抗战中期，蒋梦麟以中国红十字会会长的身份，对兵役状况作过一次实地考察，考察结果令他触目惊心。由于缺乏交通工具，被征召的新兵常常要步行数百里，才能到达指定的部队。新征壮丁因徒步远行、饥饿、疾病而死于路途者十之八九。从韶关解来 300 壮丁，至贵阳只剩 27 人；从江西解来 1800 人，至贵阳只剩 150 余人；从龙潭解来 1000 人，至贵阳仅余 100 余人。死亡壮丁与存活壮丁的比例高达 11∶1。② 蒋介石看了蒋梦麟的报告后，亦深感震惊，声称"觉得无面目作人，觉得对不起我们民众"，并承认"兵役办理的不良，实在是我们军队纪律败坏，作战力量衰退的最大的原因"。③

据一般的观察，战时国军士兵 90% 以上是文盲，无科学常识者几占百分之百。④ 抗战中期，黄仁宇正在国军中任排长。据他的亲身体验，士兵"不仅体格孱弱，而且状似白痴，不堪教练。师部的办法，即是抽调各营连可堪训练的士兵，组织突击队，集中训练，其他的则归各部队看管，也谈不上训练，只希望来日作战时在山上表现人多"。⑤

国军各部队由于后勤、补给工作不良，遂增加士兵不少杂务。据估计，一般部队因领粮、领草、搬运、打柴、磨麦等，每星期竟

---

① 蒋介石：《对黄山整军会议审查修正各案之训示》、《部队受军需军医与兵站部之苦痛实情》、《军需不健全军队业务既不合法又不合理之实情》，均引自《中华民国史事纪要（中华民国三十三年七至九月份）》，第 370~373 页。

② 蒋梦麟：《西潮·新潮》，岳麓书社，2000，第 294~300 页。

③ 蒋介石：《知耻图强》，引自《中华民国史事纪要（中华民国三十三年七至九月份）》，第 151~152 页。

④ 刘峙：《建军的基本条件》，《建军导报》第 1 卷第 2 期，1944 年 8 月。

⑤ 黄仁宇：《地北天南叙古今》，台北，时报文化出版社，1991，第 141 页。

难得三天的训练。一个连往往有三分之一或二分之一的人力，经常在打杂。新兵入伍后半年，还不知如何瞄准，如何使用表尺与目测距离。国军士兵的射击技能远不如日军。大多数士兵打仗时只是胡乱扳放。

国军士兵不但技能差，且不沉着，往往过早发射，甚至一发现敌人，即到处放枪，无疑暴露自己的位置，给敌炮以良好的射击目标。投掷手榴弹，大多失之过早，常被敌人掷回。由于缺乏沉着应战的功夫，日军在攻击国军高地时，常在远处大声呼叫，诱使国军过早投弹或射击，以消耗国军的弹药。

战斗情绪的热烈高涨，以及勇于牺牲，本为国军士兵最大的长处。冲锋和白刃战，也是国军制胜最有把握的方法。据称在抗战初期，日军最怕国军的白刃战。但到了抗战后期，国军士兵的劈刺技术比不上敌人，有时两、三个士兵尚不能活捉一个日兵，其原因固然是由于国军士兵营养不良，体力太差，而劈刺技术训练不足，也是一个重要原因。冲锋与阵内战的战斗技能，平日未注意演习，每遇近距离与敌交锋，只知一味喊"冲"、喊"杀"，如同儿戏。[①]

国军战斗力的薄弱，除装备不如日军，亦由于战斗技术教育不足，以致不能达成战略、战术的目标。长沙会战失败的原因之一，即是各级主官平时忙于应酬和经商，对部队训练敷衍塞责，部队教育无暇顾及，战斗动作生疏；忽略实弹射击演习，以致士兵射击技术普遍不精。[②]

徐永昌反省国军屡战屡败的原因时，在日记中写下了这样一段

---

① 陈诚：《政治部陈部长训词》（1939 年），军事委员会军训部编印，第 23 页；顾祝同：《对作战人员研究班第五期训话》（1944 年），第三战区司令长官部编印，第 10～11 页；张瑞德：《抗战时期陆军的教育与训练》，《中华民国建国八十年学术讨论集》第 1 册，第 5547～5548 页。

② 《第四军长沙第四次会战作战经过谍报参谋报告书》，《抗日战争正面战场》（下），第 1263～1264 页。

话："关于战事，致胜条件太不够，固无法使之有利，但如超过限度之败，则又完全为官兵训练太差，风气太坏所致。"① "训练太差，风气太坏"，确是国军弊端之要着。

蒋介石承认，中原会战时，"我们的军队沿途被民众包围袭击，而且缴械！这种情形，简直和帝俄时代的白俄军队一样，这样的军队当然只有失败！我们军队里面所有的车辆马匹，不载武器，不载弹药，而专载走私的货物……部队里面军风纪的败坏，可以说到了极点！在撤退的时候，若干部队的官兵到处骚扰，甚至于奸淫掳掠，弄得民不聊生！"② 长沙会战时，部队主官因营商应酬，脱离部队，官兵擅入民房，攫取财物。有的守备部队，当敌人攻击时，尚在掩护体中赌牌，以致失守。③

薛岳在检讨湖南会战时承认："纪律废弛，战志不旺。整个战场，我军多为退却作战，军行所至，予取予求，民不堪扰，而部队之逃散，尤其惊人。如99军以4团兵力，仅在湖滨行持久抵抗数日，转至宁乡以东，残余兵力不及一团，沿途散兵骚扰，迄今犹未解决。又若干部队，即奉攻击之命，对少数之敌，亦多长时对峙，虽由火力不足，终嫌攻击精神不旺。"④

军令部在检讨桂柳会战时也谈道："政治不能适应军事要求，军队不能得民众协助。此次作战，各级政府多行迁移，一般民众率多避难，致军队运输方面发生诸多困难。""地方政府既行迁移，各部队副食补给发生问题，军队为作战及给养关系，往往涉及民众物资，致军民感情不大融洽，合作方面发生缺憾。"各地方团队虽间或协助国军作战，但往往有劫取国军枪支情事。相反，

①　《徐永昌日记》第 7 册，第 447 页。
②　蒋介石：《知耻图强》，引自《中华民国史事纪要（中华民国三十三年七至九月份）》，第 148 页。
③　《第四军长沙第四次会战作战经过课报参谋报告书》，《抗日战争正面战场》（下），第 1263～1264 页。
④　《第九战区湖南会战作战检讨》，《抗日战争正面战场》（下），第 1297 页。

日军却能利用中国民众运输粮弹，虽道路破坏，仍可继续攻势，锐意前进。① 对此，蒋介石痛心疾首地说："这一次中原会战和湖南会战，我军最大的耻辱，就是敌人利用便衣队到处扰乱，而我们在自己的国土之内作战，反而不能用这种战术打击敌人。据我所知道的，此次除王耀武所部使用便衣队发生相当效用以外，其他各战区各部队都没有切实组织和运用。可见我们平时对于发动民众、组织民众的工作，完全没有认真去作。"②

影响战争胜负的因素甚多。湖南会战虽只是全面抗战中的一个战役个案，却充分展露了国军在战略战术、官兵素质、教育训练、后勤补给、兵役军纪以及民众动员等方面的一些基本特征。

---

① 《桂柳会战战斗要报》，《国民政府军令部战史会档案》，中国第二历史档案馆：25—4884。

② 蒋介石：《对于整军会议各案之指示》，引自《中华民国史事纪要（中华民国三十三年七至九月份)》，第493～494页。

第十一章
绅权：乡村权势的蜕变

传统中国县以下的基层权力结构，素来是中外历史学家和社会学家关注的研究对象。费孝通先生早在 20 世纪 40 年代末即注意到"从县衙门到每家大门之间的一般情形"，"是有趣的，同时也是很重要的"。之所以重要，是"因为这是中国传统中央集权的专制体制和地方自治的民主体制打交涉的关键。如果不弄明白这个关键，中国传统政治是无法理解的"。[1]

在中国两千年来的地方政府层级变迁过程中，县级政区是最稳定的一级基层政区。皇帝任命的地方官员到县级为止。但是，我们不能据此而认为县衙以下处于一种"权力真空"状态。事实上，在县衙以下的基层社会，实际存在着三个非正式的权力系统在运作：其一，是附属于县衙的职业化吏役群体。如清代州县吏役人数，大县逾千，小县亦多至数百名。[2] 其二，是里甲、保甲等乡级准政权组织中的乡约地保群体。这一群体每县亦有数十至数百人不等。[3] 其三，是由具有生员以上功名及退休官吏组成的乡

---

① 费孝通：《乡土重建》，上海观察社，1948，第 46 页。
② 吴吉远：《试论清代吏役的作用和地位》，《清史研究》1993 年第 3 期。
③ 参阅丛翰香主编《近代冀鲁豫乡村》，中国社会科学出版社，1995。

绅群体。据张仲礼研究，19 世纪前半期中国士绅总数已达到 100 余万，① 平均每县有六七百名。

那么，县以下的三个非正式权力系统是如何相互交接和运作的呢？费孝通曾在《乡土重建》一书中，作过如下一番描述：首先，县衙门的命令通过衙门胥吏向下传达。这些命令很少是直接发到各家各户去的，多是把命令传给乡约地保。衙门胥吏虽直接代表统治者和人民接触，但其社会地位特别低，受人奚落和轻视。乡绅是不出面和衙门胥吏直接在政务上往来的。同样，乡约地保也是一个苦差，大多由平民百姓轮流担任。当乡约地保从衙门胥吏那里接到公事后，就得去请示乡绅。乡绅如果认为不能接受的话就退回去。因为违抗了命令，这时乡约地保就会被胥吏送入衙门。于是，乡绅乃以私人关系出面和地方官交涉，或通过关系到地方官的上司那里去交涉。交涉成了，县衙命令自动修改。乡约地保也就回乡。②

费孝通将上述权力运作过程称为"双轨政治"。所谓"双轨"乃指由自上而下的皇权和自下而上的绅权所构成。县以上通过官僚实现政治整合，县以下则通过乡绅实现社会整合。两者互为制约和补充。在皇朝兴盛时期，在一定程度上维持了传统国家与社会之间的交接关系，并确保了传统政治体制的正常运行。在官民之间的三个中介群体中，衙门吏役和乡约地保均是社会边缘人物，社会地位低下。但他们常能利用自身的职位作为营利的工具。美国学者杜赞奇在研究 20 世纪前半期的华北乡村社会时，将这批人称为"赢利型国家经纪"。与之相对，他将那些在地方上享有声望，并在一定程度上代表地方利益的乡绅称为"保护型经纪"。③ 很显然，在中国传统社会基层权力结构中真正起着举足轻重作用的是后者，而非前者。

---

① 张仲礼：《中国绅士》，上海社会科学院出版社，1991，第 137 页。
② 费孝通：《乡土重建》，第 46～48 页。
③ 杜赞奇：《文化、权力与国家——1900～1942 年的华北农村》，王福明译，江苏人民出版社，1994，第 2 页。

一般而言，绅权作为一种社会性权力，是法理权威和个人魅力权威的结合。绅士既与国家官僚体系休戚与共，同时又与基层民众保持着密切联系，成为官与民之间的缓冲与中介。作为官系统的触角的延伸，绅士配合官府向人民征收赋税，维持地方治安；与此同时，作为基层民众的代言人，绅士在一定程度上又是地方利益的代表，有时甚至会与损害地方利益的官府发生冲突。正是绅士在官民之间上下沟通，并形成一种良性互动关系，在一定程度上维持了传统国家与社会的整合。这是中国传统基层社会权力结构的基本形态。

辛亥革命以后，在王朝政治体制和行政机构分崩解体的历史大背景下，位于旧秩序深层的基层社会权力结构有没有发生变化？若有，到底发生了什么样的变化？这种变化对民国时期的中国乡村社会产生了什么样的影响？这是本章试图探讨的问题。

一　传统士绅的没落

"一谈到'绅'，便联想到'土豪劣绅'"。[①] 章开沅先生这句话于不经意间道出了民元以来"绅"在人们心目中的形象。中国基层社会权力结构中最早发生近代裂变的，正是官民之间的中介群体"绅"。

作为社会恶势力之一，土豪劣绅自然历代皆有。但土豪劣绅凸显成为一个势力庞大的社会群体，却是民国时代特定历史环境下的畸形产物。

据有人考证，"土豪"一词最早出现于魏晋南北朝时期，指称那些"先世无闻"而有财有势的暴发户。[②] 而"劣绅"不过是与正绅相对的概念。清代在乡里勾结胥吏、包揽词讼、欺压百姓或聚

---

① 章开沅：《辛亥前后史事论丛续编》，华中师范大学出版社，1996，第356页。
② 郭英德、过常宝：《中国古代的恶霸》，商务印书馆，1995，第6页。

众抗官的乡绅，即被指为"劣绅"。今人获知"土豪劣绅"一词，大多得自毛泽东的《湖南农民运动考察报告》，由此难免让人产生"土豪劣绅"一词似出自大革命时期湖南农民之口的印象。其实，"土豪劣绅"这一称呼在当时颇为流行。1927 年长沙马日事变时，湖南军阀甚至将"土豪劣绅"作为戒严的通行口令：如果遇到军警喊口令"土豪"，赶紧应答"劣绅"，即可通过。[①] 翻阅民国时期有关乡村社会问题的书籍或报刊文章，"土豪劣绅"一词几乎触目可见。笔者从民国档案中甚至还发现土豪劣绅之间相互指控对方为"土豪劣绅"的现象。大革命时期南方流传着"无绅不劣，有土皆豪"的说法（传闻是中共发明的口号，未见确证），甚至有人惊叹："试看今日之域中（指乡村），竟是土豪劣绅之天下"。土豪劣绅不仅成为当时共产党要打倒的对象，也一度成为国民党及其地方实力派要打击的目标。如阎锡山在山西，刘峙在河南，陈诚在湖北，张治中在湖南，均将土豪劣绅与烟毒、土匪等同列为地方社会公害，而希图加以铲除。凡此，皆说明民国时期绅的裂变和劣化，已凸显成为一个严重的社会问题。

民国时期，绅何以会发生群体性的裂变和劣化？要解答这个问题，有必要略为回顾 20 世纪初作为士绅群体所赖以存续的科举制度的废除和皇权崩溃以后地方绅权的变迁。

有研究者称，当 1905 年科举制度废除时，不仅革命派的报刊几不注意此事，改良派、保守派的反应也十分平静，既乏愤激者，也少欢呼者。当时的社会舆论大致接近于无声无息，仿佛废除的并非是一个延续了千余年且一直为士子身家性命所系的一个制度。一般的解释，认为废科举从倡议、改良到废除，已喧闹多年，人们已有了相当的心理准备。这种说法实际只看到了当时社会心态的一个层面。事实上，所谓废科举时的社会舆论，只可看作当时少数上层

---

① 卡介侯、任伊平：《马日事变的片断回忆》，《湖南文史资料》1963 年第 6 辑，第 181 页。

士绅的心态反应。而恰恰是这批上层士绅并未深切感受到废科举所引起的社会震荡。因为他们或可继续享有自己的既得利益，或让自己的子弟占据新学堂以及出国留学的机会，很快转变为近代工商业者、新知识分子或新式军人。

真正悲惨的是那些散居在广大基层社会的下层乡绅。但他们当时既不易形成自己的力量，更难于表露自己的心声，以至于今天很难揣测他们当时的心绪和处境。罗志田先生根据山西太原县清代举人刘大鹏（1857～1943）的《退想斋日记》，对科举废除前后基层乡绅的处境和心态作过精彩的勾画和分析。① 1896 年春，当"裁科考之谣"传到刘大鹏所在的太原县时，士子们"人心摇动，率皆惶惶"。1905 年 10 月，当刘氏获悉已正式停止科考，"心若死灰，看得眼前一切，均属空虚"。这不仅意味着仕途的中绝，更多的下层乡绅直接感受到生存危机，"生路已绝，欲图他业以谋生，则又无业可托"。对于家有恒产者，尚不虑及吃穿，"若藉舌耕度岁者，处此变法之时，其将何以谋生乎？"果然，不到一两月间，已是"失馆者纷如"。这些失馆者因"无他业可为，竟有仰屋而叹无米为炊者"。科举制不仅仅是一种官僚选拔机制，也是一种政教相连、耕读仕进并举的社会建制。科举一废，读书者既无出路，教书者自亦失业。刘氏自述："人之一生，皆有恒业以养身家。予藉舌耕为恒业垂二十年，乃因新学之兴，予之恒业即莫能依靠，将有穷困不可支撑之势"。"嗟乎！士为四民之首，坐失其业，谋生无术，生当此时，将如之何？"刘大鹏的境遇无疑是当时数十万乡绅处境的缩影。废科举不仅断绝了下层乡绅的政治仕途，甚至危及下层乡绅的谋生手段。士既无以为生，自然也就难为其他三民的表率。"四民失业将欲天下治安，得乎？"② 刘大鹏自然看到了问题的关键

---

① 罗志田：《科举制的废除与四民社会的解体——一个内地乡绅眼中的近代社会变迁》，见氏著《权势转移：近代中国的思想、社会与学术》，第 161～190 页。

② 刘大鹏：《退想斋日记》，山西人民出版社，1990，第 146～155 页。

所在。乡绅裂变与劣化的一个造因实于此隐伏。

科举取士，每次幸运者总归是少数。失败者难免会有一种挫折感。但科举制度却有着一种自我消解挫折的功能。这种功能来自于它没有年龄限制，这就为每一个失败者始终保留着下一次成功的机会与企盼。这种机会与企盼的存在，使个别的科场失意者很难凝聚成群体性的社会不满，而且不会形成对现存秩序的巨大的政治参与压力。这一点，新式学堂体制迥然不同。科举初停，学堂未广，各省举贡不下数万人，生员不下数十万人，中年以上不能再入学堂，不免穷途之叹。即使那些年龄尚可入新学堂的生员，又苦于学堂因师资、教材、经费、校舍等问题而难以遍设于广大农村，而只得望而兴叹。这样，在废科举之后的一二十年间，广大农村出现了一大批既无法通过科举取得功名，又无法进入新式学堂接受新教育的"过渡群体"。这批人从原有的生存结构中脱离出来，又无法像城市上层士绅那样被新的生存结构所吸纳。上升性的社会流动渠道受阻，因而产生群体性的对现实的疏离和不满。这是乡绅裂变与劣化的又一造因。

士绅本是与皇权共生的社会集团。在科举废除、帝制倾覆后，士绅的"继替常轨"中断。据张仲礼推算，清代士人考上生员、举人、进士时的平均年龄分别为 24 岁、31 岁和 34 岁，而士绅的平均寿命为 57 岁。① 也就是说，清末最后一代士绅经过一二十年的自然递减，至 20 世纪二三十年代已所剩无几。不仅如此，民国建立后，科举功名身份不再具有帝制时代所具有的法理性权威，丧失了皇权体制的庇护。"前清举人"、"前清进士"成为历史遗存，而不再成为获取社会优势地位和权势资源的凭借和依据。当然，法律的否定与社会的遗弃，其间还有一个时差和过渡。因此，在民国初年，中国社会依然存在着科举制度的惯性。特别是在广大的乡村

---

① 张仲礼：《中国绅士——关于其在 19 世纪中国社会中作用的研究》，第 92～95、121～125 页。

基层社会，传统士绅的落日余晖还将延续较长一段时间。

五四以后，随着新知识分子群体力量的剧增，传统士绅逐渐从政治社会的权力中心退缩。其后，大革命的浪潮席卷南方各省，农民运动风起云涌，农村基层社会的绅权势力首当其冲。除一部分有钱有势的大士绅迁居都市外，留在乡村的小士绅或老成凋谢，或消极因循，大多丧失了完整的社会整合能力而蜕变为单纯的地主和高利贷者。1926 年，彭湃在《海丰农民运动报告》中写道："二十年前，乡中有许多贡爷、秀才、读书穿鞋的斯文人。现在不但没有人读书，连穿鞋的人都绝迹了。"[①] 这种情形不是广东一隅的独特现象。1930 年 5 月，毛泽东调查江西寻乌农村时也发现，"近数年来，秀才们大多数无所事事"；"这班人多半是收租的小地主，一小部分教书，又一小部分以行医为生"。[②]

同样的情形也在湖北乡村社会存在。1930 年代初期，湖北省民政厅在调查中发现，"现在各县风俗……其最堪忧虑者，厥惟士绅之不安于其乡，在乡者之不愿出而问事。往所谓任率简谅，磊砢倜傥之概，为之一变。"[③] 笔者据 1934 年湖北省民政厅编印的《湖北县政概况》所载各县士绅情形粗略统计，士绅离开乡村，迁居都市或外省者约占 30%。在乡士绅中大多老成凋谢，因循敷衍，有的维持资产，享乐田园，有的囿于旧道德，缺乏现代知识，不足以协力地方政务，有的因时局纷乱，世风浇漓，洁身自爱，不肯出而任事，还有的受大革命时期农民运动的打击而退于无能。另有一部分不肖士绅作恶乡里，武断乡曲，或分立门户，派别倾轧。真正能达民隐，尚孚众望，并能协力地方的公正士绅寥寥无几。

显而易见，到 1930 年代初，拥有科举功名的最末一代士绅已濒临整体性没落的境地。

---

①　彭湃：《海丰农民运动报告》，《中国农民》第 1 期，1926 年 1 月。
②　毛泽东：《寻乌调查》，《毛泽东文集》第 1 卷，人民出版社，1993，第 227 页。
③　湖北省民政厅编印《湖北县政概况》（1），1934，第 10～11 页。

二 知识分子城市化

清末废科举与兴学校是同步进行的。按理，当科举制度下的最后一代士绅衰亡没落之际，应是新教育制度下的知识分子群体成长崛起之时。但是，新知识分子与传统士绅不同的是，前者已不再是四民之首。在传统社会中，士作为四民之首与其他三民保持着有机的联系。尤其在基层社会，"地方士绅一言一动，乡里倚为重轻"。而随着科举制度的废除和四民社会的解体，治统与道统逐渐分离；新教育制度培养出的现代知识分子在社会上"自由浮动"，大部分与农工商三民疏离，自然也难以赢得大众的信仰。这一点，在乡村社会表现尤为明显。1936 年代《女子月刊》上曾有一篇文章，细致地描述了新知识分子在乡下人眼中的情形：

> 我们如往乡村中去实地考察一下，当可知道现在一般未曾受教育的对于知识阶级所抱的是一种何种态度。过去乡村中，秀才先生或书塾老师有极大的潜势力。他是一乡中的审判者，一乡中的号令者，一乡中的指挥者；他是一乡中所"佩服"的人；假如这位秀才先生或乡塾老师，果真是道德高尚，则他的话即可成为号令……这种现象，从坏的方面来观察，是人民知识的低落，是绅权的膨胀；但如从好的方面来观察，亦可以说是知识界与非知识界的沟通。过去中国的各种设施，能够使大部分人民奉行，不得不归功于这层原因。但是现在学校出来的学生是怎样？虽则现在一般知识界的学问、理解力较之过去均属优良，但乡村中人士对于他们却全抱着不信任的态度，怀疑的心情，不但不愿听他们的话，简直亦不敢听他们的话。中国种种新政的实施，不能发生效果，这实在是一个重大症结。因为新政发施者是知识界，而要求效果，则须全国人民一致。一般人既怀疑知识界，不信任知识界，则对于知识界所发动的新政，自然

不愿奉行，不敢奉行。二十二年浙江省余杭、临安二县农民不服从政府的强迫养育改良蚕种而发生的暴动，实在是很好的例证。[①]

乡村农民对新知识分子不信任，在很大程度上源于他们对新教育的不信任。清政府在停废科举之时，即开始兴办学堂以取代旧的私塾书院。但是，一种新的教育体制并非在一夜之间靠一两纸诏书即可一蹴而就。实际上，在清末民初，许多新学堂的教育质量实际还不如旧的私塾。在乡村基层社会，新学堂更是有名无实。有人回忆民国前期江西景德镇的教育时写道："那时的教育有一种不寻常的现象，新开办的学校生源不足，而教《四书》、《五经》、《幼学琼林》、《昔时贤文》、《三字经》等的私塾却有不少。"[②]

实际上，景德镇的这种"不寻常现象"在当时中国各地尤其是农村十分普遍。据 1935 年中央农业实验所调查，全国各省私塾在农村教育中所占的比例，平均达 30.3%（见表 11－1），其中安徽高达 73.1%，湖北高达 63%，江苏、福建、贵州、四川等省亦占 50% 左右。另据国民政府教育部 1935 年公布的数字，全国共有私塾 101027 所，塾师 101813 人，塾生 1757014 人。私塾总数约占全国小学校数的 1/3，塾师数约占全国小学教职员数的 1/6，塾生数约占全国小学生数的 1/8。[③] 据当时人的估计，国民政府教育部的这一统计数字还远低于私塾的实际数量。

表 11－1　中国 22 省 961 县农村教育机关状况表（1935 年）

类　别	公立小学	私立小学	私　塾	中　学	其　他
%	47.0	17.5	30.3	0.7	4.5

资料来源：中央农业实验所：《乡村教育调查》，《农情报告》第 4 卷第 9 期，1936 年。

---

① 鲍祖宣：《国难时期的妇女教育》，《女子月刊》第 4 卷第 1 期，1936 年。

② 姚润黎：《民国早期景德镇的政治概况》，《景德镇文史资料》第 3 辑，1986 年。

③ 乔启明：《中国农村社会经济学》，商务印书馆，1946，第 298 页。

在废科举兴学校 30 年后，私塾在中国基层社会仍然占有如此重要的地位，实在出乎意料。自举办学校开始，私塾虽迭遭新教育的奚落和摒弃而仍然屹立存在，自有其存在的理由。如私塾设置简易，塾舍大小随便，学生多少不拘，学生年龄不限，个别教学不求一律，诸如此类，均能适应当时小农社会的需要。也因为此，虽然民国时期政府当局一再对私塾加以压制、改良和禁止，但直到1940 年代末，私塾和变相私塾仍然充斥于全国各地农村。

此外，农民对新教育的怀疑和不信任，也是私塾得以存在的一个重要因素。当时即有人指出，新式学校所授功课"距离农村生活过远，未能切合实用，结果学生能画汽车飞机，而不能写借据田契，能算先令佛郎，而不能计田亩忙漕"。[①] 1930 年代，社会学者在湖南衡山农村调查时，发现当地农民要求乡村小学"少唱游，多读书"，并且要求教古书。[②] 笔者曾访问过几位受过私塾教育的老人，何以舍新学堂而不读？他们的回答大多是当时农民对新式学校的新教学法和新教科书等不信任。有的说："新式学校很多时间浪费在文娱体育等方面，送子弟到学校去认不了几个字！"还有的说："新学堂不念《三字经》，而念什么'大狗叫，小狗跳'，那算什么学问！"这固然表现出当时中国农民思想观念的务实和保守，但从另一方面也反映出新式教育在相当长的时间里并未得到老百姓的真正认可和普遍接受。更值得注意的是，五四以来，知识精英提倡以白话文来普及大众教育，开启民智，没料正是白话文教材竟然成为百姓不愿接受新式教育的一大缘由。这个极具诡论意味的社会现象无疑是下层民众与新知识分子疏离的一个绝好表征。

事实上，下层民众与新知识分子之间的疏离是双向互动的。在中国传统社会，士绅大多以农村社会为中心，其伸展手脚的空间主要是国家官僚机构鞭长莫及的"地方"或"乡里"，耕读在乡村，

---

① 乔启明：《中国农村社会经济学》，第 299 页。
② 汪德亮等编《衡山县师古乡社会概况调查》，出版者不详，1938，第 46 页。

关心的事务也主要是农村。少数迁居市镇的士绅仍然与农村有着密切的联系，在某种程度上，城市只是日常生活享乐之所，而不是其安身立命之地。即使学而优则仕，亦多在不惑或知命之年结束宦游，回到家乡收拾田园。

但自学校取代科举以后，知识分子的生活场所和活动空间发生了改变。过去私塾分散在城乡村镇，如今新学校主要集中于都市，大学固多设在通都大邑，中学亦大多设在县城。据 1935 年中央农业实验所对 22 省 961 县的农村教育机构调查的结果，中学仅占乡村教育机构的 0.7%。[①]

1933 年，国民政府行政院农村复兴委员会在江苏常熟农村调查时，好不容易碰到一位中学生，以至于在调查日记中慨然写道："我们跑过的乡村并不少，碰到中学生却是第一次。"[②] 自南宋中国文化重心开始南移以来，苏浙一直是人文荟萃的文化渊薮，未料这个时期的苏南农村，却连中学生亦如凤毛麟角，同时期的中国其他地区的农村，该会是一番什么样的文化衰败景象呢！

尽管缺乏这个时期中国乡村教育的全面统计材料，但一鳞半爪的个案亦能给人以一叶知秋的感觉。1924 年，李景汉在京兆农村调查时发现，凡受过高等小学教育的人就不肯在田间工作。[③] 1930年代初期，毛泽东在江西寻乌县调查时也发现，一些地主子弟在寻乌城东小学混张毕业文凭后，就大摆其架子，在名片上赫然印上"城东小学毕业生"几个字，煞是神气！而且每年可以和那些老资格的秀才举人在家族祠堂里平分学谷和胙肉。[④] 在一些内地农村，"粗识文字的小学毕业生便可以打起知识分子的幌子，俨然以绅士自居，出入公门，鱼肉乡里，任意欺骗老百姓。"[⑤] 在四川一些地

---

① 中央农业实验所：《乡村教育调查》，《农情报告》第 4 卷第 9 期，1936 年。
② 行政院农村复兴委员会编《江苏省农村调查》，商务印书馆，1934，第 88 页。
③ 李景汉：《京兆农村的状况》，《现代评论》第 3 卷第 71 期，1926 年 4 月 17 日。
④ 《毛泽东文集》第 1 卷，第 149 页。
⑤ 甘肃省政府秘书处编《甘肃省 31 年全省行政会议汇刊》，1942 年，第 34 页。

方，每当某家有子弟小学毕业时，亲朋邻居要敲锣打鼓，燃放鞭炮，如科举时代中举一样送去报条，以示祝贺。①

以上事例说明，这个时期的中国乡村出现了人才空虚和教育衰败的景象。农村文化生态结构已经失衡与蜕化。在中国传统社会，由于宗族一般拥有相当数量的学田、义田以及族学、义学等，相当一部分同族子弟不分贫富均可以受宗族的资助，获得一定的文化知识。但在科举制度废除后，随着传统文人士绅的衰亡，宗族制度与学田、义田、族学、义学的衰落，乡村人口的识字率甚至不如19世纪以前。在19世纪以前，清代人口的平均识字率大约为20%，而民国时期很多地区的人口识字率都低于这一比例。如抗战前后湖北省人口的平均识字率只有16%。② 若仅就农村人口的识字率而言，其比例则更低。据抗战时期的一般观察，士兵的识字率在10%以下。③ 以此衡测当时中国农民的识字率，当亦不差。

自西潮东渐以后，城乡之间的差距越来越大。城市带有西化色彩的物质和精神生活方式，自然比日趋衰败破落的农村具有吸引力。加之城市集中着财富、权力、名位等社会稀缺资源，在这种情况下，农家子弟一旦接受中等以上的新式教育，便尽量留在都市而不愿返回乡村。大学毕业集中于大都市，中学毕业也想方设法留在省城和县城。城市成为新知识分子的生活场所和工作活动中心。1930年，上海《民国日报》有一篇题为"乡村颓败了"的文章这样写道：

年年大批的毕业学生自乡村跑进都会，不见一个返到乡间……乡村小学教师宁愿来都市为书局报馆抄写……都会的漩

① 杨维钧：《30年代平武县立第一小学概况》，《平武文史资料选辑》（四川）1987年第2期。
② 湖北县政研究会：《改进湖北政治意见》，出版者不详，1937，第21页。
③ 刘道平：《论改革中国目前行政之急务》（1948年6月），中国第二历史档案馆：27~635；张瑞德：《抗战时期的国军人事》，第32页。

涡卷去了乡村的干柱，剩下的只有老弱和稚幼……乡村衰败了，没有一些生气，和黄褐的土块成了调和的色彩，死静、凄冷、枯暗、荒塞、简陋占据了整个乡村。①

知识分子城市化潮流在 19 世纪末 20 世纪初即已粗具规模。当时城市化的知识分子还主要是旧日士绅中的一部分。当新知识分子群体成长起来后，城市化才成为一种普遍现象。从此，中国社会精英阶层的分布重心发生了历史性的大转变。在精英城市化的潮流下，乡村社会成为一个被精英遗弃，管理日趋失序的地区。1934年湖北省襄阳县县长称："近数年来，士大夫阶级类多全家去乡，侨居他埠，而无产失业之徒，或从戎，或附匪。其土著大多数为自耕农，识字甚少，程度极低。故甲长中什九不识字，保长虽较优，而识字人数亦不逮半数。保甲制度难于推行，实亦原因之一。"②襄阳县的情形应是当时中国广大农村的缩影。

知识分子群集都市，使都市各部门人浮于事，大学生毕业即失业。1936 年 5 月，蒋介石在一次地方高级行政人员会议上谈到，邮政局招收邮务生，普通机关招考录事，每月薪金不过一二十元，往往只有两三名缺额，而有几百人应试，其中不少是大学毕业生；③ 而另一方面，地方自治人才却奇缺，"一省之中，省政府主席及民政厅厅长常觉到县长人选困难，能够一肩担起筹备一县地方自治的人才，极难物色。一县之中，县长又感觉到区长人选困难……至一区之中，乡镇长人选亦复困难……至闾邻长则更人选困难。"④ 梁漱溟于 1920 年代末着手乡村改造运动时，"所最感困难的问题：一就是村中无人，一就是村中无钱"。他于 1929 年从广州北上，游历考察了江苏昆山徐公桥、河北定县翟城村以及山西太原

① 《乡村颓败了》，上海《民国日报》1930 年 1 月 12 日。
② 《湖北县政概况》（4），第 1104 页。
③ 引自程方《中国县政概论》（下），商务印书馆，1940，第 471～472 页。
④ 徐德嶙：《地方自治之理论与实施》，法学编译社，1933，第 131～133 页。

等地的乡村改进运动。他发现村长问题是各处所共同困扰的一个难题。他在考察记中写道："象今天这世界，还有什么人在村里呢？有钱的人，都避到城市都邑，或者租界……有能力的人亦不在乡间了，因为乡村内养不住他，他亦不甘心埋没在沙漠一般的乡村，早出来了。最后可以说，好人亦不住乡村里了。"① 梁漱溟所谓的"好人"到底指哪些人，不详所指。而有钱人和有能力的人相继离开乡村后，乡村人口主要由两类人组成：一类是贫弱无助的穷人，一类是游手好闲，作恶乡里的流氓地痞。其结果，乡村教育日趋退化，乡村自治日趋衰败，乡村宗族组织逐渐萎缩，与此同时，土豪恶霸等乡村恶势力乘机崛起。

三　民国绅权的社会构成

在 20 世纪以前，科举制度不仅是中国国家各级官僚的选拔体制，也是基层地方社会精英赖以产生的主要途径。国家通过科举制度，利用儒家规范性意识形态，将官僚集团与绅士集团统摄于共同的国家统治目标之下。科举停废后，新的职业官僚养成体制未能建立。官僚的常规社会来源枯竭，做官不复要求统一资格，仕途从此杂滥。与此同时，基层社会精英的社会构成也发生了蜕变。科举之时，通过科举考试，取得绅士地位，为跻身于地方精英之列的一条主要途径。科举一去，"绅"的正规来源断绝。民国时期虽然还有"绅"的称谓，但与传统士绅不同，不再以"功名"身份获取社会地位。分析民国时期"绅"的社会构成，除了少数前清遗留下来的一批举贡老爷外，多为民国时期的"新贵"。那么，民国时期跻身于地方"绅士"行列的"新贵"，其来源如何？因缺乏全面性的统计资料，下面姑且列举几个个案。

---

① 梁漱溟：《北游所见记略》，《梁漱溟全集》第 4 卷，山东人民出版社，1991，第 896 页。

（一）民国初年湖北襄阳县东津镇的三位"新乡绅"

王殿甲，原是江湖会里的大爷，辛亥革命时期是个革命党人，当过营一级的军官，以后回到家乡，成为东津镇的绅士，和其他绅士一起处理镇上的大小事情。

樊德斋，木场学徒和木材商人出身，读书识字甚少。辛亥革命时，通过江湖会当上了地方保卫团团总、区长，依靠经济和政治势力而成为东津镇的大绅士。

宋德山，原本是乡镇上的一个二流子，辛亥革命时，曾当过一个相当于连长一级的队官，这样，他也成了东津镇上"说公了私"的绅士了。[①]

以上三位"新乡绅"的出身，一是江湖大爷，一是学徒、商人，一是二流子。很显然，他们原来都是社会底层和边缘人物。他们爬升到社会上层，跻身于"绅士"行列的阶梯，已不再是传统的科举功名，而是强权武力。值得注意的是，这几位"杂途"出身的"绅士"在东津镇并未遭到传统正途士绅的排拒，相反，正是因为他们获得了正途士绅的认同和接纳，才跻身于"绅士"行列。如王殿甲回到家乡时，乡镇上的绅士没有一个不去拜望他的。王也因此而身价倍增。

（二）1930 年代初江西寻乌县 20 位权势人物

表 11 - 2 所列江西寻乌 20 位权势人物，大致可分为新旧两代：由前清拔贡、附生、秀才组成的旧士绅和新式学堂毕业生组成的新士绅。据毛泽东调查，当时该县尚有秀才四百人，举人一人，但这些人大多已无所事事，在乡村中当"老太"。显然他们已退出乡村政治舞台。过去秀才出身的"寻乌五虎将"已经倒台，由中学毕业

---

① 李实口述、王玉整理《辛亥革命时的乡居见闻》，《襄樊文史资料》第 4 期，1986 年，第 20～21 页。

表 11-2　江西寻乌县 20 位权势人物动态表（1930 年）

姓　名	教育程度	经济状况	职业及经历	备　考
何子贞	中学毕业大专肄业		曾任小学教师、县公安局长、警察队长、国民党党员	劣绅
何学才		收租几十石，承包牛岗税	曾任县衙刑房书吏、堪舆	劣绅
范明才		收租八十石	曾任县保卫团总	劣绅
潘明征		收租一万石，财产总值三十万元	儿子做过县财政课长、县保卫团总、县长、县党部委员	全县豪绅领袖
刘士垣	中学毕业	收租千石以上	地主	全县第二大土豪，但不活动，在县里没有权
丘伟伍	日本帝大毕业	收租四百石	曾任县教育局长、工程师、国民党员	新寻派领袖
黄甲奎	中学毕业	收租三百多石	教员、国民党员	新寻派分子
何挺拔	中学毕业	收租三百多石	国民党县党部干事	新寻派分子
胡镜如	中学毕业	收租二百石	县政府科员	土霸
潘明典	前清拔贡	收租一百多石	做过县知事、县教育局长等	"寻乌五虎将"之一，很规矩
赖鹏池	前清附生	收租五百多石	地主	不与外事
汪子渊		收租二百石	做过县保卫团总	劣绅
罗佩慈		收租二百石	做过县长	豪绅
陈吐凤	前清秀才	收租二百多石		劣绅，"寻乌五虎将"之一
邝太澜	前清秀才			"寻乌五虎将"之一
彭子径	前清秀才	收租三百石	清末做过县衙巡检，民初曾任县财政局事务员	"寻乌五虎将"之一
易颂周	前清秀才	收租二百石		劣绅
钟咏柳	留日出身	收租二百石	曾任武穴警察局长、本县实业局长	反动首领
钟星奎	中学毕业	收租二百石	国民党县党部干事	新寻派分子
谢肇凡	中学毕业	收租二百石	做过县保卫团总、县府秘书	新寻派分子

　　资料来源：据毛泽东《寻乌调查》加工整理而成，《毛泽东文集》第 1 卷，第 171~197 页。

的一批"新寻派"取而代之。1920 年代末 1930 年代初，正值新旧两代递嬗之际。当时，寻乌县共有大学生 30 人，中学生 500 人，小学生 1300 人。大学生多数侨居在外地大都市。在寻乌当地称霸的主要是一批中学毕业生。

从经济状况观之，这些人多为大中地主，但并非所有的大中地主都能成为地方权势人物。大中地主中相当一部分不问外事，被当地人称作不中用的"山老鼠"。从表列 20 人的职业及经历观之，多数曾出任过县一级公职，纯粹靠收租为生的地主很难进入当地士绅行列。这一点仍和科举时代相同，即以参与地方公事为前提，用寻乌人当时的说法，就是这些人"能到衙门话事"。20 人中，只有 1 人被认为"很规矩"，2 人不与外事，而被明确指称为"劣绅"、"土霸"和"反动首领"的却有 8 人之多。

（三）民国时期鄂西 7 县 12 位地方权势人物

表 11－3 所列鄂西 7 县 12 位地方权势人物，其出生年代为 1884～1907 年间，而其权势年代均在民国时期。12 人中，父辈有功名者 4 人，而本人均无功名。12 人的教育程度，中学、小学及教会学校毕业者各 1 人，私塾 4 人，略识文字者 2 人，文盲 2 人，不详 1 人。很显然，这 12 人所赖以掌握地方社会支配权力的资源基础均非超人的教育程度和学识。

分析 12 人的发迹凭借和途径，虽然具体的表现各异，但他们有一个共同点，即均靠的是"力"。"力"有两种：军事的——武力；经济的——财力。12 人中，靠武力发迹与靠财力发迹者，几乎相当。靠武力发迹者，大多出身家境清寒的平民家庭，其中不少是好勇斗狠的无赖、土棍，只有一人出身士绅家庭；靠财力发迹者，则多是地主商人出身。

就时期而分，北洋军阀时期发迹者，其凭借主要是武力，其权势资源多为团练、帮会（汉流）。他们拥枪自雄，独霸一方，实际上是一地的"土皇帝"，时人称之为"团阀"，其势力范围，大者为

表 11－3　民国时期鄂西 12 位权势人物动态表

姓名	籍贯	生年	家庭及父辈职业	教育程度	主要职业	权势资源	备考
张文和	建始	1900	世代经营糖食业，姑父为老绅士	中学毕业	地主兼商人，承包税收	县财务委员会主任、县中心小学校长、县临时参议会长等	30～40年代，张文和、范煦如、徐海如、罗裕民四人号称建始县"四大天王"，把持了整个县的军、政、财、文大权，历任县长受其节制，并在地方买田置地，承包税收，把持乡政，走私贩毒，同时交接官府，把持地方各级民意机关
范煦如	建始	1905	经营土布生意，世有土地	私塾	地主兼商人，承包税收	县自卫大队长、区长、县银行董事长、县三青团分团干事长等	
徐海如	建始	1907	大地主，伯父是秀才	教会学校	办教育兼营商业	小学校长、县众教育馆馆长、县议员、县党部书记长	
罗裕民	建始	1896	开中药铺，小有土地	略识文字	经商，办硫黄厂	汉流大爷、县自卫大队长、县参议员、县党部执委	
王献谷	恩施	1893	父、叔父均为前清廪生，县商会会长	私塾	经商、贩运鸦片	汉流首领、县商团副团长、商会主席等	父辈为清末民初地方最大权绅，本人贩卖鸦片致富，先攀附军阀，后加入国民党。权势年限为20～40年代
傅卫凤	恩施	不详	农民家庭	小学毕业	团丁出身	团防队队长、团总、三县边防联防总指挥、辖区百里、为恩施"团阀"之一	拥枪割据，在其势力范围内独断专行，但也为地方办过一些有益的事，如兴办学校、创办邮政等，权势年限为1925～1942年
冉作霖	利川	1890	父为清末拔贡，公正士绅		地主兼商人，承包税收	团总、民团大队长、自卫大队长、是利川有名的"团阀"	在利川称霸一方，其权势年限为1917～1941年
陈铸九	巴东	1894	家境寒微	略识文字，学过道士，当过苦力	保董、区联防团首领、保卫团中队长、区长、县参议会副议长，为巴东"团阀"中首屈一霸	用钱贿买保董职务起家，其后参与"剿共"而步步高升，权势年限为1923～1948年

续表 11 –3

姓名	籍贯	生年	家庭及父辈职业	教育程度	主要职业	权势资源	备考
谭孔耀	巴东	1886	土财主	不习文墨	地主	区保卫团团总、区联防团大队长、巴东"团阀"之一	独霸一方，鱼肉百姓，于 1936 年被国民党军委会武汉行辕处决，其权势年限为 1920～1936 年
向卓安	来凤	1890	祖辈务农	目不识丁	作土匪起家	拥枪自雄，是来凤有名的"团阀"	1933 年一度被国民党湖北省政府通缉拿办，后以"剿共"有功，接受收编，被委为来凤县壮丁总队附，1940 年被湖北省政府处决，其权势年限为 1920～1940 年
杨芝香	咸东	1884	家境清贫	私塾	设蒙馆教书，后办团练，御匪保民	曾任咸东联防主任、县长等职	基本上属于地方自治型的"团阀"
侯唯一	宣恩	1891	家境贫寒	私塾	跑江湖、玩汉流	汉流大爷、县常备中队长	地方小"团阀"，其权势年限为 1923～1940 年

资料来源：根据《鄂西文史资料》1987 年第 5 期所载资料整理而成。

一县或数县，小者为一区或数乡。"凡拥有枪枝数百杆者，即自称司令；仅募徒手数十人者，亦称官长，是以所谓司令者，到处皆是，彼此各据一方。凡地方财政赋税收入，截不解省。"[1] 他们之中虽然也有少数做过一些保护地方和对地方有利的公益事业，但大多数以掠夺和鱼肉百姓为生，在其势力范围内生杀予夺，独断专行，叱咤一方，劣迹累累。

在清末以前，民团领袖多为有正途功名的士绅，民国时期转移

---

① 孙怀仁：《中国财政之病态及其批判》，生活书店，1937，第 87 页。

到由地痞恶霸组成的"团阀"之手。这个时期，随着地方社会军事化的进程，"团阀"们凭借强大的武力资源，重新塑造了国家与社会的关系模式，形成民国前期省一级军阀割据、县一级"团阀"割据的格局。"团阀"与军阀并无质的区分，悉视其军事实力而定。只要控扼部分军事资源，即可称霸一乡一区一县，成为叱咤一方的权势人物。这几乎成为当时边缘社会成员积累财源权势和谋求晋升之阶的捷径。影响所及，社会风尚和价值观念亦为之丕变。

民国年间，河南各地普遍流传着"要当官，去拉杆"的俗谚，有的地方甚至出现不为匪者，则"妻室恨其懦"，愿为匪者，则"父老夸其能"的怪象。① 这种怪象不独河南一省为然，当时全国各地由土匪首领摇身转化为地方"精英"者比比皆是。表 11－3 内所举来凤县"团阀"向卓安即为做匪起家。事实上，民国时期，防御性的民团与掠夺性的盗匪团伙已互相渗透，地方当局剿匪不成，乃转而采取"以匪治匪"的办法，对一些拥有较强武力的股匪采取招抚政策，给以地方保安团队等名义授其匪首以官职。这个时期民团领袖的社会构成亦因之而改变。

在鄂西各县，当南京国民政府势力深入以后，"团阀"的出路不一，有的见风转舵，主动投靠国民党，跻身于基层政权与省县参议员行列，继续拥有其权势资源；有的负隅顽抗，不服从国家政令，企图继续割据称雄，其结果，多被国民党政府以"土豪劣绅"的罪名镇压或慑服。

从表 11－3 所举例证可以看出，国民党统治时期发迹者，其凭借主要是财力，其权势资源多为参与地方自治、教育、商务、党团及民意机关和团体的活动。他们在地方颇具势力，并以地方民意代表自居，上焉者把持县政，挟制县长，下焉者垄断乡曲，把持乡政，并在地方买田置地，承包税收，富甲一方。他们与民国前期的

① 沈松侨：《地方精英与国家权力——民国时期的宛西自治，1930～1943》，《中央研究院近代史研究所集刊》第 21 期，1992，第 384 页。

"团阀"有所不同的是，"团阀"完全以我行我素的"土皇帝"自居，抗拒国家权力的制约和渗透；而他们则大多希望在政治上寻求出路。由于他们的行为方式在某些方面承续了清末以前的绅士角色，故其虽然不再拥有传统功名，而时人仍以"绅士"相指称。

但是，与清末以前的传统文人绅士相比，民国时期的"新绅士"在才德和威望方面均令人有今非昔比之感。他们所赖以支配基层社会的资源基础是强制性的武力和财力，而不是传统士绅所具有的对乡土社会的内在道义性权威、外在法理性权威和个人魅力权威。上述鄂西 12 位权势人物中，有的虽也在"保境安民"的口号下，抵御过外来匪患，或抵制过军阀官僚的苛索，或为地方做过一些修桥补路、兴校办学之类的公益事业，但与其劣迹恶行相比，前者多为后者所淹没。少数公正士绅反被这些有劣迹的"土豪劣绅"从地方自治领域排斥出去。"土豪劣绅"遂成为民国时期基层社会的主要支配者。

第十二章
县长：基层地方官的转型

在国民党执政时期，县长与县党部书记，一个是一县的行政长官，一个是一县的党的首脑，名义上似乎难分伯仲，实际上是一主一从的关系。

县长，清以前称知县，入民国后改称知事。国民党执政后易名县长。从知县到县长，似乎只是称呼的改易。作为一县之长，县长与知县确有许多传承和延续之处。几千年间，县作为基层政权在形式上始终没有变化，许多县的名称和区划甚至保留至今。

但是，传承和延续只是近代中国县政的一个侧面。在从王朝国家体制向政党国家体制的转变过程中，基层政治运作亦不可避免地随着上层统治体制的剧变而改观。在国家政权不断向社会基层深入、扩张和渗透的过程中，县不再是传统皇权与绅权的交接点，县长也由直接治理百姓的"治事之官"逐渐蜕变为承转公文的"治官之官"。与此同时，基层政治运作也由"无为"趋向"有为"，由消极趋向积极。然而，正是在这"无为"与"有为"、消极与积极的转换过程中，无论是传统意义上的官民关系，抑或现代意义上的国家与社会的关系均随之发生了流徙迁变。国民政府时期基层地方官的转型及其在转型过程中所面临的困境，无疑是反映这个时期中国基层政治变迁的一个绝佳范例。

一 铨选和任用

"万事胚胎，皆由州县"。在帝政时代，县是中国最低一级的基层政权，是封建官僚机构的末梢。县官乃吏治之基，在整个国家政体中起着一种基础的作用，所谓"牧令为亲民之官，一人之贤否，关系百姓之休戚"，因此，历代君主都十分重视县官的选用。县官用得其人，素质较好，吏治就清明，地方就得到治理，百姓就得到安宁；反之，县官不得其人，鱼肉百姓，必然是官逼民反，天下大乱。

南京国民政府建立后，鉴于基层党治空虚，党务局限于城市和上层的状况，将县以下基层政治托付于县长一身，因而对县长的期盼至为"殷切"：大而言之，"一省一国政治之修明，莫不以县为起点"；小而言之，一县人民之生计，"均视县政之优劣为进退"，而"县政之优劣，又全随县长个人为转移；一言一行，直接影响于人民，间接影响于党国"。① 于是县长乃成为这个时期地方政治关注的焦点。

按诸中国旧制，县官无论是荐举，还是科举，均是廷择外放，"吏部掌理天下百官"，签分直省。这是奠定中国大一统王朝的重要基础。入民国后，各省军阀割据，中央权威衰微，各省竞相自放县长，廷择外放之制遂被废弃。自放县长带来两大弊端：一是进一步削弱了中央对基层政权的统制能力，导致县长唯省令是从。县长心中"只知有省，不知有国"，地方主义意识更形助长。二是县长任用漫无标准。在北京政府时代，县缺成了大小军阀用来奖赏下属或送人的礼品。这个时期，副官马弁当县长者比比皆是。县长的地位也低落到无可再低落的地位。

---

① 内政部编《县长须知》，1928年，湖北省档案馆藏档案（以下简称"湖北档案"）：LS1—2214。

国民党执政后，对县长的任选渐加注意，几度颁布县长任用法规，力图将县长任用纳入国家正轨。然而，在积非成是之后，依然蹈常袭故。据 1928 年颁布的县组织法，规定县长由省政府任用。次年 6 月，国民政府重订县组织法，规定县长人选由各省民政厅长提出合格人员二至三名，经省政府择一代理，再由省政府检同履历书咨请内政部转送铨叙部审查，审查合格后，再由国民政府正式任命。1933 年，内政部再次重申，凡未经国民政府明令正式任命的各省现任县长，无论省政府以何项名义发表，均应作为代理县长。试署、实授系由中央任命，并规定代理期间不得逾三个月，试署期间为一年，实授则为三年一任。①

依此，县长任用权在法理上是在中央而不在省府，但事实不然。各省县长呈荐中央任命的只是极少数。1939 年，内政部称："现时（各省县长）凡铨叙不合格者，实则任用早已经年，殊非慎重铨叙之道"。实际上，送请中央铨叙审查已属难得，多数实际"延未送审"。② 以江西为例，直至 1941 年 3 月，83 位在任县长中，经中央审查具有铨叙资格者仅 18 人。③ 内政部对各省县长如何任用、更调，"真相莫明"，徒叹奈何。在这种情况下，尽管内政部一再要求各省"慎选县长"，但各省任用的县长仍多未能达到中央所定的法定标准。

国民政府时期，县长任用，主要通过考试和荐举两途。考试本是中国传统知县选拔的"正途"。袁世凯当国时，曾举行县知事考试四次，录取后由内务部分发各省任用。④ 其后，军阀割据，此项考试未再举行。孙中山对中国传统考试制度情有独钟，尤以厉行县长考试为唯一途径。南京政府成立后，内政部于 1928 年拟订《县

① 《国民政府时期湖北省政府秘书处档案》，湖北档案：LS1—1112、626。
② 《国民政府时期湖北省政府秘书处档案》，湖北档案：LS1—626。
③ 吕芳上：《对训政时期江西县长的一些观察》，《中华民国建国八十年学术讨论集》第 1 册，第 314 页。
④ 汪家培：《慎选县长续议》，《新县政研究》，汗血书店，1936，第 321 页。

长考试暂行条例》公布实施。与中国传统不同的是，县长考试不是由国家统一举行，而是由中央简派典试大员前往各省举行。1928～1929年两年间，江苏、浙江、安徽、江西、福建、广东、广西、湖南、湖北、云南、河北、山东、山西等省均先后举行县长考试，少则1次，多则3次，共计录取1300余名。[①] 其后，考试院正式成立，将内政部所颁之《县长考试暂行条例》明令废止。但考试院迟迟未颁新的条例，县长考试除在少数省区继续举行一两次外，多数省区未再举行。

早期各省所考取的县长，其出路并不甚佳。以湖北为例，1928年，湖北考取县长40人，五年后跟踪调查发现，内有3人亡故，15人赋闲，9人离省，5人转就他业，1人因案判刑，1人被交付惩戒，只有6人在任县长。1930年，湖北考取县长29人，三年后跟踪调查发现，只有两人在任县长。[②] 这种情形并非一省如此。江西省在战前先后举行县长考试4次，计录取63名，而实际任用为县长者仅12人。[③]

考取县长的实际录用率如此之低，其因素固然复杂，但有两点值得注意。

一是考试及格者难以胜任县长职务。按照当时内政部公布施行的《县长考试暂行条例》，县长考试分四试进行：第一试为三民主义、建国方略、建国大纲及中国国民革命史；第二试为法学通论、经济学原理、政治学原理、中外近百年史、中国人文地理；第三试为现行法令概要、国际条约概要、本省财政、本省实业及教育、本省路政及水利。以上三试均为笔试，第四试注重应试人的经验及才识，以口试行之。[④] 以上为江西省县长考试所规定的科目，其他各

①　蔡培：《内政部对于慎选县长之过去及其将来》，《新县政研究》，第314页。
②　《国民政府时期湖北省政府人事处档案》，湖北档案：LS67—159。
③　李德培：《江西县长之分析研究》，《地方建设》第1卷第4、5期合刊，1941年6月。
④　李德培：《江西县长之分析研究》，《地方建设》第1卷第4、5期合刊。

省的县长考试内容也大同小异。观其考试形式，仍是变相的科举考试。在科举时代，"正途"出身的知县不得不依赖僚属辅治，否则一筹莫展。这也正是中国幕僚制度得以长期延续的一个重要原因。国民政府时代，县政的繁剧已远非昔比，任县长者，不但需要相当学识，尤贵具有相当经验、领导才能与德行，否则难以胜任。科举式的论文考试，最多只能考察学问的优劣，至于办事的才能，尤其是公廉的品性，决难于咄嗟之间测验出来。这也是科举制度受识者诟病的要因。事实上，各省考试取录县长的政绩大多平平，或朝气有余而经验不足，或勇于赴事而应付乖方，动辄触犯多如牛毛的法令，以致撤职查办者颇不乏人。江苏 1928 年考试录取 11 名县长。第一名初任吴县县长，不到一年即因事撤职，后其又任邳县县长，未久又以贪污罪判刑。[①] 1928 年广西举行第一次县长考试，与试者数百，仅录取一名。该人考试成绩虽好，而出任县长后却政绩平庸，一连任了七年，一直是一个四等县县长。[②] 诸如此类，使考试县长逐渐失去人们的信仰。

考取县长录用率低的第二个重要原因，是国家对县长任用缺乏有效的制度保障，各省自行其是。考试只是选拔县长的途径之一，而非唯一正途。除考试外，更多的县长出自保荐。按照国民政府的有关规定，各省任用县长，先由民政厅长提出合格人选 2～3 名，再依法定手续转请任命。这实际上将县长的初选权委诸民政厅长一人之手。民政厅长大权在握，难免滥用职权，任用私亲，甚至以县缺为聚敛的工具。1929 年，传闻江苏省民政厅长缪斌出卖县长和公安局长职位：一等县县长 6000 元；二等县县长 5000 元；三等县县长 4000 元[③]。1934 年，湖北省 21 名考取县长联名上书考试院，控告湖北省民政厅长孟广澎滥委县长，函称："近年以来，任用县长漫

① 汪家培：《慎选县长续议》，《新县政研究》，第 321 页。
② 何勇仁：《新广西的县政与县长》，《新县政研究》，第 261 页。
③ 杨谷：《1929 年江苏省国民党内部的一场派系斗争》，《江苏文史资料选辑》第 9 辑，1982 年，第 75 页。

无限制，不问候用者之资格如何，但视其运动力之大小为断，夤缘奔竞，相习成风"。当时，湖北候用合格县长不下数十人，内中不少经考试合格者竟投置闲散，而一些不具备正式资格者却相继登庸。①

由于县长职位多为夤缘而来，自然也难免缘尽而去。于是乎，每一位省长官上台，民政厅长必随之而换；而每一次民政厅长的更替，必然出现一次县长大换班。时称"更换一次首长，荐信三尺，带员数十，赶走一半"。② 真可谓一朝天子一朝臣，你方唱罢我登台。抗战初期，张治中就任湖南省政府主席时，各方介绍请委以县长者多达五百多人。③ 县缺成为省厅长官用作酬应拉拢的工具。在任县长既随时有解职之虞，因而在职期间，就无日不在打算失业后的生活出路，小则收受贿赂，大则贪污公款，基层吏治自然日滥。这正是民国以来各省自放县长所导致的基层官常失范的一个表征。

二　资格与出身

在 1932 年 7 月《县长任用法》公布以前，国民党中央对县长资格没有作出统一的规定，各省漫无标准。1932 年 7 月以后，各省又以中央所定县长资格标准过高，难以实施，纷纷请求变通办理。于是内政部对县长任用资格几度修订补充、放宽，豫、鄂、皖、赣各省又另颁《剿匪区内县长任用限制暂行办法》。综观各法虽宽严有别，要而言之，战前县长任用资格不外下列数项：（1）县长考试或高等文官考试及格者；（2）国内外大学、专科毕业，有一定资历者；（3）曾任委任职以上，有一定资历者；（4）对党国有劳绩者。④

战前县长的实际资格如何？我们从表 12 - 1、12 - 2、12 - 3 中可窥其一斑。

---

① 《国民政府时期湖北省人事处档案》，湖北档案：LS67—159。
② 湖南安乡县政府编《安乡示范县县政纪实》，新中国书店，1948，第 200 页。
③ 《张治中回忆录》，第 184 页。
④ 李德培：《江西县长之分析研究》，《地方建设》第 1 卷第 4、5 期合刊。

表 12 - 1　长江流域数省县长资格统计（1931～1932 年）

单位：%

省份	年度	大学毕业	法政专科毕业	军警学校毕业	考取	其他	不明
江苏	1931	60.0	17.2	13.3		9.5	
	1932	57.3	12.0	14.7	2.7	13.3	
浙江	1931	40.9	24.4	11.0		22.8	0.8
	1932	33.7	20.2	20.2	11.5	14.4	
湖北	1931	20.3	38.6	34.8		0.6	5.7
	1932	21.4	20.2	35.8	1.2	21.4	
湖南	1931	3.2	24.8	4.0		54.4	13.6
	1932	1.5	15.3	8.6	12.4	62.0	
江西	1931	24.6	37.7	10.5		17.5	9.6
	1932	23.6	24.2	14.6	3.2	34.4	
安徽	1931	23.9	18.2	27.1	17.6	13.2	

资料来源：内政部：《内政年鉴》（民国 23 年），商务印书馆，第（B）831～833 页。

表 12 - 2　湖南湖北两省县长资格统计（1935 年）

单位：%

	大　学			专　科			中　学	其　他
	国外	国内	小计	国外	国内	小计		
湖南	5.3	21.3	26.6	2.7	46.7	49.4	16.0	8.0
湖北	7.1	27.1	34.2	7.1	54.3	61.4		4.3

资料来源：监察院湖南湖北监察区监察使署编印《监察院湖南湖北监察区监察使署 24 年度年刊》，附表综合。

表 12 - 3　江西县长出身统计（1926～1938 年）

	总计	大　学			专　科			军警学校毕业	中学毕业	吏治训练	科举	行伍	白丁
		国外毕业	国内毕业	国内外肄业	国外毕业	国内毕业	国内外肄业						
人数	1113	95	132	22	13	158	70	214	124	209	37	22	17
%	100	22.4			21.7			19.2	11.1	18.8	3.3	2.0	1.5

资料来源：杨镇：《江西省县长研究》，江西省政府建设厅编印，1939。

　　综观表 12 - 1、12 - 2、12 - 3，我们对战前县长的资格和出身大致可以得出以下几点看法。

　　第一，战前县长绝大多数受过新式教育，科举出身者虽然尚未绝迹，但已无足轻重。在北洋时期，科举出身的县长尚占有相当大的比例。以江西萍乡、南丰为例：萍乡 1912～1926 年有资料可考的 9 任县知事中，有 5 位具有旧功名；南丰 1912～1920 年有资料可考的 12 位县知事中，有 9 位是科举出身。[①] 而 1926～1938 年江西全省 1113 位县长中，能确认具有旧功名的县长只有 37 人。当然，在"吏治训练"的 209 人中，很有可能包括部分科举出身者。在江苏、浙江、湖北、湖南、安徽各省的县长资格中，"其他"和"不明"类里也可能隐含着科举出身者。因为这个时期国家法定的县长资格中已没有旧功名的位置。少数有旧功名的县长有的通过参加吏治训练取得新的资格，有的不愿公开标示自己的科举功名身份。总之，这个时期的县长群体中，有旧功名者已减少到不足令人注意的程度，这说明传统士绅已经出现了整体性的没落，不仅下层士绅已逐渐退出了乡村政治舞台，上层士绅也已从官僚政治中隐退。这一点，我们从战前县长的年龄结构上也可以看出。据 1932 年统计，全国县长的平均年龄在 40 岁左右。[②] 也就是说，这个时期的县长大多是在废科举前十年间出生的。拥有旧功名者已是他们的父辈。

　　第二，战前县长资格参差不齐，来路五花八门。内中既有国外大学和国内大学毕业生，也有法政、军警学校毕业生，还有中学毕业或受过吏治训练者，甚至行伍和白丁亦滥竽其间。出身参差，来路更是庞杂，如战前江西县长除新式学校出身者外，还有考试出身以及甄审和介绍而来者。至于各种吏治训练班更有杂滥之嫌。说明这个时期县长任用标准不一，尚未纳入正轨。

---

① 吕芳上：《对训政时期江西县长的一些观察》，《中华民国建国八十年学术讨论集》第 1 册，第 312 页。
② 《内政年鉴》（民国 23 年），第（B）831～833 页。

第三，战前县长资格，省际差异很大。其中江浙县长资格最优。1930 年代初，江苏县长中大学毕业者已占 60%，浙江县长中大学毕业者也占 40%。其次则为江西、安徽、湖北，县长中大学毕业生占 20% 以上。这几个省的县长资格以法政专科和军警学校毕业生最多，一般占这些省区县长人数的 40%～60%。1931～1932 年，湖南县长资格的低劣，令人吃惊。1931 年，该省在职和去职的 125 名县长中，仅有 4 名大学毕业生；1932 年，137 名在职和去职的县长中，大学毕业生更减至 2 名。除大学毕业生凤毛麟角外，军警和专科生也为数不多，比重最大的是杂途出身者。但值得注意的是，三年以后，该省的县长资格有了较大提高，国内外大学毕业生的比例上升至 26.6%，专科生亦占 49.4%，杂途出身的比例由三年前的 62% 骤减至 8%。这说明各省县长资格的差异，并不完全是由于省际教育文化落差所致。湖南战前县长资格的变动，反映省政当局的选拔和任用是决定一省县长资格水准的一个至关重要的因素。因为一省不过数十县，即使人才奇缺的省份，省政当局只要广求慎选，应不难找到合适的县长人选。这个时期，由于各省县长自放自任，各自为政，其中慎选慎用者固不乏见，而滥选滥用者更为普遍。

1937 年抗战爆发后，为了适应战时环境的需要，各省政府主席多由战区军事长官兼任，同时，战区各县县长亦要求以"富有军事学识及县政经验之干员充任为原则"。[①] 经过战前十年的人才培养、选拔和淘汰，战时及战后县长资格发生了哪些变化？

从表 12 - 4、12 - 5 中，可以看出战时及战后县长资格在下列几方面与战前有所不同。

第一，本期县长资格由参差趋于整齐，不仅省际差距缩小，一省之内县长之间个体差异也不似战前庞杂。科举出身已全然隐退，行伍白丁更一扫而光。"其他"和"不详"所占的比例已微不足道，"吏治训练"出身者也为数极少。表明本期县长来路已无战前杂滥情形。

① 李德培：《江西县长之分析研究》，《地方建设》第 1 卷第 4、5 期合刊。

表 12 - 4　战时川赣湘皖鄂五省县长资格统计

单位：%

省份	统计年度	大学	专科	军校	考试	吏治训练	中学	其他	不明
四川	1939~1945	58.1	16.8	10.7			5.6	5.9	2.8
湖北	1939,1943	32.9	14.3	37.9	0.7	5.0	1.4		7.8
湖南	1940	42.7	18.7	36.0	1.3			1.3	
安徽	1939	44.7	12.3	31.6			0.9	10.5	
江西	1939~1940	46.7	20.6	17.3	4.7	4.7	5.6		

资料来源：四川省政府统计处：《四川省统计提要》（民国34年），第177页；湖北省政府统计处：《湖北省专员县长一览表》（1939年9月），湖北档案：LS2－1－11；湖北省政府统计处：《湖北省统计年鉴》（民国32年），第342~347页；湖南省民政厅：《29年度湖南省民政统计》，第30页；安徽省政府统计处：《安徽省统计年鉴》（民国28年），第106页；李德培：《江西县长之分析研究》，《地方建设》第1卷第4、5期合刊。

表 12 - 5　战后苏浙赣三省县长资格统计

单位：%

省份	年度	大学	专科	军校	考试	吏治训练	中学	其他	不明
江苏	1946	54.1	14.8	8.2		1.6	18.0	1.6	1.6
浙江	1946	57.9	15.8	13.2	9.2		3.9		
江西	1946~1947	51.2	16.7	7.2	18.7	3.1	0.6	1.8	0.6

资料来源：（1）内政部统计处：《内政统计提要》（民国35年），表31，油印本，中国第二历史档案馆：6—2798；（2）江西省政府民政厅：《江西民政统计》（民国36年），第9页。

第二，高等教育成为本期县长出身主途。本期长江流域各省县长中，大学毕业生均占一半左右。江西、安徽、湖南、四川等省大学毕业生所占的比例比战前约增长了一倍。浙江、湖北与战前相比也有所上升。如将专科生和军校生合并计算，本期除江苏外，其余长江流域各省县长资格中，该项比例均在85%以上，有的高达97%。可见本期县长整体素质比战前大有提高。

第三，抗战时期，为适应军事需要，军校出身者占有较大比例，如湖南、湖北、安徽战时县长中，军校毕业生约占 30%。抗战胜利后，这一比例有所下降。

第四，1946 年的统计资料显示，战后江苏县长的整体素质，与战前相比，有所回落。1931 年，该省县长中大学毕业生占 60%，大专和军校毕业生合计占 90% 以上，遥居当时全国各省之首。而 15 年后，这一比例不仅未升，反而有所下降。1946 年，该省县长中，大专和军校生合计占 77%。这一比例低于同期长江流域其他省份。更值得注意的是，本期长江流域其他省份的县长资格中，中学毕业生所占的比例极小，一般均在 5% 以下，唯独江苏省高达 18%。战后江苏省县长资格的回落，令人费解。全面抗战八年，江苏省沦入日寇铁蹄下。战时沦陷区县长一个布包，一颗县印，到处流落漂泊，甚至出生入死，时人称之为"背包县长"。"背包县长"苦多乐少，愿意干者不多，降格以求自在情理之中。加之做"背包县长"，贵在胆识与经验，出身与资格也不必斤斤计较。江苏人，尤其是苏南人民性文弱，长于文事而拙于武功，学识有余而胆略不足，做太平县令绰有余裕，做乱世县长恐非所长。这也许是抗战前后江苏县长资格回落的一个因素。

综观 1930、1940 年代的县长出身，若与国民政府所规定的县长资格相比，其中有两项出入甚大：一是考试出身的县长，无论战前还是战后，所占的比例均不大，显示在科举制度废止后，考试不再是铨选县长的"正途"。这个时期县长的登庸，多赖荐举；二是县长法定资格中，有"对党国有劳绩者"一项，而县长的实际资格中，却罕见以该项资格出任县长者。就国家而言，将"对党国有劳绩"列入县长法定资格，无异视县缺为酬庸之具。就"对党国有劳绩者"而言，若非才识经验相当，以县政事务之繁剧，又何能胜任愉快？后者当为县长资格中甚少"对党国有劳绩者"的原因。

从战前与战后县长资格的变化中，可以看出，县长资格有一个由旧而新、由低而高、由参差而趋于整齐的发展过程。在国民政府初期，县政人才一时罗致不易，尚有少数具有传统功名的士绅，依靠其原有县知事的经历，仍能跻身于新时代县长的行列。其后，县政渐入正轨，加之新式教育的发展，特别是高等教育的突飞猛进，新式知识分子增多，县长中具有新学历者逐渐占据主流，旧士绅完全凋谢隐退。从县长资格的前后变化中，可以看出新旧知识分子在中国基层政治舞台上交替递嬗的轨迹。

国民政府时期县长资格是高是低，到底处于何种状况？由于前后不同以及地域差异，很难笼统下一结论。加之县长与传统知县的出身截然两样，也难以将两者加以比较。若以进士、举人等传统较高功名与新式的大学、专科强相比附，则这个时期县长的出身似不比清代知县的出身差。据日本学者和田正广教授研究，清代知县的出身全国平均值是：进士 16.3%，举人 26.1%，贡生 14.8%，监生 13.4%，其他 29.4%。① 另据台湾学者李国祁教授对清代 18 省 512 县 42602 位知县的量化分析，进士占 22.7%，举人占 37%。② 进士举人合占 59.7%，与和田正广教授的研究结果有较大出入。笔者统计 1932 年全国有资料可考的 18 省县长出身的平均值为：大学毕业（含考试及格）占 29.1%，专科（含军警学校）毕业占 38.7%。③ 两者合计为 67.8%。若将这个时期县长的资格与同时期其他文官群体的资格相比，则可发现，县长的资格低于中央同级文官的资格。按规定，县长与中央机关的科长同属荐任级公务员。统计 1935 年中央荐任官的学历，受过国外高等教育者占 22.8%，受过国内高等教育者占 53.6%，两者合计占 76.4%。④ 比 1932 年全国 18 省县长出身高等教育者的平均值（67.8%）高出 8.6 个百分点。

---

① 和田正廣：《明代の地方官ポストにおける身分制序列に関する一考察——縣缺の清代との比較を通じて》，《東洋史研究》（日本）第 44 卷第 1 号，1985 年。

② 李国祁等：《清代基层地方官人事嬗递现象之量化分析》第 1 册，台北，"行政院国家科学委员会"印行，1975，第 26 页。

③ 《内政年鉴》（民国 23 年），第（B）832～833 页。

④ 铨叙部：《铨叙部统计年报》（1941 年），手抄本，中国第二历史档案馆：27—785。

就职责而言，一个中央机关的科长与一个独当一面的县长不可同日而语，但由于长期形成的重中央、轻地方的传统以及知识分子都市化的时势，人才群集上层，一个大学毕业生宁可做一个中央机关的科长，而不愿下基层当一名县长。县以下人才奇缺也就不足为奇了。

三　年龄、籍贯

（1）县长的年龄。

县长素质是一个综合性的指标，它包括学识、经验、能力、德行等诸多因素。其中年龄与一个人的经验、阅历相关。年纪太轻，往往朝气有余而经验不足，难以独当一面；但若年龄过大，则又难免暮气太深，精神萎靡，缺乏开拓进取精神。

南京国民政府硬性规定，县长年龄必须在 30 岁以上，而上不封顶。据内政部统计，1932 年，各省县长的平均年龄：江苏、湖南均为 42 岁，湖北为 40 岁，浙江为 38 岁，江西为 37 岁，安徽为 32 岁。县长平均年龄最低的为陕西，仅 28 岁，低于国民政府所规定的县长年龄。[①]

观表 12-6，县长年龄多集中在 35~46 岁之间，35 岁以下和 47~50 岁年龄段亦占有一定比例，50 岁以上者极少。应该说，这个时期县长的年龄结构是比较理想的。五省中以浙江省县长的年龄差较大，最大年龄 60 岁，最小年龄 26 岁，由此亦可见国民政府对县长年龄必须在 30 岁以上的规定并未被严格执行。

（2）县长的籍贯。

中国吏治行政，自秦汉以至明清，历经递嬗演变，形成一套独具特色和非常有系统的制度，其中尤以科举制度、回避制度影响深远。回避制度旨在防止官吏因血缘、地缘及其他社会关系而徇私舞弊，有碍吏治。

---

① 《内政年鉴》（民国 23 年），第（B）833 页。

表 12 – 6　长江流域各省县长年龄统计

单位：%

省别	年度	35 岁以下	35 ~ 38 岁	39 ~ 42 岁	43 ~ 46 岁	47 ~ 50 岁	50 岁以上	未详	最小年龄	最大年龄
江苏	1946	8.2	29.5	34.4	23.0	1.6	1.6	1.6	33	54
浙江	1946	10.5	15.8	28.9	25.0	11.8	7.9		26	60
江西	1946	10.8	31.3	22.9	13.3	13.3	6.0	2.4	32	55
湖南	1940	17.3	33.3	24.0	18.7	6.7			30	49
湖北	1939	11.4	28.6	14.3	14.3	11.4	8.6	11.4	30	55
四川	1939 ~ 1945	16.9	35.1	20.9	12.6	9.5	3.1	0.3	31	55

　　资料来源：《内政统计提要》（民国 35 年），表 29，中国第二历史档案馆：6—2798；《29 年度湖南省民政统计》（1941 年 3 月），第 30 页；《湖北省专员县长一览表》，湖北省档案馆藏：LS2 – 1 – 11；《四川省统计提要》（民国 34 年），第 176 页。

　　籍贯回避是回避制度中的一个重要方面。早在秦始皇建立一统帝国后，即有地方各级官员回避本籍的规定。其后历代相沿，至清代而形成一套周详缜密的制度。清代任官规定，外官自督抚司道以下至州县佐杂，均须回避本籍、寄籍、祖籍、原籍距任所在五百里以内者。籍贯回避在历代推行过程中，有利有弊。就其积极方面而言，中国人一向重乡情与亲情，"做官福荫乡里"，"富贵不归故乡，如衣锦夜行"。在这种情况下，规定官员不许在本籍任职，割断其与原籍各种社会关系的联系，从而较有效地避免由此而产生的许多弊病。但利之所在，弊亦从之。就其负面影响而言，异地做官，官员对地方不了解，与民不和洽，人地不相宜，难有作为。[①]

　　民国以后，中央权威衰弱，地方主义嚣张。在"地方自治"的招牌下，标榜本地人治本地事，回避制度首先在省一级崩解。在各省自放县长的时势下，县官回避本省和距原籍五百里的旧规也被打破。不过在北洋时期，县官基本上回避本县。

　　国民政府成立后，省级官职无回避本籍规定。而县长仍原则上

————————

① 参见魏秀梅《清代之回避制度》，台北中研院近代史研究所专刊，1992。

要求回避本县。据 1933 年"豫鄂皖三省剿匪总司令部"所颁《剿匪区内县长任用限制暂行办法》第五条规定："县长应回避本籍之县及与本县毗连之县，但因特殊情形不能即行回避，经由省主席呈明本部审核特准者，得暂为展期"。① 由此而言，县长只须回避本县而无须回避本省。

表 12 - 7　长江流域各省县长籍贯统计

单位：%

	江苏		浙江		安徽		江西		湖南		湖北		四川	平均
年度	1932	1946	1932	1946	1932	1939	1932	1946	1932	1940	1932	1939	1939 ~ 1945	
本省	58.7	88.3	38.8	56.6	59.5	58.9	80.9	65.9	93.8	72.0	82.1	76.2	81.6	70.3
外省	41.3	11.7	61.2	43.4	40.1	41.1	19.1	34.1	6.2	28.0	17.9	23.8	18.4	29.7

资料来源：《内政年鉴》（民国 23 年），第 （B）833 页；《内政统计提要》（民国 35 年），表 30，中国第二历史档案馆：6—2798；《四川省统计提要》（民国 34 年），第 176 页；《29 年度湖南省民政统计》（1941 年 3 月），第 30 页；《湖北省专员县长一览表》（1939 年 9 月），湖北档案：LS2 - 1 - 11；《安徽省统计年鉴》（民国 28 年），第 106 页。

从表 12 - 7 可知，1930 ~ 1940 年代长江流域各省县长，平均有 70% 是由本省人出任，省籍回避制度显然已荡然无存。各省所任命的外省县长中，大致有两种情形：一是省政主管长官为外省人，这时，该省县长中必有相当一部分与省政主管长官同籍。最典型的例子是安徽。抗战时期，新桂系主皖，皖省县长中，籍隶广西者不少。如 1939 年，安徽省 114 名县长中，安徽本省 66 人，外省 46 人，不详 2 人。外省 46 人中，广西最多，占了 20 人。② 二是外省县长多为相邻省区人，如湖北的外籍县长中，多为湖南人，其次为河南人。③

在省籍回避制度被彻底打破后，县籍回避是否认真执行了呢？

---

① 《剿匪区内县长任用限制暂行办法》，湖北档案：LS1 - 336。

② 《安徽省统计年鉴》（民国 28 年），第 106 页。

③ 《湖北专员县长一览表》，湖北档案：LS2 - 1 - 11。

由于这方面的资料太少，无法进行全面统计。从所掌握的资料看，各省情形不一。执行得最严的，当属山西。[①] 山西因处于阎锡山的控制下，情形特殊，另当别论。在国民党直接控制的省区，县籍回避并未严格执行。以湖北为例，"民国十八九年，吾鄂匪患猖獗，避籍之例，因事实上需要，遂行打破"。[②] 当时以本县人任县长者，有黄梅、黄冈、浠水、应城等县。另据 1935 年统计，该省 70 县中，本县人任本县县长者，有黄安、麻城两县。[③] 1938 年，江西 57 名本省籍县长中，有 4 人是本县人任本县县长。[④] 再观湖北，1939 年，在该省有资料可考的本省籍县长中，本县人任本县县长者有 21 位。这些县长集中在沦陷区。当时湖北有 34 县沦陷。34 县中，除 4 县县长籍贯不详外，其余 30 县有 19 县县长是由本县人担任。而非沦陷区的 29 县，只有 2 县县长是由本县人担任。[⑤] 由此观之，县籍回避制被破坏，与战争环境有着紧密的关系。

籍贯回避本是一种利弊相因的制度，尤其是有清一代例禁过严，"自南北互选之后，赴任之人，动数千里，必须举债，方得到官，而士风不谙，语言难晓，政权所寄，多在猾胥"。[⑥] 但在籍贯回避制彻底破坏后，新的流弊又随之而生。以县党部书记长为例，

---

① 山西在阎锡山统治下，自成体系。第一，山西全省县知事（民国前期）、县长基本上用本省人；各县佐治人员几乎完全为山西人。如县知事、县长由外省人担任时，由本省籍的佐治员加以监视。佐治员将外籍县长的举动定期向阎锡山汇报。当时即有人评论阎锡山"不甚用外省人，而专重本省人；用本省人，不喜用晋南人，而甘用晋北人；用晋北人，不多用各县人，而偏用旧忻属五台、崞县、繁峙三邑之人是已"。第二，阎锡山对县佐治员有一套严格的回避制度，如规定承政员、承审员均回避原籍 400 里，主计员回避原籍 200 里，县视学、宣讲员、收发员均回避本县。参见方扬编《地方自治新论》，教育图书出版社，1947，第 143～148 页。
② 梅壮宇：《考查鄂北各县县政总报告》（1940 年 1 月），湖北档案：LS3-1-637。
③ 《湖北省各县现任县长一览表》（1935 年 10 月），湖北档案：LS1-432。
④ 杨镇：《江西省县长研究》，江西省政府建设厅编印，1939 年 12 月，附表。
⑤ 《湖北省专员县长一览表》，湖北档案：LS2-1-11。
⑥ 顾炎武语，转引自魏秀梅《清代之回避制度》，第 238 页。

根据国民党中央的规定，县党部书记长不仅不要求回避本籍，而且明文规定以本县人担任为原则。由此一来，县党部或由地方士绅所控制，或成为土豪劣绅争权夺利的工具。

战前县长多数回避本县，其流弊不如县党部严重。抗战以后，本县人任本县县长者渐多，流弊亦随之而多。据当时湖北省政府民政厅考察，本县人任本县县长，最大的流弊出自县长与地方士绅的关系。按理，本县人任本县县长，熟悉地方情形，容易推行政令，下情容易上达，而且在父母之邦服务，不敢过于贪污或害民、扰民。但这个时期，基层乡村社会为土豪劣绅所控制，本籍县长出于各种考虑，往往对土豪劣绅过于敷衍妥协，上焉者抱定不开罪巨室的宗旨，下焉者则往往与土豪劣绅沆瀣一气，同流合污。[①] 民国时期土豪劣绅势力的猖獗，地缘回避制度的崩坏亦为导因。

四 薪俸、待遇

县长的薪俸，指国家所给予县长职业的物质报酬。职业地位的高低，一般都是从报酬上表现出来。报酬可分精神的与物质的两种，特权、荣誉等属于前者，薪俸等属于后者。

国民政府时期，县长的薪俸各省规定不一，而且战前战后差距极大。在战前，文官俸给表数度修订。据1933年制定的《暂行文官官等官俸表》及1937年的补充规定，县长的薪俸，按照县等的高低而定，一等县县长自荐任四级（340元）至简任八级（430元），二等县县长自荐任五级（320元）至荐任一级（400元），三等县县长自荐任六级（300元）至荐任二级（380元）。[②]

但是，上述规定各省并未严格执行。其原因主要是各省财政困难。除江苏、广东等富庶省份的县长薪俸与中央所定的标准相差不

---

① 梅壮宇：《考查鄂北各县县政总报告》（1940年1月），湖北档案：LS3－1－637。

② 爱传：《本省公务人员俸给变迁概述》，《江西统计月刊》第3卷第8期，1940年8月。

远外，多数省份的县长月薪，一般在 160 元至 280 元不等。[①] 如湖北 1934 年所定县长俸给表，一等县县长月薪为 240 元，二等县和三等县县长月薪 220 元。[②] 江西县长月薪（1932 年 7 月至 1935 年 6 月间）一等县实支 210 元，二三等县实支 200 元。1935 年 7 月，江西省鉴于中央所定的按县等高低定县长薪俸的做法，仍未脱清代以前旧习陋规所谓"肥缺"、"瘦缺"的遗白，乃改以年功加俸的办法，规定各县县长不论所任县份的等第，一律从荐任九级（240 元）起俸，任满一年进一级，至荐任一级（400 元）止。

这是县长俸给制的一大改革。但未实行多久即废止，仍回复到中央所定的县等薪俸制。1937 年 7～10 月，江西省一、二、三等县县长的月薪分别为 272、256、240 元[③]。

比照战前的生活标准和其他职业的收入情况，战前县长的待遇如何呢？

在战前，各地物价虽有高低，但差距不大。以福建为例，抗战前，一元钱可购买白米 20 市斤左右，或猪肉 3～5 斤。[④] 如战前县长月薪平均以 200～250 元计算，则可买米 4000～5000 斤，或猪肉 800～1000 斤。

再以江西萍乡为例，1937 年上半年，每人每月生活开支约 7.1 元。[⑤] 依此，当时一个三等县长的月薪 240 元，即可维持 33 人的基本生活。

与同时期其他职业的收入相比。1927 年 9 月，中央教育行政委员会公布的《大学教员薪俸表》，规定教授月薪 400～600 元，副教授 260～400 元，讲师 160～260 元，助教 100～160 元。[⑥] 不过

① 栗显运：《新县制的实施》，国民图书出版社，1941，第 9 页。

② 《湖北县政概况》（1），第 2～4 页。

③ 李德培：《江西县长之分析研究》，《地方建设》第 1 卷第 4、5 期合刊。

④ 赖善卿：《蝉声琐墨》，福建松溪印刷厂印，1994，第 73 页。

⑤ 江西萍乡县政府统计室编印《萍乡统计》，（1946 年），第 52 页。

⑥ 《第一次中国教育年鉴》乙编，1934，第 64 页。

这个俸给标准只供各校参考。如以"暂行文官官等官俸表"所定的县长俸给 300～430 元的标准比较，则县长俸给略高于大学副教授。

表 12－8　战前陆军军官薪饷表

单位：元/月

	上将	中将	少将	上校	中校	少校
平时薪饷	800	500	320	240	170	135
国难饷章*	240	200	160	120	100	80

资料来源：何应钦：《军政十五年》，台北，"国防部史政编译局"，1981，第 139～140 页；张瑞德：《抗战时期的国军人事》，第 88～89 页。

*陆军自 1932 年起实施国难饷章。

与陆军军官相比，县长的法定月薪大约相当于少将的平时薪饷，实际月薪则相当于上校的平时薪饷或上将的国难薪饷。

如与农村地主的收入相比，县长的实际年俸，大约相当于四川农村甲等地主年收入的两倍，相当于江苏、浙江、湖南、湖北甲等地主年收入的三倍。

表 12－9　长江流域省份甲等地主的平均年收入（1931 年净收入）

单位：元

省　别	江苏	浙江	湖北	湖南	四川	江西	安徽
年收入	855	819	861	805	1068	495	626

资料来源：冯和法编《中国农村经济资料》（上），黎明书局，1934，第 229～230 页。

说明：甲等地主指拥有土地百亩以上的地主。

从表 12－8、12－9 参照比较中，可以发现战前县长的俸给相当不菲。但是，当时县长中仍有不少人叫喊"待遇菲薄"。分析其原因，主要是认为县长的待遇与其地位和职务不相称。在当时文官群体中，县长的月薪不及中央机关的一名科长，而县长的责任却远在科长之上。① 县长的各种应酬和开销更非中央机关的科长所可比拟。仅以新旧县长交接为例。战前中国县政尚未建立健全的人事和会计制度，仍然承袭中国传统的"承包体制"。一位县长上任、卸任，不仅从科长、秘书到收发、差役全套班底随来随往，而且财政收支也带有承包性质，多者自得，少者自赔。这样一来，每次县长更替交接，都不是一次简单的业务移交和接替，而是一次县政家底总清查，大如全县田赋积谷全部盘量一次，次如城墙、衙署、文庙、公产等，均须一一清查。仅将全县积谷全部盘量一次，往往需时数月。② 县长在任期间不修衙，不置公物，离任时悉扫而去。新县长上任时，甚至连总理遗像和党国旗都要自备带去。③ 由于移交手续太烦琐，动需数月，甚至数年还不能清结。为了办移交，每位县长交卸之后，必须留二三人做善后工作。这二三人因是为县长个人办移交"私事"，其薪金必须由县长自己支付。有的县长甚至不惜重金专聘移交老手代办，以求不赔本钱。④ 由于县长更换频繁，于是办移交成为县长一笔巨大的额外开支。江西有一位县长在职不满两年，计其所得薪金不过 4000 元，而办移交的费用即高达 2000元。⑤ 因此，当时有人认为，如果是一位真正廉洁的县长，绝不贪污，定会因公负债，赔累不堪。⑥ 可事实上，真正因做县长而破产者却少有所闻。

如果说，抗战以前县长的薪俸尚属不菲的话，那么，抗战开始后，随着通货的飞速膨胀，县长的待遇每况愈下。1939 年，江西、湖南、湖北、四川等省县长的月薪仍维持在战前的水平，而同期各

---

① 何伯言：《人事行政之理论与实际》，正中书局，1948，第 85 页。

② 郎德沛：《萍乡统计》，自印本，1945，第 32 页。

③ 徐实圃：《我怎样做县长》，萨孟武等编《行政经验集——民政经验》第 1 集，中央政治学校毕业生指导部编印，1939，第 97 页。

④ 朱博能：《县财政问题》，正中书局，1943，第 144 页。

⑤ 李德培：《江西县长的分析研究》，《地方建设》第 1 卷第 4、5 期合刊。

⑥ 粟显运：《新县制的实施》，第 9 页；曲直生：《平庸集》，台北，台湾商务印书馆，1968，第 192 页。

省物价却比战前增长了50%～200%，水涨而船不高，县长的真实所得大为减少。1940年以后，各地通货膨胀如脱缰野马，各行业人口均受到物价上涨的冲击，其中以军公教人员所受影响最大，而军公教人员中，又以县级公务员和中小学教员的真实所得减少最多。[①]

表12-10 抗战时期长江流域数省县长待遇

单位：元/月

	1939年	1943年	备 注
江西	240～272	320	1943年,除俸薪外,另有生活补助费每月180元,特别办公费月支300元,另发公粮6斗
湖北	200～240	400	1943年,除俸薪外,另有生活补助费每月230元
湖南	220～250	340～380	1943年,除俸薪外,另有生活补助费每月110元,并每月发食米8市斗
四川	180	340	1943年,除俸薪外,另有生活补助费每月260元及食米7斗5升

资料来源：陈柏心：《中国县制改造》，国民图书出版社，1942，第520页；内政部：《各省实施新县制及地方自治成绩报告提要》（民国32年），表3，中国第二历史档案馆：6—3528。

表12-11 抗战时期长江流域数省历年物价指数

	代表城市	1937年6月	1939年	1940年	1941年	1942年
江西	赣州	100	156.4	356.9	845.4	3016.5
湖北	郧阳	100	307.5	583.5	1114.3	3201.6
湖南	衡阳	100	279.8	452.7	1020.4	4588.0
四川	成都	100	182.8	580.9	1525.4	4396.9

资料来源：彭雨新：《县地方财政》，商务印书馆，1945，第19页；《各重要城市零售物价指数》，《中农经济统计》第3卷第1期，1943年1月。

战时物价的不断增涨，导致报酬与职业严重脱节。1942年，县长的薪俸接近于国立大学的一名练习生或国营商业公司的一名

---

① 李树青：《蜕变中的中国社会》，商务印书馆，1947，第267页。

工役所得。在昆明，县长的月薪仅及裁缝匠、洋铁匠、泥水匠、木匠等普通月收入的一半，而洋车夫、理发匠的收入则高出县长 3～4 倍。[1] 这种情形愈往后愈甚。抗战刚结束不久，一位县长申诉道："今日若干报界，但知吹求县长，而不知地方土劣之藉趋自肥，所得何止十百倍于县长。如职在此，自问朝乾夕惕，寝馈未安，所得薪津，加养廉金计算，不如本地中央机关之公役，不若省级机关之雇员，不及县中之教员，不如小学之校长（兼职兼薪）"。[2] 同期，湖北的一位县长也辛酸地说："县长薪津及养廉金共计每月收入不过七万余元，赶不上田粮机关（中央驻县的机关）的科员或法院的录事待遇。县府高级职员最高额每员每月薪津及生补各费总计 17920 元，赶不上省级机关半个差役的待遇"。[3]

战时及战后地方公务员待遇的急剧下降，对于基层政治的影响是显而易见的。当时有人说，县长是"被逼上贪污之路的"。[4] 人非圣贤，要求基层公务员枵腹从公，自无可能，而犹望地方政治能清明健全与有效率，更是痴人说梦。

前面谈到，卸任办移交是县长的一笔额外债累。而事实上，县长真正自己掏腰包来做事者绝无。羊毛出在羊身上，这笔移交费用，县长在未卸任以前，事先得在地方筹措，"再廉洁的人员，他也得用不正常的方法去准备一笔移交费，这里面如果要研究贪污的问题，恐怕全国的官吏，最少百分之九十是犯法的，苦难的是地方人民"。[5] 这个时期，一个县一年换两三任县长是很平常的，因此，一个县便须一年负担两三任县长移交的费用。

---

① 李树青：《蜕变中的中国社会》，第 266～268 页。
② 一吏：《县长的申诉》，《地方行政月刊》第 2 期，1946 年 11 月。
③ 陈恕人：《看看自忠县公教人员的辛酸生活》，《地方行政月刊》第 2 期。
④ 粟显运：《新县制的实施》，第 13 页。
⑤ 刘道本：《论改革中国目前行政之急务》，1948 年 6 月，中国第二历史档案馆：27—635。

另一方面，县长移交不清又成为这个时期的官场通病。据说清代知县和民初知事已有类似情形，而这个时期似有愈演愈烈之势。在四川，1935～1941 年间，移交不清的县长计达 403 人之多，每年平均有 57 人。① 在广东，1925～1936 年，移交不清的县长共有 548 人，每年平均有 49 人。② 也就是说，百分之八九十的卸任县长移交不清。

移交不清，主要表现为这样几种情形：（1）拖欠款项；（2）溢支款项；（3）漏缴税款；（4）漏列收入；（5）支出不正当。③ 简括而言，实际就是贪污挪用公款。以江西为例，1929 年 10 月至 1930 年 11 月，移交不清的卸任县长共有 51 人，总计亏欠公款达 139600 元，其中亏欠 1 万元以上者 7 人，亏欠 1000 元以上 1 万元以下者 21 人，亏欠 1000 元以下者 23 人④。再以江苏为例，据 1935 年底的统计，该省移交未算结的县长 131 人，亏欠公款计 1036225 元；已算结而亏空的县长 64 人，亏欠公款 314563 元。两者共计亏欠公款 1350788 元。⑤

移交不清、亏欠公款之为通病，中间既有制度之弊，亦有人事之弊，从中可以蠡测这个时期中国基层吏治的病候和症结。沿袭和因循中国传统县政的"承包体制"，无疑是阻碍这个时期基层政治向现代转型的一个重要因素。

五　任期与出路

"三年报政，五年有成"。官吏任期的长短，对其治绩影响

---

① 胡次威：《本省民政工作之剖视》，《县政》第 1 卷第 1 期，1942 年 2 月。

② 朱博能：《县财政问题》，第 144 页。

③ 朱博能：《县财政问题》，第 144 页。

④ 《卸任县长欠款一览》，江西《民国日报》1930 年 12 月 13～16 日。

⑤ 李朴生：《行政计划的编造与考核》，《行政效率》第 2 卷第 6 期，1935 年 3 月。

至深。县长是一县独当一面的行政长官，总汇一切要政，要想把一县治理得法，非给以相当时日，宽其任期，否则无法展其抱负。

依照 1933 年《修正县长任用法》的规定，县长任用分代理、试署、实授三种。代理不得逾三个月，试署期间为一年，实授以三年为一任。依法实授的县长，在任期内不得调任，除自请辞职或遇县治合并外，非依公务员惩戒法经付惩戒，或付刑事审判依法应停职或免职者，不得停职或免职。任期届满，成绩优异者，则应连任或升任等级较高之县。依此，可知这个时期在法理上还是强调县长久任。

但统计这个时期县长的实际任期，竟与法定大相出入。

表 12 - 12 长江流域数省县长更动与任期统计（1931、1932 年）

	年度	江苏	浙江	江西	安徽	湖南	湖北	全国平均
本年内县长更动县份占全省所辖县份之百分比（%）	1931	55.7	61.3	37.0		58.7	86.8	54.8
	1932	21.3	37.3	70.3	88.5	68.0	89.7	63.9
本年去职县长每人平均在职天数	1931	384	407	380		414	227	393
	1932	374	486	349	241	442	237	376

资料来源：《内政年鉴》（民国 23 年），第 831～833 页。

说明：1931 年全国平均数出自苏、浙、赣、湘、鄂、鲁、晋、豫、冀、闽、吉、热河、绥远、察哈尔等 14 省；1932 年全国平均数出自苏、浙、皖、赣、湘、鄂、鲁、晋、豫、陕、闽、桂、贵、青、甘、热、察、绥等 18 省。

表 12 - 12 显示，1931、1932 年，全国各省平均县长年更动率分别高达 54.8% 和 63.9%。在长江流域数省中，更动最大的是湖北，分别高达 86.8% 和 89.7%。去职县长的平均任期，全国平均分别为 393 天和 376 天。亦即任期平均仅一年多。在长江流域数省中，县长任期最短的也是湖北，平均任期不足 8 个月。县长任期较长的是湖南和浙江，但也不过十五六个月。那么，这种情形是不是政权建立初期的暂时现象？

表 12 - 13　长江流域数省历年县长更动人数统计

时间	江西	安徽	湖南	四川	湖北	江　苏
1927		44				
1928	127	94				
1929	127	115				
1930	80	90				
1931	62	74				
1932	107	92				
1933	77	58				
1934	73	51				
1935	43	35				1927 ~ 1934 年间，共更动县长 416 人,平均每年更动 59 人。
1936	37	37				
1937	46	62	16			
1938	49	104	68		69	
1939	55	70	49		81	
1940	37		30	93	72	
1941	32		28	61	48	
1942	48		39	66	41	
1943	32			57	37	
1944	50			59		
1945	30					
1946	64					
县数	81 县	62 县	75 县	142 县	70 县	61 县
历年平均县长更动人数与所辖县数的百分比(%)	76.4	114.9	51.1	47.3	82.9	97.4

资料来源：《江西民政统计》（民国 36 年），第 14 页；《安徽省统计年鉴》（民国 28 年），第 119 页；湖南省秘书处：《湘政六年统计》（1942 年），第 8 页；《四川省统计提要》（民国 34 年），第 177 页；《湖北省统计年鉴》（民国 32 年），第 420 页；尚希贤：《增进县行政效率的几个先决问题》，《行政效率》第 2 卷第 7 期，1935 年 4 月。

说明：四川省的县数多次变动，142 县为 1942 ~ 1944 年间的县数。

表 12 – 14　长江流域数省县长任期统计（1926～1944 年）

单位：%

		0.5 年以下	0.5～1 年	1～1.5 年	1.5～2 年	2～2.5 年	2.5～3 年	3～3.5 年	3.5～4 年	4～4.5 年	4.5～5 年	5 年以上
江西	1926～1940	22.2	28.1	19.8	9.0	6.2	4.7	4.7	1.8	1.3	1.3	0.8
	1946	32.9	31.7	7.3	12.2	4.9	4.9	6.1				
江苏	1946	18.1	36.1	24.6	8.2		6.6					6.6
浙江	1946	35.3	36.8	4.4	10.3		8.8	2.9				1.5
湖南	1946	33.3	17.5	30.2	4.8	9.5	1.6	3.2				
四川	1939～1944	51.9		26.3		15.0		4.1		2.4		0.3
平均		57.3		26.2		10.4		3.8		0.8		1.5

资料来源：《内政统计提要》（民国 35 年），表 32，中国第二历史档案馆：6—2798；李德培：《江西县长之分析研究》，《地方建设》第 1 卷第 4、5 期合刊，1941 年；《四川省统计提要》（民国 34 年），第 177 页。

表 12 – 15　安徽省各县县长任数统计（1926～1938 年）

任数	5	6～10	11～15	16～20	22	27	平均任数
县数	1	8	25	26	1	1	14.5

资料来源：《安徽省统计年鉴》（民国 38 年），第 111～123 页。

表 12 – 16　安徽省各县县长任期统计（1926～1938 年）

任期(月)	1～5	6～10	11～15	16～20	21～25	26～30	31～35	36～40	41～45	46～50	51～55
县长数	298	317	121	60	27	18	7	11	4	2	1
%	34.4	36.6	14.4	6.9	3.1	1.7	0.8	1.3	0.5	0.2	0.1

资料来源：《安徽省统计年鉴》（民国 38 年），第 111～123 页。

从表 12 – 13 至表 12 – 16 中，可以发现以下几点。

第一，县长更迭频繁，是贯穿 1920～1940 年代中国各省基层吏治的一大顽症，无论战前，还是战后，始终如此。各省也只是程度略有差异。在安徽，县长年更动率，平均高达 114.9%。也就是说，不少县一年更动多位县长乃属常事。更动最频繁时，一县一年内更换 4 位县长。1927~1939 年 13 年间，安徽省有 42% 的县更换了 16~20 任县长，另有 40% 的县更换了 11~15 任县长。

第二，县长任期，半年以下者约占 1/3，半年至一年者约占 1/3。据江西、江苏、浙江、湖南、四川五省平均计算，县长任期在一年以内者最多，占 57.3%，一年至两年者次之，占 26.2%；二年至三年者占 10.4%。三者合计占 93.9%。也就是说，90% 以上的县长未能干满法定的三年任期。

第三，清代基层地方官不能久任，已为人们所公认。而这个时期县长的任期比清代知县的任期更短（见表 12-17）。清代知府、直隶州知州、散州知州和知县任期在一年以下者所占的比例，分别为 44.4%、46.1%、46.4% 和 49.0%。与清代知县相比，这个时期县长任期在一年以下者所占的比例高出 8.3 个百分点。

表 12-17　知县与县长任期比较

单位：%

	1 年以下	1~2 年	2~3 年	3~4 年	4~5 年	5 年以上
知县（清代）	49.0	18.8	11.0	6.9	4.6	9.8
县长（民国后期）	57.3	26.2	10.4	3.8	0.8	1.5

资料来源：知县任期根据李国祁等著《清代基层地方官人事嬗递现象之量化分析》第 1 册，第 34 页；县长任期同表 12-14。

县长任期短，调动频，其原因何在？从表 12-18 对县长更动原因的统计中或可追寻一二。

第一，省厅长官掌握县长的任免更调大权，每借频繁的更调安插私人。而政治不安定，省厅长官新旧交替之际，更是县长大换班之时。赣、湘、鄂、川四省县长更动原因中，"调省"一项比例最大，平均占 1/3。"调省"，其意十分含糊，既非奖励晋升，亦非惩处罚办，少数调到省府当科秘，多数则被投置闲散。当时有文指出："上级机关长官对下级机关交条子，如盲目的引用亲戚故旧，如

表 12 – 18　长江流域数省县长更动原因统计

	统计年度		调升专员	调任他县	调省	辞职	免职	停职	撤职	殉职	病职	其他
江西	1928～1946	人数	8	210	497	208	98	52	80	11	12	0
		%	0.7	17.9	42.3	17.7	8.3	4.4	6.8	0.9	1.0	0
湖南	1937～1942	人数	0	50	64	30	50	1	33	0	2	0
		%	0	21.7	27.8	13.0	21.7	0.4	14.4	0	0.9	0
湖北	1938～1943	人数	0	72	66	68	21	12	71	0	0	38
		%	0	20.7	19.0	19.5	6.0	3.5	20.4	0	0	10.9
四川	1940～1944	人数	5	121	67	43	41	4	39	2	4	10
		%	1.5	36.0	19.9	12.8	12.2	1.2	11.6	0.6	1.2	3.0
总计		人数	13	453	694	349	210	69	223	13	18	48
		%	0.6	21.7	33.2	16.7	10.0	3.3	10.7	6.2	0.9	2.3

资料来源：《江西民政统计》（民国 36 年），第 14 页；《湘政六年统计》（1942年），第 8 页；《湖北省统计年鉴》（民国 32 年），第 420 页；《四川省统计提要》（民国34 年），第 177 页。

说明：四川省调升专员 5 人中，包括调升市长 1 人；江西省调省 497 人中，含另有任用 29 人。

用‘调省’或‘另候任用’等搔不着痒处的公文牌子无故调换一个县长，种种不合法治的现象不一而足”。①

第二，迫于土豪劣绅的压力。在县长更动原因中，“调任他县”位居第二，平均占 21.7%。“调任”，说明省府对该县长能力并不怀疑，而是迫于地方势力的抵制、抗衡、控告，使县长无法开展工作，省厅只好将其调任他县。调任的理由，大多是由于“人地不宜”。而“人地相宜”与“人地不宜”的背后，隐藏着绅权势力的制约。时人称："所谓‘人地相宜’，不过与少数特殊人民敷衍因循，沆瀣一气，狼狈为奸，同流合污而已。至于廉洁自持，坚行所是，不为彼辈所同者，则群起而攻之，竟于‘人地不宜’之原则下，赍志以去”。② 因此，县长频繁调动，与这个时期地方土豪劣绅势力的嚣张有着紧密联系。

————————

① 粟显运：《新县制的实施》，第 15～16 页。
② 王启华等：《县财政建设》，重庆中央政治学校，1941，第 35～36 页。

　　第三，县长难为，是这个时期基层地方官的共同感受。此点下文将详加探讨。这里仅以县长自动辞职一项所占比例之高，即可概见。在县长更动原因中，"辞职"居第三位，平均占 16.7%，湖北高达 19.5%。

　　第四，在县长更动原因中，免职、停职、撤职三项均与县长作为和政风不佳有关，从统计数字上看，三项合计达 24%。相反，县长因政绩突出而晋升者极少，仅占 0.6%。

　　综而言之，这个时期县长任期短、调动繁，既有县长个人的因素，也有外在环境的因素，但最主要的原因缘自政治不安定，各省政府自掌任免更调大权，任意罢免，任意辟用，令县长多怀五日京兆之心，时作挂冠之想。

　　清代基层地方官不能久任，学者咸认为是造成清代地方政治不良的一大根本原因。自清代嘉庆、道光以后，基层地方官的任期愈来愈短，入民国后更是每况愈下。南京国民政府成立后，不仅未能扭转这一趋势，相反放任蔓延。县长在任尚不足暖席即行离任，30年代初期，河南任期最短的县长上任仅一天即卸任。[①]"十年九牧"成为当时各省各县的普遍现象。在"承包"体制下，县长更调时，所用人员自秘书以至公役，亦随之进退，时人讥之为"革命县府"。[②]

　　县长"轻进轻退"的结果，严重阻碍县政的推动，令积极有为的县长难施展布，不得已而敷衍应付，下焉者则视官府如传舍，贪污腐化伴随而至。统计江西省 1926～1938 年间 820 位去任和在任的县长，发现 81.8% 仅担任过一任县长，另有 13.8% 担任过两任县长，3.2% 担任过三任县长，1% 担任过四任县长，0.2% 担任过五任县长。[③] 也就是说，对绝大多数县长而言，当县长只不过是其人生旅途中一个短暂驻留的驿站。县长职位毫无保障可言，"十

---

① 尚希贤：《增进县行政效率的几个先决问题》，《行政效率》第 2 卷第 7 期。
② 《内政部视察团周中一视察广东民政情形》，中国第二历史档案馆：12—2—1493。
③ 杨镇：《江西省县长研究》，第 1～76 页。

年为官，或不能保一天的失业"，① 何况这个时期当县长者，多数
一年半载而退，少数有门路者或可另谋高就，多数人则前途渺茫，
在这种情况下，怵于来日生活之无着就不免想在最短期间之内，以
不正当的手段，谋取不正当的收入，以求卸任后能维持较长时期的
生活。县长由此被逼上贪污之路。任期短暂无疑是造成这个时期基
层吏治腐败的又一要因。

县长的家庭经济背景，相关资料极少。1939 年，国民党江西省党
部曾对该省 71 位县长做过一次调查。调查结果显示（见表 12 - 19），
江西 71 位县长家庭人口多为 4～6 人，有田亩者仅 16 人。16 人
中，50 亩以下者 10 人，51～300 亩者 6 人。也就是说，县长大多
属于小康之家，大地主和豪门之家极少。

表 12 - 19　江西省县长家庭人口与财产统计（1939 年）

一、家庭人口状况（限直系亲属及配偶）：

家庭人口数	1	2	3	4	5	6	7	8	9	10	11	不详	合计
县长数	2	5	9	13	10	11	4	3	3	2	1	8	71

二、家庭财产状况

（1）田产（单位：亩）

亩　数	1～10	11～50	51～100	101～200	201～300	合计
县长数	3	7	3	2	1	16

（2）不动产（单位：元）

价值	100～500	501～1000	1001～2000	2001～3000	3001～4000	4001～5000	5001～10000	10001～20000	合计
县长数	4	3	4	12	3	4	4	1	35

（3）动产（单位：元）

价值	100～500	501～1000	1001～2001	2001～3000	3001～4000	4001～5000	5001～10000	基少	无	不详	合计
县长数	5	6	5	6	1	0	2	2	43	1	71

注：李德培：《江西县长的分析研究》，《地方建设》第 1 卷第 4、5 期合刊。

① 高一涵：《澄清吏治之途径》，《监察院湖南湖北监察区监察使署 24 年度年刊》，
第 483 页。

六　职责与施政

在帝政时代，知县（习称县令）代表朝廷直接治理百姓，总揽一县的行政、司法、财政、文教诸权，虽然品秩不高，却权势赫赫。对上，县官乃吏治之基，最高统治者必须通过他们来实现对全国百姓的统治，国家财政的大部分也通过他们敛之于民；对下，他们是一县之主，在老百姓眼中，他们是威风凛凛的县太爷，被尊称为"亲民官"、"父母官"，其威权之大，无异为一个小皇帝，"百姓视之，仅下天子一等耳"。

北伐完成，国民党在党治名义下推行"训政"，同时着手基层政制的改革，县长这一角色，无论是职责、权力、地位或形象上，均与传统的"县太爷"迥然有异。在县党部与县政府之间，蒋介石强调县政府的主导地位。对主持一县之政的县长，更是期望殷切，曾称"县长力量可抵一万兵"。[①] 和中国传统县政一样，国民政府在县一级实行具有"承包"色彩的县长负责制。县长一人主持全县政事，"所有政务之设施，员役之督察，积弊之廓清，均丛集于一身"，因而希望县长一方面了解国民党的主义和政策，同时要"自视为公仆，而以民众为主人"，"以期上报党国，下慰民望"。在道德上，希望县长以传统知县的"清、慎、勤"自律；在学识上，又要求赶上时代，具有现代知识学养。

在县长的具体职责上，规定更是巨细靡遗，其中民政31大项，财政28大项，建设48大项，教育17大项，卫生27大项，司法21大项，林林总总计172大项。每一大项中，又分许多小项，如民政类31大项中，细分160小项。[②] 清代乾隆时名臣陈宏谋将知县职

---

① 1932年7月12日蒋介石对湖北县长训词，见《申报》1932年7月14日社评。转引自吕芳上《对训政时期江西县长的一些观察（1926~1940）》，《学术讨论集》第1册，第307页。

② 《国民政府时期湖北省政府秘书处档案》，湖北档案：LS1-2214。

掌罗列近 30 项之多，[①] 已令人叹为观止，若对比国民政府所颁的
《县长须知》，不过是小巫而已。这个时期县政的烦琐与县长职责
之重，已远非传统知县所可比拟。陈宏谋虽然将知县职掌罗列近
30 项，而其中最要者，不过刑名、钱谷两大项，前者指听讼断狱，
后者指征粮纳税。在帝政时代，地方长官每年只要把本地应缴的糟
米钱粮上交，那么他对上面可以说已经尽职。至于听讼断狱，除非
百姓的争端非地方士绅和家族所能了断，而闹到衙门来了，他才去
审判，否则，他也不会多管闲事。至于怎样积极去为人民谋幸福，
如改良农业、普及教育、发展交通等等，都非政府所愿过问之事。
在老百姓方面，在传统农业的简单生活下，亦不觉得有强有力的政
府的必要，若能"仰沾雨露之恩"，安居乐业，于愿已足。他们除
了完粮纳税以外，很少与政府发生关系，甚至不觉得政府的存在。
因此，有西方学者认为中国古代的中央集权专制官僚国家不够有
效，不够成熟，认为是一种"非压制性"的专制国家，并断定正
是这种"非压制性"特征使中国未能成为近代化的摇篮。[②]

国民党执政后，声称要变"无为"为"有为"，改"消极"
为"积极"，大力推进县政建设。在内政部编订的《县长须知》
中，规定县长在民政方面，要接近民众，宣传政令，防治匪患，严
禁烟赌，预防灾害，办理救济，改良恶习，编查户口；在财政方
面，要整理田赋，整顿税收，清查官产，办理公债；在建设方面，
要保护农工，筹办工厂，维持商业，兴修水利，修筑道路。此外，
还要求县长在教育、卫生、司法等方面齐头并举，不可偏废。

事实上，以上所举还只是国民政府所要求县长的"日常功

---

①　陈宏谋：《咨询民情土俗论》，见《清经世文编》卷 16。陈列举有：田赋、地
丁、粮米、田功、粮价、垦殖、物产、仓储、社谷、生计、钱法、杂税、食
盐、街市、桥路、河海、城垣、官署、防兵、坛庙、文风、民俗、乡约、氏
族、命盗、词讼、军流、匪类、邪教等。

②　〔丹麦〕李来福：《非压制性国家和比较历史——明清地方社会试析》，《第二
届明清史国际学术讨论会论文集》，天津人民出版社，1993，第 204～205 页。

课"，而在实际推行过程中，不同省区在不同时期还规定了县长必须举行的各项"要政"。如 1930 年代前期，江西省的县长就必须配合蒋介石的"剿共"战事而兴办 15 项"要政"：编查户口、兴办保甲、组织民团、封锁陷区、构筑工事、开辟公路、架设电话、革除苛杂、编订预算、蠲除田赋、复兴农村、救济金融、办理合作社、积谷调粮、普设民众学校。[①] 1933 年湖北省制订的县长考绩办法中，共列举考绩事项 29 项，内中包括办理妇女放足和改良私塾，[②] 县长职责之庞杂由此可见。

这个时期县长职责的庞杂，从县长名目繁多的兼职中亦可窥其一斑。兼职，本是国民政府时期从中央到地方各级行政长官的普遍现象，而兼职最多的不是中央各部会和省级主管官，而是"百里之侯"的县长。

表 12 – 20　国民党中央委员与国民政府委员兼职统计（1934 年）

职数	23	20	18	16	15	14	13	12	10	9	8	7	6	5	4	3	2	1
人数	1	1	1	3	3	1	2	5	5	4	5	9	9	24	28	23	27	27

资料来源：李朴生：《行政计划的编造与考核》，《行政效率》第 2 卷第 6 期。

表 12 – 21　湖北省各级主管官兼职情况表（1941 年）

职　衔	兼职数	职　衔	兼职数
省政府主席	10	省保卫处长	4
省民政厅长	5	省建设厅长	3
省教育厅长	4	县　　长	25
省财政厅长	13		

资料来源：《国民政府时期湖北省秘书处档案》，湖北档案：LS1 – 1425。

---

① 吕芳上：《对训政时期江西县长的一些观察（1926～1940）》，《中华民国建国八十年学术讨论集》第 1 册，第 318 页。

② 《国民政府时期湖北省政府秘书处档案》，湖北档案：LS1 – 375。

表 12－22　国民政府内政部调查各省县长兼职一览表（1947 年）

县财政整理委员会主任委员	县地籍整理办事处处长
县公有款产管理委员会主任委员	县训练所所长
县自卫总队总队长	县税捐稽征处处长
县司法处检察官	县保安警察大队大队长
县国民义务劳动服务团团长	县标准地价评议委员会主任委员
县田赋粮食管理处处长	县粮食调节委员会主任委员
县水利委员会主任委员	县防护团团长
县禁毒检查团团长	县教育特种基金保管委员会主任委员
县文献委员会主任委员	县贫民食粮供应委员会主任委员
县无线电台台长	县禁烟协会分会会长
县劳资纠纷仲裁委员会主任委员	县肃清烟毒宣传委员会主任委员
县戒烟所所长	县点放委员会主任委员
县长途电话管理处处长	县公职候选人应考资格审查委员会主任委员
县防空监视哨哨长	县在乡军人会会长
县建设委员会主任委员	县仓保管委员会主任委员
县乡镇公所职员甄审委员会主任委员	县征属优待委员会主任委员
县地方自治工作辅导团团长	县救济协会会长

资料来源：《国民政府时期湖北省民政厅档案》，湖北档案：LS3－1－523。

县长兼职繁多，不独湖北一省如此。检阅战时各省县长兼职，浙江 19 种，湖南 24 种，四川 28 种。江西各县情形不一，多者 33 种，一般均在 20 种以上。由于兼职过多，县长本人记忆难为，询以兼职名称，多不能尽数说出，或竟瞠目以对。[1] 在名目繁多的县长兼职中，军事、民政、教育、建设、财政、司法各类皆有。1947 年国民政府内政部调查各省县长兼职的名称，共计 34 种。蒋介石兼职虽多，恐亦未必过之。

西方学者认为，基层地方官职责的扩大，标志着国家权力的扩张和伸展。传统的官—民关系在国家权力的扩张中发生了改变。国家所追求的不再是"政简刑清"，而是要加强对社会生活各个领域

① 李德培：《江西县长之分析研究》。

的干预和控制，加强对社会各种资源的垄断和汲取。官民之间的距离日趋逼近。官民之间直接接触的机会大大增多。老百姓所感受到的国家压力越来越大。"天高皇帝远"的时代已一去不复返，县长职责的增强正是这个时期国家与社会结构变迁的反映。

研究国民党时期的历史，最感棘手的莫过于厘清其制度结构与事实结构之间的差异，否则结论与实际情形很可能南辕北辙。就这个时期县长的职责而言，其法定职责与具体施政之间亦存有较大差距。吕芳上教授对战前江西县长研究发现，每个阶段县长受奖惩的主要原因反映出各个时期县长实际施政的重心所在。[①] 南京国民政府成立后，中央将田赋划归各省支配，因此，善于征税的县长格外能引起各省省政当局的垂青。由于清查田亩与征收田赋紧密相连，故清查田亩也成为战前一些省份考核县长的重点。清查田亩和征收田赋反映出国家政权力图提高其对社会资源和财富的汲取能力。此外，调查户口，办理保甲，协力"剿匪"，是战前长江中游数省县政的又一重点，反映出国家政权力图加强其对基层社会的渗透和控制。

抗战爆发后，军事动员成为县政的要务。如1942年湖北省制订的县长考绩表中，粮政（征实、征购）和役政（兵役、工役）成为县长考成的重点。[②] 检阅战时及战后湖北、江西和四川三省县长受奖惩的原因，不外民政、财政和军事三项，合占县长受奖惩原因的80%以上。其中，民政一项因包罗万象，涉及户政、地政、保甲、地方自治、禁烟、吏治等诸多方面，故其所占比例大。而财政和军事则集中在田赋粮政和兵役夫役上。通俗而言，前者表现为要钱要粮，后者表现为要人要命。可以说，1927～1949年的22年间，拉兵夫要钱粮是县长的两大职责，如同刑名钱谷是过去知县的

---

① 吕芳上：《对训政时期江西县长的一些观察（1926～1940）》，《中华民国建国八十年学术讨论集》。

② 《湖北省县长考绩表》，湖北档案：LS1 – 1125。

两大职责一样。其时，有县长戏称自己是政府伸出的两只扒手，"替上级扒人、扒粮"，本身几无独立的人格。①

表 12 - 23　川鄂赣三省县长奖惩原因分类统计

单位：人

		民政	财政	教育	建设	军事	司法	其他	统计年度
湖北	奖励	48	15	2	9	203	0	5	1938～1945；1948
	惩戒	146	86	0	0	64	11	16	
	合计	194	101	2	9	267	11	21	
四川	奖励	7	49	0	10	125	0	3	1938.1～1939.6
	惩戒	74	72	0	3	117	15	2	
	合计	81	121	0	13	242	15	5	
江西	奖励	111	260	103	35	81	0	48	1938；1943～1946
	惩戒	303	170	39	46	71	16	31	
	合计	414	430	142	81	152	16	79	
合计	奖励	166	324	105	54	409	0	56	
	惩戒	523	328	39	49	252	42	49	
	合计	689	652	144	103	661	42	105	

资料来源：《四川省民政统计》（民国 28 年），第 25～26 页；《江西民政统计》（1947 年），第 15 页；李德培：《江西县长之分析研究》，《地方建设》第 1 卷第 4、5 期；湖北省秘书处：《抗战期间湖北概况统计》（1940 年 3 月），湖北档案：A2.14—10；湖北省秘书处：《湖北省各县县长奖惩登记表》（1940～1945、1948 年），湖北档案：LS1 - 1940。

从战时及战后县长受奖惩原因中，与军事、财政形成鲜明对照的是，教育和建设所占的比例微不足道。它充分表明教育与建设不是这个时期县长考成和奖惩的重点所在，自然也不是县长职责的重点。

依据 1939 年国民政府公布的《县各级组织纲要》的规定，县政府应具有双重任务：一是"受省政府之监督办理全县自治事项"；一是"受省政府之指挥执行中央及省委办事项"。与之相随，

---

① 《安乡示范县政纪实》，第 201 页。

县长也具有两重身份，前者为县地方自治的执政长官，后者则为国家的低级行政官吏。从法理上言，县长一方面行使地方自治职权时，应对县民负责；另一方面当其执行中央及省委办事项时，又要对中央及省负责。由此观之，县长似乎处在国家与社会的交接点上，介乎官民之间，扮演着一身而二任的双重角色。

然而，从晚清以至民国终结，地方自治在中国从未真正实行过。地方自治执行长官的名义，对县长不过是一顶空衔。国家政权假托自治的名义向基层社会层层逼进，由县而区，而区而乡，而乡而保甲，将国家官僚机构和准官僚机构一直修筑到每家门口。县长的实际职责是执行中央和省纷至沓来的委办事项。而有关民生的教育和建设被排挤到县政的边缘。在对民生的关注上，国民党政权甚至不如历代封建王朝。据李国祁教授对清代基层地方官升调降革与治绩关系的量化分析显示，影响知县升调和降革的治绩因素中，除钱粮外，吏治、文教和刑名三者所占的比例几乎相当。[①] 基层地方官对文教的重视，对清代文教的发达产生了相当的影响。民国时期，中国乡村教育的急剧衰败，有论者归之于科举制度的停废，实则基层地方官职责重心的转换亦是造成民国乡村教育衰败的一个重要因素。

对比县长和知县的两大职责，可以发现其共同点在"钱谷"，而不同点在"刑名"。北京政府时代，县知事仍和前清知县一样兼掌行政、司法大权。南京政府成立后，即着手将司法从县长职责中分离出来，成立县级地方法院专理司法。据1939年底统计，全国已有325县成立了地方法院，另有854县设有过渡性的司法处，司法处设审判官1~2人，独立行使审判事务，县长兼理司法处的检察职务。[②] 从政治近代化的角度观之，司法从行政中独立出来，是基层政权建设中的一大进步。然而，在县官兼理司法时代，由于操

---

① 李国祁等：《清代基层地方官人事嬗递现象之量化分析》第 1 册，第 47~48 页。

② 司法院：《司法年鉴》，商务印书馆，1941，第 82~83 页。

有劝善惩恶之权，县官威信易于确立，政令也易于推行。自司法独立以后，"县长一方面丧失了劝惩的工具，得不到人民的父母之爱，而另一方面凡关于筹集经费增加人民负担的命令，又都要他负责去执行，于是县长变成了民间怨恨的对象，信仰日低，威信日减，行政权力不易发挥"。①

在传统社会，贤良的县官之所以常常被老百姓称作"青天"，就是因为他能通过手中的法律武器，明是非，剖曲直，锄豪强，安良懦，使善者从风而向化，恶者革面而洗心。据李国祁教授的研究，清代基层地方官在刑名方面的治绩，以锄奸除暴最多，断案听讼尚在其次。② 很显然，自司法独立后，县长失去了锄奸除暴的工具。这个时期基层社会豪强凌势、强者称雄局面的形成，除了传统士绅衰亡，新知识分子城市化以及回避制度的崩坏等因素外，司法权从县长手中的脱离也是一个不容忽视的因素。从这个时期县长与地方豪强势力抗衡的大量事例中，县长一方常常显得软弱无力，要么妥协退让，要么与之沆瀣一气，否则回天乏力。更具讽意的是，地方豪强有时反过来在法律的幌子下攻击县长。1939 年 8 月，在湖北省召开的县长会议上，全体县长提议："地方法院检察官对于县长动辄提起公诉，任意票传，致损县长威信，影响政令，拟请设法救济"。提案称："查县长为推行全县政令之主管事务官，必须具有充分之威信始能推行尽利。值此非常时期处置一切紧急事件，不得不从权处理，以期达到任务，因此对于平时一切法令或难免稍有抵触"，地方豪强往往以此为借口，向法院控告。法院则对县长任意票传。"此种情形在其他民治国家原无关系，惟我国民智浅薄，一闻县长被传，遂相率轻视，甚至引起莠民攻讦，影响所及，小则政令不能推行，大则人民将因县长之关系而不信仰政府矣"。③

① 《浙江地方政治之回顾与前瞻》，《浙江民政》第 5 卷第 1 期，1935 年 3 月。
② 李国祁等：《清代基层地方官人事嬗递现象之量化分析》第 1 册，第 48 页。
③ 《湖北省县长会议纪录》（1939 年），湖北档案：LS1 - 889。

县长竟由传统的"青天"角色沦落为请求"青天"保护的可怜角色，由此不难窥见基层地方官在从传统向近代转型过程中所遭遇的困境。时人称：县长"奉令应办之事是与日俱增，而其应享之法定的权力是与日俱减；其对人民的聚敛之恶是与日俱增，而人民方面的父母之爱又是与日俱减"。① 正是在这种增增减减中，县长的职责与地位均远非昔比了。

七　省权膨胀下的县长角色

从常理而言，县长是一县的行政长官，一切政令发于其口，一切处治决乎其意，做县长即使没有传统"县太爷"威风，也当是一个十分具有权威力的角色。然而，检阅这个时期有关县政的大量原始资料，发现无论是当事人的自述，还是局外人的观察，咸认这个时期的县长是全国公务员中最难做的官。有一位县长曾满怀酸楚地写道：

> 提到"县政"二字，我的眼泪便要随笔而下了。一般高级大员，动辄说，县级以下人员无法无天，把地方弄糟了。我做了一年县长，便饱尝了许多说不出的苦味。我要替许多埋头苦干的县级以下工作同志伸冤！我写这篇文章的主要动机，就是要替他们伸冤呀！②

县长做得要流泪，要伸冤的程度，县长之难为，可以想见！

县长既如此难为，是不得不进一步寻绎其难为的原因。那位声称要伸冤的县长曾约略地提到外在环境的压力是这个时期县长难为的一个重要因素：

① 《浙江地方政治之回顾与前瞻》，《浙江民政》第 5 卷第 1 期。
② 《安乡示范县政纪实》，第 190 页。

　　　　上有撤职查办的逆麟，下有反对控诉的威力，中有左推右
　　拉的团体，外有旁敲侧击的份子，如此上下左右层层榨压之下，
　　有谁能一显身手，表现工夫？于是人人存着五日京兆之心，个
　　个抱着和尚撞钟之志，这样下去，中国政治何日得见青天？①

　　这位县长的自诉，表明这个时期的县长置身于上下左右多重权力的
夹缝之中。从各国政制的历史和现状观察，虽然风貌各异，但就其
组织形态而言，大体皆呈蜂腰式。所谓蜂腰式，就是一端为庞大有
力的中央政府；一端为充实健全的地方自治组织。至于中央与地方
之间，或则没有中间层级，或纵有之，亦不过代表中央监督地方。
中央政府的作用在于统筹全国，发号施令，且有其直接办理的国家
事务，故其组织规模庞大繁复；地方自治组织的作用，则在于实际
办理地方事务，或执行中央委办的国家事务，故其组织亦需要充实
与健全。至若中间组织的作用，主要在于传承与联络。

　　考诸南京政府的政治体制，在法理上也规定为蜂腰式。根据
《建国大纲》第18条的规定："县为自治之单位，省立于中央与县
之间，以收联络之效"。依此，省不过是中央与地方之间的联络组
织。但事实不然。自晚清以来，中央权威日趋衰落，地方主义甚嚣
尘上。直至南京政府时期，中央对省的控制力仍十分有限。"省对
中央，惟恐受其控治，省权惟恐不大；反之，省对于地方，则控制
惟恐其不周，县市权惟恐其不小"。② 以至于当时一般人民对于省
的观念，强于对国家的观念，甚至有人认为，中国人只认识省而不
认识国家。③ 这皆由于省权的过度膨胀所致。

　　当时有学者将中国的政治形态比喻为橄榄形。橄榄的形状是两
头小，中间大。"讲法令，省的单行法令有许多是超出中央法制之

---

　　① 《安乡示范县政纪实》，第190页。
　　② 黄伦：《地方行政论》，正中书局，1942，第44页。
　　③ 《安乡示范县政纪实》，第185页。

外的；讲人才，人才大都集中在省，各县感到非常缺乏；讲财政，财政大部分用之于省府一级，抗战后中央的财力更差，县区也贫乏得可怜；讲建设，一切人力财力，工业农业均由省府直接来办理"①。

中国的田赋，自古以来就是国家的税收。从清末开始，地方督抚开始截留朝廷税收。北京政府时代各省大小军阀更是自收自用。南京政府成立后，鉴于一时难以将田赋收归中央，干脆承认田赋归各省收管。蒋介石后来分析田赋划归地方所引起的后果时指出："田赋划归地方，使人民只向地方政府完粮纳税，这就无异将国家整个的土地与人民，完全与国家脱离关系，使人民只知有地方，而没有国家的观念"。② 直至 1941 年，国民政府才最终将田赋收归中央。于是，表现在省县行政经费上，是省极庞大而县极贫乏。

表 12 – 24　省县行政经费比较

单位：元

省　　份	年　　度	省行政经费	县行政经费	县与省比较（%）
浙　江	1932	1309692	13704	1.05
湖　北	1933	1119000	12600	1.12
安　徽	1933	1010000	15700	1.46
江　西	1933	813000	13800	1.69

资料来源：高亨庸：《县政机构之改造》，正中书局，1941，第 67 页；尚希贤：《增进县行政效率的几个先决问题》，《行政效率》第 2 卷第 7 期。

比较省县两级官僚组织规模，亦呈现出极度悬殊状态。在二三十年代，一个省政府公务员人数，少则四五百，多则逾千；而一个县政府少仅十余人，多亦不过二三十人。③ 县公务员人数只相当于省公务员人数的百分之二三。1940 年代推行"新县制"，县组织规模扩大一

① 朱代杰：《新湖北建设计划大纲的诠释》，湖北省政府编印《湖北省 30 年度党政军工作总检讨大会汇编》，1942，第 103 页。
② 蒋介石：《建立国家财政经济的基础及推行粮食与土地政策之决心》（1941 年 6 月），湖北地方行政干部训练团编印《实施土地陈报参考资料》，1942。
③ 高亨庸：《县政机构之改造》，正中书局，1941，第 110 页。

倍以上，而与此同时，省组织规模增长更快。以湖北、四川两省为例。1945 年，四川省各县政府职员平均为 66 人，而省政府职员多达 5536 人；1946 年，湖北省各县政府职员平均为 65 人，而省政府职员多达 5035 人。[①] 县公务员人数仅及省公务员人数的百分之一二。

在清代，县衙门的正式官吏虽然很少，但非正式的幕友、吏役总计每县多至百十人甚至几百人。据清同治年间河南《内乡通考》记载，内乡县设知县、典史、教谕、巡检各一员，其他杂役如门子、禁卒、轿夫、民壮共 109 人，外加医学、阴阳学等杂职官，以及六房书吏、师爷等编外人员，总计内乡县衙内的实际"工作人员"有 140 余人。[②] 与河南内乡相比，四川巴县县衙吏役人数更为惊人。光绪二十七年（1901），巴县县衙各房书役 229 名，粮捕两班散役 649 名，两者共计 878 名。清廷下令裁汰书吏，前者留 100 名，后者留 400 名，"其余概行裁革"。[③] 清代县衙吏役之多于此可见一斑。南京政府成立后，县衙吏役虽未完全裁革，但人数大减，县组织规模亦随之缩小。在 1930 年代，县政府人员编制一般为：县长 1 人，秘书 1 人，科长 2～4 人，科员 6～10 人，此外设有督学、技士各 1～2 人，事务员、书记若干人 。这些都是县政府的正式公务员。除此之外，每县设有政务警察、勤杂人员，人数多寡不等。1940 年代，县府编制扩充，少者设三四科，多则设七八科。尽管如此，若以这个时期县政事务的庞杂和繁重来衡量，县政府组织并不十分充实。

清人云："万事胚胎，皆由州县"，是说州县在清代政权体制中作为基层政权，是一切政事的开始。国民政府时期，县以下虽设有区、乡、保、甲，而县乃"国之雏形"的格局仍无改变。相反，

① 四川省政府统计处编印《四川省统计提要》（民国 34 年），第 163、173 页；《国民政府时期湖北省政府统计处档案》，湖北档案：LS2 - 1 - 55。
② 刘鹏九：《中国古代县官制度初探》，《史学月刊》1992 年第 6 期。
③ 王笛：《跨出封闭的世界——长江上游区域社会研究（1644～1911）》，中华书局，1993，第 385 页。

县介于国、省和乡、保之间，国事、省事、县事、乡事、保事，均总汇于县府。县府之事又丛集于县长一身。"治事之官多，则国治；治官之官多，则国乱"。国民政府时期，所患正是治官之官太多，治事之官太少，如同宝塔倒置。上层机构的过于庞大与下层机构的过于空虚、简陋，形成鲜明的对比。

由于上层"治官之官"太多，下层"治事之官"所感受的压力太大。一位曾经做过 7 年县长而升任为专员的人，在谈到他 7 年从政的感想时写道："七年中最使人感到痛苦的，就是上司太多，往往以十分之八的力量应付人事"。[①] 作为低级行政官吏的县长，接受上级机关的指挥和监督，本是其职责和义务。考诸县以上行政层级，清代地方区划为省、道、府、县 4 级（有人认为道不能目为正式政区，故又有省、府、县 3 级之说），民国建立后，改为省、道、县 3 级。南京国民政府时期将道一级取消，成为省、县两级制。1930 年代中期以后，在省、县之间，设置行政督察专员公署，但不是正式的一级政区。依此，清代以后中国的地方政制日趋简化。按理，县以上的层级越简化，县长的上司越少，其自主权越大，但事实不然，国民政府时期对县指挥监督的上级机关之多，远非昔比。据黄炎培《蜀南写真》所载，在四川，县政府之上的管辖指挥机关多达 37 个。[②] 这种情形不独四川一省如此，各省只是略有差异而已。如 1940 年统计，湖南省直接间接指挥监督县政府的政治、军事机关有 33 个（如表 12 - 25 所示）。湖北省直接间接指挥监督县政府的各种上级机关也有 31 个。[③] 有人将这个时期的县长形象地比做一个数代同堂的大家庭中的小媳妇，不仅上有公婆，而且公婆之上有太公太婆，公婆之旁有叔公叔婆。[④]

---

① 《甘肃省 31 年全省行政会议汇刊》，第 169 页。
② 转引自刘千俊《整饬吏治经验谈》，1941 年 1 月 17 日《新湖北日报》。
③ 湖北省政府民政厅编印《湖北民政统计》（民国 30 年度），第 28 页。
④ 余井塘《谈用人——专谈我民政厅长任内的经验》，《行政经验集——民政经验》第 1 集，第 31 页。

表 12 - 25　湖南省指挥监督县政府之政治军事机关一览（1940 年）

直接指挥机关	间接指挥机关
省政府秘书处	中国国民党省党部
省民政厅	两湖监察区监察使署
省财政厅	铨叙部湘粤桂铨叙分处
省教育厅	审计部湖南省审计处
省建设厅	禁烟督察区湖南分处
省保安处	省高等法院
省会计处	省新生活运动促进会
省振济会	战区水陆联运处
省禁烟委员会	战区购粮委员会
省水利委员会	战区军法执行监
省动员委员会	战区经济委员会
省合作事业委员会	战区四江封锁委员会
省防空司令部	战区荣誉军人管理处
省警备司令部	战区粮食管理处
师团区司令部	
战区长官司令部	
战地党政委员会	
粤汉铁路警备司令部	
行政专员公署	

资料来源：《29 年度湖南省民政统计》，第 26 页。

　　观表 12 - 25，可知县政府直接的上级机关主要为省政府各厅处。按理，省政府是一个整体，何以将省政府各厅处分别列为监督指挥县政府的独立机关？要弄清这个问题，必须明了国民政府时期省行政制度的特征。

　　众所周知，我国历代高级地方政府一直采取长官独任制，而国民政府时期实行的省政府组织形式却为委员合议制。依据 1931 年公布的《修正省政府组织法》，省政府设委员 7～11 人，同为简任职。省政府主席和各厅厅长均由国民政府从省政府委员中任命。从法律上而言，省主席与各厅厅长地位并无轩轾。在这种情况下，各厅另立门户，与省主席分庭抗礼。省主席每每难于指挥监督。对省主席而言，真正属于自己的"领地"的，只有省政府秘书处。[①] 这样，一个省政府被分割成多个独立性的单位，而不是一个完整的有机体。"各厅处并肩而立，各成系统，各固范围，各私财用，凡属甲厅主管之事件，率不喜乙厅过问，而事涉两厅以上者，又往往迁延不决，权则互争，过则互诿"。[②] 各厅不仅对内自决自行，对外亦自操发号施令之权。各厅之间复各行其是。往往同一事件，各厅主张不一，办法互异。流弊所及，县政府深感政出多门，无所适从。[③]

省政府各厅处又因各有其主管政务，无不希望其主管政务向下推行，于是各订有限期完成的"要政"下达于县。例如，在战前的某一时期内，一个县政府同时接到建设厅要求浚河筑路，民政厅要求切实办理积谷，财政厅要求清追田赋，教育厅要求举办社会教育，保安司令部要求训练壮丁，专员公署要求编组保卫团等命令。总之各上级机关在同一时期内，各种限以时日而且又不易举办的事件，会接二连三地饬县遵办，是极寻常的事。而县政府论人力，总共不过二三十人；论财力，每月行政经费千余元，仅够职员薪给，"其经费的有限，人才的有限，要想'百废俱兴'，无异令'挟泰山而超北海'，真有'非不为也，势不能也'之慨！"。[④] 曾任豫鄂皖"剿匪"总司令部秘书长的杨永泰曾说："县政府最感痛苦的事情，就是上级机关太多。同是一件互有关连的事，这个厅令这样办，那个厅令又叫那样办……弄得无所适从"。[⑤] 甚至在甲机关认为有过应予惩戒，在乙机关反认为有功应行奖励的事情，也不少见。县长深感"数姑之间难为嫂"，只好各方面都敷衍塞责完事。[⑥]

前面谈到，有人将国民党时期的中央—省—县三者之间的关系

① 抗战爆发后，各省政府主席权力逐渐增大，委员制日趋有名无实，但各厅各自为政的格局仍无改变。
② 张金鉴：《均权主义与地方制度》，正中书局，1948，第166页。
③ 张富康：《中国地方政府》，新昌印书馆，1947年再版，第37页。
④ 王天择：《论提高县政效率》，《行政研究》第2卷第7期，1937年7月。
⑤ 程方：《中国县政概论》，第32页。
⑥ 黄伦：《地方行政论》，第115页。

比喻为橄榄形。也就是说，省介于中央和县之间，得到畸形的发展。省权过于膨胀，其结果，对上难免分庭抗礼，对下则唯恐控制不严。在帝政时代，"天高皇帝远"，县官在一县之内发号施令，尚有许多便宜行事之权。到南京国民政府时期，县长在省政府各厅处的严密统制下，几乎毫无伸展手脚的余地。这个时期所有的地方兴革，均由省方发动，县完全处于被动地位，鲜能自己负起责任，自动计划县政改革或建设事宜。县政府于行使职权之先，必须呈省鉴核，而很少有自由裁量之权①。

　　按规定，县可自行制订单行法规，而事实上各县的单行法规很少，大多由省政府制定，令县遵行。② 县长受各种法令限制，不但对施政方略无最后决定之权，即处置例常及意外公事，亦常为法令束缚。正如一位县长所申诉的，"事件之急，刻不容缓，不加处置，贻误堪虞；处置之，倘无法令依据，日后即无法交待"。③ 在省政府的严密控制下，县长如同一个小媳妇，"事无巨细，都得请命而行，毫不容有权衡审计自由伸缩的余地"，④ 其结果，不仅减削了县长自动奋进的锐气与积极振刷的朝气，而且使县政完全陷入消极因应的境地。省对于县自行创办的事业，"不曰无例可援，即曰无案可稽，径自批驳，省对于县的拘束太大"，⑤ 即使想干一番事业的县长也被拘束得无所作为了。"有责无权"是这个时期县长的典型写照。有一位县长不禁慨乎言之道："县长其人者，上面期之若圣人，驱之若牛马，防之若盗贼之人也"。⑥ 这虽为牢骚怨诉之辞，确亦为如绘如画之语，生动地刻画出了这个时期基层地方官的群体角色。

　　综核名实，赏罚严明，本是人事管理的基本原则。民国时期吏

---

① 朱博能：《县财政问题》，第 7 页；高亨庸：《县政机构之改造》，第 17 页。
② 程方：《中国县政概论》，第 31 页。
③ 一吏：《县长的申诉》，《地方行政月刊》第 2 期。
④ 浙江省民政厅：《浙江地方政治之回顾与前瞻》，《浙江民政》第 5 卷第 1 期。
⑤ 《甘肃省 31 年全省行政会议汇刊》，第 36 页。
⑥ 余井塘：《谈用人——专谈我民政厅长任内的经验》，《行政经验集——民政经验》第 1 集，第 31 页。

治腐败，论者有谓缺乏公正严明的奖惩制度乃要因之一。蒋介石曾在一次军事会议上指出："现在一般部队长为了讨好部下，大多数都是有赏无罚。行赏的时候，上级官长又恐部下争功，对他不满，因此采取均分主义……至于部下犯了过失，则不但自己不敢加以处分，就是上级知道了，要执行处分，部队长亦必千方百计为之庇护"①。

检阅这个时期的县长奖惩情形，似与蒋介石所谈部队赏罚情形不相一致。国民政府对县长的奖惩很重视，1928 年，内政部专门制定了《县长奖惩条例》，次年行政院又核准颁布了《修正县长奖惩条例》。各个省还分别制定了各种考成、奖惩条例来考核县长。事实上，如同任免、更调一样，县长的考成、奖惩权操之于各省省政当局之手。"各省办理县长考绩，每由各主管厅处，各自为政，徒重形式，无联贯之精神，于是县长无处不受苛求，遂为丛过之府，无论办理县政，平日有如何优良成绩，偶以某项考成，不能符合某一机关订颁之特种考成标准，即须予以严重遣罚。人存五日京兆之心，事有百端丛脞之弊，年来县政不能立上轨道，此其重要症结"。②

考绩繁，奖惩滥，是这个时期县长难为的又一因素。以江西为例，战前该省有关县长的考核条例，至少有 6 种之多，考核条例内容之琐细以及相互间之分歧，简直到了令县长无所适从的程度。江西省共有 83 县，而 1938 年该省县长竟有 161 人次受到各种惩戒。③也就是说，平均每位县长一年内有两次受到惩戒的机会。惩戒原因多达 29 种，而惩戒方法，更有记过、申诫、申斥、罚俸、免职等多种形式。这种情形不独江西一省如此。1938 年，四川省 135 县，受惩戒县长为 159 人次，惩戒原因多达 47 种，内如"境内电线被窃"、"县内有暴徒参加扰乱"、"境内有人民偷种鸦片"、"测候所旬报未报"、"奉委日久尚在省城宴客"、"节录府令及状文擅改法定代理二

① 蒋介石：《国军如何才能完成剿匪救民的任务》，转引自张瑞德《抗战时期的国军人事》，第 84～85 页。
② 《行政院关于县长考成的训令》（1936 年 3 月），湖北档案：LS1－375。
③ 李德培：《江西县长之分析研究》，《地方建设》第 1 卷第 4、5 期合刊。

字"、"调处案件未经呈请办法"、"表报不实"等，堪称琐细之大观。受惩最多者达五次。惩处方法多达 13 种。[①] 在如此琐细、严密的惩戒下，作县长者希图规避惩戒，实非易事。总之，凡举办一事，县长即多得一次受惩的机会。相比之下，县长受奖的机会却少得多。综合江西、河南、湖南、湖北和四川五省县长奖惩统计显示，奖惩比率约为 3∶7。受惩的机会高出受奖机会一倍以上。这固然说明这个时期县长政绩不佳，但县长受上级主管机关苛求过甚，则毋庸置疑。

表 12 – 26　五省县长奖惩统计

单位：人

	年度	奖　类						惩　类							奖惩之比
		嘉奖	记功	记大功	晋级	其他	小计	申诫	记过	记大过	减俸	撤职	其他	小计	
江西	1929~1930	103	13				116	55	120	39		10		224	34.1∶65.9
	1938~1940	103	101				204	206	202		51	2		461	30.7∶69.3
河南	1931~1935	53	47	16			116	378	214	125		32		749	13.4∶86.6
湖南	1937~1942	129	93	25	22		269	252	133	41		24		450	37.4∶62.6
湖北	1938~1943	48	19				67	65	77			16	67	225	22.9∶77.1
四川	1938~1944	625	379	184	6	41	1235	1572	703	222	20	69	2	2588	32.3∶67.7
合计（%）		52.8	32.4	11.2	1.4	2	100	53.8	30.9	9.1	1.9	4.3	0.04	100	30.0∶70.0

资料来源：河南省秘书处：《河南省政府五年来施政统计》（1935 年），第 11 页；《四川省统计提要》（民国 34 年），第 178~179 页；《湘政六年统计》（1942 年），第 6 页；《湖北省统计年鉴》（民国 32 年），第 421 页；李德培：《江西县长之分析研究》，《地方建设》第 1 卷第 4、5 期合刊；吕芳上：《对训政时期江西县长的一些观察》，《中华民国建国八十年学术讨论集》第 1 册，第 332 页。

说明：撤职项中含免职、停职。

---

① 四川省民政厅：《四川省民政统计》（1939 年 12 月），第 23~27 页。

八　双重结构下的县长角色

黄仁宇在《万历十五年》一书中，将中国传统社会晚期的结构，比喻为"潜水艇夹肉面包"，上面是一块长面包，大而无当，此乃文官集团；下面也是一块长面包，缺乏有效的组织，此乃成千上万的农民。[1] 过去政府与民间的联系，纯靠科举制度做主。1905年科举制度停废，上层机构与下层机构完全脱节。国民党执政后，虽然创造了一个新的上层机构，却未能建立一个健全的低层机构。国民党政权乃成为上下两个极不一致的机构的组合体：上层是由一批受过良好现代教育的文官群体组成的领导层；下层却是被精英遗弃，而由一批土豪劣绅、地痞流氓所控制的基层组织。在此，先将国民党政权上层结构的社会构成作一个简要的量化分析。由此将更加清晰地看出这个时期基层地方官所面临的困境和基层政治的症结所在。

表 12-27　国民政府中央公务员教育程度统计（1935 年）

	总计	一般教育				军警教育			特种教育	其他及未详
		高等教育		中等教育	初等教育	高等教育	中等教育	初等教育		
		国外	国内							
选任	47	14	5			10			9	9
特任	88	26	2			8			11	41
简任	925	324	254	28		132	2		44	141
荐任	1678	383	639	202		261	11	2	102	78
委任	5566	284	1788	2261	16	355	106	63	420	273
聘任	862	214	373	43		1			34	197
合计	9166	1245	3061	2534	16	767	119	65	620	739

资料来源：《铨叙部统计年报》（1941 年），《国民政府铨叙部档案》，中国第二历史档案馆：27—785。

---

[1]　黄仁宇：《万历十五年》，中华书局，1982，第264页。

　　1935 年的统计资料显示，南京国民政府全体中央公务员中受过国外高等教育者占 13.6％，受过国内高等教育者（含军警高等教育）占 41.8％，两者合计占 55.4％。也就是说，在中央公务员中一半以上受过国内外高等教育。再从官阶来看，中央选任、特任和简任官中，受过国外高等教育者占 34.3％，受过国内高等教育者占 38.8％，两者合计占 73.1％，中央荐任官中，受过国外高等教育者占 22.8％，受过国内高等教育者占 53.6％，两者合计占 76.4％。由此可知，在国民党中央选任、特任、简任和荐任公务员中，有 70％以上受过国内外高等教育。①

　　1927～1949 年间，国民政府先后更替了 13 届内阁。13 届内阁阁员（包括行政院正副院长，各部部长）除去复任者外，共计 109 人。其中国外留学出身者 62 人，占 56.9％。② 再据 1942 年的统计，国民党中央委员共 219 人，其中国外留学出身者 89 人，占 40.6％。③ 1948 年出版的《中国当代名人传》中，共收录 198 名国民党党政军显要人物，其中留学出身者 88 人，占 44.4％。在留学出身者中留美者 34 人，留欧者 22 人，留日者 32 人。④ 国民党政权上层机构中，留学出身者之多，以至于当时人们"眼见中国的政治完全操在一班留学生的手里"，而发出"今日之域中，竟是留学

---

　　① 南京国民政府的官等分特任、简任、荐任、委任四等，乃沿袭北京政府时代的官等法。而北京政府时代的官等法又是从日本直抄而来（日本文官向分亲任、敕任、奏任、判任四等）。选任、聘任本不在正式官等之列。国民党时期，五院正副院长及国民政府委员由国民党中央选任，称选任官；聘任即聘请任命，一般为名誉职位。特任是由政府主席特别任命的高级官员，如国民政府文官长、主计长、五院各部部长、各委员会委员长等。简任包括中央各部次长、各委员会副委员长、各省政府主席、厅长和省政府委员等。荐任包括中央机关的部分科长、科员、省机关的科长、县长等。委任多为各级机关科员。参见钱端升《论官等官俸》，《钱端升学术论著自选集》，北京师范学院出版社，1991，第 503～514 页；徐矛：《中华民国政治制度史》，上海人民出版社，1992，第 276～277 页。
　　② 参见拙著《中国留学生的历史轨迹：1872～1949》，湖北教育出版社，1992，第 214 页。
　　③ 《国民党中央党部档案》，中国第二历史档案馆：7—4—104。
　　④ 参见拙著《中国留学生的历史轨迹：1872～1949》，第 214 页。

生之天下"的感叹。① 国外有学者更夸张地说，中国共产党对国民党的革命，是革留美学生的命，② 因为留美学生在国民党政权中有独领风骚之势。

再看这个时期的省级领导层。根据国民政府任命命令的统计，1927～1949 年，全国各省先后共有 253 人次出任省主席，其中军人为 190 人次，占总数的 75%。③ 民国地方政治败坏，论者多归罪于军人主政。不过，这个时期在国民党能有效控制的省份，省级政治体制在法理上为委员合议制。即使在抗战以后，省主席的权力逐渐提高，但仍不能忽视各厅厅长在省政运作中所起的作用。而这个时期各省厅级领导群体的素质并不差。以湖南省为例，1926～1937 年间，前后计有 23 人担任厅长。23 人中，留学出身者 14 人，占60% 以上。④ 这种情形并非湖南一省独有。在担任过各省厅长的人员中，可以举出一大批专家学者的名字：任鸿隽（1928～1931 年任川省教育厅长）、卢作孚（1935～1937 年任川省建设厅长）、周诒春（1939～1945 年任贵省财政厅长）、朱经农（1932～1943 年任湘省教育厅长）、贾士毅（1933～1938 年任鄂省财政厅长）、王世杰（1927～28 任鄂省教育厅长）等。⑤ 除厅级长官外，省级其他佐治与幕僚人员亦具有相当良好的素质。以湖北为例，1943 年，该省省属各机关主要人员（科长以上）137 人的学历统计，留学国外受过高等教育者占 10.2%，国内大学毕业者占 43.8%，国内专科毕业者占24.8%，军校毕业者占 9.5%，中学毕业者占 1.5%，其他 10.2%。⑥

---

① 《安乡示范县政纪实》，第 176 页。
② 胡秋原：《评介〈五四运动史〉》，《五四与中国》，台北，时报文化出版公司，1990，第 250 页。
③ 徐矛：《中华民国政治制度史》，第 389 页。
④ 张朋园：《湖南政局演变与人事递嬗》，《抗战前十年国家建设史研讨会论文集》，台北，中研院近代史研究所，1984，第 177～178 页。
⑤ 刘国铭主编《中华民国国民政府军政职官人物志》，春秋出版社，1989，第259、261、267、275、276 页。
⑥ 《湖北省统计年鉴》（民国 32 年度），第 331～342 页。

国民党上层文官群体的整体学历之高，大出吾人想象。按理，有如此高学历的精英群体主政，国民党政权不应该只维持 22 年。这其中自有各种复杂的因素，但从政权建设的角度而言，国民党只建立了一个比较具有现代色彩的上层机构，而未能构筑一个相应的下层实体，即便最好的决策和理念也无法付诸实施。而县长正好处于两个极不相称的上下机构的夹缝之中。中央和省的各种法令、规章、计划、决议频频向县下达，而县政府无论人才、经费都极其有限，县以下的区乡保甲更是有名无实。县长即使有心承上，也无力启下。

研究国民党执政时期的历史，有一个最大的感受，便是法令多、决议多，而且这些法令很堂皇，很现代。这自然与参与决策的上层文官群体分不开。他们中不少曾留学国外，仰慕西化，亦迫切想使中国早日成为现代法治国家，故将西方各类典章法规大量引入。据 1940 年代的法律专家估计，当时中国的各种法令规章总计约有 2.8 万种之多。① 国民党时期抓丁拉夫最为人诟病，然而国民党中央颁布的兵役法令多达 130 余种，如将与兵役有关的法令一起计算，更多至 300 余种。② 诸如优待军属、实行"三平"原则等，法令规定得非常详细具体。再如"新县制"，1939 年，国民政府为推行"新县制"，专门成立了一个县政计划委员会，由 36 名委员组成，并聘任 177 名专家学者为专门委员。经过这些委员两年多的努力，制定法规及方案共计 90 余种。③

但"徒法不能自行"。诸多的法规大都要通过基层政治组织付诸实施。这个时期，县长如同置身于"法网"之中，动辄违法。曾任江苏省民政厅厅长的余井塘声称："做现在中国县长的人，恐怕衮衮诸公之中，竟找不出一个没有犯过法的人来。"之所以如此，就是因为法令太多，"从国府所颁布的，各院部所令行的，乃

① 《安乡示范县政纪实》，第 180 页。
② 刘千俊：《鄂政纪要》，军政部印刷所，1946，第 57～60 页。
③ 胡次威：《民国县制史》，大东书局，1948，第 132 页。

至省府所单行的，各式各样的法令规章；从平时中央及地方所施行的，乃至到战时中央及地方所增加的各色各样的法令规章；其数目究有多少，其内容究竟如何，究有多少懂得明明白白？"余井塘断言，恐怕不但未谙法律的县长不能弄得清清楚楚，甚至立法院里的专家学者亦未必能通晓。他提议主管县长的省厅要适当宽容，如果一味地以法绳人，则做县长的难得一个不遭拿办，其严重性，小则撤职，大则坐监或送命。[①]

考诸实际，余井塘之言，并非过甚其词。据统计，1931~1946年间，全国文武百官被弹劾的共计 2678 人，其中以普通行政人员被弹劾最多，占总数的 46%，普通行政人员中，县长又占了 2/3。[②] 另据国民党中央公务员惩戒委员会历年惩戒人员统计，1932~1939年间，全国被惩戒的公务员共计 1009 人，其中县长占了 394 人，占被惩戒总数的 39%（见表 12-28）。

表 12-28　国民党中央公务员惩戒委员会惩戒统计（1932~1939 年）

	免职并停止任用	降级或改叙	减俸	记过	书面申戒	合计
总计	287	209	287	169	57	1009
县长	89	107	130	56	12	394

资料来源：《司法年鉴》，商务印书馆，1941，第 319~325 页。

"法令如牛毛"，已令县长如束如缚，动弹不得，而法令的纷乱和"朝令夕改"更使县长无所适从。首先，这个时期，国民党中央各院会部和各省政府均有制定单行法规之权，于是法出多门，缺乏统一精神和共同依据，以致"公法与私法、母法与子法、实体法与程序法、法律与命令、命令与命令，相互矛盾冲突"。[③] 其

① 余井塘：《谈用人——专谈我民政厅长任内的经验》，《行政经验集——民政经验》第 1 集，第 31 页。
② 行政院新闻局编印《监察制度的运用》，1947，第 3~4 页。
③ 刘千俊：《鄂政纪要》，第 57~60 页。

次，法令变动不居，"有政策不变而制度变者，有制度不变而法令变者，有甫经公布而旋即修改或废止者"。①

再次，法令过于僵化。一国之内，省与省之间的差异固大；而一省之内，县与县也往往相差悬殊。这个时期，中央或省所颁布的各种法令往往缺乏弹性。蒋介石在中央训练团的一次演讲中提到这样一件事：某省通令各县成立水上警察队，有一县呈复以境内无水行舟，似无成立水上警察队的必要。而省厅却批复曰："事关通案，所请碍难照准"。② 在这种情形下，县政府徘徊于"遵之不可，违之未能"的两难之间。遵办，就得负疚而害民；不办，又违功令而受罚。如此纷歧矛盾的结果，遂使县长中的庸懦者，茫无头绪，终日惶惶；狡黠者遇事敷衍，因循塞责。

1930 年代初期，全国上下最盛行的一句顺口溜，就是"会而不议，议而不决，决而不行，行而不通"。③ 1940 年代，一位国民党党义教员深有感触地说，他所担任的《党的宣言及决议案》这门课程，总共有四大厚册之多，"我从头至尾看了一遍，我只有私自太息，那些决议案有几件付诸实施呵！……只要其中有一小部分付诸实施，中国早已得救了"。④ 今天重新检讨国民党史，深感当年那位党义教员的朴实之言堪称的论。如果仅依据法令、决议来研究国民党史，定会认为国民党执政时期的中国已是一个具有相当现代色彩的法治国家。然而，国民党政权是一个由上下两个极不一致的机体组成的"夹层面包"。带有现代色彩的上层文官整天忙于制订各种法令、计划和决议，不管下层有无承接实施的能力，其结果，"层层推转，步步变质"，或者是"中央向省政府一仰，省政府向县政府一仰，县政府向乡公所一仰，乡公所向保办公处一仰，

① 刘千俊：《鄂政纪要》，第 57～60 页。
② 《安乡示范县政纪实》，第 180 页。
③ 《安乡示范县政纪实》，第 180 页。
④ 《安乡示范县政纪实》，第 180 页。

保无可仰，便置之字纸篓"。① 故当时保长戏称其办公处为"仰止堂"，"仰止堂"者，并非"高山仰止"之意，而是"仰即遵照办理"的公文层层下达，最后下到保办公处，保办公处无法再"仰"。

一方面基层政权空虚，另一方面上层官僚群体对基层社会情形相当隔膜，所制定的法规政策往往与基层社会情形格格不入，基层无法推行。一位县长深有感触地说："坐在沙发上摇笔杆的人，不知道坐在土块上的人有无接受决议案的能力。地方政府如此脆弱，有无执行决议案的办法？因此有许多地方工作的人，最怕上级太'努力'，他们一努力我们便吃力，吃力不讨好，大家不得了"。② 坐在沙发上的人的"努力"与坐在土块上的人的"吃力"，正是国民党政权上下脱节的绝佳范例。

1930 年代，湖北省县长中流行"三少三多"的说法。"三少"指属员少、经费少、任期少（短）；"三多"即长官多、法令多、表册多。③"表册多"所带来的困境又是国民党政权上下脱节的另一重要表征。统计本是现代国家实施科学决策和管理的重要基础，早为西方国家所采用。大约从 1930 年代初开始，统计之风东渐，不仅社会学者纷纷运用统计方法来研究中国国情，上层文官亦开始热衷于统计，以使中国成为一个"能在数目字上管理的国家"。1931 年，国民政府成立主计处，1933 年，行政院颁行《地方行政机关统计组织暂行规程》，自此，中央各院部和地方各省大兴统计之风，各类统计刊物纷纷出版。

据 1937 年的不完全统计，全国 24 省市（东北除外）政府编辑出版的统计刊物总计多达 224 种。每省市平均在 9 种以上，最多的省市超过 30 种。④ 据调查者称，各省统计刊物的实际数量还要

① 《创刊词》，《地方行政》第 1 期，1946 年 7 月；《安乡示范县政纪实》，第 178 页。
② 《安乡示范县政纪实》，第 182 页。
③ 《监察委员周利生视察湖北省政治报告》，湖北档案：LS1－3－2237。
④ 行政院统计室：《各省市政府之统计刊物》，《行政研究》第 2 卷第 6 期，1937 年 6 月。

多。由行政机关出版如此繁多的统计刊物，不仅在中国历史上前所未有，即使在时下中国恐亦未必过之。这么多的统计刊物，必须有大量的统计资料来源。行政机关所赖以调查者，仅凭一纸公文和一张表格下达到县，着县长查报。

以江苏为例，1934 年，江苏各县政府奉令查填的各项表格多达 271 种。① 调查的内容几乎无所不包，如内政部饬填的名胜古迹调查、中西药房调查、仓储粮食调查；实业部饬填的工人失业调查、劳资纠纷调查；省党部饬填的各业供奉神祇及各庙神名历史调查；省政府饬填的县政府每月工作报告等。表格的设计大多繁细，如果没有一批具有相当专门知识与技能的人进行实地调查，这些表格完全无法填造。而县政府机构简陋，不可能具有这方面的专门人才。在上级机关的严厉督责下，县长不胜向壁虚造之苦。一些县长声称：“县府最感困难者即为临表涕泣。”② 当时有人将县政府的行政工作归纳为四件事：填报表册、呈转公文、出席会议、应付地方。③ 前三件，主要应付上层文官群体，后一件指应付地方豪强势力。

县长置身于上层文官群体与地方豪强势力的夹缝之中，上穷下拙，左右为难。上者以国家强权相压，下者以社会“民意”相抗。对上应付不当，动辄撤职查办；对下稍有不慎，反对控告随至。当时县长自称要用十分之八的时间和精力应付上下人事。由于上层结构与下层结构的巨大反差，县长在这双层结构的“磨合”下，几无独立意识和自主人格可言。县长及其佐治人员成天忙于填报表册，呈转公文。县政只有表面而无实际，只有形式而无内容，只有消极因应的功能，而无积极振刷的气象。因此，这个时期的县级基层政治，在很大程度上仍是中国传统胥吏政治形态的延续和发展，而非近代政治的过渡和转型。

---

① 姚定尘：《江苏各县文书改革之建议》，《行政效率》第 2 卷第 6 期。
② 《湖北县政概况》（3），第 613 页；《新县政研究》，第 251 页。
③ 尚希贤：《增进县行政效率的几个先决问题》，《行政效率》第 2 卷第 7 期。

第十三章

区乡保甲：
县衙与村庄之间的政治

人们普遍地认识到，在国民党执掌中国政权的 22 年间，它能毫不含糊地控制的只是很有限的几个省，主要是长江流域数省，其他省区不过名义上奉国民党"正朔"而已。有人统计，1929 年 3 月，国民党政权仅控制了 8% 的国土和 20% 的人口。经过几年的南征北伐，到抗战前夕，控制地区扩大到 25%，控制人口扩大到 66%。①这里想进一步探讨的是，在那些已被公认是国民党政权能够有效行使统治职能的省区，其对该地区的垂直渗透和纵向扩张已达到何种程度？这种渗透和扩张对乡村社会和国家政权自身各自产生了什么样的影响？

论者咸谓帝制时代中国官僚机构末梢是县级衙门。县官是封建官僚系统中最低一级的"朝廷命官"。但这并不意味着县以下基层社会完全处于"天高皇帝远"的权力真空状态。一方面，基层社会本身在地缘、血缘的基础上不可避免地衍生出一些权力，另一方面，历代统治者亦竭力将其触角延伸到社会底层，建立各种非正式的基层政治组织。这些非正式的基层政治组织在各个朝代名称不同，层级有异，其组织功能"或重于教，或重于刑，或重于兵役，或重于捕盗，或重于户口，或重于课赋，或重

---

① 易劳逸：《流产的革命》，陈红民等译，中国青年出版社，1992，第 331 页。

于诘奸，或重于劝农，综其目的之所归宿，要皆在于谋安定社会
之一端"。① 由于这些基层组织的负责人不是正式的官员，也不享
受官员的待遇，所以只能称为准政权组织或附属政权组织。也由于
这些基层组织不是正式的政权机构，在历代推行过程中，其实际的
运转与兴衰情形非常复杂。以清代为例，清初推行的是治安用的保
甲制和征赋用的里甲制，雍乾以后，保甲逐渐取代里甲而集赋税征
收、社会治安与人口编查等职能于一体。② 到 20 世纪初，清政府
推行"新政"，延续数百年的保甲制度被废除。保甲制度废除后，
清末民初的县以下乡级基层组织处于复杂多变和纷乱无序状态。这
种状态一直延续到国民党政权建立以后。

一　假托自治

在国民党执政的 22 年间，县以下的基层政权组织，依其演变
轨迹，大体上可分为三个阶段：第一阶段：假托自治（1927～
1934）；第二阶段：重建保甲（1934～1939）；第三阶段："新县
制"（1939～1949）。

1928 年 9 月，南京国民政府第一次公布《县组织法》，规定县
以下的组织依次为区→村（里）→闾→邻四级。1929 年 6 月，国
民政府又公布了一个《重订县组织法》，将村里改为乡镇，县以下
仍分为四级：区→乡（镇）→闾→邻。具体规定为五户为邻，五邻
为闾，百户以上的村庄为乡，百户以上的街市为镇，乡镇户数最高
不得超过 1000。10～50 个乡镇组成一区，每县划分为 5～10 个区。

但以上只是中央政府的法定形式，各省实际执行的情况则纷歧不
一。以浙江为例，1928～1934 年间，区以下先是街村制，后改村里制，
复改乡村制，再变为乡镇制。在江苏，其情形亦复杂多变。如 1929 年

---

① 闻钧天：《中国保甲制度》，商务印书馆，1935，第 1 页。
② 孙海泉：《论清代从里甲到保甲的演变》，《中国史研究》1994 年第 2 期。

9 月，江苏一度仿山西举办村制，县以下依次为区—村—间—乡。①
在湖南，则一省之内，县与县之间亦互不相同。1930 年，该省 75 县
至少有 31 种不同名目的基层组织。县以下少则 1 级，多者 5 级。

表 13 - 1　湖南省县以下行政组织一览（1930 年）

级　数	层级名称	代表县
一　级	县→区	湘潭县
	县→镇	耒阳县
	县→乡	桂东县
	县→乡、镇	宁乡县
	县→里	绥宁县
二　级	县→区→甲	石门县
	县→区→里	靖　县
	县→区→支团	辰溪县
	县→区→段	东安县
	县→区→团	鄞　县
	县→区→乡	平江县
	县→区→镇	浏阳县
	县→区→境、社	醴陵县
	县→区→都、坊	湘乡县
	县→字团→区	衡山县
	县→镇→区	永兴县
	县→乡→区	常宁县
	县→乡、镇→团	零陵县
	县→乡、区→团	永明县
	县→乡→团	蓝山县
	县→保→甲	沅江县
三　级	县→乡、镇→区→团	长沙县
	县→区→村→甲	安仁县
	县→团→乡→村	宜章县
	县→镇→区→团	安化县
	县→乡→保→甲	古丈县
	县→区→保→甲	泸溪县
	县→区→里→村	黔阳县
	县→路→区→保	临澧县
四　级	县→区→保→甲→庙	邵阳县
五　级	县→乡、镇→区→团→保→甲	衡阳县

资料来源：湖南省政府秘书处编《民国 19 年湖南省政治年鉴》，第 465～834 页。

① 张益明：《南京国民党政权的乡村机构演变之特点》，《南京大学学报》1987 年第 1 期。

根据国民政府颁布的有关法规，这个时期的县以下组织为自治式的组织。区设区公所，为区自治的执行机关；设区长一人，管理区自治事务；区长由区民大会选任，任期一年；区公所为自治法人，在不抵触中央和省县法令范围内可制定公约。区级自治组织还包括区监察委员会、区调解委员会和区民大会等。地方自治，本为孙中山所极力倡导。南京国民政府建立后，继续高举自治大旗，先后制定了各类自治法规。据 1932 年蒋介石称，现行自治法规达 40 种以上，条文共 597 条，各省颁行的自治单行规程和实施细则尚不在内。① 按照国民党中央所制定的实施自治的具体计划，在 1934 年底以前应完成县自治。但事实上，这个时期的地方自治与晚清地方自治如出一辙，徒托自治之名而已。区民大会、乡镇民大会以及闾邻居民会议没有一地真正举行过，区及乡镇的监察委员会也有名无实。即使在国民党能控制的长江中下游数省，县以下组织也"徒具形式，毫无内容"，② 名称紊乱不一，人选更是杂滥。区以下的乡镇闾邻组织松懈，有名无实。

因此，这个时期国民党政权的垂直渗透尚停留在县衙一级。"一切政令逮县之后，即等于具文，无法推进"。③ 一县之大，"仅恃一端拱县城之县长"治理，县长政令甚至难出县衙门。1933 年，行政院农村复兴委员会派调查人员到浙江、江苏等农村调查，在浙江东阳县，调查人员向县府询问该县经济社会情形，而县长以"县府中人素不下乡，故情形并不熟悉"相答。④ 因县长及其佐治人员来自外地，语言不通，平时足不出县衙。这种情形在当时并非特例。在江苏常熟，区长大都居在城里，一个月之中，偶尔去区公所走几转。⑤ 当时江苏、浙江两省在基层政权建设方面尚属"首善

① 黄伦：《地方行政论》，第 136 页。
② 高亨庸：《县政机构之改进》，正中书局，1941，第 42～43 页。
③ 高亨庸：《县政机构之改进》，第 42～43 页。
④ 行政院农村复兴委员会编《浙江省农村调查》，商务印书馆，1934，第 235 页。
⑤ 《江苏省农村调查》，第 81 页。

之区"，湖南、湖北、江西、安徽等省之县以下组织更加空虚。这个时期，共产党的红色政权之所以能够存在和发展，国民党基层政权的空虚也是一个重要前提条件。

二 重建保甲

第二个阶段，县以下基层组织做了两大调整：一是将自治名义下的区公所改设为正式的官僚行政机构；二是将松散无实的闾邻体制废止，改行保甲制度。其目的都是要强化和扩大对县以下基层乡村社会的统治能力，意欲改变以往基层组织的"软化"状态。

保甲制度作为基层农村政治组织，在中国有着漫长的历史，其雏形可追溯到北宋以前，明清两代进一步完备。清末民初一度废止。保甲制度在1930年代的重建，肇始于1932年，初行于鄂豫皖赣等"剿匪"省份，1934年通令在全国推行。故保甲制度的复兴，是1930年代国共军事对峙的产物。蒋介石深感自己的对手共产党远非一般军阀可比，收买、分化或拜把结盟等用来对付军阀的一套，不能用来对付共产党。由于共产党以农村为依托，蒋介石的军事优势亦不能有效地发挥。正是在这种情况下，蒋介石返而求诸封建时代推行已久的保甲制度，意欲利用严密的"军事部勒"的方式控制广大农村社会，使共产党在农村无立足之地，从而一举而歼灭之。

在重建保甲制度的同时，南京国民政府还对地方政制进行了两项改革：一是在省与县之间建立行政督察专员制度；二是在县以下设立区署，将正式官僚行政机构下沉一个层级，规定区署为国家官治机关，而非地方自治机关；区长为国家正式公务员，并须回避本籍。区长任期三年，薪俸支委任七级至委任四级。[1] 这是中国几千

---

[1] 《剿匪省分各县分区设署办法大纲》，《湖北第一次全省行政会议汇编》（1935年3月），第54页。

年来首次在县以下建立正式的行政层级。

和保甲制度一样，分区设署和行政督察专员制度均是先行之于"剿匪"省区，而后逐渐推向全国的。在 1927～1949 年间，国民党政府的许多政治举措都是与共产党战略互动的产物。

对于保甲制度的法理形态，以往政治制度史论著多有介绍，兹不赘述。这里更多地关注这一制度的实际运作情形。

如同国民党政府时期的其他诸多现象一样，保甲制度的法理形态与事实结构之间亦存在较大差距。首先，从保甲的组织系统来看，按其相关法令条例规定，应为县→区→保→甲→户。十户为甲，十甲为保，甲设甲长，保设保长。五保以上的大乡镇设保长联合办公处（简称"联保"），设联保主任一人。联保办公处是保与保之间的联络机关，而非保之上级机关，联保主任亦无指挥保长之权。但事实上，联保逐渐成为保的上级机关，其组织系统实际变为县→区→联保→保→甲→户。

不仅如此，各省在实际推行过程中，其县以下的组织名称和层级数亦纷繁互异，有的一省一制，有的一省多制。在长江流域各省，县之下，保甲之上，有的设区、乡镇或区、联保，有的只设区，区之下为保甲，也有的不设区，县以下为乡镇。在 1939 年推行"新县制"以前，即使在南京国民政府直辖下的长江流域各省，也未能建立一个完整统一的乡村基层政权组织。至于长江流域以外各省，其基层政制之纷歧则更明显。如河北省各县多为县→乡镇→闾→邻制，山东为县→乡镇→村制，山西为县→区→村里→闾→邻制，广西为县→区→乡镇→村街→甲制。[①] 由于这些省区只是名义上奉国民党"正朔"，县以下基层政权组织自成一体，保甲制度在这些省区并未真正推行。

即使在已经呈报建立了保甲制度的长江流域各省，其实施的真实性亦颇值得怀疑。湖北省是举办保甲最早的省区之一，而湖北省

---

① 胡次威：《民国县制史》，第 114～115 页。

表 13 - 2　长江流域数省县以下组织系统表（1934～1939 年）

省　份	县以下组织系统
江苏	县→区→乡镇→保→甲→户
浙江、湖南	(1)县→区→乡镇→保→甲→户；(2)县→乡镇→保→甲→户
江西、四川	县→区→联保→保→甲→户
湖北、安徽	(1)县→区→联保→保→甲→户；(2)县→区→保→甲→户

　　资料来源：胡次威：《民国县制史》，1948，第 114～115 页；高亨庸：《县政机构之改进》，第 58～62 页。

　　内又号称以谷城县的保甲办得最快、最好，曾受到过湖北省政府的嘉奖。而事实却是这么回事：谷城县长刚刚奉委尚未赴任时，就接到要赶办保甲的命令，他就让随行秘书在武昌一家旅馆里编造保甲册子，编好后直接呈报省政府。[①] 据说谷城县长的做法在当时并非特例。湖北其他各县与谷城县的区别，仅在于谷城县长是直接在省城旅馆里编造，而其他各县是在县衙里编造，后者因公文往返费时，不如谷城县长之迅捷。据湖北省县政研究会于 1937 年 1 月编写的《改进湖北政治意见》一文称：

　　　　湖北办保甲多年，人力财力不知耗费至若干万，结果多数县份，不免落于空疏虚伪，有的是以虚文应付上峰，以邀奖励；有的是以虚文责成属下，以造成绩……湖北对于连坐法，从来亦没有行过一次，而保甲长每月每日，闭门造车应付此项手续，则未尝停息，结果仅有堆积如山之纸片，与事实不生影响。[②]

　　湖北如此，其他各省亦大同小异。据称在湖南，办理保甲近三载时，各县保甲成绩殊少表现，干部不健全，精神殊形散漫。[③] 在

① 《湖北第一次全省行政会议汇编》（1935 年 3 月），第 14 页。
② 《改进湖北政治意见》（1937 年 1 月），第 6～7 页。
③ 《江苏保甲半月刊》第 1 卷第 23 期，1935 年 12 月。

安徽，1936 年保甲抽查结果显示，"率多仅具形式，未收实效"，保甲规约、联保连坐等均未举办。① 在江苏，首都南京市郊的燕子矶区直到 1937 年时，"不过仅仅有一个大体而已，即以门牌一项而论，尚有少数未能如法整理完善，其内容更不易谈"。② 在广东，直到 1939 年，"保甲两级仅有其名，既无确实之户口数字，亦无实际负责之人，他如连坐切结、保甲规约、户口门牌异动登记更无论矣"。③ 故此，当时保甲专家闻钧天总结说："各省奉行保甲，成绩卓著者少，成绩不良者多；条拟虚文者多，循实遵行者少"。④

蒋介石放弃孙中山所倡导的地方自治招牌，恢复中国传统的保甲制度，其目的在"严密民众组织，完成剿匪清乡工作"。保甲制度的最大特色，在其"以兵法部伍其民"的强制性和严密性。这也正是蒋介石垂青保甲制度的要因。保甲制度在中国经过数千年的递嬗，其形式和内容各代不尽相同，但其军事部勒的组织"精义"始终未变：以保统甲，以甲统户，以户统人，层层节制，联保连坐，彼此负连带责任。这一"精义"完全被国民党政府的保甲法规所吸收。但是，在实际推行过程中，保甲制度的形式和内容都发生了不同程度的蜕变。

保甲的两大要素——清查户口、联保连坐，在实施过程中几乎很少真正执行过。户口本是保甲编制的基础，但国民党政府推行保甲制度十数年，直至其政权崩溃前夕，仍无法确知其统治下的实际人口数，"不仅全国的普查及户籍人事登记未曾做到，即一省一县的调查与登记也很少举办，保甲户口法令凌乱复杂"。⑤ 1940 年，四川省民政厅长胡次威称："本省自 24 年（1935 年）实行保甲制

① 闻钧天：《中国保甲制度》，第 405 页、第 428 页。
② 《南京市自治事务处档案》，转引自张益民《南京国民党政权的乡村机构演变之特点》，《南京大学学报》1987 年第 1 期。
③ 《内政部观察团周中一视察广东民政情形》，中国第二历史档案馆：12—2—1493。
④ 闻钧天：《中国保甲制度》，第 405、428 页。
⑤ 方扬：《地方自治新论》，第 541 页。

度以来，曾先后清查户口四次，考其实际，大都虚应故事，不实不尽，迄至现在为止，各县户口究有若干？男女几何？壮丁几何？学龄儿童及在学儿龄之实数如何？全部人口之婚姻状况及职业状况何以？大率恍惚迷离，或实或虚。"① 1942 年，甘肃省民政厅长亦称："本省各县的户口，查过好几次了，到底还是不清。"战后曾任湖北省主席的万耀煌也回忆说："复员之初，我向各县长询问所属人口，总无确实答案"。② 1947 年，南京国民政府决定拟于"民国 39年"，也就是 1950 年举办全国第一次人口大普查。③ 这一计划自然也落了空

除清查户口外，联保连坐是保甲制度的精髓所在，也是保甲制度最遭人诟病的一环，然而，当时各省在推行保甲制度的过程中，真正执行联保连坐者极少。前面已谈到，在推行保甲制度最早的"剿匪"省份湖北省，连坐法从来没有实行过。同样，在四川，据1944 年的材料显示，"联保连坐，迄未实行"。④ 1947 年，方扬在《地方自治新论》一书中也谈道："联保连坐确是不好，但实在说起来，也并没有做到这一点。能够做到这一点，在战时间谍汉奸也不会那样活跃。"⑤

但是，保甲的固有职能没有很好发挥，并不意味着保甲形同虚设。各省在推行保甲的过程中，逐渐将保甲改变为地方不可或缺的行政基层组织。如浙江省《整理保甲计划大纲》明白规定："确定保甲为地方下层政治机构，使一切政令及自治事项，均循此机构以入民间，藉收臂使指助之效"。⑥ 这样，保甲逐渐由一个单一的社会控制工具演变为全能的行政基层组织。尤其是抗战全面爆发后，

---

① 《四川民政厅长胡次威巡视各县报告》（1940 年 9 月），中国第二历史档案馆：12—6—7680。

② 《万耀煌先生访问纪录》，台北中研院近代史研究所，1993，第 438 页。

③ 方扬：《地方自治新论》，第 542 页。

④ 蒋旨昂：《战时的乡村社区政治》，商务印书馆，1946，第 112 页。

⑤ 方扬：《地方自治新论》，第 521 页。

⑥ 高亨庸：《县政机构之改造》，第 49 页。

举凡征兵、征工、征粮、征税等人力物力的动员和汲取，莫不凭借保甲这一管道。保甲的职能在法理上以社会控制为主，实际上则转变为以社会汲取为主。

三 "新县制"

所谓"新县制"，是指1939年9月19日国民政府行政院公布《县各级组织纲要》以后推行的一种县级地方行政制度。因为不同于以前的旧县制，故称为"新县制"。

与旧县制相比，"新县制"主要有以下几点特色。

第一，基层政权的重心放置在乡镇，区变为县的辅助机关，保甲变为乡镇内部的编制。基层政权的层级结构在法理上呈现为县→（区）→乡镇→（保）→（甲）。区、保、甲由实级变为虚级。确立以乡镇为县以下的基本单位，由过去县以下的多级制改为乡镇一级制。区不再作为一级行政或自治组织，区署的主要任务是"代表县政府督导各乡镇办理各项行政及自治事务"。

第二，重新标榜地方自治。在国民党执政初期，一度以地方自治相标榜，既附会了孙中山的地方自治遗教，又适应了政权初建时期难以对基层社会进行有力控制的客观形势。随后，出于"剿共""三分军事，七分政治"的迫切需要，在保甲制度下，一度放弃地方自治的旗号。抗战爆发后，保甲制度遭到社会各界的诟病，国民党乃重新拾起"地方自治"的招牌，声称"纳保甲于自治之中"。不仅规定"县为地方自治单位"，"县为法人"，也规定"乡镇为法人"。同时在县以下设置各级民意机关，县设县参议会，乡镇设乡镇民代表大会，保设保民大会，甲设户长会议，必要时举行甲居民会议，乡镇长、保甲长实行民选。从法理上讲，县以下的基层组织结构已由过去自上而下的单轨制改变为自上而下与自下而上并行的双轨制。

第三，管教养卫合一。蒋介石把"新县制"归纳为"管教养卫"四大职能，管：编查户口，健全机构；教：设立学校，训练民众；养：确定地价，开荒造产，整理财政，开辟交通，推行合作，实施救恤；卫：办理警卫，推行卫生。为了将"管教养卫"同时并举，在人事上，规定乡镇长、乡镇中心学校校长及乡镇壮丁队队长由一人兼任，保长、保国民学校校长与保壮丁队队长由一人兼任；在区划上，规定县以下行政区域与教育、警察、卫生、合作、税征等区域合一。这种在"管教养卫"一元化原则下，把行政组织、军事组织、教育组织三位一体，是"新县制"制度结构的一个重要特质。

撇开"新县制"的制度结构，进而考察其实际形态，不难发现，"新县制"的实质仍然是一种假托自治下的官治。与旧县制相比，"新县制"不但没有改变官治性质，反而助长了官治的趋势。这主要表现在两个方面。

一是县以下行政层级在实际运作过程中仍然是区→乡镇→保→甲多级制，并没有真正简化为乡镇一级制。区一级有的仍设区署，有的则裁区署，改设指导区，每个指导区设一名指导员督导各乡镇公所办理政务。与旧县制时期唯一不同的是，过去各省县以下组织杂乱无章，名称不一，层级有异，现在在"新县制"下划一起来。"新县制"施行以后，全国各省才有统一遵行的地方基层组织。它标志着国民党政府政治控制能力的增强。

二是国家政权机构进一步下沉至乡保。在战前，国家政权机构只下沉到区一级。乡镇（或联保）保甲虽已承担部分国家行政事务，但其人员与经费均极有限。乡镇（或联保）一级，除乡镇长（或联保主任）一人外，通常仅有书记一名，保丁一名。保甲二级则分别只设保长与甲长。按规定，乡镇保甲长均是义务职，没有报酬，保甲经费每保每月通常只有二至五元，向保甲内居民征集，主要用于保甲长纸张笔墨等开支，因此，战前的乡镇（联保）保甲在法理上只能算是准政权组织。而"新县制"实施后，乡镇公所与保办公处则明显呈现出衙门化趋势。

表 13 - 3　长江流域数省乡镇公所员额编制与待遇（1943 年）

省份	乡镇公所组织		乡镇公所职员薪俸（月薪：元）					
	股数（个）	员额（人）	乡镇长	副乡镇长	股主任	干事	事务员	书记
四川	4	10 ~ 12	60 ~ 70	50 ~ 60		45	35	
浙江	2 ~ 4	12 ~ 19	45 ~ 70		10 ~ 20	40	35	30
江西	4	8	24			20		14
湖南	4	16 ~ 19	140		80	75	70	60
湖北	2 ~ 4	11 ~ 15	100	90	80	70	60	55

资料来源：（1）内政部：《各省实施新县制及地方自治成绩报告提要》（民国 32 年），中国第二历史档案馆：6—3528；《四川省统计提要》（民国 34 年），第 181 页；《湘政六年统计》（1942 年），第 9 页。

说明：四川省乡镇公所职员每人每月另有生活津贴 50 元，米 2 斗 5 升；江西省乡镇公所职员每人每月另有生活津贴 80 ~ 100 元，米 2 斗；湖南省每人每月另有生活津贴 40 元。

表 13 - 4　长江流域数省保办公处员额编制与待遇（1943 年）

单位：元

省份	保办公处职员数	保长月薪	副保长月薪	干事月薪	备注
四川	6 人	10 ~ 30	（兼任，不支薪）	（不支薪）	保长每月另发米 2.5 斗
浙江	4 人	6 ~ 10		4 ~ 8	
江西	6 人	（不支薪）	（不支薪）	（不支薪）	保长每月另发米 2 斗
湖南	6 人	40 ~ 50		30 ~ 40	
湖北	6 人	45 ~ 60	35 ~ 50	30	

资料来源：《各省实施新县制及地方自治成绩报告提要》（民国 32 年），中国第二历史档案馆：6—3528。

观表 13 - 3、13 - 4 可知，在"新县制"实施后，乡镇公所与保办公处的组织增容不少，乡镇公所职员人数最多者 19 人，最少者 8 人，此外另有乡丁十余人至数十人不等。按照《县各级组织纲要》规定，乡镇公所内除乡镇长 1 人，副乡镇长 1 至 2 人外，另设民政、警卫、经济、文化 4 股，各股设主任 1 人，干事若干人。此外还设有书记（乡民称之为"师爷"）、事务员、户籍员、会计员等，其组织结构已相当完备，其规模几乎相当于 1930 年代初期一个县政府的编制（"新县制"实施后，县政府规模扩大 1 倍以上）。

在"新县制"时期，乡镇公所职员均为有给职，薪俸由县政府统一发给，列入县财政预算。乡镇长的月薪，在湖南大约相当于县政府科长的月薪，在四川、湖北，大约相当于县政府科员的月薪。

这个时期，保办公处除正副保长各 1 人外，另设干事 2 ~ 4 人，分掌民政、警卫、经济、文化各项事务。保长一般领有薪俸，副保长与干事有的支薪，有的不支薪。

乡镇长和保长的产生方式，按《县各级组织纲要》规定，正副乡镇长和正副保长分别由乡镇民代表会和保民大会选举产生，但实际上，在 1947 年以前，各省乡镇长和保长一般均由县政府直接委任，乡镇公所其他职员由乡镇长选派后报经县政府核委。

这个时期，乡镇长和保长既脱产专任，又由政府任免，并领有薪俸（尽管很低），其已转变为政府公务员，当毋庸置疑。这个时期国民政府的有关法令，也承认乡镇保长为公务员。早在 1935 年，湖北广济县政府曾向省当局询问区长、联保主任、保甲长是否是公务员。湖北省政府的解释是，区长是公务员，而联保主任和保甲长"系由甲长、户长公推而从事于民众组织之人，均为无给职，不得认为公务人员"。[1] 这说明，战前国民党政权只到区级为止。联保和保甲尚被视为民众组织而非官僚机构。区长是这个时期国家政权与民间社会之间的交接点，而联保主任和保甲长尚扮演着民间社会组织者的角色。

"新县制"实施后，乡镇长和保长的身份角色发生了转换。1942 年 6 月 29 日行政院训令称："在新县制下之乡镇保甲人员，既系依法令从事于公务之人员，应认为广义之公务员，惟甲长不得免缓兵役"。[2] 同年 10 月 5 日，行政院再次重申前令，并规定保长

---

① 《广济请解释区长联保主任保甲长是否公务员》，湖北档案：LS3 - 2 - 2487。
② 《行政院解释乡镇保甲人员是否为公务员》，湖北档案：LS3 - 2 - 2488。

以上主管人员可以缓免兵役。次年 1 月 28 日，内政部又补充训令乡镇长可按委任职计算年资。1946 年，湖北省还规定乡镇长可由委任文官 11 级至 6 级叙级。① 很显然，这个时期的乡镇保长已由战前的民间社会组织者正式转变为国家公务员。

以往学术界普遍认为，国民党执政时期，国家官僚机构只比帝制时代下降一级。② 这一看法只适用于"新县制"实施以前的情形。"新县制"实施后，国民党政权进一步由区级下沉到乡保。乡保成为 1940 年代国家政权与地方社会之间的交接点。国家政权的扩张和渗透达到了历史上前所未有的程度。

综上所述，1927～1949 年的 22 年间，国民党政权在长江流域各省基层社会的渗透和扩张，有一个由浅而深的过程。大体而言，在政权初建时期（大约 1927～1934 年），忙于筹建上层统治机构，无力向县以下基层社会渗透，中央政令通过省下达到县衙以后，即被搁浅，无法再向下推行。这个时期的县衙门仍是国家行政机构的末梢。

从 1934 年前后开始，至 1939 年"新县制"实施以前，县以下开始分区设署，在区署一级正式委任国家行政人员，国家行政机构下沉一级。这个时期，在区署以下推行保甲制度，但在多数地区有名无实。区署实际成为这个时期国家政权机构的终端。

抗战爆发后，为了适应战时形势的需要，国民党政权加大了向基层社会渗透扩张的力度。1939 年实行"新县制"以后，国家权力进一步由区署下沉到乡保，中央政令由省而县，由县而区，由区而乡，由乡而保，层层下达，连甲长也成为国家政权的"跑腿"。自上而下的政治轨道一直构筑到各家各户的大门口，把基层社会逼入了政治死角。"新县制"名义上规定县以下为自治体

---

① 《湖北省县政视导组视导一、二两区各县总报告》，湖北档案：LS3－1－658。
② 参见蔡慧玉《国家内卷化论——再论政府与社会的理论架构》，"认同与国家：近代中西历史的比较"学术研讨会论文，台北，1994 年 1 月 12～14 日。

制，县乡均为自治单位，并"纳保甲于自治之中"，县设参议会，乡镇设乡镇民代表会，保设保民大会，甲设户长会议和居民会议，在法理上，甲长、保长、乡长、县长由下而上层层民选，形式上也构筑了一条自下而上的管道。但在实际运行过程中，自下而上的管道堵塞不通，县长、乡长、保甲长层层委任，各级民意机构有名无实。

在法理上，县乡保甲长肩负着双重任务：一是执行国家下达的行政事务，二是办理地方自治事务。前者充当国家政权代理人的角色，后者充当民间社会组织者的角色。事实上，县乡保甲长的实际职责完全被国家行政事务所侵占。征兵、征工、征粮、征款不仅是战时及战后县长的主要职责，更是区乡保甲长的唯一职责。县区乡保甲不仅是一个基层政治组织系统，而且还肩负着基层军事组织的重要职能。保甲组织建立的初始动机只是作为一个"防治奸宄"的政治控制工具，其后却很快扩变为国民党政权抽榨基层社会人力物力的政治汲取工具。正是在这一转变过程中，乡保长得到了滥用职权和从中揩油的大好机会。

四 区长

任何类型的组织建设，都必须具备两个最基本的条件：一是必须有一定的组织成本；二是必须有相应的组织队伍。

在清代以前，中国社会具有一种独特的组织结构。

一是正式领薪的官僚人数极少。据统计，19 世纪末期，清朝中央政府官员 2622 人，地方官 13007 人，武官 7464 人，共计约 2.3 万人，[①] 而当时全国人口突破 4 亿，平均每名正式官员需治理 1.7 万余人。如以地方行政官僚而论，这一比例则更悬殊。有人指

---

① Chang Chung—Li, *The Income of the Chinese Gentry* (Seattle：University of Washington Press，1962)，pp. 36 - 38.

出，18 世纪末，中国每一知县统治人数大约为 30 万人，而革命前的法国，每一地方行政官统治的人口是 3000 人。①

二是非正式的吏役群体数量庞大。清代除中央和省道级衙门的吏员不计外，仅县级衙门，就有"千县 30 万吏"之说。②

三是县以下乡绅自治。据张仲礼研究，19 世纪中国乡绅总数逾百万。③

中国传统社会就是一个由数万名官员、数十万名吏役和百万乡绅组成的一个上中下有机衔接的整合体。这样一种独特的组织方式，在漫长历史的岁月中成功地维系了一个地域辽阔、人口众多的农业社会的整合。

与传统社会相比，国民党统治时期的官僚组织形态发生了显著变化。为了应付"内忧外患"的大变局，国民党政府既不能像传统王朝那样"无为而治"，而传统文人士绅的衰亡，县以下的乡村自治网已经破裂，在这种情势下，国民党政府如要实现社会各层次的整合和控制，唯有建立一个从中央直统到基层的金字塔式的巨型官僚机构。

与历代王朝相比，国民党政府的确建立了一个庞大的官僚机构。据 1948 年统计，国民党中央和省级公务员共计 55.7 万余人，另有公役、技工、警兵 69.7 万余人。县级公务员人数未见综合统计，若以"新县制"时期的县政府员额编制估算，当时一个县政府直属机关公务员约 100 人，县政府附属机关公务员约 200 人，全国县级公务员总数当在 60 万人左右。再将中央、省、县三级公务员合计，则 1940 年代国民党政府公务员总数当超过 115 万人，相当于清朝文官总数的 74 倍有余。

---

① Joseph W. Esherick and Mary Buckus Rankin（eds.），*Chinese Local Elite and Patterns of Dominance*（Berkeley：University of California Press，1990），Introduction，p. 3.

② 赵世瑜：《吏与中国社会》，浙江人民出版社，1994，第 171 页。

③ 易劳逸：《流产的革命》，第 73 页。

表 13 – 5　国民党中央和省市级机关公务员人数统计（1948 年）

单位：人

机关别	公务员数	公役数	技士、警兵数	合　计
中央机关	311138	123887	97831	532856
省市机关	246565	103974	371988	722527
总　　计	557703	227861	469819	1255383

资料来源：《中央机关实有员役人数》、《各省市政府实有员役人数及其分析》，《国民政府主计处档案》，中国第二历史档案馆：6—4930。

但是，115 万名公务员尚只填充了国民党政府整个官僚机构的上层部分。随着国民党政权由县而区，由区而乡，层层向下深入时，其公务员人数以几何级数增长。在 1939 年"新县制"实施以前，县以下的正式官僚机构只到区一级，县区两级机构规模尚小，人员编制尚有限。自"新县制"实施后，官僚机构延伸到乡保，县以下基层公务员人数倍增。据 1942 年的粗略估计，区干部约 164612 人，乡镇干部约 686721 人，保甲干部约 12140908 人，共计大约 12992241 人。[①]

如此庞大的基层社会组织群体，其数量已是清代乡绅的十余倍。任何社会组织都必须有相应的经济系统为其提供物质资源。在中国封建社会，国家只需一定的农业税收即可供养数万名官员。而国民党政府时期，省以下政权的财政收入仍主要建立在传统农业税收的基础上。国家政权的财政需求剧增，显然与传统农业经济的发展不相适应。

以湖北为例，据 1942 年湖北省政府主席陈诚称，仅湖北一省实行"新县制"就需要 52 万干部，若每人每月薪俸 10 元，全省每年就要 6000 多万元；若每人每月薪俸 50 元，全省每年就要 3 亿元。而当时湖北省的年财政收入仅 1200 万元，支付一省行政人员薪俸尚不敷远甚。[②]

---

① 甘乃光：《中国人事制度发展的趋势》，《人事行政》第 1 期，1942 年 12 月。
② 湖北省政府编印《湖北省 30 年度党政军工作总检讨大会汇编》，1942，第 78 页。

若就全国而论，据当时人的估计，近千万基层干部每月以维持其最低生活水平计，就需 40 亿元。[①] 很显然，国民党政权在深入基层社会的过程中，面临着巨额的财政负担。据 1946 年底的统计，国民党中央政府的财政支出已超过其收入的 5 倍。[②] 中央政府在入不敷出的情况下，一方面滥发纸币，同时对地方各级政府的经费预算大加削减，甚至停发。基层行政人员薪饷微薄，有的完全没有薪饷。政府实际上默许这些基层行政人员在与农民打交道中浮收摊派以维生，这等于政府每年从广大农民手中获取数以百亿的行政"暗税"。

除了组织成本外，国民党政权的深入，还必须有一支健全的组织队伍。蒋介石也一再强调，要行"新县制"，首在得新人。实行"新县制"需要上千万基层干部。人才从何而来？作为一个现代动员型政党，国民党本可大量从基层社会中吸收党员，然后通过其意识形态的严格熏陶和组织训练，将党员源源不断地转化为基层干部。但国民党的基层党组织建设比其基层政权建设远为滞后。战前国民党党员不仅人数有限，而且集中在城市和上层，农村党员凤毛麟角。战时国民党党员人数虽有所增加，党的组织也向基层社会有所深入，但总体而言，国民党基层党组织仍不过是其基层政权的附庸和寄生体。国民党不是培养和派遣合格的党员去充当基层干部，而是不加甄别地将所有现职基层乡保甲长披上党员的外衣。易言之，国民党不是将合格的党员转化为基层干部，而是将不合格的基层干部吸纳为党员。

国民党基层组织建设的另一条途径，是指望"公正士绅"和新知识分子接受党的训练后转化为基层干部。但是，这个时期，中国县以下基层社会与 19 世纪以前相比，已经发生了很大变化。前面已经谈到，自科举制度废除后，传统文人士绅逐渐衰亡，新

---

① 《国民政府内政部档案》，中国第二历史档案馆：12—9049。
② 《日益加深中之中国财政混乱》，《湖北论坛》第 1 卷第 9 期，1946 年 8 月。

知识分子城市化，如用梁漱溟的话说，有能力的人、有钱人和"好人"均相继离开了乡村，乡村成了穷光蛋、地痞流氓和土豪劣绅的渊薮。在这种情况下，国民党政府面临着三种选择：一是像中国共产党那样，彻底打倒土豪劣绅，实行土地改革，依靠农民，建立农村基层政权；二是放弃对广大农村的控制和管理，将国家权力缩回到县衙门一级；三是将国家政权强行向下扩张、渗透。

对国民党政府而言，既要"安内"，又要"攘外"，需要大力汲取和动员民间社会的人力物力资源，必须强化对乡村社会的控制；同时，在 1927 年镇压农民革命后，国民党的意识形态和阶级基础已经转换，因此，第一和第二种选择均非国民党所愿，唯有第三种选择。

在历代封建王朝的盛世，在儒家意识形态一体化的前提下，上层的官治与下层的绅治本属相辅相成。但在 20 世纪前半期，时势已易，上层士大夫的角色被新型文官所取代，而下层文人乡绅衰亡后，留下的"权力真空"却由土豪劣绅来填充。旧的文人乡绅尚有旧的道德秩序可守，后者则完全是一群无法无天的边缘势力。在这种情况下，国民党政权强行向下扩张，不但未能找到一个理想的托付"支点"，反而恰逢其会地为土豪劣绅提供了一个纵横驰骋的舞台和天地。

在国民党政权建立初期，其政权的纵向渗透尚局限在县衙门一级，区公所属于自治组织。1933 年，当国民政府行政院农村复兴委员会的调查人员下乡调查时，他们发现，是时的乡村政治组织的中心机关是区公所，乡镇以下无足轻重。[1] 正因为此，区长一职便成了这个时期土豪劣绅觊觎的主要目标。这一点，蒋介石 1934 年的言论可为佐证：

---

[1] 《江苏省农村调查》，第 61 页；行政院农村复兴委员会编印《河南省农村调查》，商务印书馆，1934，第 72 页。

依现行《县组织法》，县以下之各乡，原定分划为若干区，各设区公所，以为地方自治机关，第组织既不健全，人选亦甚滥杂，经费则尤形短绌。地方民众之视区长，无异昔日之团董庄头，绝不特加尊重，于是地方士民之贤良者，多越趑引避，不肖者则奔竞而进，结果各地区长，大都为贪污土劣所把持，助行政令则不足，压迫民众则有余……①

蒋介石认为，区长职位之所以被土劣所篡夺，是因为区长职位低，不能吸引人才的缘故。其实，这个时期，基层社会精英普遍"上浮"，以致合格称职的县长人选亦不易罗致，政权越深入，人选自然越杂滥，土劣乘机揽权，乃势所必然。

据1933年行政院农村复兴委员会在河南、江苏等省农村的调查，区长人选非常复杂，有旧官僚、旧幕僚、旧绅士，也有中学毕业生和个别大学毕业生。② 据对河南87个区长出身的调查，内中大学毕业者1人，专门学校毕业者8人，中学毕业者5人，各类训练所出身者59人，其他14人。③ 所谓各类训练所59人和其他14人实际上都是没有受过正规新式学校教育的"杂途"出身者，其比例竟占84%。再看他们的经济地位，占地300亩以上者占13.6%，100～300亩者占59.1%，100亩以下者占27.3%。④ 其经济地位说明这些区长绝大多数是地主。当时的调查人在报告中这样写道："区长们凭藉他们的资格和地位，在乡村中往往形成一种特殊势力。他们包揽讼事，他们任意派款，甚至残杀善良，以造成个人的专横，扩大个人的权力"。⑤ 据称当时河南一个区长的月薪不过三四十元，而一年的额外进款通常有四五千元。更有甚者，有的

① 引自高亨庸《县政机构之改造》，第42页。
② 《江苏省农村调查》，第61页。
③ 《河南省农村调查》，第75页。
④ 《河南省农村调查》，第76页。
⑤ 《河南省农村调查》，第86页。

区长在乡间任意派款，一年甚至派 10 多万元，而上交县库的数目却不到一半。[①]

"区"最早是在 1908~1914 年间建立起来的。[②] 南京国民政府成立后，区级组织逐渐正规化。根据国民政府的设想和要求，区政权必须担负着户政、地政、财政、治安、教育、自治等诸多事务，但实际上，榨取财税一直是区政权的中心工作。按规定，区长是由省政府任命的县以下行政官员，应回避本籍，并直接受县政府的控制，但事实上，区长职位常被地方土劣势力僭取，权势赫赫，不仅在乡间为所欲为，甚至上抗县府。有的土劣区长拥枪自雄，进出县城，往往带十几个武装弟兄，威风凛凛。县长相形失色。据称河南辉县一区长在任时无恶不作，被他无辜打死的有十余人之多。县长欲撤其职，他竟武装拒绝新区长接任。[③]

在 1930 年代，区级政权被土豪劣绅滥用，几为各省普遍现象。在江苏，调查人员发现，区长"大都只要钱，不做事，居在城里，一个月之中，偶尔去区公所走几转"。[④] 在湖北，区长多集行政权、司法权和军事权于一身，其凶残贪诈的情形更为恶劣，不仅老百姓惨遭蹂躏，甚至县长亦受其劫持控制。在湖北监利县，土豪劣绅分为新旧两派，旧派掌握该县财政权，新派则占有区长和地方团队等职权，县长孑然一身，不能动其毫末。该县每一区长自设有"特务队"，各有人枪数十，出入前呼后拥，煞是威风。区公所内不仅公案完备，而且设有各种刑具，受理民刑案件，生杀予夺，为所欲为。有一区长曾一天杀人 76 名，事后县长欲加诘责，亦无可奈何。另有一区长因与该区保安队长有隙，不仅置对方于死地，而且列举其"罪状"，通电全国，"其代电列衔，北至平津，南至粤闽，举凡中国重要都市，无论有无监利人居住，皆一一胪列，其气象较诸

---

① 《河南省农村调查》，第 90 页。
② 杜赞奇：《文化、权力与国家：1900~1942 年的华北农村》，第 55 页。
③ 《河南省农村调查》，第 94 页。
④ 《江苏省农村调查》，第 81 页。

一国元首之告令尤为堂皇；复散发告监利民众书，其口吻有如国府主席之通电"。①

湖北区政权被土劣篡夺的情形，直至 1940 年代仍无多大改观。按当时的规定，区长应该回避本籍，但实际上因土劣抗拒，难以实行。如 1940 年湖北均县的情形显示："区长人选，外籍不易来，来亦不易做，此时存在者，均系本县人士"。② 由于土劣势力强横，县长往往受其挟制。有些县长为了保住职位，而与土劣同流合污。1938 年 4 月，湖北省政府在训令中指出：

> 查各县区署，为协助县长深入民间推行政令之机关，必须组织健全，行政效能始克增进。本府制颁《湖北省各级地方政府非常时期办事纲要》第 12 条内载："区长不称职者，县长得径予撤职，先行派代……"畀各县县长以遴选之权，藉资汰劣留良……近查多数县长不明斯旨，遇有区长或区员缺出，辄以之见好土劣，徇私滥派，轻率请委，或报请备查，甚有未经呈报而当地人民已先揭举其劣迹向本府控诉者……③

抗战时期湖北省民政厅对各县的实地考察报告显示，区长职位被地方土劣侵夺者比比皆是，有的县长甚至向土劣贿卖区长和联保主任职缺，其价格自数百元至数千元不等。④ 这些土劣区长以国家权力为护符，大肆搜刮民财，广置田产，下压百姓，上疾官厅，专横自重，胡作非为，几为当时通病。

区政权本为国家权力的延伸和加强，其结果却成为土劣借以自豪自雄的工具。土豪劣绅本不具备传统文人士绅的个人魅力权

① 雷啸岑：《为密呈监利县县政黑暗隐患堪虞恭拟整饬要旨》（1933 年 6 月），湖北档案：LS1 - 3 - 2268。
② 《民国湖北省民政厅档案》，湖北档案：LS3 - 1 - 642。
③ 《民国湖北省民政厅档案》，湖北档案：LS3 - 1 - 42。
④ 《民国湖北省政府秘书处档案》，湖北档案：LS1 - 1168。

威、内在道义性权威和外在法理权威。他们所赖以支配基层社会的资源基础只是强制性的武力或财力。但是，当国民党政权向下扩张的时候，正给予他们以僭取法理权威的绝好机会。正如当时人所称："土豪劣绅在农村社会里本来是很有势力的，但是他们的地位并没有法律上的根据。现在他们能够凭借一个与地方官府衔接的自治机关，时时向人民发号施令，加捐要钱，假自治的名义来垄断地方的事务"。① 这样一来，土豪劣绅比以往更猖狂，也更具压迫性。

对国民党政权而言，土豪劣绅对地方资源的垄断和对国家权力的侵越，无疑有碍于国家政权的扩张。1933 年 8 月，国民政府军事委员会南昌行营重拾北伐旧绪，颁发《惩治土豪劣绅条例》，规定凡"武断乡曲、虐待平民"、"恃势怙豪，朦蔽官厅"、"变乱是非，胁迫官吏"、"逞强恃众、阻挠政令"、"假借名义，派捐派费"者，均应严加惩处。② 这一条例颁布后，在少数省份，也动真惩处了一批土豪劣绅，但这一条例很快又为蒋介石本人无形否决。1933 年 10 月，蒋介石训令不得妄自将惩治条例援引于"公正士绅"。③ 衡其用意，关键在于国民党政权无力派遣一支数量庞大的官僚队伍深入乡村，充实基层政权。在这种情况下，为了维持基层统治秩序，蒋介石不得不借重和仰仗地方原有的"公正士绅"。

在传统王朝的盛世，士绅作为官民之间的中介和桥梁，官、绅、民之间多能维持一种良性互动关系。蒋介石寄希望于"公正士绅"的，正是太平盛世时代士大夫所担负的"道在师儒"、为民师表、移风易俗、促成郅治的角色。在 1930 年代的"剿共"和 1940 年代的"抗日"战事倥偬之际，蒋介石多次发表告士绅书，其字里行间所流露的旨意无不如此。无奈时势早已丕变，正绅衰

① 陈柏心：《中国地方制度及其改革》，广西建设研究会，1939，第 295 页。
② 《民国湖北省民政厅档案》，湖北档案：LS3 - 1 - 308。
③ 《民国湖北省民政厅档案》，湖北档案：LS3 - 1 - 524。

退，土劣继起，乡村社会精英"上浮"，流氓豪强控扼地方。1940
年代初期，湖北省民政厅一度训令各县广泛调查寻访"公正士
绅"，结果发现，"现时士绅，比较正直的茂材异等之士，遍访几
无一可以当选"。[①] 在这种情形下，蒋介石所实际借重的并非"公
正士绅"，而是掌握基层社会支配权力的土豪劣绅。土豪劣绅遂得
乘机侵夺国家合法权力，并与国民党政权构成既相冲突又相交融、
既相互依存而又彼此制约的复杂关系。

五　乡镇长

随着国民党政权由区而乡、由乡而保甲的层层深入，土豪劣绅
侵夺国家权力的势头非但没有受到抑制，反而同步增长。换言之，
当国家政权越深入，土豪劣绅僭取国家权力的机会愈多，队伍愈庞
大，农民所受的压榨愈强烈。当政权停留在区一级时，区级的职位
毕竟有限。其后，国家权力逐渐下移到乡镇（联保），乡镇长和联
保主任的职位，又成为土劣猎求的目标。

1933 年前后，中央研究院在江苏无锡曾调查 104 个乡长，发
现这些乡长大都由富有田产的地主担任。104 个乡长中，地亩最多
的几及千亩，最少的也有二三十亩，平均 122 亩。

表 13 - 6　江苏无锡 104 个乡长的田亩与职业统计

	田　亩			职　业			
	100 亩以下	100 亩以上	总计	地主	富农	小商人	总计
人数	59	45	104	95	8	1	104
%	56.7	43.3	100	91.3	7.7	1.0	100
平均田亩	44	224	122				

资料来源：张锡昌：《农村社会调查》，黎明书局，1934，第 263 ~ 264 页。

---

① 《民国湖北省民政厅档案》，湖北档案：LS3 - 1 - 640，LS3 - 1 - 642、LS3 - 1 -
　643。

不过在"新县制"推行以前，区以下的乡镇长权力尚有限，且多出于民选，其作恶者尚非普遍。以江苏为例，据 1933 年的调查，当时区以下的组织是"乡辖间，间辖邻，乡间邻长由农民公选，当选人以人格、知识和做事能力为标准，而且全为义务职，很多人都不愿干"。[①] 这种情形在浙江亦同样存在。由于这个时期的乡镇长有职责而无报酬，甚至乡镇公所的笔墨纸张茶水等费用，亦需乡镇长私人贴补。乡镇长任务繁杂，但由于是义务职，如全脱产投入，势必影响本身的职业和生计，因此"乡镇长不愿就职者多，甚至有藉口出外经营商业无力兼顾乡务为辞"，辞职不干。

但这种情形随着"新县制"的推行而逐渐改观。"新县制"时期，乡镇成为县以下基层行政的重心，乡镇长被国家政权赋予重任，权倾一方。按"新县制"规定，乡镇长兼乡镇壮丁队队长和乡镇中心学校校长。在有些地方，乡镇长还兼任乡镇信用合作社的社长。此外，乡镇还具有自己的财政预算，有权向所属居民征收捐税，作自己的财政开支。[②] 这样一来，乡镇长集一乡政治、军事、经济、教育等权力于一身。乡镇公所官衙化，其职员编制按国家规定有一二十人，实际上大多超编，多者可达四五十人。[③] 除正副乡镇长外，还有股长、干事、师爷、文书、事务员、会计员、户籍员以及武装乡丁。据一位名叫李月波的人回忆，他初中毕业后，本想继续读书，而他的岳父、内兄、堂兄等均劝他不要升学，留在乡公所做点公务，"以显门庭，光耀祖宗"。[④] 这个时期的乡级职位隆誉到可光宗耀祖的地步，与战前情形已大不相当。正因为如此，战前"很多人都不愿干"的乡镇长的职位，这个时期却成为地方豪强猎求的目标。

---

① 《江苏省农村调查》，第 72 页。
② 米庆云：《抗战时期国民党的县政改革》，《成都文史资料》1988 年第 3 辑。
③ 焦良辅：《和平乡联保办事处》，《钟祥文史资料》（湖北）1990 年第 10 辑。
④ 李月波：《我对县参议会的点滴回忆》，《黔江文史资料选辑》（四川）1989 年第 4 辑。

对国民党政府而言，土豪劣绅对基层权力的专擅与篡夺，无疑是其国家权力扩张过程中所遭遇的棘手难题和重大困扰。当"新县制"推行之际，蒋介石就提出了"用新人，行新政"的口号，希求将地方权力从土劣手中夺回。为此，国民党政府采取了两项措施。

一是从法律上规定"有土豪劣绅行为曾受处刑之宣告者"不得担任乡保甲长，并将乡保甲长年龄限制在 25～45 岁之间。[①]

二是要求各省、县、区举办各种人才训练所，吸收乡村优秀青年进行培训后，取代土豪劣绅担任基层行政人员。

对于前者，因土豪劣绅曾受处刑之宣告者极少，其限制几等于无。对于后者，各省当局大都比较重视。以湖南为例。抗战初期，张治中主政湖南，他"鉴于过去'地方自治'掌握于土劣手中所造成的失败"，上任伊始，即提出了一个"彻底改造基层机构"的宏伟计划：发动知识青年到农村去，造成新知识分子、新青年和农民相结合。他第一批召集 4000 名高中文化程度以上的城市男女青年学生，派往各县开展为期半年的民训工作，接着，他在报纸上刊登"登记知识分子充任县市各种干部人员"的大幅通告，计划在半年之内，训练 5 万名青年知识分子去充任保长、乡镇长和县长，更换原有的地方基层干部，使基层政权彻底脱胎换骨。这一雄心勃勃的计划在当时曾引起莫大反响。但张治中未久因长沙大火而去职，这个计划亦半途流产。据张治中后来回忆说："当我离开湖南之日，这一个艰巨的工程还没有完整展开"。全省乡保长中，大致 40% 是中学生，30% 是当地土绅，30% 是原来的乡保长。[②]

除湖南外，其他各省也举办了各类训练所、训练班。据 1942 年底的统计，全国总计已训练各种人员 1160724 人，其中乡镇保甲长 792672 人。[③] 乡镇保甲长受训人数约占当时全国乡镇保甲长总

① 李宗黄：《现行保甲制度》，中华书局，1945，第 112 页。
② 《张治中回忆录》，第 154～191 页。
③ 国民党中央训练委员会编印《近年地方训练统计资料之研究》（1943 年 6 月），第 2～6 页，中国第二历史档案馆：6—45。

数的 10%。其后几年，各省当局仍坚持不懈地训练，到 1949 年，全国乡镇保甲长大约半数以上受过训练。

除了训练外，国民党政府还于 1944 年 7 月颁发《各省推进乡镇保甲干部人员考试办法》，要求各省以考试的方式严格选拔基层干部。为此，各省成立普通考试委员会，并在各县成立考试分会，以县长兼考试分会主任。在湖北，各县考试分会大多在 1945 年上半年成立，并相继举行了乡镇保甲干部人员考试。考试分甲、乙、丙三级，考试对象，甲级考正副乡镇长，乙级考保长和乡镇股主任及干事，丙级考甲长及保干事。考试程序分为初试、训练、再试。初试及格后予以训练，训练结束后再举行再试。考试科目，初试甲级为国文、国父遗教、中国史地、地方自治、新县制各项法规；乙级为国文、党义、中国史地、地方自治；丙级为国文、党义与地方自治。再试科目则以训练课程考试之。①

平心而论，国民政府为选拔和训练基层行政人员，亦可谓煞费苦心，但是，受训的实际效果如何呢？这里不妨引录一段当时有关专家的观察：

> 以往的训练，虽然不乏成绩的表现，但大体的说，显然未能收到预期的效果。盖此等训练所，大都经费支绌，设备简陋，训练期间极短，而所列课目则极为繁复，教官类多由党部及政府职员杂凑而成……尤以受训学员，无论现任者或非现任者，程度参差不一，欲施以同一的训练，亦感无限的困难。这种训练，各地方当局不乏以之敷衍功令，或粉饰治绩者。更有野心之徒，以主办训练机关为培养私党，布置爪牙，以广置一己之势力者，是则训练反为行政上的浪费，或弊政发展的源泉矣。此外，因为训练缺乏效率，无数青年，意志薄弱，识力未充，一入社会服务，受环境渲染，习气变坏，而欲望提高，以

---

① 《民国时期湖北省人事处档案》，湖北档案：LS67－96。

训练为护符，以同学会等组织为声援，勾结土劣，为害地方者，尤比比皆是。现在有很多人为这种现象而痛心，所以对于训练青年以担任地方公职一举，表示怀疑，甚至出以反对者。[①]

选拔和训练的目的本是为了"用新人、行新政"，然而其结果却适得其反：一是给旧土劣造新身份；二是造就出一批新土劣，时人讽之为"科学化的土劣"。[②] 概而言之，均不过为乡村新旧土劣势力增加一层新的政治护符而已。

表 13 – 7　"新县制"下的乡长个案史

	甲乡长	乙乡长
年　　　龄	36 岁	30 余岁
学　　　历	中学肄业	初中毕业
家庭背景	长兄任县电话管理处主任，次兄任补充处团长	承父业为富绅一妻二妾
经济地位	家资雄厚，有田产，兼经商	家有糟房，有橘园，有田产，贩卖鸦片
个人履历	24 ~ 28 岁时曾任乡长，被人控告侵蚀公款，串匪抢劫公款及枪支。"新县制"实施后，受训两个月再任乡长	袍哥大爷；"新县制"前曾两任联保主任，任内财产颇有增添。"新县制"实施后不愿受训，但仍被任命为乡长

资料来源：蒋旨昂：《战时的乡村社区政治》，商务印书馆，1946，第 58 ~ 62 页。

表 13 – 7 所列两个乡长个案，系社会学者蒋旨昂于 1943 年在距重庆不远的两个乡村实地调查所得。从两个乡长个案中，可以明显看出：（1）两个乡长均出生于富绅和地主家庭，家产雄厚；（2）年龄、学历大致相当：30 多岁，中学文化程度，并非旧式绅士；（3）"新县制"前曾担任过乡长或联保主任，且均有劣迹；（4）甲乡长受过训练，乙乡长不愿受训，但仍被任为乡长；（5）乙乡长是袍哥大爷，而

---

① 陈柏心：《中国县制改造》，国民图书出版社，1942，第 498 ~ 499 页。
② 《张治中回忆录》，第 159 页。

且一妻二妾。

上列两个乡长个案所反映的情形，在当时的乡镇长群体中是否具有典型性和代表性，尚需援引更多的例证。表13-8、13-9有关乡镇长年龄、学历及有关行为动态的材料，系检阅"新县制"时期湖北省民政厅视察员的各类视察报告，并加以综合整理而成，借此可以进一步明了"新县制"下乡镇长的群体形态。

表13-8　湖北恩施等14县乡镇长年龄学历结构（1941～1947年）

年　　龄				学　　历			
20～29岁	30～39岁	40～49岁	50岁以上	高等教育	中等教学	初等教育	其他
24.2%	61.3%	13%	1.5%	1.5%	56.6%	41.4%	0.5%

资料来源：根据湖北省档案馆藏1941～1947年间恩施、秭归、郧县、咸丰、竹溪、枣阳、襄阳、谷城、随县、松滋、来凤、通山、公安、黄冈等县各类乡镇长名册、简历册、资历一览表综合整理而成。

表13-9　湖北省县以下基层行政人员能力品行动态表（1939～1948年）

县别	基层行政人员能力与品行动态	资料来源及时间
保康	乡镇长人选多系从前联保主任改派，不明法令，徇私舞弊者颇多。合助乡乡长拥枪作恶，行商常被杀其境内，地方多被迫胁诈骗，人皆恨之，历任县长明知其法无可恕，但觉环境可虑，不敢撤换；白峰乡乡长拥枪干政，豪霸一方，对役政则送交残废，对赋税则自派自征；其他乡长拥枪者尚多	《鲁圣辅视察保康县政报告》（1942年）
郧县	省令军粮公粮，应查购大户，不得摊派贫民，但该县乡政人员本身是富户，或畏绅富势力，奉到购粮命令，辄不分贫富，一律匀摊，致贫民逃亡乞食与食树皮野菜者日多	《鲁圣辅视察郧县县政报告》（1942年）
郧西	绅富拥枪自豪，上年剿灭恶霸曹善亭，原来联保主任多出其门者，亦多改组更换为受训青年，但这些青年乡镇长仍不免暗受豪曹操纵，且盲目蛮干。人民不知有政府，只知乡间有某某先生。乡镇人员仍多出党系之门，乡长多系小学毕业，派捐坐食，公购不平，小户贫户三五升种籽亦被索派	《鲁圣辅视察郧西县政报告》（1942年）
枝江	该县县党部书记长、三青团主任敲诈不堪，人格极坏；其乡长贪污，人皆发指；保长诈骗作威，较各县为甚	《鲁圣辅视察枝江县政报告》（1942年）

续表 13－9

县别	基层行政人员能力与品行动态	资料来源及时间
松滋	乡镇人员无生产计划，区署与乡公所员丁诈财骇人听闻	《鲁圣辅视察松滋县政报告》(1942 年)
巴东	乡保长承办兵夫粮政，强半不能以身作则，甚有贪污包庇，不公不平；地方豪强强占征人之妻及逼其征属长期充当运夫；有的乡长只知奉行政令，未能顾及民情	《张炳耀视察巴东乡政报告》(1942 年)
建始	乡镇干部大多平庸无能，全县成绩最优之乡长，为一目不识丁之乡长，伊办理征兵征夫，首先着其兄弟出征	《张炳耀视察建始乡政报告》(1942 年)
宣恩	前有三位联保主任盗窃吞蚀军米，贿卖壮丁；现任乡长，石熙之声名狼藉；刘达士不负责任，滥竽充数；陈锡九资历尚优，但对乡政缺乏兴趣；刘鹏程性能甚差；罗年风缺乏果断；李辅臣经验太差；杨华生办事圆滑；黎举臣为全县第一富户，段中孚为全县第二富户。该县乡长在乡间接受调解案件，动辄索取酒食，耗费逾千，遇当事人无力偿付酒席费，则书限期墨条，到期不兑，便发生诉讼；该县乡保造产，每户年初发放鸡蛋一枚，年底须上交鸡一只；保甲长办理征兵，于其戚族多瞻徇情面，或对豪绅巨户未照三平原则办理	《张炳耀视察宣恩县政报告》(1942 年)
咸丰	县辖 1 镇 14 乡，其由过去区团长或联保主任改任乡长者有 7 人，其余 8 乡或属以前绅董，或新式学校毕业生；新县制建设方面，每户散发鸡种费 5 角，冬季须交上一只两斤半的鸡；保长中已受训者大都头脑清醒，不敢公然作恶；未受训者，叩其职掌，概答以为乡长跑路及捉兵催谷相对	《张炳耀视察咸丰县政报告》(1942 年)
远安	该县柴山乡乡长廉洁可取，到差两个月，已贴款 7000余元；宁远乡乡长善于应付军差，每因军队殴辱保甲人员，无法应付辄全所逃避	《32 年度第一期抽查恩施等 12 县民政工作成绩考核表》(1943 年)
五峰	乡政人员贤劣参半	《32 年度第一期抽查恩施等 12 县民政工作成绩考核表》(1943 年)
竹溪	乡镇长学识能力欠缺，人民对之无信仰，但尚无舞弊情事	《32 年度第一期抽查恩施等 12 县民政工作成绩考核表》(1943 年)
竹山	乡镇长学识能力优劣参半	《32 年度第一期抽查恩施等 12 县民政工作成绩考核表》(1943 年)

续表 13-9

县别	基层行政人员能力与品行动态	资料来源及时间
房县	过去房县为一团阀极伸张时代,此时旧团阀虽经削弱,而新团阀又经形成,各联保主任拥枪自雄,所养枪丁纪律废弛,任意需索,因豢养枪丁,人民负担过重,敢怒不敢言	《夏文藩视察房县县政报告》(1940年)
	乡镇长多系小学毕业,能力差而好舞弊,最坏者,平湖乡乡长系一土霸。该县土霸横行,地主纵,绅衿不明大体,树党营私,分新旧两派,与大户相依,隐报余粮,庇护壮丁,好赌健讼,欺诈暗杀,出征军人少妇多被奸淫,旅客乡愚财产常遭劫夺,役政粮政不公	《鲁圣辅视察鄂北各县总报告》(1942年)
崇阳	乡保人员不能体恤民艰,侮民敛财;豪劣专横尤为仅见	《崇阳县县长杨岳斌34年度巡视情形报告表》(1945年)
均县	各乡联保主任皆有当今之世,舍我其谁之势,故现在下级政治,可称为土劣或准土劣政治,此辈既握有治权,一切征兵征工及政府所需求于人民之事,无非贫民身受其苦,彼辈皆超然事外,甚且于中牟利	《视察员江炳灵视察均县报告》(1940年)
蒲圻	各联保主任能力多甚良好,惟操守均甚坏,县府防不胜防,撤不胜撤	《梅壮宇视察蒲圻县政报告》(1940年)
石首	该县一、三两区区长及11位联保主任,悉为与大土劣邓鼎臣有关人员,该人员等奉委后,违法案件层出不穷	《高一宇考察石首县政报告》(1939年)
来凤	向卓安、田步云等均旧式团阀,县长为利用其实力,维护地方治安,遂委向为自卫队中队长,田为联保主任,藉资维系	《萧复初考查来凤县政报告》(1940年)
谷城	乡镇长不法,略类南漳(县),而绅权则较南漳为重;其过去乡政人员绝对贪污,而县政人员遂亦通贿。其绅衿有"十人团"、"西乡系"两派,彼此相角,县长遂处"间于齐楚"之势,以致一筹莫展,甚至同流合污。新任县长到任后,大挂建设新谷城招牌,然仍重用彼辈,虽对乡镇长一度调整,卒不免派系援引。该县过去联保主任多系贿略而来,现改乡镇长制度,改换受训人员充任,然仍不能改变作风,贪污舞弊,徇情敷衍,一乡长出缺,奔竞、开会、兴讼、分途逐鹿,必得而甘心,洁身自好者既羞与为伍,而卑污幸进,狐媚蛇行之徒又相将护援而充数,此谷城乡镇公所所以无一事业表现也	《鲁圣辅视察谷城县政报告》(1942年)
浠水	乡保甲组织多不健全,役政及军差供应,各地多为旧式土劣及新近胆大妄为之少年所把持;保甲长无背景不易久任;乡保人员办理兵役徇情舞弊,纠纷迭起,藉公营私,往往超过正常负担	《浠水县长朱镇中34年度巡视情形报告表》(1945年)

县别	基层行政人员能力与品行动态	资料来源及时间
公安	乡镇长多有官僚习气，常怀轻视民众心理，兼乡贿买职位之风甚炽，做事多敷衍塞责，殊少认真任事者	《公安县县长 37 年巡视情形报告表》(1948 年)
沙市	地痞土劣组成"十人团"，专事把持地方各项事业，包庇诉讼，包围官厅，市民皆呼之为"五毒八烂三条蛇"	《总统府第三局抄送沙市土劣把持地方报告》(1948 年)
江陵	江陵县参议会大部为土劣集团所组成，平日利用地位，出入官署，开会时则利用职权诋毁政府，在地方则鱼肉乡民，无恶不作	《总统府第三局抄送沙市土劣把持地方报告》(1948 年)
黄陂	县政府对乡保人事与经费采取放任主义，乡长保长狼狈为奸，将乡保两级经费尽量扩大，有每乡每月开支达三四百万元者，每保每月开支在三十万元以上者，全系摊派，人民虽不能出亦不得不借高利贷以出。民间竟多有称颂奸匪之政简税轻而痛恨我政府者	《张楚义呈报黄陂县乡保长相互勾结情形》(1946 年)
黄冈	区长及各乡长丧心病狂，藉戡乱为名，竟违反法令，向人民硬索勒派，每保每月担负乡公所员警食米及津贴达十余石之多，又硬币一百元至数百元之巨。人民身受剥削，有口难言，只得忍痛含恨，任其区乡长胡作非为	《武汉日报》1948 年 8 月 20 日

说明：表中所引资料均藏湖北省档案馆。

从 1940 年代湖北 14 县乡镇长的群体结构和 27 县乡镇长的能力品行动态材料中，大致可以获得以下几点认识。

第一，这个时期湖北乡镇长的年龄大多在 30～40 岁之间，学历多为中小学文化程度，在当时中国乡村社会中，中小学毕业已属难得。但是，那时的中小学教育水准不能与今天同日而语。尤其是那时的乡村小学，大多是变相的私塾，教授的内容，有不少仍然是《三字经》、《百家姓》之类，一所小学往往只有一名教师兼校长，甚或"仅有校长而无学生，或仅有招牌而无校长"。小学师资更是滥竽充数。抗战时期，兵役法规定，小学教师可以缓役，"于是各地土劣和绅粮子弟为逃避兵役，不惜以大量的钞票贿买一个校长位置"，校长教员中，流氓地痞，无所不有。[1] 在湖北，直至抗战胜利后，尚有和尚、道士充当小学教师者。[2] 小学如此，中学的质量亦不难想见。所以，这个时期乡镇长的学历并不能真正代表其受教育的程度，更不能以今天的教育水准去估量。

第二，这个时期湖北乡镇长的家庭经济地位，大多为地主富农。如宣恩县乡长中，有全县第一富户和第二富户；房县有一乡长为世家豪门，自称出任乡长全系为名；远安县有一乡长上任两个月，贴款 7000 余元，视察员称颂其廉洁可取，但其富力亦可见一斑。乡镇长的经济地位，从其学历结构也可反映出来。以 1930 年代的华中地区为例，家有良田 30 亩，才能供给两个子弟入初小；家有良田 50 亩，才能供给一个子弟进城读高小；家有良田 200 亩以上，才能供给一个子弟读中学。[3] 故乡村有中小学学历者，其家庭多是地主富农。

另一方面，国民党"新县制"对基层行政人员资格的规定，亦为土豪劣绅侵夺国家权力提供了机会和便利。如抗战初期所颁《整理川黔两省各县保甲方案》中，规定联保主任和保甲长必须具有下列资格之一：（1）具有资产而堪以自给者；（2）中小学校长教职员；（3）私塾先生；（4）商店店主或职员；（5）技术工人及自耕农之粗识文字者。[4] 以此而言，真正的农民是没有资格担任基层行政人员职务的。

再看"新县制"所规定的乡镇长资格：（1）经训练及格者；（2）普通考试及格者；（3）曾任委任职以上者；（4）师范学校或初中以上学校毕业者；（5）曾办地方公益事务著有成绩者。[5] 这些

---

① 陈中民：《官僚政治批判》，帕米尔书店，1948，第 106～107 页。

② 《万耀煌先生访问纪录》，第 43 页。

③ 汪一驹：《中国知识分子与西方》，台北，桐城出版社，1978，第 156～157 页。

④ 李宗黄：《现行保甲制度》，第 108 页。

⑤ 转引自忻平《论新县制》，硕士学位论文，华东师范大学历史系，1987，第 74 页。

资格均与农民无缘，而土豪劣绅却可以轻而易举地捞到其中一项或几项资格。

共产党选拔干部注重对党的意识形态的忠诚和信仰。国共的异途，在于共产党将真正的农民通过严格的意识形态的塑造而转化为广大乡村社会的管理者和基层干部，而国民党却着力将原有的基层社会权势合法化、官僚化。到1940年代，所有基层行政人员都收容入党，其结果只是为土豪劣绅增添一重政治履历罢了。

第三，在"新县制"下，乡镇长滥用权力成为普遍现象。有的拥枪自雄，豪霸一方，对上抗衡，对下作恶；有的徇私舞弊，贪污诈骗，包庇烟赌，卖放壮丁，浮征滥派；还有的援引派系，甘做傀儡，滥竽充数，胡作非为。当时湖北省民政厅视察员即深有感触地说，县以下的地方基层政治，完全是"土劣政治"。笔者从湖北省档案馆所藏民国档案中，查阅到一首"童谣"。"童谣"描述了这样一位乡长：

> 乡长是赵翼，包赌又包戏，本身责任全放弃，专心谋自利。
> 可怜竹瓦乡，民众受灾殃，到差不久三筹款，他说买机枪。
> 买了大半年，银洋花几千，机枪至今还未见，贪污地方钱。
> 私自设法庭，遇事用非刑，一打二罚三陪酒，冤从何处伸。
> 银洋罚得多，未见做什么，转而怀之送回去，家里买田稞。
> 说到办征兵，天地也寒心，多数适龄包庇尽，无钱抽独丁。
> 开口是军人，我说你不行，队丁下乡打百姓，纪律不严明。
> 莫说太无人，国家不安平，大家忍气又吞声，苦了众生灵。[①]

"童谣"描述了一位贪污包赌、私刑滥罚和征兵舞弊的乡长。老百姓用"童谣"的形式向省政府控诉这位乡长。这位乡长的劣迹在当时基层行政人员群体中具有相当的典型性。在湖北省档案馆

---

① 《浠水竹瓦乡童谣》（1948年），湖北档案：LS3 - 2877。

现藏民国档案中，尚存有 1947～1948 年间各县控诉乡镇保长的案卷 1692 卷，每卷涉及多个控案，如平均每卷以 5 个控案计，则被控乡镇保长在 8000 人以上。笔者曾抽查其中 100 卷，发现被控乡镇长与保长的比例约为 5∶1。结合前面 27 县基层行政人员的品行能力动态表，可以认为，这个时期乡镇长的作恶，远比保甲长为普遍，对国家权力的侵蚀最严重。"新县制"时期，乡镇公所是县以下基层政权的重心，乡镇长一职自然也成了土豪劣绅猎求的重点目标。

表 13－10　湖北乡镇长被控原因统计（1947～1948 年）

被控原因	百分比（%）	被控原因	百分比（%）
贪污受贿	27.0	浮摊滥派	12.1
私刑滥拘	17.7	纵兵殃民	6.0
盗卖军火	0.5	违法选举	0.5
兵役舞弊	18.1	勒索民财	13.0
携印潜逃	0.5	包庇烟赌	3.3
诬害平民	1.9	摧残民意机关	0.5

资料来源：从湖北 1947～1948 年 1692 卷乡镇保长控案卷宗中，抽样（100 卷）统计而成。湖北档案：LS3－2869 至 LS3－4561。

六　保甲长

长期以来，人们谈起基层政权的弊端，必涉论保甲长的作恶。事实上，当时的大量事例表明，在国民党县以下基层行政人员群体中，其作恶的程度与职位的高低往往成正比，即职位越高，滥用权力的现象越严重。人们谈论保甲长时，常常将保长和甲长相提并论，不加分别。其实，无论是社会构成，还是群体角色上，甲长和保长均有所不同。

首先来看一下保长的群体构成。

表 13 - 11　安徽省各县保长年龄职业和教育程度统计（1934 年）

单位：%

年　　龄		职　　业		教育程度	
20 ~ 29 岁	13.3	农业	43.0	中学毕业	7.5
30 ~ 39 岁	33.8	商业	22.2	中学同等学力	17.7
40 ~ 49 岁	29.8	教育	17.4	小学毕业	16.9
50 ~ 59 岁	17.1	工业	6.1	小学同等学力	39.7
60 ~ 69 岁	6	自由职业	7.1	不识字	18.2
		其他	4.2		

资料来源：《安徽省统计年鉴》（民国 23 年），第 101 页。

表 13 - 12　湖北 12 县保长教育程度统计（1943 年）

县别	教育程度	县别	教育程度
宣恩	不识字者占 20%，粗识字者占 40%	远安	不识字者约 30%
竹溪	不识字者占 15%	竹山	不识字者占 5%
郧县	中学毕业者占 14%，小学毕业者占 60%，私塾占 20%，粗识文字者占 6%	郧西	高小毕业 20%，初小及私塾 70%，略识文字者 10%
保康	不识字者占 35%	襄阳	不识字者占 20%
宜城	不识字者占 20%	南漳	不识字者占 11%
随县	不识字者占 10%	谷城	不识字者占 30%

资料来源：《湖北省政府 32 年度第一期抽查 12 县民政工作成绩考核表》，湖北档案：LS3 - 1 - 655。

　　有关 30 ~ 40 年代保长群体的统计资料极少。目前所见比较完整的，要数 1934 年安徽省各县的保长统计。是年该省保长受教育程度以小学毕业（含同等学力）者居多，占 56.6%，其次为中学毕业（含同等学力），占 25.2%，文盲占 18.2%。对比当时其他各省保长的情形，安徽省保长的受教育程度可能还算上乘。如 1933 年行政院农村复兴委员会在河南农村的调查，发现"保长多数没受过正式教育，不过粗通文字而已"。[①] 在四川，据 1939 年的抽样

① 《河南省农村调查》，第 75 页。

调查，保长中具有小学以上文化程度者占 56.8%，不识字者占 1/3。① 在湖北，据 1936 年该省呈交内政部的保甲统计报告称："保甲长的任务，按照条例规定，只须有普通常识，即可推选充任，悬格本不为高，无如近年以来，乡村优秀分子多集中都市，其比较公正之士绅，复相率规避，不肯承充，因之一般保甲长程度，每苦低下，人品亦至为不高"。② 直至 1940 年代，该省保长尚有 20%～30% 不识字。

总体而言，保长受教育程度偏低，而且参差不齐。当时国民党中央和省县的政令往往一直下达到保一级为止。保办公处有"仰止堂"之称。由于保长文化水平低下，许多人看不懂法令，"欲其对下宣达政令，对上书面呈报，自难得美满结果"。③ 国民党各级政府素来偏重书面公文，如规定保长平时必须填报的户籍人口异动表即有 9 种之多，④ 此外还有各种报告文书，以至于保长不得不专门雇请"师爷"写报告、填表、绘图、具结。⑤ 保长穷于应付，只好敷衍塞责，或者干脆将各种政令置之高阁。当时有人戏称保长的字纸篓才是真正的"仰止堂"。

与其受教育程度相联系，保长的出身比较庞杂。1943 年社会学者蒋旨昂在对重庆附近两个乡调查后，认为"门第关系在保长之资格上常显重要，许多保长住的地方，就是以他的姓为地名的……这表示保长在那保是久远的大户"。但是，他又说："如说保长全是由富绅担任了，则大谬不然"。他举例说，1939 年，乙乡共有 19 位被县长确认的"富绅"，内中只有 1 人是保长。当时该乡共有 27 个保，其余的保长中，有的是中医，有的是小学教员，

---

① 国民参政会川康建设视察团编印《国民参政会川康建设视察团报告书》，1939，第 275 页及附表。

② 内政部编印《保甲统计》（战时内务行政应用统计专刊之二），1938，第 8 页。

③ 李宗黄：《现行保甲制度》，第 123 页。

④ 内政部：《全国县政检讨会议报告》（1944 年），油印，湖北档案：LS3－1－656。

⑤ 湖北县政研究会编印《改进湖北政治意见》，1937，第 9 页。

有的经过商，内中还有一个有 30 石租的和尚。[①] 1940 年代，另一位社会学者胡庆钧通过对云南乡村基层政权的考察，也认为"担任保长的并不是属于绅士这一流人物"，而大多是"介乎农民和绅士之间的人物：可以是比较清正的小学教师，也可以是专爱打听是非，脱离农作的闲人，也可以是做小本买卖的行脚商人"。[②]

一般说来，保长在乡村中大都具有中等的经济地位，中小地主和富农居多，但也间或有穷人担任者。1933 年，行政院农村复兴委员会在河南农村曾调查过 21 个保长，内中田产在 30 ~ 40 亩的有 8 人，50 亩以上的有 9 人，不到 10 亩的有 4 人，认为"保长的经济情形比较还是殷实的，是中多数是富农"。[③] 1940 年代的保长，一般是兄弟多，有一定资产，怕当兵，就当个保长，可以免兵役。当保长的一般能说会道，有一定的活动能力和办事能力，有的是流氓地痞。有相当文化和社会地位的人是不屑当的。[④]

为什么有相当文化和社会地位的人不屑当保长？大致有这样几方面的因素。

第一，保长地位低微。

在国民党政府的行政层级里，保长是一个最低微的公务员，"上自高级一切文武官员，下至所丁役卒等类，凡有莅临，必须诚惶诚恐，必敬必恭"。[⑤] 在清代以前，人们将"乡约、保正、差"比做"蚊虫、跳蚤、虱"；这个时期，民众心理仍以对待过去乡约保正的态度来对待保甲长。[⑥] 尽管在"新县制"下，国民党政府正式承认保长也是公务员，但实际上保长永无上进的机会，相反常受上官凌虐辱骂，甚至性命堪虞。

---

① 蒋旨昂：《战时的乡村社区政治》，商务印书馆，1946，第 56 ~ 57 页。
② 胡庆钧：《两种权力夹缝中的保长》，吴晗等编《皇权与绅权》，上海观察社，1949，第 135 页。
③ 《河南省农村调查》，第 75 页。
④ 1995 年 11 月 17 日访问赖善卿老人记录。
⑤ 方扬：《地方自治新论》，第 538 页。
⑥ 李宗黄：《现行保甲制度》，第 106 页。

1940 年代的湖北省民政厅档案中有这样两份材料：一是湖北黄陂自治乡第 5 保保长熊绍初因该保壮丁迟交一天，被乡长捆绑毒打一顿，勒索硬币 80 元，草鞋费 2 元。二是在湖北南漳，有某国军部队饬令一保长以半价购米，保长无法应付，竟被吊打，气愤之余，投水自杀。[①] 再如在湖北枣阳，某国军一团长率领数百人过境，因酒席招待不周，借故将保长枪杀。[②]

在兵荒马乱时期，保甲长遭过境军队鞭笞奴使，凌砾呵叱，几乎是家常便饭。其时湖南民间有一土谚："保甲长，脑壳痒"，意谓保甲长常有生命危险。[③] 蒋介石对此也有所察觉。他在抗战时期所颁《县各级纲要实施办法》中指出："过去保甲长多为警役兵队上官凌虐辱骂，故社会咸贱视之，洁身自好之士，每每不愿充任，今应一反其所为，不准凌虐辱骂，违者处罚"。[④] 可见这个时期保甲长的社会地位与清代的乡约保正相比，并没有太大的改变。

第二，保长职责繁重。

保长虽然地位低微，但"国家的一切政令多是要经过县府透过保甲这一层，才传达到人民身上"，地方官吏常以保长为"征役承差的头目，事事物物，皆诿在他的身上"。在保甲制度建立之初，"防治奸宄"是保甲长的唯一职责，但其后各级地方官吏视保甲为万能，将一切政令均付之保甲长去实施与推行，漫无限制地滥用保甲，"无论保长能不能担负，应不应办理，总是要找保长，骂保长"。[⑤] 保长的经常工作，如办理户口异动、征兵、征工、征粮、派款、借物、募债……"不单是一保一甲的人的管、教、养、卫之权操诸保甲长之手，就是危害国家的刑事犯也靠保甲长来防止"。[⑥]

---

① 湖北档案：LS3 – 2876、LS3 – 637。
② 马伯援：《为宰十月记》，民间社，1936，第 9 页。
③ 李宗黄：《现行保甲制度》，第 114 页。
④ 转引自黄伦《地方行政论》，第 200 页。
⑤ 黄伦：《地方行政论》，第 198、204 页。
⑥ 李宗黄：《现行保甲制度》，第 104 页。

湖北省民政厅档案中存有 1947 年湖北建始县县长对保长的两则训令：一是"严限第 3 保保长缉拿惯匪崔南轩，否则以通匪论"；二是"本年（田赋）征实由各保保长具限状于 11 月 15 日扫数催齐"。在有的地方，连公路沿线的电线杆、树木亦责成保甲长保护，倘有疏虞，保甲长还要负赔偿之责。[①]

按照韦伯的理论，地方行政机构的正规化，必须具备几个基本条件：一是必须有可靠的薪金；二是职业稳定，并有晋升机会。[②] 国民党政权既要极力向下渗透，又缺乏赖以支撑的财政基础。在"新县制"以前，保甲长为义务职。保长每月只有一两元的办公津贴，自嘲"管、教、养、卫四件事，衣、食、住、行一元钱"。这实际上是默许保甲长从所辖民众身上榨取钱财作为报酬。所以当时谚语反讽保长："管、教、养、卫一件办不好，衣、食、住、行四样都满足"。[③] "新县制"推行后，保长由义务职改为有给职，但薪俸甚低，有的地方保长月薪仅购一斗米，有的地方保长月发一石谷。[④] 所以当时人们认为，除非别有企图，一般人是不愿担任保长的。

第三，保长的边际地位。

这里所说的边际地位，乃指保长处于官系统与民系统的交接位置。一方面，保长是国家行政和地方行政的最下层执行人，负有国家基层公务员的基本职责，但另一方面，保长并未享有普通公务员所享有的政治地位、晋升机会和经济待遇。而且保长毫无例外地由本地人担任，在法理上应是一保之内的自治领袖，必须办理保内各项自治事务，为保内民众谋利益。由于保长所处的边际地位，当官民利益一致或当官系统消极无为时，保长也许尚能应付裕如，比较

---

① 湖北档案：LS3 - 1 - 688；李宗黄：《现行保甲制度》，第 114 页。

② 杜赞奇：《文化、权力与国家：1900～1942 年的华北农村》，第 53 页。

③ 王启华等：《县财政建设》，第 20 页。

④ 湖北档案：LS3 - 1 - 647；王灿：《国民党蒲圻县保甲组织情况》，《蒲圻文史》（湖北）第 5 辑，1989 年。

容易扮演好自己的中介角色。

然而，30~40年代的国民党政权一天天地往下伸张，而这种伸张所带给老百姓的，只有没完没了的"索取"，而毫无"给予"。在这种情况下，保长所扮演的角色，仿佛是政府的一只"扒手"。正如当时谚语所云："要钱问保长，要命（指抽壮丁）问保长"。① 笔者从档案中检阅1940年代湖北各县保办公处的一些会议记录草本，发现摊派是当时各地保甲长的主要职责。1942年，湖北省民政厅一视察员下乡调查时，叩问保长职掌，"概答以为乡长跑路及捉兵催谷相对"，"各保工作以办理兵役及粮政为首要，其他率多敷衍"。当时保长亦自称："除摊派外，少会议；除催款外，无工作"。②

> 湖北鄂城县龙灵乡第8保办公处会议记录（1949年4月8日）：
>
> （1）层峰催提壮丁，急如星火，希各欠数甲长速征案。
>
> 决议：迅速征送。
>
> （2）前奉令派本保之民夫，各甲如未扫数，继续催齐案。
>
> 决议：火速派夫送运。
>
> （3）乡公所派第4保保长赴县受训，摊本保主副食服装用具旅费各项款光洋1元4角，请公决案。决议：按甲分摊。
>
> （4）乡公所2、3两月公杂及会费，计摊本保3元1角，应如何筹缴案。决议：按甲分摊。
>
> （5）奉县长3月20日手令：大军云集县城，所派烧柴逾期已久，并未扫数，仰即日一律交清，否则以贻误军需论处案。
>
> 决议：按欠数火速送清。

---

① 王启华等：《县财政建设》，第20页。
② 《张炳耀视察咸丰县县政报告》、《各县乡镇保长控案》，湖北档案：LS3-1-652、LS3-2879。

（6）奉令核配本保烧柴 2300 斤，请公决案。

决议：按甲分摊。

（7）区署修理房屋及开办费，摊本保光洋 2 元 5 角，限 4 月 10 日送乡公所转交；又每月津贴不敷费用光洋 1 元，应如何筹缴，请公决案。

决议：按甲分摊。

（8）奉乡公所训令：关于田赋上峰屡来三申五令及派员携枪兵赴乡催提，刻不容缓，兹仰保甲长漏夜挨户催送，破除情面，不顾一切，请知照案。

决议：当由各甲长切实负责，火速催送。

（9）乡公所 4 月份经费及代表会费，稻谷 1 石 1 斗 5 升，及 2、3 两月份集解壮丁吃米 1 斗 1 升半，请筹摊案。

决议：按甲分摊。

（10）本保每月食米照常摊派 1 石 8 斗外，各项押追人及招待宴客吃去米，请公弥补案。

决议：每月照常食米 1 石 8 斗，宴客津贴食米 2 斗，按甲分摊。押追食米否认。

（11）本保 3 月份招待、办公、油灯 3 项费用，计光洋 4 元 2 角 4 分，请归垫案。

决议：按甲分摊。

（12）查本保应缴壮丁 12 名，仰各甲长火速办理案。

决议：遵照奉行。[①]

由于国民党政权对民间社会资源的过度汲取，导致官民利益严重冲突，官民矛盾极端激化。在这种情况下，置身于官民之间的保长，他如果存着一份乡梓情谊，顾及和认同地方民众利益，就不能很好地完成上级官厅所交办的任务，势必遭到上峰的谴责，甚至凌

---

① 《湖北省大冶县政府档案》，黄石市档案馆藏档案：L10 - 62。

虐辱骂，鞭笞吊打。他如果完全倒向政府的怀抱，毫不顾及地方民众利益，虽然能"讨得政府好"，必"失去民众心"。1938 年，安徽铜陵县城厢 641 名保甲长联名代电南京国民政府，陈述他们置身官民之间的两难处境：

> 保甲人员系以地方人办理地方事，事繁责重，如认真办理，则招怨地方，倘从事敷衍，则废弛政务。如征兵、筹款、公役等事，多为易于招怨之尤，稍事破情，即受捏名控告……办公务人，欲敷衍从公，则不免上峰之谴责；实事求是，则又开衅地方，为好事人所诬陷，进退维谷，依据不知所从。特联名电请曲示矜恤。①

在这种进退维谷的两难处境中，保甲长面临着两种选择：一是顾及和保护地方民众利益，保持自己在村民心目中的声望和地位，拒绝充当政府的"扒手"；二是彻底投身于政府的怀抱而不顾及村民利益，并从国家对村民榨取资源的过程中徇私舞弊，捞取好处。

正是在职责繁重、地位低微和官民利益日益冲突的情势下，保甲长一职成为"有钱有势者不屑为，有才有学者不肯为，有德有品者不忍为，忠实笃厚者不敢为"的职务，② 而愿充任保甲长者，"大多非刁滑不肖之徒，即愚昧无知之辈，前者多勾结权势，营私舞弊，作威作福，鱼肉乡民；后者则畏惧权势，唯命是从，稍有未遂，或遭无辜殴辱，或被非法逮捕，纵蒙冤屈，亦不敢伸雪，故基层保甲人员可恶者固属比比皆是，可怜者亦不乏其人"。③

1947 年上海《大公报》曾刊载一篇文章，作者列举了其家乡保长递嬗更替的过程：

---

① 李宗黄：《现行保甲制度》，第 114~115 页。
② 孟广涵主编《国民参政会纪实》（下），重庆出版社，1985，第 1086 页。
③ 《树立地方政治民主基础》（社论），《中央日报》（皖报）1945 年 6 月 17 日。

"新县制"开始时，保长由一位种地的知识分子出任，一则他为人坦率公正，在保民心理上树有信用，再则"新县制"刚推行，他指望保长角色和旧县制时期有所不同。但上任以后，县政府催征催借，乡公所要丁要钱，以及别的机关不该干涉的也要干涉，无权指挥的也来指挥，时常有办不通的公事临头，家里如同一个不营业的旅馆，家庭经济无形中大开漏洞，结果弄得满身创痕而告退。接任的是一位以庙为家，灶里时常可以长得出青草，过去作过皮匠，如今无事作的光棍。此人头脑转得几个弯，口齿很伶俐，只是不屑于从事生产，游手好闲。由于他生活艰窘，起初保民都同情他，容忍他数额不大的超额摊派，但这样一来反鼓励了他的贪婪。由于普遍的兵役贿买顶替，他忙了，也阔了，跟着生活一浪漫，就由实际的单身汉转为名义上的单身汉。①

从上列两个保长更替的事例中，可以看到在国家权力的过度压制和榨取下，比较正直而有信用的保长无法苟存，只好退位。而让给流氓光棍一类的边缘人物充任。而后者之所以乐于充任，乃可以借公职以饱私囊。越到后期，后一类人物在保长群体中所占的比例越大。

和区乡镇长职位不同的是，保长一职因位卑职繁待遇低，有钱有势的土豪劣绅不屑为之，但他们自己虽然不出面，仍不免在幕后予以操纵，将保长变成他们手中的傀儡。所以社会学者胡庆钧于1947年调查云南基层政治后，得出一个结论，认为保长处于政权和绅权两种权力的夹缝中，是一个既可恨又可怜的角色。② 由于保长受绅权操纵或畏惧绅权，于是在执行政策的过程中，往往劫贫纵富，征兵征粮均以无钱无势的小户为征取对象；也由于他极力依附

---

① 黄明正：《从经济角度看基层行政的僵化》，上海《大公报》1947年11月16日。

② 胡庆钧：《两种权力夹缝中的保长》，吴晗等编著《皇权与绅权》，第130~139页。

政府权力，以至于将官民之间的矛盾同化为自己与村民之间的对立。村民们往往将国家榨取所带来的痛苦一股脑儿归咎到保长身上。尽管区长、乡镇长的作恶程度比保长更甚，但由于保长是直接执行者，被村民们看作国家政权的化身，因而保长往往比乡镇长更为村民所痛恨。保长实际上成了国民党政权的替罪羊。1949 年新旧政权更替之际，国民党上层文武百官纷纷一走了之，留下几百万乡镇保长替国民党赎罪。如果严格按照土地占有量来衡量，一些保长实际够不上地主资格，但由于人们对他们派夫、派款、抓壮丁等，恨之入骨，不将他们扣上地主恶霸帽子不能泄愤解恨，于是有的将宗族共有的祭田也硬加到一些保长头上，"玉成"其地主资格。土改时期，各地保长几乎无例外地被划入地主阶级行列。

尽管人们常将保甲长相提并论，但甲长实际上是一个没有多大职权的角色，因而滥用权力的现象并不多见。笔者检阅湖北省 1948 年前后的数千宗基层行政人员控案卷宗，没有发现一例甲长被控案件。事实上，当时很多地方的甲长是由各户轮流坐庄，其职责不过是为保长跑腿而已。

征 引 文 献

一

湖北省档案馆藏：国民政府时期湖北省政府秘书处、人事处、统计处、民政厅、国民党湖北省党部档案

美国斯坦福大学胡佛研究所藏：蒋介石日记

台北中研院近代史研究所档案馆藏：朱家骅档案

台北中国国民党党史馆藏：中政会档、会议档、吴稚晖档、汉口档、五部档、特藏档

台北"国史馆"藏："蒋中正总统"档案、"国民政府"档案

中国第二历史档案馆藏：国民党中央组织部、国民党中央秘书处、内政部、铨叙部、主计处档案

二

A. B. 巴库林：《中国大革命武汉时期见闻录》，郑厚安等译，中国社会科学出版社，1985

A. 盖尔青仲编《苏联和苏俄刑事立法史料汇编（1917～

1952)》，郑华等译，法律出版社，1956

陈平原：《触摸历史与进入五四》，北京大学出版社，2005

爱传：《本省公务人员俸给变迁概述》，《江西统计月刊》第 3 卷第 8 期，1940 年 8 月

包惠僧：《包惠僧回忆录》，人民出版社，1983

《鲍罗廷在中国的有关资料》，李玉贞译，中国社会科学出版社，1983

鲍祖宣：《国难时期的妇女教育》，《女子月刊》第 4 卷第 1 期，1936

北京大学等编《国立西南联合大学史料》，云南教育出版社，1998

伯矢：《胡汉民政治生涯之一页》，《现代史料》第 2 集，海天出版社，1934

蔡尚思主编《中国现代思想史资料简编》，浙江人民出版社，1982

蔡仲德：《冯友兰先生年谱长编》，河南人民出版社，2000

曹伯言整理《胡适日记全编》，安徽教育出版社，2001

陈柏心：《中国地方制度及其改革》，广西建设研究会，1939

陈独秀：《本报三年来革命政策之概观》，《向导》第 128 期，1925 年 9 月

陈独秀：《本志罪案之答辩书》，《新青年》第 6 卷第 1 号，1919 年 1 月

陈独秀：《革命与反革命》，《向导》第 16 期，1923 年 1 月 18 日

陈独秀：《人生真义》，《新青年》第 4 卷第 2 期，1918 年 2 月

陈独秀：《新文化运动是什么》，《新青年》第 7 卷第 5 号，1920 年 4 月

陈公博：《苦笑录》，香港大学亚洲研究中心，1980

陈建华：《“革命”的现代性：中国革命话语考论》，上海古籍

出版社，2000

陈进金：《抗战前国民党的教育政策》，李云汉主编《中国国民党党史论文选集》第 5 册，台北，近代中国出版社，1994

陈启天：《寄园回忆录》，台北，台湾商务印书馆，1965

陈启天：《什么是新文化的真精神》，《少年中国》第 2 卷第 2 期，1920 年 8 月

陈崧编：《五四前后东西文化问题论战文选》，中国社会科学出版社，1985

陈万雄：《五四新文化的源流》，三联书店，1997

陈问涛：《中国最近思想界两大潮流》，《时事新报》"学灯"副刊第 5 卷第 4 册第 29 号，1923 年 4 月 29 日

陈锡祺主编《孙中山年谱长编》，中华书局，1991

陈永发：《中国共产革命七十年》，台北，联经出版事业公司，2001

陈之迈：《国民党的政治委员会》，《社会科学》第 1 卷第 4 期，1937 年 6 月

陈之迈：《中国政府》，商务印书馆，1945

陈中民：《官僚政治批判》，帕米尔书店，1948

程方：《中国县政概论》，商务印书馆，1940

《从上海市长到台湾省主席：吴国桢口述回忆》，上海人民出版社，1999

丛翰香主编《近代冀鲁豫乡村》，中国社会科学出版社，1995

邓飞黄、徐佛观、萧作霖：《党的改造刍议》，出版者不详，1945

邓中夏：《中国职工运动简史》，上海新华印刷厂，1949

杜赞奇：《文化、权力与国家——1900~1942 年的华北农村》，王福明译，江苏人民出版社，1994

方庆秋主编《中国青年党》，档案出版社，1988

方扬编《地方自治新论》，教育图书出版社，1947

费孝通：《乡土重建》，上海观察社，1948

费正清主编《剑桥中华民国史》，章建刚等译，上海人民出版社，1991

冯友兰：《我的学术之路——冯友兰自传》，江苏文艺出版社，2000

傅斯年：《时代与曙光与危机》，《中国文化》第 14 期，1996年 12 月

高桥伸夫：《根据地にぉける党と农民：鄂豫皖根据地，1931~1934》，《东瀛求索》（东京）第 11 号，2000 年 4 月

高桥伸夫：《中国共产党の组织と社会：河南省，1927~1929》，《法学研究》（东京）第 70 卷第 6 号，1997 年 6 月

高桥伸夫：《中国共产党组织の内部构造：湖北省，1927~1930》，《法学研究》（东京）第 71 卷第 5 号，1998 年 5 月

戈公振：《中国报学史》，中国新闻出版社，1985

广东省档案馆编印《广东青年运动历史资料》，广州，1986

广东省社会科学院等编《孙中山全集》，中华书局，1981~1987

郭沫若：《革命春秋》，人民文学出版社，1979

郭湛波：《近五十年中国思想史》，山东人民出版社，1997

"国军政工史编纂委员会编"《国军政工史稿》，台北，"国防部总政治部"，1960

国民参政会川康建设视察团编印《国民参政会川康建设视察团报告书》，1939

汗血月刊社编《新县政研究》，汗血书店，1936

何炳棣：《读史阅世六十年》，广西师范大学出版社，2005

和田正广：《明代の地方官ポストにおける身分制序列に關する一考察——縣缺の清代との比較を通じて》，《东洋史研究》第 44 卷第 1 号，1985 年

侯国云、李然：《关于更改反革命罪名的风波》，《法学》1998年第 9 期

胡次威：《民国县制史》，大东书局，1948

胡国台：《国共校园斗争（1937～1949）》，《历史月刊》（台北）第 44 期，1991 年

胡国台：《抗战期间国共两党在高校里的斗争》，《国外中国近代史研究》第 19 辑，中国社会科学出版社，1992

胡汉民：《自传》，中国国民党中央党史会编《革命文献》第 3 辑，台北，中央文物供应社，1958

胡庆钧：《两种权力夹缝中的保长》，吴晗等编《皇权与绅权》，上海观察社，1949

胡适：《"新思潮"的意义》，《新青年》第 7 卷第 1 号，1919 年 12 月

胡适：《不朽——我的宗教》，《新青年》第 6 卷第 2 期，1919 年 2 月

胡适：《非个人主义的新生活》，《新潮》第 2 卷第 3 期，1920 年 4 月

胡适：《五十年来中国之文学》，《最近之五十年——申报馆五十周年纪念》，上海书店影印，1987

《胡适在英宣言》，天津《大公报》1926 年 11 月 11 日

湖北省民政厅编印《湖北县政概况》，1934

湖北省民政厅编印《湖北民政统计》（民国 30 年度），1942

湖北省政府编印《湖北省统计年鉴》，1943

湖北县政研究会：《改进湖北政治意见》，出版者不详，1937

湖北政法史志编纂委员会编《武汉国共联合政府法制文献选编》，农村读物出版社，1987

湖南安乡县政府编《安乡示范县政纪实》，新中国书店，1948

湖南省博物馆编《新民学会文献汇编》，湖南人民出版社，1979

湖南省哲学社会科学研究所编《五四时期湖南人民革命斗争史料选编》，湖南人民出版社，1979

黄金麟：《革命与反革命：清党再思考》，《新史学》（台北）第 11 卷第 1 期，2000 年

黄克武：《严复与中国式"个人主义"的起源与发展》，《中国近代启蒙思想家——严复诞辰 150 周年纪念论文集》，福建，2004

黄伦：《地方行政论》，正中书局，1942

黄明正：《从经济角度看基层行政的僵化》，上海《大公报》1947 年 11 月 16 日

黄仁宇：《地北天南叙古今》，台北，时报文化出版社，1991

黄仁宇：《万历十五年》，中华书局，1982

黄延复、王小宁整理《梅贻琦日记（1941～1946）》，清华大学出版社，2001

黄彦编《孙文选集》，广东人民出版社，2006

黄振位：《广东革命根据地史》，广东人民出版社，1993

记者：《西南联大任务完成，化整为零》，《观察》第 1 卷第 6 期，1946 年 10 月

《季鸾文存》，大公报馆，1947

季啸风、沈友益主编《中华民国史史料外编——前日本末次研究所情报资料》，广西师范大学出版社，1996

《蒋介石言论集》，中华书局，1965，铅印未刊本

蒋梦麟：《西潮·新潮》，岳麓书社，2000

蒋永敬：《国民党兴衰史》，台北，台湾商务印书馆，2003

蒋永敬：《胡汉民先生年谱》，台北，中国国民党中央党史会，1978

蒋旨昂：《战时的乡村社区政治》，商务印书馆，1946

《蒋中正总统档案：事略稿本》（1～29），台北，"国史馆"，2003～2007

金冲及：《第一次国共合作的建立》，沙健孙主编《中国共产党通史》第 2 卷，湖南教育出版社，1996

金观涛、刘青峰：《〈新青年〉民主观念的演变》，《二十一世

纪》总第 56 期，1999 年 12 月

金观涛、刘青峰：《从"群"、"社会"到"社会主义"》，《中央研究院近代史研究所集刊》第 35 期，2000 年 6 月

金观涛：《观念起源的猜想与证明》，《中央研究院近代史研究所集刊》第 42 期，2003 年 12 月

静观：《北京大学新旧之暗潮》，《申报》1919 年 3 月 6 日

居正编《清党实录》，台北，文海出版社，1985 年影印本

君左：《社会改造与新思潮》，《改造》，第 3 卷 1 号，1920 年 3 月

康白情：《团结论》，《少年中国》第 3 卷第 9 期，1922 年 4 月

蓝孙姆：《国民革命外纪》，石农译，北新书局，1929

郎德沛：《作吏缤纷录》，自印本，1945

李大钊：《阶级竞争与互助》，《每周评论》第 29 期，1919 年 7 月 6 日

李大钊：《自由与秩序》，《少年中国》第 2 卷第 7 期，1921 年 1 月

李德培：《江西县长之分析研究》，《地方建设》第 1 卷 4、5 期合刊，1941 年 6 月

李国祁：《邹鲁与西山会议》，《中华民国建国八十年学术讨论集》第 1 册，台北，近代中国出版社，1991

李国祁等：《清代基层地方官人事嬗递现象之量化分析》第 1 册，台北，"行政院国家科学委员会"，1975

李璜：《学钝室回忆录》，台北，传记文学出版社，1973

李剑农：《最近三十年中国政治史》，上海，太平洋书店，1930

李健民：《五卅惨案后的反英运动》，台北中研院近代史研究所专刊，1986

李景汉：《京兆农村的状况》，《现代评论》第 3 卷第 71 期，1926 年 4 月

李来福：《非压制性国家和比较历史——明清地方社会试析》，《第二届明清史国际学术讨论会论文集》，天津人民出版社，1993

李欧梵：《上海摩登》，毛尖译，香港牛津大学出版社，2000

李树青：《蜕变中的中国社会》，商务印书馆，1947

李侠文：《三年来部队政工机构之演变》，《政工周报》第 3 卷第 6 期，1941 年 8 月

李一氓：《模糊的荧屏》，人民出版社，1992

李义彬编《中国青年党》，中国社会科学出版社，1982

李云汉：《从容共到清党》，台北，及人书局，1987

李云汉主编《中国国民党党务发展史料：组织工作》，台北，中国国民党党史会，1993

李泽厚、刘再复：《告别革命：二十世纪中国对谈录》，台北，麦田出版公司，1999

李宗黄：《现行保甲制度》，中华书局，1945

梁寒操：《南岳政工会议的检讨与分析》，《建军半月刊》第 14 期，1940 年 3 月

梁启超：《吾今后所以报国者》，《大中华》第 1 卷第 1 期，1915 年 1 月

梁漱溟：《北游所见记略》，《梁漱溟全集》第 4 卷，山东人民出版社，1991

林桂圃：《中国国民党的中央政治会议》，《国衡半月刊》第 1 卷第 12 期，1935 年 10 月

林玲玲：《廖仲恺与广东革命政府》，台北，近代中国出版社，1995

刘大鹏：《退想斋日记》，山西人民出版社，1990

刘凤翰、张力访问《丁治磐先生访问纪录》，台北，中研院近代史研究所，1991

刘凤翰：《抗日战史论集》，台北，东大图书公司，1987

刘凤翰：《抗战前期国军之扩展与演变》，《中华民国建国八十

年学术讨论集》第 1 册，台北，近代中国出版社，1992

刘国铭主编《中华民国国民政府军政职官人物志》，春秋出版社，1989

刘华峰、王雨亭主编《中国共产党组织工作大事记》，辽宁人民出版社，1992

刘千俊：《鄂政纪要》，军政部印刷所，1946

刘维开：《训政前期的党政关系——以中央政治会议为中心的探讨》，中国社会科学院近代史研究所民国史研究室等编《1930 年代的中国》，社会科学文献出版社，2006

刘玉春：《百战归田录》，线装本，自印，1930

龙家汾：《现阶段的军队政治政治工作》，《阵中月刊》第 3 期，1942 年 11 月 10 日

《鲁迅全集》第 1、11 卷，人民文学出版社，1981

吕芳上：《从改革与革命到告别革命：近代中国政治发展的省思》，孙康宜、吕芳上编《变：新局面的创革》，台中，东海大学通识教育中心丛刊，2001

吕芳上：《从学生运动到运动学生》，台北中研院近代史研究所专刊，1994

吕芳上：《对训政时期江西县长的一些观察》，《中华民国建国八十年学术讨论集》第 1 册

吕芳上：《革命之再起——中国国民党改组前对新思潮的回应》，台北，中研院近代史研究所，1989

吕芳上：《近代中国制度的移植与异化：以 1920 年代国民革命军政工制度为例的讨论》，"中华民国史料研究中心"编印《1920 年代的中国》，台北，2002

伦纳德·夏皮罗：《一个英国学者笔下的苏共党史》，徐葵等译，东方出版社，1991

罗家伦：《今日中国之杂志界》，《新潮》第 1 卷第 4 号，1919 年 4 月

罗家伦：《一年来我们学生运动底成功失败和将来应取的方针》，《新潮》第 2 卷第 4 期，1920 年 5 月

罗志田：《从新文化运动到北伐的文化与政治》，《社会科学研究》2006 年第 4 期

罗志田：《近代中国史学十论》，复旦大学出版社，2003

罗志田：《乱世潜流：民族主义与民国政治》，上海古籍出版社，2001

罗志田：《权势转移：近代中国的思想、社会与学术》，湖北人民出版社，1999

马伯援：《为宰十月记》，民间社，1936

毛泽东：《国民党右派分离的原因及其对于革命前途的影响》，《政治周报》第 4 期，1926 年 1 月

毛泽东：《湖南农民运动考察报告》，《毛泽东选集》（合订本），人民出版社，1964

毛泽东：《寻乌调查》，《毛泽东文集》第 1 卷，人民出版社，1993

孟广涵主编《国民参政会纪实》，重庆出版社，1985

孟真：《社会——群众》，《新潮》第 1 卷第 2 期，1919 年 2 月

内政部：《内政年鉴》，商务印书馆，1934

南开大学校史编写组编《南开大学校史》，南开大学出版社，1989

欧阳哲生编《傅斯年全集》，湖南教育出版社，2003

裴宜理：《上海罢工：中国工人政治研究》，刘平译，江苏人民出版社，2001

彭湃：《海丰农民运动报告》，《中国农民》第 1 期，1926 年 1 月

齐锡生：《中国的军阀政治（1916～1928）》，中国人民大学出版社，1991

钱端升、萨师炯等：《民国政制史》，商务印书馆，1946 年增

订 2 版

钱端升：《论官等官俸》，《钱端升学术论著自选集》，北京师范学院出版社，1991

乔启明：《中国农村社会经济学》，商务印书馆，1946

秦孝仪主编《先总统蒋公思想言论总集》，台北，中央文物供应社，1984

秦孝仪主编《中华民国重要史料初编——对日抗战时期》第 2 编，台北，中国国民党中央党史会编印，1981

秦孝仪主编《总统蒋公大事长编初稿》卷 5，台北，中国国民党中央党史会编印，1978

清党运动急进会编《清党运动》，编者印，1927

清华大学校史编写组：《清华大学校史稿》，中华书局，1981

曲直生：《平庸集》，商务印书馆，1968

全国政协文史资料委员会编《文史资料存稿选编》，中国文史出版社，2002

日本防卫厅防卫研究所战史室编《一号作战之二：湖南会战》，天津市政协编译委员会译，中华书局，1984

荣孟源主编《中国国民党历次代表大会及中央全会资料》，光明日报出版社，1985

容又铭：《部队政治工作当前的几个问题》，《政训月刊》第 3 期，1941 年 3 月

萨孟武等编《行政经验集——民政经验》第 1 集，中央政治学校毕业生指导部编印，1939

桑兵：《庚子勤王与晚清政局》，北京大学出版社，2004

上海社会科学院历史研究所编《五卅运动史料》第 1、2 卷，上海人民出版社，1981

《邵元冲日记》，上海人民出版社，1990

《反革命》（社评），天津《大公报》1927 年 5 月 5 日

《南北势力变迁》（社评），天津《大公报》1927 年 6 月 6 日

《文武主从论》（社评），天津《大公报》1927 年 6 月 20 日

沈松侨：《地方精英与国家权力——民国时期的宛西自治》，《中央研究院近代史研究所集刊》（台北）第 21 期，1992

施复亮：《中国共产党成立时期的几个问题》，中国社会科学院现代史研究室、中国革命博物馆编《"一大"前后》（二），人民出版社，1980

石塚迅：《中国における"反革命罪"の名称変更と言论の自由》，《现代中国》2000 年第 74 号

司法院：《司法年鉴》，商务印书馆，1941

四川省民政厅编印《四川省民政统计》，1939

四川省政府统计处编印《四川省统计提要》，1945

粟显运：《新县制的实施》，国民图书出版社，1941

孙怀仁：《中国财政之病态及其批判》，生活书店，1937

唐宝林、林茂生：《陈独秀年谱》，上海人民出版社，1988

唐有壬：《甚么是反革命》，《现代评论》第 2 卷第 41 期，1925 年 9 月 19 日

陶百川：《中国青年政治思想的观察》，《上海党声》第 1 卷第 2 期，1935 年 2 月

团中央青运史研究室、中央档案馆编《中共中央青年运动文件选编》，中国青年出版社，1988

《万耀煌先生访问纪录》，台北，中研院近代史研究所，1993

汪德亮等编《衡山县师古乡社会概况调查》，出版者不详，1938

汪仑：《军队里的政治工作》，黑白丛书社，1938

汪一驹：《中国知识分子与西方》，台北，桐城出版社，1978

汪原放：《亚东图书馆与陈独秀》，学林出版社，2006

王笛：《跨出封闭的世界——长江上游区域社会研究（1644～1911）》，中华书局，1993

王汎森：《傅斯年早期的"造社会"论》，《中国文化》第 14

期，1996 年 12 月

王汎森等：《中国近代思想史的转型时代》，台北，联经出版公司，2007

王季文：《中国国民党革命理论之研究》，出版者不详，1927

王良卿：《三民主义青年团与中国国民党关系研究》，台北，近代中国出版社，1998

王启华等：《县财政建设》，重庆中央政治学校，1941

王奇生：《党员、党权与党争：1924～1949 年中国国民党的组织形态》，上海书店出版社，2003

王奇生：《中国留学生的历史轨迹：1872～1949》，湖北教育出版社，1992

王晴佳：《学潮与教授：抗战前后政治与学术互动的一个考察》，《历史研究》2005 年第 4 期

王世杰、钱端升：《比较宪法》，商务印书馆，1943 年增订 4 版

《王世杰日记》，台北，中研院近代史研究所，1990

王惟英、何雨农：《中大十周年纪念公民常识测验》，《晨报副镌》1923 年 7 月 15～17 日 JHJ

《王子壮日记》，台北，中研院近代史研究所，2001

微拉·施瓦支：《中国的启蒙运动——知识分子与五四遗产》，李国英等译，山西人民出版社，1989

魏秀梅：《清代之回避制度》，台北中研院近代史研究所专刊，1992

闻钧天：《中国保甲制度》，商务印书馆，1935

吴贻谷主编《武汉大学校史》，武汉大学出版社，1993

武汉地方志编纂委员会办公室编《武汉国民政府史料》，武汉出版社，2005

西南联合大学北京校友会编《国立西南联合大学校史》，北京大学出版社，1996

狭间直树编《1920 年代の中国》，东京，汲古书院，1995

《乡村颓败了》，上海《民国日报》1930 年 1 月 12 日

萧超然：《北京大学与五四运动》，北京大学出版社，1986

萧超然等：《北京大学校史》（增订本），北京大学出版社，1988

萧向荣：《八路军的政治工作》，《八路军军政杂志》第 2 卷第10、11 期，1940 年 10、11 月

《卸任县长欠款一览》，江西《民国日报》1930 年 12 月 13 ~16 日

谢振民：《中华民国立法史》，中国政法大学出版社，2000

行政院农村复兴委员会编《河南省农村调查》，商务印书馆，1934

行政院农村复兴委员会编《江苏省农村调查》，商务印书馆，1934

行政院农村复兴委员会编《浙江省农村调查》，商务印书馆，1934

行政院统计室：《各省市政府之统计刊物》，《行政研究》第 2卷第 6 期，1937 年 6 月

熊志勇：《从边缘走向中心：晚清社会变迁中的军人集团》，天津人民出版社，1998

徐德嶙：《地方自治之理论与实施》，法学编译社，1933

徐矛：《中华民国政治制度史》，上海人民出版社，1992

《徐永昌日记》，台北，中研院近代史研究所，1991

徐友春主编《民国人物大辞典》，河北人民出版社，1991

许德珩：《五四运动在北京》，中国社会科学院近代史研究所编《五四运动回忆录》，中国社会科学出版社，1979

许纪霖：《个人的起源——五四时期的自我观研究》，《天津社会科学》2008 年第 6 期

杨谷：《1929 年江苏省国民党内部的一场派系斗争》，《江苏文

史资料选辑》1982 年第 9 辑

　　杨奎松：《国民党在处理昆明学潮问题上的分歧》，《近代史研究》2004 年第 5 期

　　杨奎松：《孙中山与共产党》，《近代史研究》2001 年第 3 期

　　杨奎松：《走向"三二〇"之路》，《历史研究》2002 年第 6 期

　　杨天石：《"中山舰事件"之谜》，《历史研究》1988 年第 2 期

　　杨新华：《廖仲恺与胡汉民》，《现代史料》第 2 集，海天出版社，1934

　　杨荫杭：《老圃遗文辑》，长江文艺出版社，1993

　　杨幼炯：《近代中国立法史》，商务印书馆，1936

　　杨镇：《江西省县长研究》，江西省政府建设厅编印，1939

　　杨仲揆：《中国现代化先驱——朱家骅传》，台北，近代中国出版社，1984

　　野云：《白话文在北京社会之势力》，《申报》1919 年 11 月 16 日

　　叶文心：《史学研究与五四运动在杭州》，郝斌、欧阳哲生主编《五四运动与二十世纪的中国》，社会科学文献出版社，2001

　　一吏：《县长的申诉》，《地方行政月刊》第 2 期，1946 年 11 月

　　易劳逸：《流产的革命》，陈红民等译，中国青年出版社，1992

　　英竞：《甚么是反革命》、《还有些反革命啊（一）》、《还有些反革命啊（二）》，《汉口民国日报》1927 年 1 月 24 日，2 月 9、10 日

　　于枫：《关于"北伐"之两种不同的观念》，《向导》第 167 期，1926 年 8 月 15 日

　　恽代英：《论社会主义》，《少年中国》第 2 卷第 5 期，1920 年 11 月

《曾慕韩先生日记选》，台北，文海出版社，1966

曾琦：《神圣联合与一致对外》，《醒狮》第35号，1925年6月

翟志成：《冯友兰彻底的民族主义思想的形成和发展（1895～1945）》，《大陆杂志》（台北）第98卷第1～5期，1999年

詹隼：《革命：理论与实践》，郭基译，台北，时报文化出版公司，1997

张东荪：《第三种文明》，《解放与改造》第1卷1、2期合刊，1919年9月

张东荪：《我们为什么讲社会主义》，《解放与改造》第1卷第7期，1919年12月

张富康：《中国地方政府》，新昌印书馆，1947

张国焘：《我的回忆》，东方出版社，1991

张灏：《时代的探索》，台北，中研院、联经出版公司，2004

张金鉴：《均权主义与地方制度》，正中书局，1948

张朋园：《湖南政局演变与人事递嬗》，《抗战前十年国家建设史研讨会论文集》，台北，中研院近代史研究所编印，1984

张瑞德：《抗战时期的国军人事》，台北中研院近代史研究所专刊，1993

张瑞德：《抗战时期陆军的教育与训练》，《中华民国建国八十年学术讨论集》第1册

张玉法：《民国初年的政党》，台北中研院近代史研究所专刊，1985

张元济：《张元济日记》，河北教育出版社，2001

张允侯等编《五四时期的社团》，三联书店，1979

《张治中回忆录》，中国文史出版社，1985

张仲礼：《中国绅士》，上海社会科学院出版社，1991

章伯锋主编《北洋军阀》，武汉出版社，1990

章进编《联俄与仇俄问题讨论集》（上），北新书局，1927

章开沅：《辛亥前后史事论丛续编》，华中师范大学出版社，1996

章清：《"胡适派学人群"与现代中国自由主义》，上海古籍出版社，2004

章士钊：《评新文化运动》，蔡尚思主编《中国现代思想史资料简编》第 2 卷，浙江人民出版社，1982

章锡琛：《漫谈商务印书馆》，《商务印书馆九十年》，商务印书馆，1987

赵生晖：《中国共产党组织史纲要》，安徽人民出版社，1987

赵世瑜：《吏与中国社会》，浙江人民出版社，1994

赵铁寒：《论军队政治工作》，《民意周刊》第 33 期，1938 年 7 月

浙江省民政厅：《浙江地方政治之回顾与前瞻》，《浙江民政》第 5 卷 1 期，1935 年 3 月

郑超麟：《怀旧集》，东方出版社，1995

郑超麟：《郑超麟回忆录》，东方出版社，1996

《郑振铎文集》第 4 卷，人民文学出版社，1985

郑自来、徐莉君主编《武汉临时联席会议资料选编》，武汉出版社，2004

中共广东省委党史研究室：《中国共产党广东地方史》，广东人民出版社，1999

中共中央党史研究室编《联共（布）、共产国际与中国国民革命运动（1920～1925）》，北京图书馆出版社，1997

中共中央党史研究室译《联共（布）、共产国际与中国国民革命运动（1926～1927）》，北京图书馆出版社，1998

中共中央马恩列斯著作编译局编《五四时期期刊介绍》，三联书店，1978

中共中央马恩列斯著作编译局译《苏联共产党代表大会代表会议和中央全会决议汇编》，人民出版社，1964

中共中央文献研究室等编《毛泽东早期文稿》，湖南出版社，1995

中共中央组织部等编《中国共产党组织史资料》第 1 卷，中共党史出版社，2000

中国第二历史档案馆编《蒋介石年谱初稿》，档案出版社，1992

中国第二历史档案馆编《抗日战争正面战场》，江苏古籍出版社，1987

中国第二历史档案馆编《中国国民党第一、二次全国代表大会会议史料》，江苏古籍出版社，1986

中国第二历史档案馆编《中华民国史档案资料汇编》第 5 辑第 2 编军事，江苏古籍出版社，1998

中国革命博物馆整理《吴虞日记》，四川人民出版社，1984

中国国民党中央组织部编印《朱部长对于组织工作之指示》，1943

中国科学院历史研究所第三所南京史料整理处编印《中国现代政治史资料汇编》第辑第 40 册，油印本，1957

中国社会科学院近代史研究所编《五四运动回忆录》，中国社会科学出版社，1979

中国社会科学院近代史研究所中华民国史组编《胡适来往书信选》，中华书局，1979

《中央大学的教授们》，《新路》第 1 卷第 6 期，1948 年 6 月

中央档案馆、广东省档案馆编印《广东革命历史文件汇集》，1984

中央档案馆、湖南省档案馆编印《湖南革命历史文件汇集》，1984

中央档案馆、上海市档案馆编印《上海革命历史文件汇集》（甲编、乙编），1986

中央档案馆编《中共中央文件选集》，中央党校出版社，1982

中央档案馆编《中共中央政治报告选辑（1922～1926）》，中共中央党校出版社，1981

中央档案馆等编《恽代英日记》，中共中央党校出版社，1981

中央农业实验所：《乡村教育调查》，《农情报告》第 4 卷第 9 期，1936

中央统战部、中央档案馆编《中共中央第一次国内革命战争时期统一战线文件选编》，档案出版社，1990

《中央执行委员会宣传部辟谣》，《中国国民党周刊》第 14 期，1924 年 3 月 30 日

周策纵：《五四运动史》，岳麓书社，1999

周建人：《生存竞争与互助》，《新青年》第 8 卷第 2 期，1920 年 10 月

周作人：《知堂回想录》，香港，三育图书有限公司，1980

朱博能：《县财政问题》，正中书局，1943

朱家骅：《党务实施上之问题》，中国国民党中央训练委员会编印《中央训练团讲词选录》，1941

朱乔森编《朱自清全集》第 10 卷，江苏教育出版社，1997

朱务善：《本校二十五周年纪念日之"民意测量"》，《北京大学日刊》1924 年 3 月 4～7 日

《竺可桢日记》，人民出版社，1984

邹谠：《研究二十世纪中国政治的新路向》，《香港社会科学学报》1994 年第 3 期

邹鲁：《回顾录》，岳麓书社，2000

图书在版编目（CIP）数据

革命与反革命：社会文化视野下的民国政治/王奇生著.
—北京：社会科学文献出版社，2010.1（2024.10 重印）
ISBN 978 - 7 - 5097 - 1237 - 5

Ⅰ.①革…　Ⅱ.①王…　Ⅲ.①政治－研究－中国－民国
Ⅳ.①D693

中国版本图书馆 CIP 数据核字（2009）第 227218 号

革命与反革命：社会文化视野下的民国政治

著　　者／王奇生

出 版 人／冀祥德
项目统筹／徐思彦
责任编辑／徐思彦
责任印制／王京美

出　　版／社会科学文献出版社·历史学分社（010）59367256
　　　　　地址：北京市北三环中路甲 29 号院华龙大厦　邮编：100029
　　　　　网址：www.ssap.com.cn
发　　行／社会科学文献出版社（010）59367028
印　　装／三河市龙林印务有限公司

规　　格／开　本：787mm × 1092mm　1/20
　　　　　印　张：23.5　字　数：408 千字
版　　次／2010 年 1 月第 1 版　2024 年 10 月第 19 次印刷
书　　号／ISBN 978 - 7 - 5097 - 1237 - 5
定　　价／79.00 元

读者服务电话：4008918866